U0946492

皮书系列

皮书系列

广视角 · 全方位 · 多品种

皮书系列

皮书系列

皮书系列

皮书系列

皮书系列为“十二五”国家重点图书出版规划项目

皮书系列

皮书系列

皮书系列

皮书系列

皮书系列

皮书系列

权威·前沿·原创

皮书系列

皮书系列

皮书系列

皮书系列

皮书系列

2012年
湖南两型社会发展报告

ANNUAL REPORT ON HUNAN'S TWO-ORIENTED SOCIETY DEVELOPMENT (2012)

湖南省人民政府经济研究信息中心
主　编／梁志峰
副主编／唐宇文

社会科学文献出版社
SOCIAL SCIENCES ACADEMIC PRESS (CHINA)

图书在版编目(CIP)数据

2012 年湖南两型社会发展报告/梁志峰主编. —北京：社会科学文献出版社，2012.4
（湖南蓝皮书）
ISBN 978-7-5097-3215-1

Ⅰ.①2… Ⅱ.①梁… Ⅲ.①城市经济-经济发展-研究报告-湖南省-2012 Ⅳ.①F299.276.4

中国版本图书馆 CIP 数据核字（2012）第 041059 号

湖南蓝皮书
2012 年湖南两型社会发展报告

主　　编 / 梁志峰
副 主 编 / 唐宇文

出 版 人 / 谢寿光
出 版 者 / 社会科学文献出版社
地　　址 / 北京市西城区北三环中路甲 29 号院 3 号楼华龙大厦
邮政编码 / 100029

责任部门 / 皮书出版中心（010）59367127　　责任编辑 / 丁　凡
电子信箱 / pishubu@ssap.cn　　责任校对 / 卫　晓
项目统筹 / 邓泳红　桂　芳　　责任印制 / 岳　阳
总 经 销 / 社会科学文献出版社发行部（010）59367081　59367089
读者服务 / 读者服务中心（010）59367028

印　　装 / 北京季峰印刷有限公司
开　　本 / 787mm×1092mm　1/16　　印　　张 / 25
版　　次 / 2012 年 4 月第 1 版　　字　　数 / 428 千字
印　　次 / 2012 年 4 月第 1 次印刷
书　　号 / ISBN 978-7-5097-3215-1
定　　价 / 79.00 元

主要编撰者简介

梁志峰 湖南省人民政府经济研究信息中心主任，管理学博士。历任中共湖南省委办公厅秘书处秘书，中共湖南省委高校工委组织部长，湘潭县委副书记，湘潭市雨湖区委书记，湘潭市委常委、秘书长、组织部长。主要研究领域为资本市场和区域经济学，先后主持多项省部级研究课题，发表 CSSCI 论文 20 多篇，著有《资产证券化的风险管理》、《网络经济的理论与实践》等。

唐宇文 湖南省人民政府经济研究信息中心副主任，研究员。1984 年毕业于武汉大学数学系，获理学学士学位，1987 年毕业于武汉大学经济管理系，获经济学硕士学位。2001 ~2002 年在美国加州州立大学学习，2010 年在中共中央党校一年制中青班学习。主要研究领域为区域发展战略与产业经济。先后主持国家社科基金及省部级课题多项，近年出版著作有《打造经济强省》、《区域经济互动发展论》等。

摘 要

本书是由湖南省人民政府经济研究信息中心组织编写的年度性报告。全书分为主题报告、总报告、部门篇、区域篇、专题篇及实践篇。主题报告是湖南省领导关于湖南两型社会建设的精辟论述。总报告是湖南省人民政府经济研究信息中心课题组对2011～2012年湖南两型社会建设的分析研究成果。部门篇从各个省直部门的视角，分析了湖南在生态保护、科技支撑、水利建设、林业发展、节能降耗等方面的两型建设情况。区域篇对湖南14个市州的两型社会建设进行了阐述分析。专题篇是专家学者对湖南两型社会建设相关问题的深入探讨和研究成果。实践篇以示范区、园区等为例子，展现湖南两型社会建设取得的实践成果。

2011年是长株潭两型社会试验区建设进入第二阶段的起步之年，试验区改革建设圆满完成了第一阶段总结提升和第二阶段布局工作，取得了显著成效。推进机制建设明显加强，建设规划体系基本形成，重大工程建设顺利推进，重点领域改革取得实质进展，产业两型化发展成效显现，试验区带动作用进一步增强，形成了一批经验模式和技术，两型社会建设氛围日益浓厚。

2012年湖南两型社会建设将由试验区向全省全面推进，将重点推进两型产业发展、促进体制机制创新、加强生态环境建设、推进城乡统筹发展、促进民本民生发展、加强示范区改革建设。

总序

2011年是“十二五”时期的开局之年。在党中央、国务院的坚强领导下，全省干部群众团结拼搏、奋发进取，克服国内外经济形势复杂多变、省内旱涝灾害比较严重、电力和资金等生产要素供应持续偏紧等困难，全面推进“四化两型”建设，全省经济社会保持又好又快发展，呈现增长较快、结构优化、效益提升、民生改善、协调发展的良好态势，实现了“十二五”时期的良好开局。全年实现地区生产总值19635.2亿元，比上年增长12.8%，总量排在全国第9位；实现财政总收入2523.9亿元，增长34.3%。全省综合经济实力显著提升，地区生产总值、金融机构存款余额、规模工业主营业务收入接近或突破2万亿元，全社会固定资产投资、县域经济总规模、非公经济增加值均突破万亿元大关。转方式调结构取得新成效，产业结构不断优化，工业主导地位进一步增强，现代农业加快发展，现代服务业发展迅速，金融保障能力显著增强。全省过千亿元产业达到11个，其中千亿元工业产业8个，千亿元工业子产业3个，千亿元产业集群2个，千亿元园区3家，粮食实现连续8年增产，文化、旅游分别增长20.8%和25%，移动电子商务等新兴业态快速增长。自主创新能力进一步提高，全年共取得各类科技成果800多项，21项重大科技成果获国家科技奖励，按推荐单位排序连续6年排全国前5位。两型社会建设扎实推进，长株潭试验区第二阶段改革建设全面启动，长株潭城市群获批全国“两化融合”试验区，湘江流域重金属污染治理实施方案在全国第一个获国务院批准并启动实施，节能减排、环境保护和生态建设力度加大。区域经济协调发展，环长株潭城市群、湘南地区、大湘西地区三大区域板块全部纳入国家区域发展战略规划。改革开放取得新成效，新引进世界500强企业8家，入驻湖南的世界500强企业达到119家。社会大局和谐稳定，人民生活进一步改善，城乡居民人均收入分别达到18844元和6567元，增长13.8%和16.8%。

过去的一年，我们全面推进经济建设、政治建设、文化建设、社会建设、生态文明建设和党的建设，各项事业协调推进、全面发展，全省上下心齐气顺、风清气正。11 月 18 ~22 日，胜利召开省第十次党代会，选举产生了新一届省委和省纪委领导班子，进一步明确了全省未来发展的总任务和总战略。总任务就是“两个加快”、“两个率先”，即加快建设全面小康社会，努力在中部地区率先实现全面小康目标；加快建设两型社会，在全国率先走出一条两型社会建设的路子。总战略就是“四化两型”、“四个湖南”建设，即大力推进新型工业化、农业现代化、新型城镇化和信息化，加快建设资源节约型、环境友好型社会，加快建设创新型湖南、绿色湖南、数字湖南、法治湖南。

2012 年是“十二五”时期承上启下的重要一年，是全面贯彻落实省第十次党代会精神的重要一年，是我们党召开第十八次全国代表大会的一年。全省发展面临一系列前所未有的重大发展机遇，但也面临不少困难和挑战。从国际看，经济全球化深入发展的趋势没有改变，但世界经济复苏艰难曲折，国际金融危机还在发展，一些国家主权债务危机短期内难以缓解。从国内看，我国发展仍处于重要战略机遇期，在较长时期内继续保持经济平稳较快发展具备不少有利条件，但解决体制性结构性矛盾，缓解发展不平衡、不协调、不可持续的问题任务很重。从省情看，湖南省正处于工业化、城镇化快速发展阶段，面临国家宏观政策支持、国际和沿海地区产业转移加快、长株潭试验区改革建设、三大区域板块全部纳入国家区域发展战略规划等重大机遇，但也面临经济增长内生动力不足、要素保障持续偏紧、保障和改善民生任务艰巨等挑战。我们要科学判断和准确把握形势，认真贯彻稳中求进的工作总基调，牢牢把握主题主线，紧紧围绕“两个加快”、“两个率先”目标，全面推进“四化两型”建设，保持经济社会又好又快发展。要进一步扩大投资、促进消费，加大项目建设力度，加强经济运行调节和生产要素保障，保持经济平稳运行。要着力加快转方式、调结构，大力调整经济结构特别是产业结构，推进节能减排和生态环境建设，推进城乡区域协调发展，进一步深化改革开放，切实提高发展的全面性、协调性和可持续性。要着力推进“两型社会”建设，精心组织长株潭试验区第二阶段改革建设，以试验区改革建设带动全省“两型社会”建设，加快建设绿色湖南。要着力提高自主创新能力，认真落实《创新型湖南建设纲要》，全面组织实施九大创新工程，推动经济社会发展迈上创新驱动、内生增长的轨道。要按照“加快建设”、“走在前列”的要求，大力推进文化强省建设，切实加强社会主义核心价值体系建设，深入开展学雷锋活动，加强优秀文化产品创作生产，加快发展公益性文化事业和文化产业，深入推进文化体制改革，不断推动文化大发展大繁荣。要切实加强以改善民生为重点的社会建设，深入实施《湖南省保障和改善民生实施纲要》，扎实推进为民办实事工程，大力发展社会事业，加强和创新社会管理，维护社会和谐稳定。要深入实施《法治湖南建设纲要》，进一步完善立法、加强执法、深入普法、强化监督，大力推进依法执政、依法行政、公正司法和人人守法，为推进科学发展、富民强省营造良好法治环境。

湖南省政府经济研究信息中心编纂的2012年《湖南蓝皮书》系列丛书，系统分析介绍了全省年度发展情况，真实记录了湖南改革发展的进程，对于更好地研究、宣传和推介湖南，让更多的人了解湖南、投资湖南，对于凝聚各方面智慧和力量，积极投身“四化两型”、“四个湖南”建设，实现“两个加快”、“两个率先”，都有着重要的积极作用。希望蓝皮书精益求精、越办越好，真正成为全面反映湖南的翔实资料、推动湖南科学发展的重要智库、宣传推介湖南的重要载体。

“天时人事日相催，冬至阳生春又来”。正值春回大地，三湘四水处处生机勃勃，锦绣潇湘处处春潮涌动。让我们更加紧密地团结在以胡锦涛同志为总书记的党中央周围，以邓小平理论和“三个代表”重要思想为指导，深入贯彻落实科学发展观，坚定信心、抓住机遇、迎难而上，扎实做好经济社会发展的各项工作，以优异成绩迎接党的十八大胜利召开。

周强

二〇一二年三月十九日

目 录

𝔹Ⅰ 主题报告

𝔹Ⅱ 总报告

𝔹Ⅲ 部门篇

BⅣ 区域篇

BⅤ 专题篇

BⅥ 实践篇

BⅦ 附录

CONTENTS

B I Keynote Reports

B II General Report

B III Department Reports

BIV Region Reports

B V Specific Reports

BⅥ Case Reports

BⅦ Appendix

主 题 报 告

Keynote Reports

B.1

立足先导区突破　加快“两型”化发展

陈润儿*

2007年12月14日，中央批准长株潭城市群为全国“两型社会”建设综合配套改革试验区。同年12月27日，长沙市委常委会正式决定，立足大河西，打造先导区，探索改革路径，创新发展模式，发挥示范作用，形成带动效应。2008年6月10日，长沙大河西先导区管委会挂牌成立，启动综合配套改革，推动“两型社会”建设。三年来，我们坚持先行先试、敢闯敢试、边干边试，按照基础设施先行、配套改革先试、重点片区先导的思路，组织实施了先导区基础设施项目、生态环境建设、“两型”产业发展和综合配套改革三年行动计划。同时，我们按照以点带面、整体联动的思路，全面推进长沙的“两型社会”建设。市十二次党代会强调指出，要着力实施“两型”引领战略，创新“两型”发展模式，全面加快大河西先导区建设，探索改革新路径，打造区域增长极，构筑战略支撑点，率先建成“两型”城市和实现全面小康，把一个充满活力、开放包容、繁荣发展、和谐幸福的长沙带向未来。

* 陈润儿，中共湖南省委常委、长沙市委书记。

一　三年来先导区发展的探索实践

三年来，在中央和省委、省政府的正确领导和省市各级各部门的大力支持下，先导区立足于“探索改革路径、创新发展模式、发挥示范作用、形成带动效应”，艰苦创业、励精图治，大胆探索、勇于创新，积极实施“三年行动计划”，谱写了崭新的篇章，铸就了不凡的业绩，为科学发展探索了新路径，为经济建设增添了新动力，为长沙城市构建了新格局。发展的实践充分证明：“打造先导区、建设大河西”的战略构想是正确的，建设成效是显著的，发展前景是美好的。

1. 进行了创新观念、锐意改革的积极探索

2007 年，国家选择在长株潭进行“两型社会”建设综合配套改革的试点。这标志着长沙被推上改革开放的前沿阵地。三年来，先导区高举科学发展的大旗，承载省委、省政府的期盼，寄托长沙人民的梦想，抢抓机遇、不等不靠，围绕“两型”改革希望探索什么，推进发展需要突破什么，加快建设必须解决什么，强化“功能区概念”，弱化“行政区边界”，强化市场性配置，弱化行政性资源占有，切实转变观念集纳资源，深化配套改革集聚要素，依托政策优势集结人才，着力推进经济增长由粗放经营向集约经营转变，区域结构由城乡分割向城乡统筹转变，经济发展由片面发展向全面发展转变，以土地管理制度改革、行政管理体制改革、投资融资体制改革、环境保护体制改革等为重点，突破了资源的瓶颈、要素的约束。三年的实践充分证明，先导区的建设是我们干大事、克难事、立新事的大胆尝试，许多过去没有条件干、想干干不了的大事，在国家和省委、省政府的大力支持下，不仅干成了，而且干得很漂亮；先导区不仅是我们推进“两型”建设的重要载体，而且是我们改革创新的实践平台。

2. 推动了转变方式、“两型”发展的生动实践

先导区的建设，是全方位的改革发展，其成效不仅体现在完善基础设施、加强配套建设等传统方面，更体现在转变发展方式、探索科学路径等新的领域。三年来，先导区以建设“两型社会”作为转变发展方式的目标，以发展方式转变促进长沙“两型社会”的建设，构建了内生增长的新机制，展示了科学发展的新成效，实现了城市建设与生态优化同步推进、产业提升与环境保护同步落实，

成为全国“两型”建设的示范。在产业发展方面，坚持项目集中园区、产业集群发展、资源集约利用、功能集成建设，不断完善产业布局，切实加强政策引导，以先进制造业和现代服务业为方向，以国家级长沙高新区为主体，以宁乡经开区、金洲新区、望城经开区和岳麓科技产业园为依托，深入实施“6211”工程，促进科技含量高、环境污染小、综合效益大的“两型”产业加快发展，全面推进了产业高端化的转型升级。在生态环保方面，坚持保护性开发，在保护中提升，十分珍惜大河西先导区不可多得的自然资源，积极破解制度和技术层面遇到的矛盾和困难，坚持走有别于传统、可持续发展的新路，扎实推进了发展“两型”化的实践进程。在先导区规划范围内，生态涵养用地、城市建设用地和农业农村用地各占三分之一，先导区战略规划环评成为省部共建先行试点项目，坪塘老工业区成为全国传统工业区再生改造、生态修复和环境治理的样板工程，岳麓山景区环境提质改造、生态功能恢复取得了广为称赞的实效。

3. 形成了沿江建设、跨江发展的重要支撑

如何谋划长沙未来的发展，走势在城南还是在城北，重心在河东还是在河西，这是历届市委、市政府思考的重点。2007 年，我们抢抓综合试点的宝贵机遇，顺应时代要求，着眼发展全局，继承和提升历届市委和政府的思路，作出了“打造先导区、建设大河西”的战略决策，打破了河东河西畸重畸轻、相对分割的旧模式，拉开了城市发展东西两翼、并驾齐驱的新框架，展现了今日长沙沿江建设、跨江发展的大格局，并争取省委、省政府的支持，经国务院同意，将望城县改为望城区，从而使长沙的城区面积扩大了一倍。目前，无论是先导区的核心区域，还是规划发展的预留空间，都为产业的集群发展、人口的快速集中、城市的扩容提质，提供了广阔空间，展示了美好前景。

4. 取得了改善民生、凝聚人心的丰硕成果

回顾先导区三年的发展历程，是改善民生、惠及民生的过程，是团结拼搏、凝心聚力的结果。三年来，我们始终坚持发展为了人民、发展依靠人民、发展惠及人民，时时刻刻替群众解难，事事处处为发展着想，激发了人民群众活力，凝聚了改革发展合力。我们按照“扩大创业型社会就业、发展普惠型社会事业、建立共享型社会保障、加强服务型社会管理”的思路，以创业富民、住房保障、道路畅通、电力扩容、教育科技、文化艺术、生态修复、公共卫生、社会福利、食品安全为重点，推进十大民生工程建设，切实解决人民群众生活、就业、住房、看病困难的问题。以农村公路通达、电力扩容、饮水安全、环境整治和校舍改造“五大工程”为抓手，切实改善农村生产条件和农民生活环境。广大市民通过多种形式，对先导区建设和“两型”发展提出了很多宝贵的意见和建议，展示了长沙人民同在一方热土、共建美好家园的积极性、主动性和创造性，形成了团结和谐稳定、风正气顺心齐的良好氛围。这些成就的取得，为先导区和长沙市增强了率先发展的自信，形成了和谐发展的氛围，赢得了创新发展的动力，积累了科学发展的经验。2011 年，长沙以排名省会、副省级城市第一的优异成绩，获得全国文明城市光荣称号，跨入全国文明城市先进行列，同时第 4 次获得“中国最具幸福感城市”称号。

二　三年来先导区发展的基本经验

过去的三年，是长沙发展史上很不平凡的三年，也是先导区建设取得辉煌成就的三年。成绩催人奋进，经验弥足珍贵，未来值得期待。进入新时期，面对新形势，我们要认真总结，冷静思考，科学谋划，把先导区建设不断推向前进。

1. 要始终坚持发展方向不动摇

通过三年的实践，我们谋好了篇、开好了局，先导区的战略定位越来越精准，改革思路越来越清晰，发展方向越来越明确。一项事业要干好，要干出成就，决不能朝令夕改，更不能朝三暮四，必须锁定目标、坚持不懈。21 世纪是城市的世纪，区域竞争是城市的竞争。当前，长沙无论城市的规模还是建设的品质，都还处于亟待提升的阶段。我们提出的“以大河西先导区建设为重点，推进‘沿江建设、跨江发展’”的城市发展战略和先导区“四区一极”的战略定位，实践证明是科学理性、切实可行的，我们一定要贯彻落实，并坚持以国际的视野、前瞻的思维、开放的理念，不断创新、完善和提升发展思路。只要发展方向明了、战略思路清了，并坚持咬定青山不放松，未来先导区改革发展必有所成，前景一定会更加美好。

2. 要始终坚持改革创新不停步

先导区作为“两型社会”建设综合配套改革试验区，其最大特色是“两型”，最大优势是创新，承担着先行先试、改革创新的重大使命。改革试验这四个字，给了我们无限的创造空间。过去的三年，我们着眼于快人一步、先人一

着、高人一招，坚持把握先机、抓住时机、赢得良机，以先导区建设总体方案和“三年行动计划”为总纲，敢闯敢试、边干边试、先行先试，试出了活力迸发，试出了发展涌流。实践证明，快发展得益于好体制，特别是从实践中探索出的“大部门、小政府”体制，提高了办事效率，节约了行政成本，强化了制度保障，我们必须始终坚持。现在，我们正全力实施“先导区‘十二五’发展规划”、“新三年行动计划”，标志着先导区改革进一步向“深水区”推进、向攻坚期迈进。改革越深入，任务越艰巨，挑战越严峻，越考验我们的智慧与勇气。没有惊心动魄，哪有波澜壮阔？面对改革的“硬任务”，面对各界的新期待，我们既要有一张蓝图绘到底的坚持，又要有实事求是、与时俱进的科学态度，以科学发展理念应对不断出现的新情况新问题。要敢干他人未曾干、敢谋他人未曾谋、敢试他人未曾试，加快推进新一轮更深层次的改革，在“干”中“试”，在“破”中“立”，积极向上争取政策支持，对内深化探索实践，力争实现新的重大突破，取得新的重大进展，加快构建充满活力、富有效率、更加开放、符合“两型”的体制机制，为全省乃至全国提供示范和借鉴。

3. 要始终坚持项目建设不松劲

我们曾经讲过，先导区的改革、建设和发展，一定要先谋势再谋事。所谓“势”，首先是一种气势。“势”从何而来？势来自于建设的项目，来自于推进的力度。从一开始，先导区就坚持项目带动，平均每三天完成 1 公里的道路建设，每月都有新进展，每季都有新变化，每年都有新亮点。这种大规模建设、高速度推进，创造了一个良好的预期，形成了一个广阔的平台。下一步，我们要坚持规模不能减、力度不能松，要坚持以大项目为载体，以大投入为支撑，重点围绕世界级企业，瞄准世界高端和国际前沿，在引进战略性重大项目上下工夫，抢占产业制高点，赢得竞争主动权。

4. 要始终坚持建设保护不偏废

建设发展与环境保护互相影响、相辅相存。建设先导区，需要强调发展，而且是大力度、大发展，但同时必须高度重视环境保护，而且是硬任务、硬约束。生态环保既是发展的条件，也是发展的要求，是实现“两型”发展、科学发展的重要保证。我们一定要本着对历史负责、对子孙负责和对未来负责的态度，坚决抛弃急功近利、饥不择食的发展心态，坚决摒弃“捡到篮子里都是菜”的思维方式，坚决杜绝以牺牲环境换取经济增长的错误导向，以环境建设提升区域价值。要按照保护优先、开发有序的原则，在保护中开发建设，在开发建设中保护，走出一条经济发展高增长、资源消耗低增长、环境污染负增长的新路子。要强化对湿地、河流、山体、森林等生态资源的保护和修复，着力构建森林、农田、流域、湿地、城市五大生态系统。要大力实行谁开发谁保护、谁破坏谁修复、谁使用谁建设的生态补偿机制，运用法律、经济、行政和技术手段，保护自然生态环境，靠优化环境实践科学发展。要引进先进经营理念、先进技术装备、先进管理经验，转变经济发展方式，提升产业发展水平，加快构筑生态组团，实施生态建设工程，把先导区率先建成“水清、地绿、天蓝、气爽”的山水园林新区和绿色生态新区。

5. 要始终坚持真抓实干不懈怠

先导区的建设，发端于国家的改革实验，离不开上级的大力支持，但要在极短时间内取得如此丰硕的成果，创造令人惊奇的“先导速度”，从根本上还要靠一支能干事、会干事的团队，要靠一批负责任、讲奉献的干部。三年的实践证明，谋事在人，成事也在人，事业是人干出来的，没有各级领导以身作则、率先垂范，没有广大建设者埋头苦干、昼夜奋战，没有广大先导人牢记使命、忘我工作，先导区绝不可能发展到今天的地步，大河西绝不可能呈现出今天的面貌。未来几年将是先导区全面发力、全速推进的关键时期，我们要发扬奋发有为的精神，珍惜先导区这一干事创业的舞台，迎难而上，勇于超越，积极作为；要发扬开拓创新的精神，坚持以新理念、新思维指导新实践，推动新发展；要发扬真抓实干的精神，把所有心思用在干事业上，把全部精力放在抓落实上，扑下身子，深入一线，制定好时间表、绘制好路线图，突出重点，攻克难点，一抓到底，务求实效。

三　新三年先导区发展的美好未来

未来三年，是在新的起点上谋求更大突破、实现更大发展的关键时期。我们要着眼世界发展的趋势，立足全国发展的格局，按照“三年打基础、五年大变样、十年造新城”的要求，继续采取特许的政策、实行特殊的体制、赋予特别的责任，全面实施新三年行动计划，努力把大河西先导区建设成为立足全市、带动全省、辐射全国、对接全球的“两型”发展示范区和核心增长极。

1. 提升承载功能，构筑“两型”发展的广阔平台

按照“起步区发挥效应、核心区基本建成、规划区形成功能”的要求，加快新城区建设，努力打造“未来城市新中心”，为“两型”发展提供大平台。要全面完善基础配套功能。谋求大发展，基础须先行。配套功能越完善，发展承载力和要素聚合力就越强。要加快先导区骨干道路和片区路网建设，加强河西与河东、区域与组团、城内与城际的交通组织对接，构筑更加开放、更加配套的综合交通体系。要加快完善教育、医疗、文化体育、商业网点等公用设施和水、电、气、电信、新能源等基础配套设施，显著增强与现代新城区定位相匹配的产业支撑功能、公共服务功能和生态承载功能。要梯次推进重点片区开发。全面完成滨江新城金融商务区等五大片区建设，积极发挥示范带动效应，充分展现品质领先、产业高端、环境和美、宜居宜业的新形象。加速推进望城滨水新区、雷锋湖综合服务区等三大片区开发，着力打造先导区“第二圈层”，实现轴线式延伸、阶梯式推进、组团式发展，全面拉开核心区城市框架，基本形成具有强大集聚力和辐射力的城市综合新区。要深入实施跨江发展战略。大河西先导区既是推动“沿江建设、跨江发展”的主要战场，也是实现“发展‘两型’化、城市国际化”的重要节点。要坚定不移地推进先导区新型城市化和城市国际化进程，加快交通枢纽中心等五大中心建设，不断提升城市内涵，扩展城市外延，彰显城市品位，高起点、大手笔打造代表长沙21世纪现代化水平的城市新中心，形成“一江两岸”、互动共进的城市新格局。

2. 加快产业培育，强化“两型”发展的产业支撑

城市与城市之间的较量，核心在产业；产业和产业之间的竞争，关键在人才。要把推进产业建设作为调整经济结构、实现跨越发展的重大任务，加快转变发展方式，充分发挥人才作用，按照集约化、循环化、高端化要求，加快建设符合“两型”要求、体现“先导”特色的高新产业集聚区。要始终坚持人才引领。实践证明，谁集聚了更多的人才，谁就赢得了发展的主动权；谁拥有了更好的人才，谁就占据了竞争的制高点。要加快建设一支结构合理、素质优良、支撑发展、引领未来的科技人才队伍，努力为先行先导、率先发展注入持久动力。要切实强化产业支撑。只有经济上去了，才有强大的带动能力；只有产业发展了，才有充沛的发展后劲。要紧紧围绕推进结构调整优化和发展方式转变这一主线，以节能、节地、节水、节材和环保为导向，以产业园区、产业基地和产业集群为载体，加强产业政策引导，完善产业发展规划，优化产业发展布局，进一步推动资金向产业集中，资源向产业集聚，政策向产业倾斜，使先导区成为经济结构最优、带动能力最强的发展龙头。要大力推进自主创新。充分发挥大河西高校资源、科研资源和人才资源优势，以国家创新型园区高新区为载体，充分整合创新资源、大力推进创新工程、强化产学研金合作、加快科技创新步伐、推进科技成果转化，努力在关键环节、重点领域突破一批共性技术、关键技术和核心技术，把科研优势转化为创造力，把科学技术转化为生产力，把科技成果转化为竞争力，努力培育一批拥有自主知识产权、自主名优品牌和国际竞争实力的大企业，整体提升先导区的产业内生动力、发展能力和竞争实力。

3. 深化配套改革，形成“两型”发展的制度优势

发展是一个不断实践、不断创造的历史过程，唯有不为传统模式所限，不为既有经验所累，以更大的胆识、更大的气度、更大的魄力，不断创新观念思路，创新体制机制，创新方式方法，才能在发展中赢得主动、取得优势、赢得未来。要创新观念思路。先导区迈出的每一个步伐，取得的每一点成就，无一不是思想解放的成果，无一不是改革创新的结晶。在新的发展阶段，要担当先行者的使命，展示排头兵的风采，在改革试验中拔得头筹，在先行先导中实现突破，就必须始终保持敢于创新的勇气、善于创新的智慧、勤于创新的境界，不断增强工作的主动性、创造性和开拓性，让事业在改革中焕发盎然生机，在创新中彰显蓬勃活力。要创新体制机制。建设先导区，打造大河西，体制机制的障碍是最大的障碍，体制机制的制约是最大的制约。加快建立更具活力的创新体系、更富效率的制度体系、更加开放的管理体系，是先导区永葆发展生机的关键所在。要围绕要素市场等“六个一体化”，深入推进行政管理等“五大改革”，率先建成共享型的社会事业体系等“五大体系”，让广大人民群众最大限度分享“两型”发展带来的实惠。要创新方式方法。毛主席曾经把工作方法比作过河的桥或船，强调指出，不解决桥或船的问题，过河就是一句空话。随着先导区先行先试步伐的加快，创新活动将在各个领域呈现前所未有的态势，能不能取得突破、收到实效，科学的方式方法越来越重要。我们不但要“敢想”，还要“会想”；不但要有科学筹谋的战略，还要有灵活多变的战术；不但要有勇往直前的勇气，还要有攻坚克难的对策，坚持在改革创新中破解难题、形成优势，在真抓实干中推动工作、创造实绩。

4. 坚持生态环保，凸显“两型”发展的美好前景

要像珍惜生命一样珍惜好先导区的蓝天碧水，像爱护眼睛一样爱护好先导区的一草一木，为经济发展腾出更多的环境容量，为人民群众创造更好的环境质量。要实行最严格的生态保护。始终把自然环境作为核心资源优先保护，把生态建设作为第一目标优先统筹，不断完善落后产能淘汰机制、生态环境补偿机制、生产污染治理机制和资源节约奖励机制，严格落实“重点开发、适度开发、控制开发、禁止开发”等功能分区规划，在发展定位上，做到有所为有所不为；在发展重点上，做到不作为中有作为；在发展要求上，做到有作为中作大为。要彰显最高端的生态品质。按照城市园林化、城郊森林化、道路林荫化、小区绿地化、水系洁净化的要求，把每一处细节勾勒成精巧、雅致、灵动的生态名片，把每一项工程打造成节能、节地、节材的生态精品，把每一个片区打造成显山、露水、透绿的生态样板，呈现山水相映、洲岛点缀、环境优美、人与自然和谐共存的美景。要发挥最大化的生态效益。全面贯彻资源节约型、环境友好型的规划理念、建设标准和发展要求，加快城市生态系统、农田生态系统、森林生态系统、流域生态系统和湿地生态系统建设，着力发挥其示范带动效应，提升其生态旅游功能，让生态资源更好地服务人、惠及人，充分展现品质高端、环境和美、宜居宜业的“两型”新区的新形象。

B.2

立足新起点　纵深推进湖南“两型社会”建设

陈肇雄*

加快推进“两型社会”建设，是科学发展观在湖南的具体实践，是湖南转变发展方式的重要目标和着力点。目前，湖南“两型社会”建设已经进入纵深推进的新阶段，改革的形势更加紧迫，改革的任务更加艰巨。立足新的起点，全面推进“两型社会”建设，要坚持以综合配套改革为突破口，努力实现“两型社会”建设与经济社会融合互动发展，走出一条综合试验、统筹推进的新路子。

一　试验区第一阶段改革建设取得的成绩

长株潭“两型社会”试验区改革建设第一阶段，湖南省各级各部门认真贯彻落实中央决策部署，按照国家批复的试验区改革总体方案和城市群区域规划要求，扎实推进试验区改革建设工作，试验区第一阶段改革建设工作取得了明显成绩，为第二阶段改革发展打下了良好的基础。

1. 建设规划体系基本形成

突出规划引领，加强顶层设计，高起点编制了长株潭城市群“两型社会”综合配套改革总体方案和区域规划，构建了全方位、多层次的试验区改革方案和建设规划体系，为“两型社会”建设明确了系统性好、创新性强的行动路线图。出台了“一条例一决定”，加强了区域编制、实施和监督管理，初步建立了试验区空间动态管理系统。探索实现经济社会发展规划、城市总体规划、土地利用总体规划和融资规划“四规合一”的有效途径，编制了一批市、县改革建设实施

* 陈肇雄，中共湖南省委常委、湖南省人民政府副省长。

方案和各类下位规划，将“两型社会”建设目标任务细化成具体可操作的实施方案、政策措施和建设项目。

2. 重大工程建设顺利推进

全面启动了示范片区建设，大河西、云龙、昭山、天易、滨湖五大示范区18个示范片区建设进展顺利。武广高铁建成通车，黄花机场扩建工程竣工投入使用，芙蓉大道、红易大道、长株高速等一批跨区域重大项目顺利建成，长株潭三市通信并网升位、统一区号成功实现，城际铁路长株潭线开工建设，三网融合试点有序推进。湘江流域综合治理取得实质性进展，湘江水污染整治三年行动计划和全省城镇污水治理三年行动计划取得重大成效，湘江风光带建设世行项目顺利推进。

3. 重点领域改革取得实质进展

建立了资源节约价格杠杆调节机制，实行绿色电价，试行分质供水和阶梯式水价，出台了民用建筑节能条例，实施了大型公共建筑节能监控和改造。建立了土地管理考核评价体系，将园区土地使用效率纳入新型工业化考核指标体系，制定市州政府土地管理和耕地保护责任目标考核办法，建立了城乡统一的土地流转交易市场。积极探索环境保护的市场化运作机制。实施环境污染责任强制性保险试点，对流域内51个市县实行省级财政生态补偿，创造了农村环保自治模式和“户分类、村收集、乡中转、县处理”的垃圾分类处理模式。

4. 产业“两型化”发展成效显现

加速推进新型工业化，大力推进传统产业高新化、“两型”产业规模化、特色优势产业集群化发展，“两型”产业发展步伐不断加快。大产业、大企业、大园区、大集群战略成效明显，工程机械、轨道交通、新能源等优势产业规模迅速壮大，中联重科、南车时代、湘电集团等优势企业实力不断增强。大力引进战略投资者，大飞机起落架、千亿轨道交通设备等重大产业项目相继开工建设，试验区要素集聚效应日益显现。突出提升自主创新能力，突破了新能源汽车、轨道交通高速机车交流技术、大型盾构设备研制及产业化、5兆瓦海上风力发电机组等一批关键核心技术，推广了一批示范效应明显的“两型”技术和产品，科技进步对经济增长的贡献率进一步提升。

5. “两型社会”建设氛围日益浓厚

部省共建合作机制初步形成，与39个部委、74户中央企业建立了合作关系，在试验区布局实施了50多项改革试点，形成了国家部委聚焦试验区改革的新局面，试验区先后被列为全国新型工业化产业示范基地、“两化”融合试验区、综合性高新技术产业基地和三网融合试点地区等，搭建了试验区改革发展的重要平台。全省上下对“两型社会”建设的思想认识进一步统一，“两型”知识进一步普及，“两型”理念进一步深入人心，为全省“两型社会”建设的全面深入推进奠定了良好思想基础和强大支撑。

二　坚持“六个结合”，实现“两型社会”建设与经济社会融合互动发展

“两型社会”建设是一项探索性很强的复杂工程，涉及经济社会发展的各个方面，需要全省各级各相关方面从不同的工作领域、不同的工作层次共同努力、合力推进。

1. 要把建设“两型社会”与构建现代产业体系结合起来

一是推进传统产业高新化发展。大力促进信息化与工业化深度融合，广泛应用先进适用技术、信息技术和“两型”技术改造提升传统产业，增强新产品开发能力和品牌创建能力，促进传统产业的“两型”化发展。以推进农业现代化为目标，大力发展节约型农业、生态型农业、效益型农业和科技型农业，加快转变农业发展方式。二是推进战略性新兴产业规模化发展。围绕先进装备制造、节能环保、电子信息等战略性新兴产业，突破一批先进适用新技术、新产品、新工艺；培育一批成长性好、科技含量高、竞争能力强的“两型”产业龙头企业；建设一批创新能力强、创业环境优、特色突出、集聚发展的“两型”产业基地；加快形成先导性、支柱性“两型”产业，使之成为带动经济结构调整和发展方式转变的先导力量。三是推进现代服务业集约化发展。坚持生产性服务业和生活性服务业发展并重，拓展新领域、发展新业态。

2. 要把建设“两型社会”与统筹城乡区域发展结合起来

一是突出区域协调发展。加快推进长株潭“两型社会”建设核心试验区的步伐，高度重视环长株潭五个城市的“两型社会”建设工作，统筹兼顾湘南、湘西“两型社会”建设工作。二是突出城乡统筹发展。以建设“两型”城镇为载体，把新农村建设纳入“两型社会”建设总体规划，促进资源在城乡之间优

化配置、人才在城乡之间合理流动、产业在城乡之间有序转移，完善农村基础设施建设，提高农村公共服务水平，加快形成城乡一体发展的长效机制。三是优化“两型”产业布局结构。立足发挥区位交通、特色资源、产业基础、科教人才等比较优势，实施差异化发展战略，科学规划和确定区域“两型”产业发展方向，培育区域特色优势，以发展特色“两型”产业培植区域竞争优势，以优化“两型”产业布局结构带动区域经济互动发展。

3. 要把建设“两型社会”与加强生态文明建设结合起来

一是突出生态资源保护。继续实施重大生态修复工程和生态林工程，加大对生态风景名胜区、饮用水源、生态敏感区的保护力度，统筹推进城乡绿化，提高森林碳汇功能，实现生态资源的永续利用。二是加强生态环境治理。全面加强节能减排工作，积极推广节能减排新技术新产品，抓好工业、建筑、交通运输等重点领域节能。强化固定资产投资项目节能评估审查和影响评价，探索排污权、碳排放权有偿使用和交易试点。重点抓好湘江流域重金属污染治理。加大落后产能淘汰工作力度，坚决关闭影响生态文明建设的严重排污设施和落后生产工艺设备。三是提升生态文明水平。宣传普及“两型”发展理念，加快形成“两型”消费模式，大力培育“两型”文化，积极倡导健康、文明、科学的现代生活方式，提升全社会的生态保护意识和文明素养。

4. 要把建设“两型社会”与推进改革创新结合起来

突出创新驱动，激活“两型社会”建设的内生动力。一是进一步加大体制机制创新力度。支持先行先试，纵深推进各项改革试验，率先在体制机制上实现突破、创造经验，发挥示范效应，带动整体推进。以推进“十大领域”改革为重点，突出解决资源节约、环境保护、城乡统筹、产业发展、基础设施建设、行政管理等方面的问题，加快健全土地、资本、劳动力、技术、信息等要素市场，着力构建有利于“两型社会”建设的体制机制。二是进一步加快自主创新步伐。坚持把增强自主创新能力作为“两型社会”建设的中心环节，以企业为主体、以市场为导向，加强产学研合作，大力推进自主创新、集成创新和引进消化吸收再创新，努力在重点领域、关键环节和核心技术上取得突破，掌握一批重要的自主知识产权和核心技术。加快完善技术创新体系、知识创新体系、区域创新体系和创新服务体系，多渠道、多层次搭建公共技术服务平台，支持建设一批高水平的科技创业、创新示范和高新技术产业发展基地。三是进一步加强创新型人才培养。进一步完善人才政策措施，加强创新团队建设，切实加大对创新型人才的引进、培养和使用力度，为“两型社会”建设提供有力的人才保障和智力支持。四是进一步创新优化社会管理。加快社会管理体制机制改革，完善公共治理结构，健全矛盾调处和利益协调机制，建立重大工程项目建设和重大政策制定的社会稳定风险评估机制，加强社会信用体系建设，创新优化社会管理，在维护社会稳定、促进社会和谐前提下加快推进“两型社会”建设。

5. 要把建设“两型社会”与扩大对外开放结合起来

一是拓展开放空间。加强国际经贸交流与合作，统筹对内对外开放，深化央企对接，强化部省共建，加强与泛珠三角、长三角和中部地区等的区域合作，构建全方位多层次的对外开放新格局。二是提升开放水平。创新招商引资模式，加强外资投向引导，扩大“两型社会”建设利用外资规模。加强与国内外大公司、大集团和高等院校、科研机构的对接合作，吸引国内外资金、技术、人才等资源要素，借鉴先进经验，在更广范围、更宽领域、更高层次上加快“两型社会”建设。三是打造开放合作平台。加快长株潭试验区全国新型工业化产业示范基地、“两化”融合试验区、综合性高技术产业基地和三网融合试点地区建设，推动各类产业园区的绿色化、集约化、“两型”化发展。

6. 要把建设“两型社会”与切实改善民生结合起来

一是加快推进以改善民生为重点的社会建设，大力推进扩大就业、医疗卫生和社会保障等民生工程。二是加快构建城乡居民收入增长、劳动报酬增长与经济增长相协调的长效机制。三是建立和完善体现特色、比较完整、覆盖城乡、可持续的基本公共服务体系，确保“两型社会”建设为民、富民、惠民目标的实现，让广大人民群众最大限度地享受改革发展成果。

三　强化“六项措施”，加快推进“两型社会”建设

在纵深推进“两型社会”建设的新阶段，必须创新发展理念，强化推进措施，关键是要做好六项重点工作。

1. 强化规划体系建设

按照试验区改革建设总体要求，积极借鉴国内外先进经验，加快完成环长株潭城市群跨区域、跨行业和重点地区等规划的编制，积极推进市、县改革实施方

案和各类专项规划、下位规划的编制，逐步形成全覆盖的规划体系。突出抓好城市群规划与各市规划、总体规划与专项规划的对接，科学指导和统筹推进“两型社会”建设。抓好“一条例一决定”的贯彻落实，严格长株潭生态绿心等重点地区及区域性项目的规划管理，协调推动相关规划的实施，增强规划的约束力。

2. 强化体制机制创新

以法治湖南建设为契机，结合试验区改革实际，瞄准现实问题加强研究，制定完善土地利用、产业发展、投融资、资源环境等方面的配套政策，加快形成保障有力的政策法规体系。加快研究制定长株潭“两型社会”试验区促进条例等相关地方性法规，从法制层面为“两型社会”建设提供更加有力的保障。

3. 强化重点项目管理

实施重大项目带动战略，以大项目带动大发展。在“两型”产业发展、基础设施建设、示范片区建设、湘江流域综合治理、节能减排、城乡统筹、三网融合等领域加快组织实施一批重点项目。根据“两型”要求，实行“招商选资”，对已经建成的和正在实施的项目要切实评估项目实施效果。提高准入门槛、投资强度和投入产出比。协调推进“两型”重大项目特别是跨区域“两型”重大项目的实施。

4. 强化典型示范创建

科学确定重点示范创建领域，集中支持建设一批“两型”示范工程，在生产、生活、消费等领域全面发挥示范效应和带动作用。实施“两型社会”建设样板工程、“两型”技术产品推广工程、“两型”示范单位创建工程，围绕新型工业化、新型城镇化、新农村建设，开展“两型”示范创建活动，带动形成“两型”生产方式、“两型”消费方式、“两型”生态环境。

5. 强化外引内联服务

着力落实与国家部委和中央企业的已签协议，推动签署一批新的省部、央企合作共建协议，完善和细化合作内容，将合作共建任务落实到具体的项目和资金上。进一步扩大与央企、国际金融机构、外国政府、跨国公司和国际财团的合作。加快组建长株潭“两型”产业投资基金及其管理公司，搭建市场化融资平台以及试验区国际国内交流合作平台，充分利用国际国内两个市场、两种资源推进“两型社会”建设。

6. 强化宣传教育普及

将“两型”宣传教育纳入宣教工作整体部署，发挥湖南作为传媒大省媒体资源丰富的优势，采取媒体报道、课题研究、专题活动等多种形式，加大对“两型社会”建设理念、决策部署、重大意义、中心任务、重点工作等多方面的宣传报道，形成全方位、多层面的宣传教育格局，营造共建共享的浓厚氛围。

四　实施“八大工程”，开创“两型社会”建设新局面

“八大工程”是试验区改革建设的重点工程，要进一步明确责任、扎实工作，确保各项建设任务真正落到实处，开创湖南“两型社会”建设的新局面。

1. 实施“两型”产业振兴工程

把实施“两型”产业振兴工程作为构建现代产业体系的重要抓手，加快用高新技术、先进设备和现代工艺改造优化传统产业，加快发展新能源、新材料、生物医药、节能环保、文化创意等战略性新兴产业，重点提升长沙、株洲、湘潭、益阳高新区和岳阳、常德、宁乡经开区等国家级园区发展水平，带动产业结构优化升级和发展方式加快转变。

2. 实施基础设施建设工程

按照“一体规划、突出‘两型’、统筹协调、适度超前”的要求，加强交通、水利、能源、生态、信息和城市设施建设，构建布局合理、功能完备、安全高效、集约利用、统筹协调的现代化基础设施体系。加快推进核心区城际干道网、高速公路网和城际铁路网，以及高铁、机场、港口、河道建设，着力构建便捷、安全、高效的综合交通体系。加大城镇基础设施建设力度，增强城镇产业和要素承载功能，形成“布局合理、功能完备、特色鲜明、承载力强”的城市基础设施体系。

3. 实施节能减排全覆盖工程

以节能减排在线管理为突破口，深入开展“万家企业节能行动”，逐步推广合同能源管理，促进建筑、交通、商业、民用等领域的节能推广，在全国率先形成节能减排考核评价、行业标准、用能标准和设计规范等系统管理的体制机制。积极探索排污权、碳排放权有偿使用和交易试点，着力推动节能减排的标准化、信息化、市场化。

4. 实施湘江流域综合治理工程

积极构建湘江、洞庭湖为主体的区域生态环境安全体系，建立区域协调统一的环境保护联动机制、洞庭湖区和湘江生物入侵预警预防机制、湘江治理问责机制。坚持以保护饮用水源安全为主要目标，实施湘江流域水污染综合整治新的行动计划，推进重金属污染治理、流域截污治污、城市洁净、农村环境污染治理、生态建设等工程建设，加大生态补偿力度和环保执法力度，促进两岸生态修复。

5. 实施示范区建设推进工程

坚持以体制机制创新、基础设施建设、产业布局优化和发展为重点，推行部省共建、省市共建、省企共建、中外共建等模式，进一步加快五大示范区和十八个示范片区建设步伐，努力把示范区打造成为加快经济发展方式转变的示范区、引领区和新的核心增长极。

6. 实施城乡统筹示范工程

加快实现城乡规划全覆盖，协调城乡产业布局，统筹城乡建设用地，推动城市道路、供水、污水和垃圾处理、园林绿化等基础设施向农村延伸，统筹城乡就业、养老、医疗、最低生活保障制度和社会救助体系，加快土地流转和户籍制度改革，促进农民向市民转变，以“两型”村镇建设带动新农村建设。

7. 实施综合交通运输一体化工程

加快长株潭三市城际公交一体化运营、公共交通资源共享、城乡公交一体化、同城公用事业缴费一卡通及干道站场等建设，实现三市公交出行同城同享。加快长株潭城际铁路、核心区城际干道等重大项目建设，建设完善的公共交通枢纽。

8. 实施三网融合和数字湖南建设工程

抢抓长株潭城市群入列国家首批三网融合试点地区的机遇，大力发展新型通信信息产业，形成初具规模的“三网融合”全业务产业链，加快智能电网、物联网、云计算应用、“两化融合”、地理信息系统、智慧城市发展步伐，推动湖南进入发展智慧经济的前沿高地。

B.3 大胆改革创新　加快推进“两型社会”建设

张文雄*

加快建设“两型社会”，在全国率先走出一条“两型社会”建设的路子，是湖南省第十次党代会作出的重大战略部署，是“十二五”的重大战略任务，事关全局，意义深远。

长株潭试验区获批4年多来，在湖南省委、省政府的坚强领导下，全省上下大力推进“四化两型”建设，大胆探索、改革创新，“两型社会”建设从理论构想变成全省共识，从顶层设计变成实际行动，完成了第一阶段的任务。第二阶段就是要在改革创新中加快“两型社会”建设，以改革创新创造新经验、取得新成效、求得新进展，在全国率先走出一条“两型社会”建设的路子。

一　坚持以科学发展观总揽“两型社会”建设

科学发展观是建设“两型社会”的重要指导思想。坚持以科学发展观为指导，统筹推进试验区改革建设，就是要在科学发展中推进“两型社会”建设，在“两型社会”建设中实现科学发展。

建设“两型社会”是科学发展观的根本要求。“两型社会”建设第一要义就是发展。没有发展谈不上“两型社会”建设。“两型社会”建设核心就是以人为本，回答为谁发展和依靠谁发展的问题。“两型社会”建设基本要求就是全面协调可持续，是人与自然相和谐、经济社会发展与资源环境相协调的可持续的经济社会发展形态。在“两型社会”建设中，把资源节约、环境友好的要求落实到

---

* 张文雄，中共湖南省委常委、长株潭两型社会建设综合配套改革试验区工委书记。

社会生产、建设、流通和消费的各个领域，落实到经济社会发展的各个方面，其根本方法必须是统筹兼顾。因此"两型社会"建设，本质是科学发展，是贯彻落实科学发展观的生动实践。

建设"两型社会"是又好又快发展的具体体现。"两个加快"发展要快，"两个率先"发展为先。"两型社会"建设同科学发展相辅相成。"两型社会"建设不是限制发展，而是促进又好又快发展。没有发展就没有"两型社会"建设，没有"两型社会"建设，也就没有又好又快发展。"两型社会"建设倡导的是科学、安全、生态、高效、可持续的发展，是低成本的发展。要切实端正"超前论"的思想认识，"两型社会"建设是无法回避的突出问题，是不可逾越的历史阶段，早建设、早受益。要切实端正"吃亏论"的思想认识，实践已充分证明，"两型社会"建设争取了国家的政策支持，避免了走"先污染后治理"的老路，功在当代、利在千秋。要切实端正"无用论"的思想认识，随着工业化、农业现代化和城镇化进程的加快，资源和环境已成为发展瓶颈。湖南人均资源占有水平较低，生态功能脆弱，节约资源、保护环境始终是突出任务。

建设"两型社会"是湖南的必然选择。选择什么样的发展模式，实际上是文化之争、价值观念之争、不同的生活理念和不同的责任态度之争。湖南人历来有"心忧天下"的人文情怀，有"敢为人先"的首创精神。"两型社会"建设，是对世界的持久性以及子孙后代福祉抱有深切关怀的体现，是最具人文价值和道德关怀的一种发展模式，是与"心忧天下、敢为人先"的湖湘文化和人文精神紧密联系在一起的。湖南省山清水秀，水资源丰富，森林覆盖率高，生态环境好。这是湖南最大的优势、最大的财富、最大的潜力。湖南最具建设"两型社会"得天独厚的基础条件。

二　坚持以改革创新推进"两型社会"建设

长株潭城市群"两型社会"建设综合配套改革试验区建设，核心是改革。改革是试验区的根和魂。没有改革，就没有试验区；没有改革，试验区就没有出路。试验区允许试，决不允许不改革。近几年，长株潭试验区在改革创新上进行了有益探索，取得了一些突破，创造了不少经验。要认真总结已有的经验，把改革创新作为试验区的抓手，用好先行先试这个大政策，大胆地改、大胆地试、大胆地闯，力求取得新的突破。

一是要积极争取，大胆先行先试。试验区作为一种探索，最大的政策和优势就是先行先试。大胆探索改革经验，既是长株潭试验区的重大任务，也是试验区的重要目的。要积极争取国家支持，大力推进资源环境、财税、投融资等方面的改革。要围绕资源节约、环境保护两大主题，积极争取环境税制改革、碳交易改革等国家改革试点放在湖南，先行先试，大胆探索。

二是学习借鉴，用好外地经验。“他山之石，可以攻玉”。国家已经先后批准上海浦东新区、天津滨海新区、四川成都城乡统筹发展、武汉城市圈“两型社会”建设、山西资源型经济转型等13个综合配套改革试验区，各地都探索了一些很好的经验，我们要善于学习借鉴外地成功的经验。比如，如何充分发挥市场配置资源的基础性作用，让生产要素流动起来，依靠市场的力量推动“两型社会”建设，这是“两型社会”建设的一个重要课题。武汉光谷联合交易所是一种成功的探索，已基本形成了“八所一会”的格局。“八所”就是八大专业交易平台，即企业国有产权交易、文化产权交易、行政事业资产交易与金融资产交易、知识产权交易、环境资源与排污权交易、法院涉讼资产交易、城市矿产资源交易、非上市公司股权托管与交易等，“一会”就是武汉企业自愿碳减排协会。我们可以学习借鉴他们的做法，坚持“横向联合、纵向联动”，整合湖南省各类产权交易市场，组建全省集物权、产权、债权、股权交易于一体的综合性交易市场，成为多层次资本市场的基础平台，成为湖南省重要的区域性要素市场平台，激活产权市场，促进要素资源优化配置。

三是顶格放权，释放政策存量。加快发展，必须积极争取政策支持，但确实也存在用足政策存量的问题。现实的情况是，一方面苦于政策少，另一方面大量的政策又束之高阁，不敢用、不会用的问题比较普遍，以致政策的效应没有得到充分发挥。近些年，湖南省同中央和国家部委签订的省部共建协议不少，真正把这些协议落实好，就是一笔巨大的财富。因此，一方面要在争取政策上做文章，更重要的是要在用够用足政策上下功夫。

三　坚持以重大项目带动“两型社会”建设

“四化两型”项目先行。项目是发展的载体，抓科学发展必须抓大项目、好项目。“两型社会”建设同样要靠抓大项目、好项目。离开项目这个载体，“两

型社会”建设就会失去抓手。要把“两型社会”建设落实到项目上，按照“两型”的要求，加快建设一批两型产业项目、基础设施项目、环境整治项目和生态建设项目，以项目建设带动“两型社会”建设。

按照“两型”要求加强项目建设，必须坚守“两条底线”、健全“两大机制”。“两条底线”是决不能以牺牲资源、环境为代价换取一时发展，决不能以牺牲人民根本利益为代价换取一时发展。“两大机制”是产业准入和退出机制。建立产业准入机制，严格执行投资项目用地、节能、环保、安全等准入标准，凡新上项目必须符合“两符三有”（符合国家产业政策、符合国家节能减排要求、有市场、有规模、有效益）要求，切实做到新上产业项目不放松环保要求，承接产业转移不降低环保门槛，扩大产业规模不增加排放总量。建立产业提升和落后产能退出机制，对高污染、高耗能、高排放的产业项目，该改造的坚决改造，该关的坚决关，该停的坚决停，该并的坚决并，该转的坚决转，坚决淘汰一批落后产能。

四　坚持以法律制度保障“两型社会”建设

资源环境问题日益成为制约经济社会发展的重要瓶颈，环境权益、生态利益日益成为人民群众关注的热点。建设“两型社会”、解决环境问题、维护群众的环境权益，必须上升到法治的高度。依靠法治保障来推进“两型社会”建设，提高“两型社会”建设的法治化水平。

一是加强地方立法。湖南省高度重视“两型社会”建设方面的立法，在全国率先颁布实施了《湖南省人民代表大会常务委员会关于保障和促进长株潭城市群资源节约和环境友好社会建设综合配套改革试验区工作的决定》和《湖南省长株潭城市群区域规划条例》。要围绕省委“四化两型”战略的实施，加强自主性、创新性立法，重点加强促进经济发展方式转变、推进“两型社会”建设和生态文明建设、统筹城乡发展等方面的立法。开展针对试验区改革建设的专项立法，尽快颁布实施《长株潭生态绿心保护条例》、《湘江资源保护条例》、《长株潭城市群“两型社会”建设综合配套改革试验区促进条例》，进一步完善地方法规，强化“两型社会”建设的法制保障。

二是加强资源环境执法。推进资源环境行政执法体制改革，探索在资源环境领域开展相对集中行政执法处罚权、相对集中行政许可权等工作，实行综合执法，整合执法资源，提高执法效能。加强执法协调，探索建立区域环境监管联动机制，推进执法手段和机制创新。加大资源环境执法力度，严格实行资源环境执法问责制。探索建立环境公益诉讼制度，探索设立长株潭资源环境保护专门法庭，强化对资源环境的司法监督，有效保护生态环境，维护公民的环境权益。完善环保信息公开和公众参与机制，增强公众资源环境意识，加强对资源环境的监督。

三是加强法律服务。2011 年湖南省选聘了 38 名国内外、省内外优秀的法律专家、律师，组建了湖南省法律顾问团。要充分发挥法律顾问团的作用，整合法律服务资源，健全法律服务体系，加强法律服务市场监督，积极为“两型社会”和生态文明建设提供法律服务。

五　坚持凝心聚力共推“两型社会”建设

“两型社会”建设人人有责、人人受益。坚持“两型社会”建设为了人民群众、依靠人民群众、造福人民群众，充分发挥人民群众的主体作用，广泛调动人民群众建设“两型社会”的积极性、主动性、创造性，形成全民共建共享“两型社会”的强大合力和浓厚氛围，共同推动“两型社会”建设。大力推进水、电阶梯价格改革，推动节约型社会建设。充分发挥科学技术在“两型社会”建设中的巨大作用，探索建设智慧城市、智慧校园、智慧家庭，让“两型社会”走进千家万户，让广大人民群众切身感受到“两型社会”建设带来的变化，享受到“两型社会”建设的成果。充分发挥湖南省“出版湘军”、“广电湘军”、“动漫湘军”的优势，利用报纸、广播、电视、网络等媒体，采取短信、动漫等多种形式，广泛开展“两型社会”建设宣传教育活动，使“两型”理念更加深入人心。围绕节约资源、保护环境、绿色消费等主题，广泛开展多形式、多层次的“两型社会”建设主题实践活动，组织动员全体社会成员参与到“两型社会”建设的实践中来，使“两型社会”建设成为每个公民的自觉行动。广泛开展“两型”机关、“两型”企业、“两型”园区、“两型”社区、“两型”乡镇等示范创建活动，把“两型社会”建设的目标任务落实到每个单位、每个家庭。集中支持建设一批示范工程，总结推广一批“两型”示范模式，充分发挥其在生产、生活和消费领域的示范带动效应，带动形成“两型”生产方式、“两型”消费模式、“两型”生态环境，巩固扩大“两型社会”建设的整体成效。

B.4

2011～2012年湖南“两型社会”发展报告

湖南省人民政府经济研究信息中心课题组*

2011年是长株潭城市群“两型社会”试验区建设进入第二阶段的起步之年，也是“两型社会”建设向全省纵深推进的开局之年。在湖南省委、省政府的正确领导下，全省上下围绕“四化两型”和“四个湖南”建设，突出“两型”主题，强化体制机制创新，建设八大工程，通力协作、扎实推进，试验区改革建设取得显著成效，全省“两型社会”建设实现良好开局。2012年，湖南“两型社会”建设面临难得发展机遇，要进一步创新体制机制，突出“两型”产业发展，加强生态环境保护，扩大开放合作，营造“两型”氛围，全面推进全省“两型社会”建设。

一 2011年湖南省“两型社会”建设的主要成就

（一）“两型社会”建设实现成功转段

长株潭城市群“两型社会”试验区改革建设经过三年努力，以取得“四个重大”（重大突破、重大成就、重大影响、重大效益）为标志，“两型社会”建

* 课题组组长：梁志峰；课题组成员：彭蔓玲、刘琪。

设有了实质性进展，圆满完成第一阶段目标任务。立足第一阶段改革建设取得的成效，全面谋划了下一阶段试验区改革建设及全省“两型社会”建设工作。湖南省第十次党代会明确提出了加快建设“两型社会”，在全国率先走出一条“两型社会”建设的路子的战略任务，全省“两型社会”建设推进大会确立了突出六个更加注重、体现六个结合、推进六项重点工作、实施八大工程的总体工作思路，《中共湖南省委湖南省人民政府关于加快长株潭试验区改革建设全面推进全省两型社会建设的实施意见》，为新的阶段全省加快“两型社会”建设明确了行动路线图。湖南“两型社会”建设实现了工作成功转段。

（二）推进机制建设明显加强

一是进一步强化“省统筹、市为主、市场化”的推进机制，明确了全省各级各部门推进“两型社会”建设的目标任务，形成了从省到市再到示范区强化拓展领导体制的工作格局，成立了长株潭试验区工委、管委会，试验区工作推进机制进一步完善。二是开展专项执法检查，省人大开展了“一条例一决定”执法检查，第一次将“两型社会”建设中的具体任务交由省人民政府落实。三是规划和标准体系进一步完善，编制完成了46个专项规划、综合规划，颁布实施12个“两型”标准和9项地方节能减排标准，出台了《长株潭城市群生态绿心地区总体规划》。四是加强了部省共建合作关系，与39个部委建立了合作关系，形成了国家部委聚焦试验区改革的新局面。试验区先后被列为全国新型工业化产业示范基地、“两化”融合试验区、综合性高技术产业基地和三网融合试点地区等，搭建了试验区改革发展的重要平台。五是形成了全民参与的浓厚氛围，积极推进科学评价考核，通过“两型”展览馆、媒体与活动推介，广泛宣传“两型”知识，大力倡导“两型”消费理念，营造了“两型社会”建设的浓厚氛围。

（三）体制改革创新取得新进展

一是资源节约体制创新。全面推进节地、节能、节水、节材，加大闲置土地清理力度，坚持连片供地、有序供地、计划供地，全面提升土地价值。长沙市颁布《长沙市节约能源办法》，成为全省第一部有关节能工作的地方性政府规章，长沙市阶梯式水价和超计划累进加价制度已正式出台实施。

二是环境保护体制创新。积极推进排污权交易试点，株洲电厂与湖南省排污

权交易中心签订了湖南省第一份主要污染物排污权交易合同，成为全省首个排污权交易转让方。长沙城区开征生活垃圾处理费取得突破，开征垃圾处理费获批，将对垃圾处理费与水费合并征收。

三是城乡统筹体制创新。积极推进户籍制度改革，推进统筹城乡社会保障（养老、失业、医疗、工伤、生育保险、最低生活保障），长沙率先实现全市城乡医疗保障全面并轨，重点推进保障性住房建设，保障流动人口的安居需求。

四是投融资体制创新。积极探索资产证券化改革，积极发展创业投资引导基金、股权投资基金，加快湖南股权交易所等多层次资本市场建设。

五是行政审批制度创新，完善“五统一分”管理体制，继续减少审批事项、优化审批流程、缩减审批时限、提高审批效能。

六是研究形成需要国家有关部委支持突破的重要体制机制改革事项21条，得到国家发改委肯定。

（四）示范区改革建设成效显著

一是示范区建设发展明显加快。2011年，编制完成了《环长株潭城市群两型社会示范区建设工程实施方案（2011～2015年）》，支持郴资桂一体化示范带建设“两型社会”省级示范点，鱼形山示范区改革建设方案、片区规划和土地利用规划已获省政府批准，初步确立了一批战略合作投资者。示范区投资大幅增长，长沙大河西、湘潭九华、株洲云龙、益阳东部新区、岳阳城陵矶等示范区来势十分强劲，“两型”产业发展提速、改革创新亮点纷呈，部分示范区主要经济指标年均增速45%以上，涌现了宁乡经开区等一批“两型”园区典型，核心增长极作用逐步显现。

二是“两型”示范创建催生了一批示范性、推广性较强的建设模式。根据“两型”性、示范性、推广性的总体要求，在全省遴选了201个“两型”示范创建项目和单位，涵盖园区、企业、城乡、学校等多个领域，省市给予重点指导和支持，形成了一批经验模式和技术。比照长沙大河西先导区2号公章的做法，湘潭九华、株洲云龙示范区争取省政府批准行使部分市级管理权限。株洲作为老工业城市的“两型”城市建设在全国产生了典型性的影响；长沙农村环保自治、株洲攸县城乡环境综合治理、湘潭环境治理在线监测等一批成功经验和模式，促进城乡环境面貌焕然一新。这些经验模式，为第二阶段全面推进全社会生产、生活、消费方式的转型升级奠定了基础，树立了样板。

（五）长株潭试验区核心带动作用进一步增强

一是要素聚集能力明显增强。首先表现在对资金等生产要素的集聚效应，2011年，一批重大“两型”项目落户试验区，成功引进了北控水务、中国建筑等战略投资者参与鱼形山高端三产项目建设。其次表现为政策集聚效应进一步凸显，部省合作更加密切，与39个国家部委和75家央企达成战略合作框架协议，争取国家在试验区布局实施50多个改革试点，形成了各方聚焦试验区改革建设的新局面。

二是试验区发展速度和质量明显高于全省平均水平。2011年，长株潭三市地区生产总值占全省的比重达到41.2%。2011年前三季度，长株潭三市地区生产总值同比增长14.0%，高于全省平均水平1.1个百分点；高新技术产业增加值同比增长33.4%，高于全省平均水平3.7个百分点；长、株、潭三市单位规模工业增加值能耗分别下降11.0%、12.37%和11.58%，分别快于全省平均水平1.87个、3.24个和2.45个百分点。

（六）产业“两型”化发展进展明显加快

2011年，湖南三次产业结构为13.9∶47.5∶38.6，第一产业比重同比下降0.6个百分点，第二产业比重同比提高1.7个百分点。工业增加值占GDP比重达到41.2%，同比提高1.9个百分点，对经济增长贡献率达到56.1%。全省研发经费支出占GDP比重为1.05%，比上年提高0.03个百分点。高新技术产业增加值占GDP比重达到14.7%，同比提高2.5个百分点，高新技术产品出口增长38.3%。

高效农业发展势头较好。大力发展标准化规模养殖，全省年出栏500头以上规模养殖场（户）达到2.2万户。2011年，规模以上农副食品加工业增加值增长20.9%，食品产业利润增长58.9%。一批农业生产技术和新品种获得突破和转化，如超级稻第三期高产目标攻关获得成功，实现百亩片产926公斤/亩。休闲农业加速发展，全省休闲农业企业接待游客4000万人次，增长24%，经营收入增长25.2%。

工业“两型”化发展步伐加快。高加工度、高技术产业快速成长，全省高新技术产业和技术改造投资分别增长28.3%和37.2%，规模工业中高加工度工业增加值、高技术产业增加值分别增长28.8%和32.4%，增加值占全部规模工业增加值的比重分别达到33.7%和5.3%，同比分别提高1.7个和0.7个百分点。六大高耗能行业投资增速回落18个百分点，增加值占全部规模工业的比重

同比下降0.2个百分点。战略性新兴产业蓬勃发展，设立省战略性新兴产业科技攻关和重大科技成果转化专项，安排1.3亿元支持战略性新兴产业科技创新。2011年，七大战略性新兴产业增加值增长31.1%，比GDP增速快18.3个百分点，增加值占GDP的比重达到10.7%。千亿产业新增了信息产业，达到8个，主营业务收入占全省规模工业的比重超过80%，新能源等“两型”产业规模迅速壮大。过亿企业大幅增加，过10亿元、过50亿元和过100亿元的工业企业，分别为202家、26家和12家，比上年分别增加68家、6家和1家。工业集聚集群发展程度提高，省级以上产业园区规模工业增加值增长23.3%，高于规模工业平均水平3.2个百分点。

现代服务业发展态势良好。物流、金融等生产服务业快速发展，2011年生产性服务业增加值对经济增长的贡献率达到13.3%。

（七）节能减排和环境保护取得新成效

一是节能减排力度进一步加大。113家企业列入国家关闭小企业计划。实施节能减排科技支撑行动，2011年全省规模工业单位增加值能耗下降9%。污染减排目标考核进一步强化，按照环保部核算结果，2011年湖南二氧化硫排放总量较2010年下降3.41%，化学需氧量排放总量下降2.7%，氨氮排放总量下降2.68%。湖南确定的约束性指标重金属铅累计净削减2.6吨，较2010年下降4.81%。除氮氧化物未能实现计划目标外，化学需氧量、氨氮、二氧化硫、铅均超额完成年度减排目标。

二是生态环境保护取得新成效。2011年全省重点生态功能区保护和建设进展顺利，完成退耕还林94.2万亩，森林覆盖率稳定在57.13%。启动湘江重金属污染治理。2011年3月国务院批准了《湘江流域重金属污染治理实施方案》，这是全国第一个获国务院批准的重金属污染治理试点方案，株洲清水塘、湘潭竹埠港、衡阳水口山、长沙七宝山、郴州三十六湾、娄底锡矿山、岳阳原桃林铅锌矿等七大重点区域被列为重点。国家重金属污染防治工程技术研究中心布局湖南，这是全国在重金属污染治理方面的首个国家级科技平台。

三是城乡环境整治取得新突破。湖南农村环境连片整治纳入国家试点，攸县城乡环境综合治理获得广泛赞誉。2011年，全省城镇生活垃圾无害化处理率达65.4%，为年度目标任务的116.8%。建设农村清洁工程示范村103个，为年度

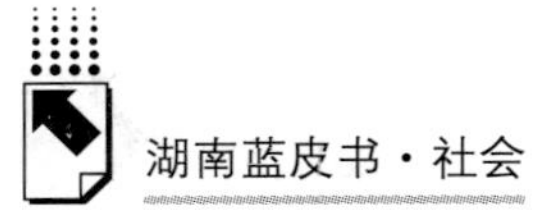

目标任务的103%。新建农村沼气池13.17万个，完成年度目标任务的109.7%。解决319.61万人农村居民的饮水安全问题，完成年度目标任务的106.5%。

二　湖南推进“两型社会”建设面临的机遇与制约

（一）湖南推进“两型社会”建设面临的机遇

1. 金融危机后全球性的转型调整为湖南“两型社会”建设提供了良好的外部环境

国际金融危机后，面对全球气候变化和资源环境瓶颈的制约，世界各国发展方式、消费方式、生活方式、经济结构、产业结构都面临着一次全新的变革，全球范围内的结构调整、产业优化步伐进一步加快，世界经济正朝着绿色能源、低碳经济的方向发展，因此节约资源能源、保护生态环境、发展低碳和绿色经济已经成为全球各国的共识和竞争的焦点。作为中部科教大省的湖南，人才优势突出，科教基础在中部六省乃至全国排名都较为靠前，这给湖南抢抓变革机遇，加快经济社会发展，提供了有利条件，有利于湖南吸引更多的高新技术、高端人才和先进管理经验，加快推进“两型社会”建设。

2. 国家区域协调发展战略及跨省区合作日益密切，为湖南“两型社会”建设提供了更宽的发展空间

近年来，国家在促进区域协调发展方面，制定和出台了很多政策措施，促进区域协调发展被提到了前所未有的高度，这给处于中西部地区的湖南后发赶超提供了有力的政策支持。与此同时，我国跨省区域合作日益频繁和密切，长三角、泛珠三角、环渤海湾、北部湾等区域经济协作和技术、人才合作已经初显“1+1>2”的奇妙效应。近年来，湖南参与“泛珠”合作、对接长三角都取得了丰硕的成果。2012年2月湖南、湖北、江西三省签订了《加快构建长江中游城市集群战略合作框架协议》，标志着三省开始着手构建互利共赢、长期稳定的区域合作关系，打造中国经济新的增长极。日益密切的跨省区域合作将给湖南“两型社会”建设提供更多的合作发展空间。

3. 环长株潭、湘南、大湘西三大区域发展相继进入国家战略层面，为湖南“两型社会”建设注入强大动力

2011年10月，湘南承接产业转移示范区正式获批成为国家级承接产业转移

示范区，这也是湖南继长株潭城市群“两型社会”综合配套改革试验区之后第二个纳入国家层面的区域规划。2011 年 11 月 15 日，武陵山片区区域发展与扶贫攻坚试点启动会在湘西吉首市召开，连片特困地区将作为我国今后十年扶贫攻坚的主战场。同时《武陵山片区区域发展与扶贫攻坚规划（2011～2020 年）》也已获得国务院批复，这标志着武陵山综合开发全面进入国家级战略开发。

环长株潭、湘南、大湘西三大区域经济板块相继进入国家战略层面，使这三大板块即将形成湖南未来发展的“三足鼎立”，促进湖南各区域共生崛起，推动“两型社会”建设在全省全面深入展开。

4. 省内支撑“两型社会”建设的基础日益坚实

经过改革开放 30 多年来的快速发展，特别是近年来的科学跨越发展，湖南经济社会发展已进入加速发展新阶段，2011 年经济总量接近 2 万亿元，连续四年跻身全国十强，综合经济实力显著增强，同时，“两型社会”建设的推进机制不断完善，“两型”理念日益普及，“两型”氛围正在形成，这些，为加快推进“两型社会”建设提供了有力的基础支撑。

（二）湖南推进“两型社会”建设面临的困难和制约

1. 经济结构调整的任务仍然较重

湖南工业化水平不高，自主创新能力有待继续加强，经济增长内生动力不强，经济外向度不高，长期形成的结构性矛盾和粗放型增长方式尚未根本改变等问题依然制约着发展。

一是产业结构有待进一步优化。2011 年湖南第一产业占 GDP 比重为 13.9%，比全国平均水平高 3.8 个百分点。农业中粮食和生猪产值比重超过 50%，且产业化程度不高。工业总体规模不大，结构仍待优化。2011 年工业增加值占 GDP 比重为 41.2%，在中部六省中居末位，比居首位的河南省低了 11.7 个百分点。六大高耗能行业增加值占比近 35%，远高于全国平均水平，规模工业增加值居前 5 位的大类行业中，有三个是高耗能行业。以钢铁、有色、化工、建材为主体的传统重化产业还占据重要地位，电子信息、生物医药、新材料和新能源等新兴产业实力尚不够强，2011 年，湖南高新技术产业增加值只有湖北的 1/6、安徽的 1/5 左右。企业实力不强，规模工业企业户均资产总额仅相当于全国平均的 71.9%，湖南上榜中国企业 500 强的只有 7 家。产业集聚集约水平不高。全省仅有3个产值过千亿元的产业园区，园区工业增加值占比不足四成，发展水平远低于发达省份。服务业中现代服务业的比重较低，如信息传输、计算机服务和软件业增加值占服务业增加值的比重约为5%，比全国平均水平低1个百分点以上；金融业比重约为7%，比全国低4个百分点。

二是综合科技创新能力依然有待加强。一方面，政府科技投入不足，2011年湖南R&D经费支出只占GDP的1.05%，比全国1.83%的平均水平低了0.78个百分点。另一方面，湖南的科技成果转化率、大中型工业企业拥有专利数、技术转移、大中型工业企业研发人员增长率等指标也明显低于全国平均水平，制约整体创新能力的提高。

三是经济外向度不高。2011年湖南进出口总额为190亿美元，外贸依存度只有6%左右。2011年长株潭城市群进出口总额为118.44亿美元，占到全省的62.3%，但是这一数据只相当于同处中部的武汉市的51.9%，长株潭城市群的外贸依存度也只有9%左右，与全国平均水平差距很大。湖南在如何更好地利用国内国外两个市场，国内国外两种资源为“两型社会”建设服务上还有很大的潜力和发展空间。

2. 资源环境约束趋紧

湖南推进“两型社会”建设，既要发展，又要“两型”，能否将发展经济与保护环境更加紧密地协调统一起来，面临双重压力。

资源约束主要表现在：一是能源资源严重匮乏，供需矛盾突出。2011年湖南能源对外依存度55%左右，长株潭地区90%以上的能源需从外地调入。目前，湖南正处在工业化、城镇化加速推进时期，也是能源需求旺盛期，2011年全省最大电力供应缺口25%左右，总体来看，高峰时段电力缺口达到20%的紧张局面短期内难以改变。能源紧张的问题已经严重制约着湖南的发展。二是土地资源严重不足。湖南人均土地面积不到全国水平的一半，2011年仅160个重大项目用地需求就达1.8万公顷，而国家下达湖南用地计划仅为1万公顷，用地缺口8000公顷。按照规划，“十二五”期间，湖南省预计需要用地8万公顷以上，但国家分配湖南省只有约4万公顷的用地指标。土地越来越成为制约发展的瓶颈。三是水资源虽然比较丰沛，但开发利用率不高，仅为19.3%，且用水浪费严重，污染没有得到有效遏制，存在严重的季节性缺少。

环境约束主要表现在：一是减排压力大。主要污染物减排总量是国家下达的

指标，到2015年，湖南省化学需氧量、氨氮、二氧化硫和氮氧化物的绝对削减量，要分别达到2010年的36%、40%、28%和29%，才能完成国家确定的目标，消化增量，削减存量，压力很大。湖南火力发电机组脱硝设施建设滞后，脱硝价格未到位，机动车保有量大幅增加，导致氮氧化物排放增加，2011年比上年增长10.21%。同时，生活污水和工业废水的排放量逐年增加，部分污水处理管网不配套，导致水环境问题日益严重。二是重金属污染隐患仍然突出。湖南铅、镉的排放在重金属污染物中所占比重达到80%、90%，致使一些河流、土壤存在较严重的环境安全隐患。并且涉重金属产业布局不合理，生产工艺、设备落后，历史遗留废渣、尾矿在短时间内难以消化、治理到位，容易引发污染事故。三是农业源特别是畜禽养殖污染治理任务繁重。畜禽养殖场量多面广，多数规模化畜禽养殖场（养殖小区）全过程综合治理减排工程仍未正式启动。

3. 体制机制创新难度加大

试验区成立三年多来，虽然一些关键领域的改革已经取得了较大突破，但从总体上来看，改革仍然有待进一步深化，体制机制有待进一步创新。

一是地方政府面临改革风险、空间和成本的制约。改革进入攻坚阶段，难度加大，复杂性和风险增强。虽然国家赋予试验区先行先试权，但由于许多领域的体制机制改革都涉及中央部委相关法规，留给地方政府改革的自由度相对较小。而且在一些关键领域，如污染企业退出、土地管理、生态补偿机制建设等，改革成本大，牵涉面广，单靠地方力量难以切实推进。同时，一些地方把推进“两型社会”建设的主要着力点放在向上争取政策支持上，期望国家和省给予更多的政策优惠、更大的项目倾斜、更多的资金投入，先行先试和敢闯敢试的意识不强、动力不足。

二是市场化运作效率还有待提高。目前，长株潭“两型社会”建设，通过积极创新融资模式、拓宽融资渠道，很大程度上改变了传统的政府独家投资的格局。但由于行政性垄断尚未根本打破，社会资本进入“两型社会”建设的渠道仍然不够通畅，投资往往出现政企不分、行政审批代替投资决策等现象，导致投资项目过多体现政府意愿，盲目追求短期、高效益产业，最终表现为部分资金回收困难，投资效益不高。

4. 工作合力有待进一步强化

湖南“两型社会”建设的推进机制是“省统筹、市为主、市场化”，在“省统筹”层面上，由于城市群中包含着不同的利益主体，追求地方利益的最大化是不同利益主体的自然选择，如何通过规划、分工、合作，实现城市群整体利益最大化，是一大难点。在“市为主”的层面上，目前绩效评估体系，对“两型”建设仍然缺乏刚性约束，地方政府参与的积极性尚需进一步调动。

一是行政区划体制下地方利益与区域经济一体化的矛盾日益突出，存在形成统一市场和产业一体化的体制障碍。如在金融、土地、劳动力、产权转让等方面还难以形成区域统一的大市场。

二是资源要素优化配置合力有待加强。当前仍存在不合理的部门准入限制，社会事业领域改革滞后，城乡二元结构矛盾突出，乡村发展越来越落后于城市，户籍管理、社会保障、子女入学等问题制约了城镇化进程。

三是区域协调发展的政策措施还不完善。如财税管理体制上的不配套，直接导致区域内城市间招商引资的不良竞争和产业结构趋同等问题。

三　进一步推动湖南“两型社会”建设的对策建议

（一）加快体制机制创新

2012 年，湖南“两型社会”建设进入纵深推进阶段，体制机制创新的任务更加繁重。要重点在资源节约、环境友好，以及社会管理、要素聚集、市场运作等方面寻求新突破。

一是加快研究制定长株潭“两型社会”试验区促进条例、长株潭生态绿心保护条例等相关地方性法规，从法制层面为“两型社会”建设提供更加有力的保障。

二是在重点领域和关键环节大胆尝试、勇于突破。资源环境管理方面，进一步推进水、电、煤、油、气等资源性产品价格激励机制改革，加快节能减排在线监测向重点领域、单位推广，探索建立湘江流域水环境保护的合作机制和重点区域生态补偿机制，开展生态补偿工作，开展绿色保险试点。继续推行排污权交易，探索开展节能交易、碳排放和碳汇交易等。土地管理方面，建立工业园区和工业用地预申请制度，强化土地使用投入产出的门槛约束机制和检查机制，实施差别化用地政策。财税管理与投融资方面，开展环保税试点，改革资源税制度；壮大“两型社会”建设投融资平台，加快组建 OTC 市场，研究发行湘江治理债券；推进知识产权质押贷款试点，创新中小微型企业融资渠道。行政管理方面，

进一步规范精简行政审批事项，优化审批流程，提高行政效率，推进示范区行政区划及管理体制改革，探索行政托管等模式。

三是推行“两型”标准体系和认证制度，加快建立“两型”考核监督机制。深入开展“两型”示范工程项目、“两型”示范单位创建活动，规范创建标准，把“两型”示范创建和文明创建结合起来。建立全省统一的“两型社会”建设统计监测评价体系，创新考核方法，注重过程考核和动态考核，将“两型社会”建设考核结果纳入领导干部政绩考核。落实节能、节水、环保产品消费政策，倡导绿色消费理念，加强公众利益表达机制建设，提升公众参与度，引导群众自觉融入“两型”，形成全社会参与“两型社会”建设的良好氛围。

（二）突出发展“两型”产业

一是加快推进“两型”产业发展。大力发展先进制造业、绿色建筑业、生态农业、环保型产业和现代服务业，推动产业向低消耗、低污染、经济效益高、生态效益高、社会效益高方向发展。

推进传统产业向高新化方向发展。加大技术改造和兼并重组，引导资源、技术等要素向符合“两型”要求的传统优势产业集聚。坚持创新驱动，广泛应用先进适用技术、信息技术和“两型”技术改造提升传统产业，大力促进信息化与工业化深度融合，增强新产品开发能力和品牌创建能力，促进传统产业向“两型”化、高端化、品牌化发展。大力推进农业现代化，加大农业先进技术研发、推广和服务力度，大力发展节约型农业、生态型农业、效益型农业和科技型农业，提高农业规模化、集约化、产业化水平。

推进战略性新兴产业向规模化方向发展。围绕先进装备制造、节能环保、电子信息、新能源、新材料、生物医药、文化创意等战略性新兴产业，突破一批先进适用新技术、新产品、新工艺，支持“两型”关键技术的研究开发。培育一批成长性好、科技含量高、竞争能力强的“两型”产业龙头企业。引导和支持创新要素向生态企业、工业园区集聚，重点扶持绿色产业和资源节约、环境友好的生态企业发展。按照“两型”产业的要求，整合、提升已有的园区，推动工业园区由综合型向专业型转变，重点提升长沙、株洲、湘潭、益阳高新区和岳阳、常德、宁乡经开区等国家级园区发展水平。加快形成先导性、支柱性“两型”产业，使之成为带动经济结构调整和发展方式转变的先导力量，成为支撑“两型社会”建设的持久动力。

推进现代服务业向集约化方向发展。搭建政府公共服务平台，出台专门指导意见以及物流、金融、电信、运输、旅游、商务服务等各个具体行业的配套细则。运用现代信息技术加快服务业发展。着力做大做强文化、旅游优势产业，加快发展物流、金融、信息服务等生产性服务业，加快推进三网融合，推进智能交通、智能电网、智慧城市试点示范，促进信息技术向经济社会生活全方位渗透，释放信息化推动“两型社会”建设的巨大作用。

二是加快构建“两型”产业制度和技术支持体系。一方面，按照资源承载能力和环境容量限制，优化企业布局，严格准入标准，切实做到新上产业项目不放松环保要求，承接产业转移不降低环保门槛，扩大产业规模不增加排放总量。另一方面，创建“两型”产业技术研发和推广应用的公共服务平台。集中力量实施一批“两型”重大专项，突破一批“两型”核心技术。整合重点园区、高校、科研院所和企业的创新资源，促进科研设施和信息共享，构建“两型”产业技术创新联盟，建设一批“两型”相关科研成果转化和产业孵化基地。

（三）大力发展循环经济

一是推进节能、节水、节地、节材，提高能源资源利用效率。加快淘汰落后产能，推进重点行业和用能大户节能技术改造，推广先进节能技术和产品，推行合同能源管理。大力发展低碳技术，大力推广绿色建筑，加快构建低碳交通体系。实施重点节能减排工程，抓好工业、建筑、交通运输等重点领域节能减排。加强耕地保护，厉行土地集约节约利用。加强水资源节约，推进水利综合改革，建设节水型社会。加强矿产资源保护性开发和高效利用。

二是推广循环生产模式。按照“资源集约使用、产品互为共生、废物循环利用、污染集中处理”的要求，推动产业循环式组合，构建覆盖生产、流通、消费等各环节的资源循环利用体系。鼓励企业建立循环经济联合体，支持清洁生产，推行产品生态设计，强化原料消耗管理，实现内部工艺间能源梯级利用和物料循环使用，促进资源循环利用、再生利用产业化。

（四）加强环境保护与生态建设

一是加大环境保护。要严把环境准入关，严格新建项目的环境准入制度。重点推行征税收费制度改革，以防治任务重、技术标准成熟的税目为重点，积极开征环

境税。完善环保收费制度，研究逐步提高涉重金属、有机污染物收费标准，推动完善城镇污水和垃圾处理收费政策。改革环境价格政策，推动基于环境成本的资源性产品定价政策。推广新能源公交，实行黄标车辆管理。全面推广长沙县、攸县等地农村环保的经验，推进养殖场污染综合治理和生活垃圾收集处理等工程建设。完善环境社会监督机制，扩大公众对环境问题的知情权、参与权、决策权和监督权，对涉及重大环境影响的项目，通过公示、听证等形式，充分听取社会各界的意见。

二是抓好节能减排。全力推进节能减排全覆盖工程，面向全省推广节能减排在线监测，争取形成节能减排市场化、信息化、标准化的体制机制。扩大排污权有偿使用和交易试点范围，在长株潭地区全面实行、其他地区探索实行排污权有偿使用和交易。通过结构调整推动节能降耗，严控高能耗、高污染、高排放、低技术含量项目，重点突出对涉重金属企业的淘汰关闭和整合，将重金属纳入政府绩效考核。制定产业行业标准规范，对相关重点产业及行业，尽快研究制定符合实际的污染物排放等标准，逐步完善指导建设“两型社会”的标准规范体系。

三是推进生态建设。加强湘江流域综合治理，以推进湘江流域重金属污染治理为重点，着力推进株洲清水塘、湘潭竹埠港地区战略化改造、城镇污水垃圾处理等一批重大工程。建立健全生态补偿机制，利用财政转移支付、保证金等手段，推进自然保护区、重要生态功能保护区、资源开发的生态补偿，建立基于主体功能区、跨界流域、跨界断面水质目标考核的生态补偿机制，积极探索市场化生态补偿机制。

（五）扩大开放与合作

一是积极参与国际、国内区域经济合作。湖南处于内陆中部地区，只有借助区域合作的平台，结合实际合理布局，才能进一步融入世界经济潮流，实现借力发展。可以借助国家级区域合作的机制和框架，加快参与国际区域合作步伐。包括用好中国—东盟自由贸易区的平台，扩大湖南与东盟各国的贸易合作；借助“9+2”协作机制，进一步深化与香港、澳门地区的全方位合作，更多地寻找承接产业转移的突破口。同时，要进一步扩大与珠三角、北部湾经济区、长三角和中西部地区的合作。此外，要特别注重谋求“中三角”合作中的机遇。2012年两会期间，湖北省向全国两会提交了力图打造继长三角、珠三角、环渤海地区中国经济增长三极之后的“第四极”——“中三角”的构想，湖南应当在共筑中国经济第四极中积极作为，加强与鄂赣两省的经济技术交流，积极融入构建长江中游城市集群的战略合作，主动谋求新的发展空间。

二是深化部省合作。在进一步扩大部省合作覆盖面的基础上，把工作着力点放在深度推进合作共建上，更加重视推进体制机制创新，积极争取先行先试与“两型社会”建设相关的改革事项，先行先试重大的改革开放举措，力争在一些关键领域率先取得突破，最大限度地汇聚各种资源、凝聚各方力量加快湖南“两型社会”建设。

三是加强省内合作，努力形成协同推进的局面。要充分利用好湖南三大区域版块均进入国家战略、洞庭湖正在积极争取进入国家战略的重大机遇，把“两型社会”建设与区域协调发展、城乡统筹发展有机结合起来，找准定位，协同推进，加快形成长株潭核心辐射、三大区域联动、全省整体推进的格局。

（六）强化要素保障

一是强化能源保障。首先，提高自身保障能力，积极发展新能源。目前湖南水火电装机比为42∶58，水能资源开发已超过90%，水电基本无潜力可挖，重点要挖掘核能、风能、生物质能等方面的潜力。其次，拓宽能源入湘渠道。建设城陵矶煤运基地，开辟电煤运输新通道，支持省内大型煤炭企业开发省外煤炭资源；加大省外购电力度，加快“气化湖南”工程建设，加快筹建与神华集团合作共建的煤炭储备（中转）基地、电力及其他相关产业项目。第三，引导全社会节能。强化节约意识，出台鼓励节能的政策措施，大力发展绿色建筑，依法推进建筑节能、交通节能，引导商业和民用节能，从源头上降低能耗总量。

二是强化资金保障。一要努力争取国家资金。湖南已与39个国家部委签订部省合作协议，要充分发挥主观能动性，加强对接，将合作协议中已有的相关政策落实到项目和资金上。二要切实发挥财政资金“四两拨千斤”的效应。省“两型社会”建设引导资金要重点支持“两型”示范创建工程等，通过财政资金的引导，撬动社会资金的参与。三要加大招商引资力度。适时推出优质项目，加大对外招商引资、战略合作和资本重组力度。放宽市场准入，创新投融资方式，推行BOT、BLT、BOO等投融资模式，扩大外源性资金投入。四要积极搭建和完善投融资平台。进一步开阔视野，更加注重发挥市场作用，利用“两型”产业投资基金、创业风险投资基金等各种融资平台，拓展银行金融机构、资本市场等多种融资渠道，广泛吸引社会资金投入“两型社会”建设。

部 门 篇

Department Reports

B.5

加快长株潭试验区改革建设 全面推进全省“两型社会”建设

徐湘平 *

一 贯彻“四化两型”，“两型”建设取得新的突破

2011 年，湖南全力实施“四化两型”战略，加快推进试验区改革建设和全省“两型社会”建设。推进工作有新的举措，“两型”产业有新的发展，“两型”理念普及有新的拓展，示范创建催生一批新模式，城乡环境面貌有新的改善，核心带动作用有新的显现。

1. 突出第一阶段总结提升

编辑出版了《“两型社会”建设在湖南》丛书，系统总结试验区第一阶段改革建设的思路、做法、成果。总结提升 26 个改革建设模式，编辑形成《“两型社会”建设模式》。国家发改委对试验区做法及经验给予充分肯定，以 2011 年

* 徐湘平，湖南省长株潭试验区工委副书记、省两型办主任。

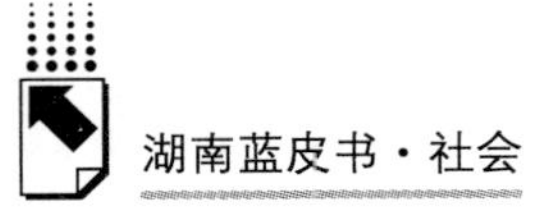

第9号《经济情况与建议》上报中央，提出要从国家层面进行总结提升。

2. 确定第二阶段推进思路

第十次党代会确立了“四化两型”的总体战略，“两个加快”、“两个率先”的总任务。全省“两型社会”建设推进大会确定了第二阶段的总体思路，湘发〔2011〕15号文件提出试验区及全省“两型社会”建设的实施意见，并将第二阶段改革建设任务分解落实到各市、各部门，明确了加快“两型社会”建设的行动路线图。

3. 强化推进体系建设

成立长株潭试验区工委、管委会，试验区工作推进机制进一步完善。加强政策、法规、标准、规划工作，省人大开展“一条例一决定”执法检查，研究形成需要国家有关部委支持突破的重要体制机制改革事项21条，得到国家发改委肯定。省政府批准下发的“两型”产业发展政策文件，“两型”农业、“两型”城市等文件正在抓紧起草；颁布实施12个“两型”标准和9项地方节能减排标准，编制完成了46个专项规划、综合规划；出台《长株潭城市群生态绿心地区总体规划》。

4. 实施“两型”示范创建工程

根据“两型”性、示范性、推广性的总体要求，在全省遴选201个创建项目和单位，涵盖园区、企业、城乡、学校等多个领域，省市予以重点指导和支持，形成了一批经验模式和技术，为第二阶段全面推进全社会生产、生活、消费方式的转型升级奠定了基础，树立了样板。

5. 大力推进示范区建设

编制完成《环长株潭城市群“两型社会”示范区建设工程实施方案（2011～2015年）》，支持郴资桂一体化示范带建设“两型社会”省级示范点。鱼形山示范区改革建设实施方案、片区规划和土地利用规划获省政府批准，初步确立了一批进行合作的战略投资者。推动“两型”园区建设，召开“两型”工业园区建设现场交流会。示范区“两型”产业发展提速、改革创新亮点纷呈，试验区核心增长极作用逐步显现。

6. 强化宣传教育引导

建成全国第一个“两型社会”展览馆，接待人数突破12万，成为联合国工发组织授牌与湖南省共建的全球首个“两型展示基地”，得到了各方面的高度评

价和充分肯定。配合中央媒体推出一批力作，在《湖南日报》开办《“两型湖南”》专栏，湖南卫视推出湘江治理专题节目，创办《长株潭报》，“两型试验区”网站再次荣获全国优秀政府网站，开展“唱响四个湖南”等活动，“两型”理念进一步深入人心。

总的来看，试验区获批四年，在省委、省政府的坚强领导下，改革建设取得了实质性进展，集中体现为“四个重大”。

一是实现了重大突破。“两型社会”改革试验从高层理念变成全省共识，从顶层设计变成全省行动，走出了一条“四化两型”的新路子。这是湖南践行科学发展观探索总结的经验，经检验行之有效的发展战略，是立足湖南发展的阶段性特征、顺应国内外发展大势，抢占未来发展制高点的必然选择，是湖南未来的希望之路。

二是取得了重大成就。高标准进行顶层设计，“两型”建设重大项目工程顺利推进，重点领域改革取得阶段性成果，产业“两型”化发展成效显现，科学有效的推进机制基本确立，阶段性目标任务圆满完成。“两型社会”建设越来越成为带动全省科学发展的重要引擎，成为全面建设小康社会的重要支撑。

三是产生了重大影响。湖南“两型社会”建设成为国内外广泛关注的焦点，先后有13位党和国家领导人视察“两型”展览馆，对试验区改革发展取得的成绩给予充分肯定，寄予厚望。长沙、株洲的“两型”城市建设经验登上国家级和国际讲坛。国内外媒体、政要、企业界高度关注试验区建设，形成了各方聚焦长株潭的可喜局面。

四是收获了重大效益。“两型社会”建设金字招牌的含金量越来越高，试验区已成为争取国家政策的重要平台、吸引人才的重要载体、聚集高新技术产业的重要区域、吸引外资的强大磁场，为全省改革、发展作出了重要贡献。

二　着眼率先走出“两型”新路，大力深化改革试验

2012年是长株潭试验区改革建设的攻坚之年，是全省“两个加快、两个率先”的深入推进之年。工作的总体要求是：深入贯彻落实省第十次党代会精神，围绕扎实推进“四化两型”总战略，按照“两个加快”总要求，在推进机制、改革创新、专项立法、重大项目建设等方面取得突破，努力形成长株潭试验区和

全省“两型社会”建设的促进机制和保障体系，形成资源节约和保护环境的产业结构、增长方式和消费模式，形成“两型社会”建设的强大合力，当好省委、省政府抓“两型社会”建设的参谋部、协调部、服务部，以优异成绩迎接党的十八大胜利召开。

重点把握好以下几个原则。

①全面推进。充分发挥各市州、省直各部门、企业、社会的作用，形成上下协同、左右联动的整体合力，构建全省以3为核心、5为重点、6为拓展的推进格局。②创新落实。用好先行先试权这个试验区最大的政策，抓住重点领域和关键环节，大胆采用新观念、新体制、新思路和新方法，确保各项工作达到预期目标。③项目管理。将“两型社会”改革建设的任务落实到一个个项目，明确目标任务、明确实施主体、明确时间要求，以项目化推进“两型社会”建设。④重点突破。统筹协调各级各部门，集中力量在各自领域完成1~2个具有“两型”示范意义和全局性影响的改革建设项目，形成整体突破的集群效应。

突出抓好以下六方面的工作。

（一）推进“两型”产业发展

“两型”产业是经济发展的基础和支撑，是加快发展转型的主要载体和依托。要坚持以科技含量高、环境污染小、资源消耗低、综合效益明显为发展目标，着力推动“两型”产业发展。

一是推进新型工业化。以“两型”为方向和目标，加快传统优势产业升级转型，推动三一重工、中联重科、南车时代、山河智能等装备制造企业向研发、设计、品牌、服务等增值环节延伸，支持湘钢、涟钢、冷钢、长炼石化等一批原材料企业向高新化、集约化、清洁化和循环化方向发展。支持精品薄板深加工、石油炼化一体化等一批重点技改项目建设。推进比亚迪新能源汽车、兴业太阳能光伏、中国水电风力发电、富士康、华磊LED产业工程等一批战略性新兴产业项目建设，创建长株潭国家级物联网新型工业化产业示范基地。

二是推进农业现代化。以提高农业规模化、集约化、产业化水平为方向，大力支持长沙县、浏阳现代农业科技产业园、屈原管理区建设国家现代农业示范区。

三是推进信息化建设。运用现代信息技术和科技手段推动现代服务业发展，

着力做大做强文化、旅游等优势产业，加快发展物流、金融、信息服务等生产性服务业，加快建设青竹湖服务外包省级示范区、中电软件园、青苹果数据城等重点服务外包示范发展园区，打造长株潭创意产业园、科技创业园、现代物流园和中央商务区、文化聚集区、特色产业区服务产业集群，抓好“三网融合”工作，推进株洲华强二期工程建设。

四是推进自主创新。以建设创新型湖南为目标，加大自主创新投入和技术创新体系、创新源头建设。推动组建混合动力汽车、光伏、风电等产业技术创新联盟，集中力量进行重大技术攻关。实施现代装备制造、新材料、生物医药、基础软件等一批创新发展工程和应用示范工程。突出亚欧水资源研究和利用中心、中科院湖南技术转移中心、国家超级计算长沙中心、湖南杂交水稻研究中心等一批重大科技平台建设。突出知识产权保护，形成一批中国驰名商标和名牌产品的企业群体，实现由“湖南制造”向“湖南创造”迈进。

（二）促进体制机制创新

体制机制创新是转变发展方式、建设“两型社会”的有效保障，在试验区改革建设纵深推进的第二阶段，要实现重点领域和关键环节改革的新拓展、新突破。

一是创新资源环境管理。推进节约水、电、煤、油、气等资源性产品价格激励机制改革。加快节能减排在线监测向重点领域、单位推广，重点推广合同能源管理模式。推进水利综合改革，建设节水型社会。推行循环型生产方式，促进资源循环利用、再生利用产业化。探索建立湘江流域水环境保护的合作机制和重点区域生态补偿机制，推广环境责任强制保险机制。探索开展排污权交易、节能交易、碳排放和碳汇交易。重点支持环境资源交易、无形资产交易、公共资源和资产管理等平台建设。

二是创新土地管理。建立工业园区和工业用地预申请制度，强化土地使用投入产出的门槛约束机制和检查机制，实施差别化供用地政策。深化农村土地管理改革，探索建立农村土地整理多元化投入机制，推进农村土地流转交易，逐步建立城乡统一的土地市场。实行耕地和基本农田保护有偿调剂、跨区域统筹制度，创新新增耕地指标的交易方式和平台。

三是创新财税管理与投融资方式。开展环保税试点，改革资源税制度。壮大

“两型社会”建设投融资平台，加快组建 OTC 市场，争取国家级高新技术产业园区进入“新三板”扩大试点范围。研究发行湘江治理债券。争取股份制商业银行和保险公司等金融机构在长株潭布局区域性中心。推进知识产权质押贷款试点，创新中小微型企业融资渠道。

四是创新行政管理。贯彻实施《湖南省政府服务规定》，进一步规范精简行政审批事项，优化审批流程，提高行政效率。推进示范区行政区划及管理体制改革，探索行政托管等模式，比照大河西、云龙、九华，赋予其他示范区行使部分市级经济管理职能的权限。

五是深化对外开放。大力支持湘南地区国家级承接产业转移示范区建设，继续引进一批世界 500 强、国内 500 强等战略投资者和高端产业入驻湖南，支持申报建设岳阳综合保税港区、长株潭综合保税区、永州保税物流中心等海关特殊监管区域。争取国家批复同意设立永州海关、湘西海关机构和衡阳出口加工区。探索建立“两型社会”统一招商平台和协商机制。

（三）加强生态环境建设

良好的生态环境是“两型社会”建设的本质要求和重要标志，要把生态环境建设摆在更加突出的重要位置，优先考虑、加快推进。

一是加大环境保护。按环境容量调整工业布局，严格新建项目的环境准入制度，切实加大落后产能淘汰力度。建设主要水域纳污能力核准体系，强化对入河排污口的审批和监管，严格取水和退水水质管理。针对长沙湘江综合枢纽蓄水带来的环境影响，重点加强排污口的监测和治理。打造清洁节能交通体系，推广新能源公交。全面推广长沙县、攸县等地农村环保的经验，推进养殖场污染综合治理和生活垃圾收集处理等工程建设。

二是推进生态建设。实施《湘江流域重金属污染治理实施方案》，着力推进株洲清水塘、湘潭竹埠港地区战略化改造，城镇污水垃圾处理等一批重大工程。落实《洞庭湖国家级生态功能保护区建设规划》，加快洞庭湖保护立法步伐。按照分工抓好昭山生态绿心地区保护建设，启动专项保护条例工作，按照规划做好禁止开发区、限制开发区等的埋桩工作。抓好在建和新批的 6 个省级林业产业园项目建设，新建一批国家森林公园和国家湿地公园。重点推进以南岭、雪峰、武陵、罗霄山脉为主体的自然生态屏障带建设。

三是抓好节能减排。大力实施节能减排全覆盖工程，全面推广节能减排在线监测，率先形成节能减排市场化、信息化、标准化的体制机制。坚持通过结构调整推动节能降耗，加强对引进工业项目的筛选，严控高能耗、高污染、高排放、低技术含量项目，继续淘汰落后产能。着力抓好工业、建材、建筑、交通运输、造纸等重点领域、重点行业的节能降耗。积极推广应用新型节能技术，切实抓好重点节能工程和节能项目建设，提高节能工作的技术装备水平。争取出台合同环境服务管理等一批标准和政策，逐步搭建全省统一的节能量交易平台，力争纳入国家节能量交易和碳交易试点范围。

（四）推进城乡统筹发展

城乡统筹发展是“两型社会”建设的重要内容，是实现城乡一体化发展的重要途径。

一是推进新型城镇发展。坚持统筹城乡、集约发展、以大带小、均衡布局，促进环长株潭、湘南、大湘西三大区域协调发展，培育壮大环长株潭城市群，着力提升岳阳、常德、怀化、永州、郴州等省际边界经济重镇的地位，有重点地发展中小城市、城关镇和中心城镇，建设一批高品质、功能型、特色精品小城镇，高起点、高标准完成 14 个市州城市规划修编工作。

二是加快基础设施建设。推进综合交通体系建设，重点推进杭长、长昆客运专线项目建设，加快湘桂、石长、娄邵、衡茶吉、长株潭城际铁路建设，启动长沙、益阳、常德、张家界城际铁路前期工作。加快长沙轨道交通 1 号、2 号线建设，争取 3 号、4 号线开工。加快一批城际干线和公路项目建设，重点启动长株潭公交一体化工程建设。重点推进湘江高等级航道、长沙湘江综合枢纽建设，启动湘江土谷塘航电枢纽建设及岳阳城陵矶综合枢纽前期工作。加快实施长沙机场飞行区东扩项目、综合配套服务区项目及支线机场改扩建项目等。加快长沙大托机场搬迁项目建设。加快湘江风光带建设，着力打造东方莱茵河。推进能源、水利、通信等设施建设，依托岳阳、长株潭管道枢纽，加快构建覆盖城市群中等规模以上城市的油气运输管道网络体系，重点推进潭娄邵天然气管线建设投产，加快长郴娄成品油管线建设；加快推进大唐株洲煤电一体化、主网输电网架及县城电网改造，力争邵阳宝庆电厂 2 号机组、白市电站及一批生物质发电、风电项目投产，力争荆门—长沙特高压、桃花江核电项目开工建设；加快智能电网建设，以长沙特高压交流枢纽站和湘潭直流枢纽站为依托，打造500千伏双环网；推进户用沼气建设，推广太阳能、地源热能建筑一体化应用。加强农村安全饮水、病险水库和水闸除险加固等民生工程建设，重点推进洞庭湖治理、涔天河水库扩建等工程建设。加快建立数字湖南地理信息空间系统。

三是推进城乡统筹发展。加快新农村建设，制订科学合理的乡镇村庄规划方案，实施“田、水、路、林、村”综合整治，加强农村公路、安全饮水、电网、通信、信息、沼气等基础设施建设、改造、维护和管理，继续改造农村危房。有重点、有区别地推进城乡统筹，促进城乡规划、产业发展、基础设施、劳动就业、公共服务、环境保护、社会管理一体化的有效对接，推动城市资本、技术与农村资源相结合，广泛开展“万企联村”活动，促进城乡互动互补、一体化发展。重点支持攸县、韶山市、冷水江市、汉寿县、嘉禾县等城乡一体化示范县建设。

（五）促进民本民生发展

为人民谋福祉是“两型社会”建设的最终目的。推进“两型社会”建设，要把以人为本最终落实到具体实践中，更加注重社会建设，更加倾力改善民生，让人民共享改革发展的成果。

一是发展社会事业。加快国家教育综合改革示范区建设，健全完善覆盖城乡的职业教育培训制度和“9+2”免费教育培训制度，建设学习型湖南。推动创业就业，建立就业援助制度，实施促进就业的财政、税收、金融、外贸等政策，动态消除零就业家庭，推进创业型城市建设。加大廉租住房等保障性住房建设，建立健全多层次住房保障体系，改善农村特困群众住房条件。实现“大医保”信息系统全省联网，重点推进城镇职工基本医疗保险异地就医及时结算，省内异地就医及时结算率达到100%。加快县级公立医院改革试点步伐。推进以养老保险为重点的社会保障体系建设，继续实施与物价上涨挂钩的社保联动机制。重点推进省博物馆扩建、湖南文化艺术中心等6大文化建设工程。深化公益性文化事业单位改革，基本完成全省国有文艺院团体制改革。深化户籍制度改革，有序放宽户籍限制。

二是创新社会管理。加快社会管理体制机制改革，完善公共治理结构，健全矛盾调处、诉求表达、权益保障和利益协调机制，建立重大工程项目建设和重大政策制定的社会稳定风险评估机制。加强基层社会管理和服务体系建设，健全新

型社区管理和服务体制，探索“社区管理社会化”，推行村（居）事务准入制度，构建社区资源共享机制和社区综合治理机制，积极稳妥推进村改社区工作。推进食品药品监管城乡一体化建设，力争乡镇建站率达到90%以上。推进长株潭城市群食品药品安全诚信示范区建设。支持长沙建设全国社会管理示范城市。

（六）加强示范区改革建设

“两型”示范区是区域经济发展的核心增长极、生产要素的主要聚集地、新型工业化和新型城镇化的有机结合点。抓“两型”示范区建设发展，就等于抓住了“两型社会”改革建设的“牛鼻子”。

1. 抓产业

产业是立园之本。要立足示范区现有的产业基础和发展优势，做强主导产业，培育新兴产业，集聚配套产业，以“两型”园区建设为主攻方向，以打造1～2个“两型”主导产业为目标，着力推进大河西先导区梅溪湖高端商务区、株洲云龙文化创意、湘潭九华重型机械等一批重大产业集群项目建设，强化示范区产业竞争力。

2. 抓项目

项目是立园之基。要加快项目推进，按照年度目标计划，加强调度协调和落实，提高签约项目开工率、在建项目投产率、投产项目达效率，重点加快提升长沙岳麓山和常德柳叶湖等景区的生态旅游和服务功能，建设天易示范区株洲湘潭两市的绿色空间隔离廊道，实施滨湖示范区松洋湖生态治理工程。

3. 抓解困

着力破除发展要素的瓶颈制约，进一步挖掘土地潜力，盘活存量土地，提高土地利用效率，妥善解决土地供给问题；按照市场化运作，搭建好融资平台，拓宽融资渠道，创新融资模式。

4. 抓机制

机制是示范园区建设的保障。重点建立益阳鱼形山等“两型”特色区域中心建设的综合协调机制，建立示范区统计、总体统筹调度、目标任务和风险评估、工作纠偏和年度考评等机制。推动政策向示范园区倾斜、产业向示范园区集聚，优化示范园区布局，着力解决示范园区同质化发展趋向，防止无序竞争，形成错位发展格局，攒足发展后劲，预留发展空间。

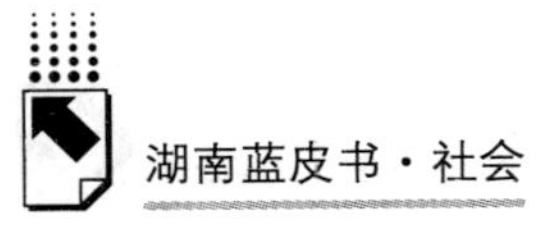

三　强化保障措施，务实高效推进“两型”工作

（一）加快完善推进机制

努力形成“‘省统筹’主服务，‘市为主’主责任，‘市场化’主动力”的工作格局，最大限度地发挥各个方面的积极性、主动性和创造性。完善领导体制，完成试验区工委、管委会机构组建工作，做好“两型社会”建设的统筹、组织、协调、督查、服务等各项工作，成为省委、省政府抓“两型社会”建设的参谋部、协调部、服务部，在规划指引、政策法规、政务环境、标准规范、典型示范等方面为各市州特别是长株潭三市做好服务。强化督查评价体系建设，探索建立“两型社会”建设省直各部门主要负责人述职制度和资源环境离任审计制度。建立科学的考评机制，强化“两型”法律法规执法检查。推进部省合作，加快部省合作协议落地。搭建“两型社会”建设招商引资统一平台，加快组建两支“两型”基金。

（二）切实抓好示范创建

实施“两型”示范创建工程，是培育“两型”文化、引导形成“两型”增长方式和消费模式的重要载体。2012 年重点加强培育，各市各部门作好指导、支持、服务，突出以“两型”示范创建工程为抓手，着力打造和推广一批模式亮点，发挥好示范带动作用。省市合力重点推广农村环保、养殖业污染、城市污泥、餐厨垃圾处理、园区热电联产和远大集群式住宅、流域水质保护、地源热泵能源、瓦斯综合利用、行业节能减排典范等一批“两型”先进技术（模式）。加大“两型”技术产品推广力度。编制“两型”技术产品推广目录，开展“两型”产品政府采购，组织“两型”技术产品进万家等活动。

（三）全力建设标志性项目

采取领导挂帅、部门协调、省市合作、市场化运作的方式，全力推进项目实施，在较短时间内，打造出一批“两型社会”建设标杆，引领全省，示范全国。突出抓好湘江风光带、示范区、节能减排工程、株洲清水塘污染地区整体搬迁、昭山绿心地区建设保护、鱼形山高端三产区等重大标志项目建设。

（四）着力推进规划、政策、标准对接落实

推进规划对接和落地实施，重点实施长株潭绿心地区总体规划、综合交通体系规划等一批专项规划，加强规划执法，启动“绿心”埋桩工作。强化政策法规支持，争取国家和省出台一批支持政策措施，实施“绿心”立法等工作。突出抓好“两型”标准执行情况的监督检查，全面将“两型”标准纳入省地方标准系列，完善出台一批新的“两型”标准，开展“两型”标准认证工作。

（五）大力强化宣传教育

建立宣教协调机制。出台“两型社会”建设宣传教育纲要，统筹协调指导、全面强化全省“两型”宣教工作。牵头整合各方资源，加大对“两型社会”建设理念、决策部署、重点工作和重大成果的宣传，扩大试验区的海内外影响。加强舆论宣传引导。完成“两型”展览馆数字化改造提升，进一步发挥好展示窗口、教育基地、宣传和招商引资平台作用。举办大型宣传推介活动，推出系列“两型”宣传品，完善新闻发布会制度，及时发布“两型社会”建设有关信息。

B.6

增强科技创新能力
支撑“两型社会”建设

湖南省科学技术厅

增强自主创新能力，是加快转变经济发展方式和建设“两型社会”的中心环节。大力推进科技进步和技术创新，加快建设创新型湖南，不断增强发展的动力和活力，是“两型社会”建设的内在要求和重要支撑。

一 2011年科技推动“两型社会”建设主要成效

2011年，在省委、省政府的正确领导下，全省科技系统紧紧围绕科学发展、富民强省这一主题，牢牢把握转变经济发展方式这一主线，以服务“四化两型”为中心任务，着力发展“两型科技”，壮大“两型产业”，构建支撑“两型社会”的科技创新体系，为推动“两型社会”作出了积极贡献。主要表现在以下三方面。

（一）加大研发和推广力度，推动“两型”科技快速发展

围绕“两型社会”建设需求，加强清洁生产、节能减排关键技术攻关，积极推进成果示范推广，显著提高了产业水平和环保水平。

1. 实施节能减排科技支撑行动

针对钢铁烧结、冶化、造纸、火电、建筑等高能耗、高污染行业节能减排关键技术问题，实施了一批节能减排科技专项，形成了一批具有自主知识产权的核心工艺技术和装备。比如，“钢铁烧结生产节能与烟气脱硫关键技术及装备的研发和工程示范”专项，在湘钢建设了烧结余热发电示范工程，每年可发电约1.25亿度。“稀贵金属高效提取及深加工关键技术开发与示范”专项，使炼铋工

艺能耗降低50%，铋直收率由原来的75%提高到95%。“高电耗企业电气节能关键技术研究与成套装备研制及其应用示范”项目突破的技术和研制的节能装置，在多家企业成功应用，运行期间实现节能降耗8%，已节省标煤110多万吨。“绿色低碳小区节能减排关键技术集成与应用示范”专项，将使株洲神农城小区整体节能约40%，成为绿色低碳建筑小区的典范。

2. 推动湘江流域重金属污染治理

以污染源相对集中的株洲清水塘等重点工业区为重点，以株冶、株化等大中型采选冶化企业为载体，以行业清洁生产和治理工程的关键共性技术为切入口，实施了一批重大科技项目，并争取国家项目支持2亿多元。突破了重金属冶炼废水深度处理、冶化固废资源化利用等重大关键技术，为缓解湘江污染形势、促进湘江水质好转发挥了重要支撑作用。国家重金属污染防治工程技术研究中心布局湖南，这是全国在重金属污染治理方面的首个国家级科技平台，将为湘江流域污染治理提供源源不断的人才和科技支撑。

3. 大力支持绿色能源发展

加大新能源和再生能源技术的开发应用，重点组织开展了生物质能、氢能、燃料电池、沼气、光伏等技术的开发应用。积极推动新能源技术应用示范，“十城千辆”新能源汽车扎实推进，近1600辆新能源汽车在长株潭运营，混合动力公交车推广数量、运营里程、节油减排量全国领先；“金太阳”光伏发电示范工程新上一批项目；“十城万盏”LED照明示范工程获得突破，湘潭、郴州市被列入国家LED照明应用示范城市。

（二）大力发展高新技术产业和战略性新兴产业，不断壮大“两型”产业

加强产业关键技术研发，推动高新技术产业和战略性新兴产业快速发展，促进湖南省产业结构向“两型”产业转型升级。

1. 突破战略性新兴产业关键技术

设立省战略性新兴产业科技攻关和重大科技成果转化专项，安排1.3亿元支持战略性新兴产业科技创新，积极培育新兴产业集群。据统计，风电、轨道交通、电动汽车、太阳能光伏、航空航天材料及关键零部件、软件及创意设计、生物工程等新兴产业产值占全省高新技术产业产值的近三成。通过加强产业关键技

术攻关，新兴环保企业快速成长，永清环保、凯天环保、万容科技、威保特环保等企业不断发展壮大，有的已成功上市或进入上市培育期，节能环保产业已纳入千亿产业培育范围。大力推进清洁产业发展，积极推进 CDM（清洁发展机制）项目开发，目前湖南省已有 35 个 CDM 项目在联合国成功注册，20 多个项目得到签发，获得减排收入超 3 亿元。

2. 发展壮大高新园区

长沙高新区建设国家自主创新示范园区稳步推进，工程机械、高性能金属材料、生物工程等产业竞争优势不断扩大；株洲高新区积极推进国家生态园区建设试点，轨道交通装备、航空航天材料及关键零部件等优势产业保持快速增长，电动汽车、风电装备等新兴产业发展迅速；湘潭高新区启动创新型特色园区建设，在风电新能源产业上已形成集群发展态势，入围中国新能源产业园区百强；益阳高新区成功升级为国家高新区，衡阳高新区形成了以高端制造、生物医药等为主体的高新技术主导产业格局。预计 2011 年全省完成高新技术产业产值 9000 亿元，同比增长 40%，实现高新技术产品增加值 2700 亿元，同比增长 38%。

（三）完善科技创新体制机制，积极构建“两型社会”科技支撑体系

通过完善科技创新体制机制，推动湖南省自主创新能力不断提高，为科技支撑“两型社会”建设提供了强大动力和后劲。

1. 科技资源进一步增加

新增两院院士 3 名，新培育了一批科技领军人才，新引进一批海外人才进入国家“千人计划”和省“百人计划”。新组建了 2 家国家级重点实验室，3 家国家工程技术研究中心，全省累计国家级达 54 家。中国科学院矿产资源综合利用研究示范基地布局湖南省，亚欧水资源研究与利用中心、国家超级计算长沙中心、中意工业设计与创意湖南中心等一批重要创新平台建成运行。

2. 创新体系进一步完善

产学研结合创新不断加强，新成立了 10 个省产业技术创新战略联盟，省级产业技术创新战略联盟达 61 个。2011 年中国（长沙）科交会签约项目 251 个，签约金额近 200 亿元，在国内外影响日益扩大，其中中科院湖南中心在本次科交会上签约项目总金额超过 4 亿元，促进了优势科技成果在湖南转化和产业化。首批国家科技和金融结合试点园区和首批国家科技服务体系建设试点区域落户长沙

高新区，为湖南省推进科技金融结合、加速科技成果转化提供了良好机遇。

3. 创新环境进一步优化

科技进步法执法检查整改工作扎实推进，《科技进步法》得到进一步贯彻落实，《湖南省科技进步条例》修订等科技立法工作有序展开，《创新型湖南建设纲要》的发布实施，为自主创新营造了良好环境。新批建5个省级可持续发展实验区，全省10个可持续发展实验区建设的深入推进，引导地方走向了依靠科技走“资源节约、环境友好”的可持续发展之路。

二 2012年科技支撑“两型社会”建设思路

建设“两型社会”，就是要全面推进各领域改革，在关键领域和重点环节大胆创新，率先突破，走出一条有别于传统模式的工业化、城市化新路。这就意味着要对现有模式进行革新改造，甚至另觅新路。科技就是要在这个转变过程中，发挥引领支撑作用。2012年，湖南省科技工作将以启动实施《创新型湖南建设纲要》为契机，抢抓机遇，开拓创新，着力支撑“两型社会”建设加快推进。重点做好以下五项工作。

（一）要“强身”，着力增强自主创新能力

以新修订的《湖南省科技进步条例》颁布实施和《创新型湖南建设纲要》启动实施为抓手，不断提升自主创新能力。

1. 增加科技创新资源

加大创新人才培养力度，大力引进海外高层次创新人才，深化项目、基地与人才的有机结合，不断壮大创新创业人才队伍，提高人才创新创业本领。重点在资源环境领域新建一批国家级、省部级重点实验室和工程技术研究中心，充分发挥创新平台聚集资源、促进创新、辐射技术的作用。

2. 加大“两型”科技投入

切实增强政府投入的引导作用，将财政科技投入向资源环境和节能减排等公益利用倾斜，大力支持“两型”科技创新和成果转化。积极组织全省力量承担国家重大科技任务，争取中央财政的更大支持。认真落实研发费用加计扣除、高新技术企业所得税减免等政策措施，加大对节能环保企业的支持力度。积极推进

科技金融结合，充分发挥政府各类投融资平台和创业投资公司的资金聚集和杠杆作用，带动社会资金、风险投资、金融信贷等直接、间接投资支持“两型”科技创新成果的转化和产业化。

3. 实施科技重大专项

围绕湖南省资源环境等重点领域的产业化关键技术、共性技术和公益技术需求，集中力量实施一批科技重大专项，加强技术研发、集成应用和产业化示范。坚持以企业为主体、产学研协同的方式实施重大专项，有效促进重大专项实施与人才培养、平台建设的紧密结合。完善重大专项的立项评价、跟踪监理和绩效评价机制，探索重大专项管理改革模式。积极承担实施国家科技重大专项，推进国家重大专项成果在湖南落地转化。

（二）要“换装”，着力提升传统产业和环境质量

支撑“高能耗、高污染”行业技术革新，推动环境治理和环境保护，让传统“两高”产业换新貌，让被污染的环境换新颜。

1. 改造提升传统“两高”产业

强化生产过程控制，围绕矿产采选、冶炼、化工、农业等重点行业，在株洲清水塘等重点区域，组织实施一批节能减排科技创新项目，加快节能减排和清洁生产技术示范推广，努力构建集技术创新与成果转化于一体的节能减排技术发展体系。加快信息技术在传统产业的集成应用，优化生产管理流程，强化精细化管控，推动节能减排。

2. 支撑环境治理和环境保护

积极探索循环经济发展模式，在废旧物资回收、城市矿产、再生金属利用、机电产品再制造、垃圾资源化等重点领域开展试点工作，突破技术瓶颈，建设示范项目。以国家实施《湘江流域重金属污染治理实施方案》为契机，加速重金属污染治理技术的研究与开发，并在湘江流域推广应用一批重金属污染治理成熟技术，推动湘江流域环境改善。开展城镇和农村生活垃圾处理和环境综合治理综合科技示范，减少垃圾污染。开展农村面源污染控制、城镇绿化、园林建设、湿地保护等技术研究，加大建筑节能技术集成示范，建设宜居生态环境。加强环境监测技术研究。

（三）要“换血”，着力构建“两型”产业技术支撑体系

加快发展“高技术含量、高附加值”产业，不断提升高新技术产业增加值占 GDP 的比重，推动战略性新兴产业逐步发展为主导产业，让新“两高”产业成为经济发展主力。

1. 加快核心技术突破，培育和发展战略性新兴产业

围绕七大战略性新兴产业，整合资源，协同创新，重点突破一批核心关键技术，培育核心竞争力强、国际化水平高的战略性新兴产业优势企业，打造具有湖南特色的战略性新兴产业品牌群。促进先进装备制造、新材料、文化创意等三大产业成为全省经济的支柱产业，生物、新能源、信息和节能环保等四大产业成为全省经济的先导产业。突出节能环保产业关键共性技术研发，充分利用长沙环保科技示范园培育节能环保产业集群，提升产业核心竞争力，打造节能环保千亿产业。

2. 加快高新技术产业园区建设，推进高新技术产业集群发展

以长株潭沿江高新技术产业带为重点，着力推进高新技术产业核心区、聚集区和承接区的建设。加快省级高新区扩容升级步伐，新建国家级高新区和省级高新区。积极引导人才、技术、资金等创新要素向高新园区聚集，支持长株潭高新区创建国家级科技创新园区和国家自主创新示范区。在优势高新技术产业领域，加强国家和省高新技术产业化基地建设，努力培育形成一批国内或国际领先的产业集群，进一步提升高新技术产业的集群化水平和整体竞争力，不断壮大高新技术产业规模，提高其占 GDP 的比重。

（四）要“换心”，着力完善区域创新体系

建立健全符合区域经济布局、产学研协同创新、科技成果加速转化的区域创新体系，充分发挥科技第一生产力作用，引导经济发展从依靠能源资源消耗向依靠科技进步驱动转变。

1. 构建支撑三大区域“两型”发展的区域创新体系

根据湖南省区域经济布局，推进各具特色、优势互补的区域创新体系建设。推进长株潭区域创新体系建设，围绕长株潭国家“两型社会”综合配套改革试验区建设，支持长沙开展国家创新型城市试点，突破资源节约、环境治理和生态

建设等一系列关键技术，推进“两型”产业发展。推进湘南区域创新体系建设，围绕湘南国家级承接产业转移示范区建设，做好衡阳高新区升级国家高新区工作，推进资源深加工、高端装备制造、电子信息等产业的发展，将承接产业转移过程提升为产业结构调整升级过程。推进武陵山片区创新体系建设，围绕国家武陵山区域发展与扶贫攻坚战略，以国家科技支撑计划项目“武陵山区特色资源高效综合利用关键技术研究与示范”为抓手，加快资源综合开发利用和生态环境保护等先进实用技术的推广应用，推动大湘西开放开发与环境保护同步。

2. 构建产学研协同创新体系

围绕产业发展需求，通过项目实施，引导相关企业、高等院校、科研机构开展不同形式的产学研合作；建立省与部委、全国高校、大院大所的联动机制，组织跨省、跨部门、跨学科的优势力量开展“大兵团”的联合攻关。探索完善产业技术创新战略联盟运行机制，提高产学研协同创新效率，促使产学研结合逐步从零散式的短期合作向长期稳定的战略合作转变。抓好省级创新型企业试点工作，培育一批有条件的高新技术企业进入国家级试点行列，探索促进企业成为技术创新主体的有效模式。整合现有科技基础资源条件，按照产学研结合模式，引导企业和科研院所、高等院校联合建立一批国家级和省级工程技术研究中心、重点实验室、博士后工作站等产学研结合协同创新平台。规范产学研各方的责权利关系，推动企业、科研机构、高等院校建立以市场机制为纽带的协同创新长效机制。

3. 促进科技成果转化

选择一批附加值高、产业带动能力强、对“四化两型”建设具有重要支撑和引领作用的重大科技成果，向全社会推介，利用中国（长沙）科技成果交易会、技术产权交易市场等技术交易平台，发挥市场主导作用，推动科技成果商品化、资本化、产业化。选择一批事关国计民生的重大公益性科技成果，发挥政府的组织协调作用，加速推广应用。放眼全国和全球，引进一批省外、国外的先进创新成果在湖南省进行转化和产业化，建设一批国家级和省级科技成果转化示范平台。加紧出台《湖南省关于加速促进科技成果转化和产业化的指导意见》，坚持以科技成果转化和产业化为价值取向，探索突破科技成果转化和产业化的制度性障碍，加速形成全社会共同参与、协调推进科技成果转化和产业化的新局面。

（五）要“换脑”，着力引导强化“两型”发展理念

1. 引导地方领导转变发展理念

可持续发展实验区是依靠科技支撑引领可持续发展的重要基地，是推进县域“两型社会”建设的重要抓手。要加大对可持续发展实验区的支持力度，通过大量“两型”科技成果在实验区的集成应用，引导实验区经济社会走向“两型”发展的道路，为县市区开展“两型社会”建设提供良好示范。

2. 引导企业转变发展理念

在矿冶、化工等重点行业选择一批重点企业开展示范，集成应用“两型”技术，将其打造成依靠科技实现环境经济效益双赢的典范。加强宣传推广，引导企业转变发展理念，加大科技投入，走向“两型”发展道路。

3. 引导群众转变消费生活观念

加大科普力度，大力宣传推广“两型”科技知识，特别是示范推广一批能普遍应用于日常生活中的适宜技术，引导广大人民群众自觉践行“两型”理念，将节约资源、保护环境融入到日常生活的细节中。

B.7

以污染减排为抓手 加快推进“两型社会”建设

湖南省环境保护厅

湖南省率先开展“两型社会”建设试点，是国家在新的发展阶段的重大战略布局，是湖南富民强省的重大历史机遇，是新时期赋予湖南的重大历史使命。做好污染减排工作，确保在加快发展的同时，排污总量全面下降、污控水平全面提高、环境质量全面改善，是建设“两型社会”的重要内容，也是实现“两型社会”的原动力和催化剂。2011 年，长株潭“两型社会”建设进入第二阶段，全省上下严格按照省委、省政府的部署，加大污染减排工作力度，以实现经济效益、社会效益、生态效益的和谐统一，促进“两型社会”建设长足发展。

一　2011 年湖南污染减排情况

（一）减排目标

“十二五”期间全国主要污染物减排控制指标由原来的 2 项增加到 4 项，减排领域由原有的工业和生活扩展到交通运输和农业。国家下达湖南省主要污染物排放总量控制指标为：到 2015 年，化学需氧量排放量由 2010 年的 134. 1 万吨减少到 124. 4 万吨，下降 7. 2%；氨氮排放量由 2010 年的 16. 95 万吨减少到 15. 29 万吨，下降 9. 8%；二氧化硫排放量由 2010 年的 71 万吨减少到 65. 1 万吨，下降 8. 3%；氮氧化物排放量由 2010 年的 60. 4 万吨减少到 55. 0 万吨，下降 9. 0%。省控指标水污染物重金属铅，到 2015 年排放量由 2010 年的 54. 04 吨减少到 45. 93 吨，下降 15%。

2011 年湖南省主要污染物减排目标为：化学需氧量、氨氮、二氧化硫的排

放量比2010年分别下降2.0%、2.3%、3.0%；氮氧化物排放量与上年持平，铅下降3.0%。

（二）完成情况

按照环保部核算结果，2011年湖南省主要污染物减排情况是：二氧化硫排放总量68.58万吨，较2010年下降3.41%；化学需氧量排放总量130.51万吨，较2010年下降2.7%；氨氮排放总量16.50万吨，较2010年下降2.68%；由于2011年的降雨量少于往年30%，火力发电同比增长24%，火电机组的脱硝设施建设滞后、脱硝价格未到位。机动车保有量增长率高，导致氮氧化物新增量大，氮氧化物排放总量66.57万吨，较2010年增长10.21%；湖南省确定的约束性指标重金属铅累计净削减2.6吨，较2010年下降4.81%。除氮氧化物未能实现既定目标外，化学需氧量、氨氮、二氧化硫、铅均超额完成年度减排目标。

二　当前污染减排面临的形势

（一）发展机遇

1. 中央、省委对于减排工作日益重视

2011年9月国务院召开的全国节能减排工作电视电话会议上，温家宝总理提出五方面要求，强调全面落实节能减排综合性工作方案促进“两型社会”建设。2011年10月省政府召开的全省节能减排工作电视电话会议上，徐守盛省长指出要从五方面努力，坚持不懈地抓好节能减排这件事关经济社会发展大局的大事。这些都为我们加强污染减排工作奠定了坚实基础。与此对应的是，近年来国家、省大幅度增加污染治理投资，同步加大对治污技术研发的支持力度，为污染减排工作提供了有力保障。

2. 国家、地方减排政策法规不断完善

近年来，国家先后修改了水污染防治法、大气污染物综合排放标准等环保法律法规，正组织修改完善《环境保护法》，出台了脱硫电价、绿色信贷、绿色证券等一系列政策，开展了排污权有偿使用及交易、生态补偿、环境污染责任保险等试点工

作，较好地发挥了政策法规体系基础性、导向性、规范性的作用。湖南省根据实际情况，出台《在用点燃式发动机汽车排气污染物排放限值及测量方法（稳态工况法、加载减速工况法）》等地方标准，同时积极开展了多项经济体制改革工作。

3. 政府、群众减排观念意识根本转变

地方各级政府从唯“GDP”论转变到坚持以人为本、全面协调可持续的科学发展观，在决策层面上十分重视污染减排工作，实施“目标责任制”和“一票否决制”，同时层层分解减排任务，责任到人，与相关责任人签订目标责任书。大多数企业环保意识逐步增强，都能遵守国家环保法律法规，加大污染防治力度，尽量减少污染物排放。群众污染减排意识不断提高，环境信息发布制度不断完善，媒体及社会公众积极关注，因而推进污染减排的氛围日益浓厚，加强污染减排工作已在全社会达成共识，为污染减排工作顺利开展奠定了社会基础。

（二）主要挑战

1. 结构减排工作面临问题多

经济增长方式仍然粗放、资源能源利用效率较低、产业结构调整进展缓慢、高耗能和高污染行业的产能扩张尚未完全遏制。由于经济利益驱动，在各地或多或少存在地方经济保护思想，各县（市、区）关停污染企业、淘汰落后产能的力度、进度参差不齐，一些不符合产业政策，需要限期关、停、并、转的企业依然维持现状，影响结构减排。

2. 重点行业企业减排空间小

随着经济回暖，2011 年上半年电力、钢铁、有色、建材、石化、化工等资源型产业产品产量高速增长，致使火力发电量同比增长 43.5%，新增电力二氧化硫排放量近 1.5 万吨，煤炭消费量增长超过 20%，造成非电二氧化硫新增排放量大幅增加；而由于前几年大力度的减排工作，电厂脱硫和小火电关停均提前完成“十一五”任务，持续减排的空间小。其他行业如造纸、化学原料制造、饮料制造、食品加工等重点行业排放的污染物占很大比重，目前采用的传统工艺导致的末端治理投资比重大、运行费用高、监管任务重，减排效益不明显。

3. 新增领域指标减排困难大

国家提出新增两项约束性指标，使节能减排工作由点源污染控制逐渐向面源污染控制发展，机动车、农业源、水泥厂脱硝等进入减排领域，特别是畜禽养殖

污染成为一个重点，总量减排工作进入一个新的历史阶段。这些新情况，给湖南省减排工作带来了新的挑战。同时，随着城市化进程的加快，城市环境问题趋于复杂化，更难治理。部分城市中工厂高度集中化，使得烟尘排放量高度集中，烟尘中的有害气体弥漫在空气中，与水蒸气结合形成酸雨，使得土壤、植被严重污染，危害人类健康。而城市机动车的增加，汽车尾气的排放又加剧了空气的污染。城市中的生活用水，尤其是各种洗涤剂、洗衣粉等化学产品的大量使用，使城市废水中的化学成分和有毒物质比例上升，生活污水和工业废水的排放量逐年增加，大量的污水挟带着有机污染物、氮磷等营养性污染物以及很多难降解的有机物倾倒入江河湖海，造成了严重的水环境污染。全省畜禽养殖场量多面广，多数规模化畜禽养殖场（养殖小区）全过程综合治理减排工程仍未正式启动，大多数仍停留在原有的超标、偷排、直接排放现状。

4. 基础处理设施建设进展慢

部分污水处理厂设计规模偏大，以致建成后运行负荷率低。部分污水处理厂污水收集管网特别是街区及居民小区污水收集管网不完善，覆盖率低，以致污水收集率偏低。部分污水处理厂管网不配套，进水浓度偏低；运营管理不够规范，日常管理工作不到位。乡镇污水处理设施由于点多、面广、规模小，处理工艺和计量设备较为简单，无法准确计算减排量。重点建制镇污水处理厂建设普遍缓慢，大部分未动工。污水处理厂污泥无害化处置工作未取得有效进展，大部分地方污泥仍以填埋为主，没有规范处置污泥，出现二次污染。部分省市级工业园区未实现污水集中处理或不能完全进行集中处理。多数乡镇工业集中区污水集中处理设施建设无法按省市下达的进度如期开工建设，严重影响工程减排。造纸、食品、化工等行业废水深度治理力度小，回用率较低，没有新增削减量，且部分企业违法超标问题突出。

三　2012 年湖南省污染减排工作思路

（一）主要思路

以邓小平理论和“三个代表”重要思想为指导，全面贯彻落实科学发展观，以改善环境质量、保障环境安全、维护群众健康为目标，以削减总量、防范风险为着力点，加强污染防治，提高监管水平，强化政府责任，增加环保投入，确保实现2012年湖南省主要污染物减排目标，为湖南省全面推进“两型社会”建设提供强有力保障。

（二）重点任务

以化学需氧量、二氧化硫、氨氮、氮氧化物、铅等5项污染物总量减排为主线，强化结构减排、细化工程减排、实化管理减排，全面推进火电、造纸、纺织印染、化工、冶金、有色、建材、食品加工、制革、饮料制造等相关重点行业污染减排工作。

1. 结构减排

（1）加快落后产能设备淘汰力度。淘汰运行满20年、单机容量10万千瓦级以下的常规火电机组，服役期满的单机容量20万千瓦以下的各类机组，以及供电标准煤耗高出2010年本省（区、市）平均水平10%或全国平均水平15%的各类燃煤机组；淘汰土烧结、30平方米及以下烧结机、化铁炼钢、400立方米及以下炼铁高炉（铸铁高炉除外）、公称容量30吨及以下炼钢转炉和电炉（机械铸造和生产高合金钢电炉除外）等落后工艺技术装备；淘汰100万吨/年及以下生产汽、煤、柴油的小炼油生产装置及二次加工装置，土法炼油以及其他不符合国家安全、环保、质量、能耗等标准的成品油生产装置；淘汰窑径3.0米以下水泥机械化立窑生产线、窑径2.5米以下水泥干法中空窑（生产高铝水泥的除外）、水泥湿法窑生产线（主要用于处理污泥、电石渣等的除外）、直径3.0米以下的水泥磨机（生产特种水泥的除外）以及水泥土（蛋）窑、普通立窑等落后水泥产能；淘汰年产1000万块以下的砖瓦生产企业，18门以下砖瓦轮窑以及立窑、无顶轮窑、马蹄窑等土窑；淘汰70万平方米/年以下的中低档建筑陶瓷砖、20万件/年以下低档卫生陶瓷生产线；淘汰所有平拉工艺平板玻璃生产线（含格法）。

（2）推进重点行业企业整合提升。提高环境准入门槛，预防新建项目盲目建设和低水平重复建设，限制现有企业盲目扩张和低水平扩能，尤其对于新上中小规模燃煤锅炉严格控制，大力推广清洁能源和清洁生产。鼓励重点排污行业“上大压小”，对造纸、印染、化工、建材等重点排污行业，实行全行业排污总量控制，促进行业整体升级优化。鼓励建设专业园区，积极引导污染较严重的企

业向专业园区集中。

2. 工程减排

（1）持续推进工业废水深度治理。一是推进污水集中处理。提倡污水集中处理，凡适合集中处理的，统一规划。凡已获审批的需配套建设污水处理厂的工业园，在工业园启动期同步配套建设污水收集系统，入园企业达到一定规模后启动污水处理厂建设。完善现有城镇污水处理厂、污水收集管网，提高城镇污水处理率和污水处理运行负荷率；日处理规模 10 万吨以上的污水处理厂全部配套建设污泥无害化处理和除磷、脱氮设施；因地制宜推进常住人口 1 万人以上的建制镇污水处理厂和农村分散式污水处理设施建设。二是实施废水深度治理。主要包括造纸、印染、化工、制药、农副食品、食品、饮料、有色等行业，要分批实行全行业废水深度治理。各县（市、区）对于经清理整顿保留下来的纸厂应当要求在年底前实行废水深度治理。三是提高废水回用率。含铬废水、含硫化物废水全部实行回用，综合废水应采取膜处理方式再生工业用水。造纸行业在严格执行国家标准规定的吨产品废水排放量基础上，进一步提高水回用率。

（2）持续推进火电行业污染减排。督促燃煤电厂进一步提高脱硫脱硝效率。新建燃煤机组全部配套建设脱硫脱硝设施，脱硫效率达到 95% 以上，脱硝效率达到 80% 以上。现役燃煤机组安装的脱硫设施不能稳定达标排放的，进行更新改造并取消烟气旁路，使其综合脱硫效率提高到 90% 以上。单机容量 30 万千瓦以上燃煤机组实行脱硝改造，综合脱硝效率达到 70% 以上。重点加快大唐华银株洲发电有限公司、湖南省华银电力金竹山火力发电分公司、大唐湘潭发电有限责任公司、华能湖南岳阳发电有限公司等火电企业的脱硝设施建设改造进度。

（3）持续推进非电行业废气治理。督促已建脱硫脱硝设施稳定运行。加快非电重点行业脱硫脱硝进程，重点加强钢铁行业的烧结设备、有色行业的工业窑炉、建材窑炉、炼焦炉等污染源的监控管理，按要求安装烟气脱硫设施。大力开展水泥行业新型干法窑降氮脱硝、建材行业炉窑脱硝。新建 20 蒸吨以上燃煤锅炉安装脱硫脱硝设施，城市主城区 10 蒸吨以下锅炉使用清洁能源；35 蒸吨以上的现有燃煤锅炉实施烟气脱硫；循环流化床锅炉脱硫设施安装在线监控设备，提高综合脱硫效率。重点鼓励新型干法水泥生产线新上低氮燃烧和脱硝装置，对 18 条新型干法水泥生产线上低氮燃烧，对 8 条新型干法水泥生产线上低氮燃烧设施和 SNCR 脱硝。

（4）持续推进农村农业污染治理。按照资源化、无害化和减量化的原则，改进养殖方式，大力推行清洁养殖，全面启动规模化畜禽养殖场整治工程，全面治理畜禽养殖污染，全面建成规模化畜禽养殖场和养殖小区配套完善固体废物和污水储存处理设施。积极调整优化养殖场布局，鼓励规模化畜禽养殖场、养殖小区、养殖专业户，在充分考虑生物安全与环境风险的基础上，采取生态种养、生物发酵床、垫草垫料等养殖方式减排，所生产的废物、废水经处理后完全进入农田利用，减少污染。推进有机食品基地建设，制定补贴、税收等环境经济政策，引导和鼓励农民使用生物农药或高效、低毒、低残留农药，发展生态农业。加强农村饮用水水源地环境保护，强化饮用水水源环境综合整治，有条件地区积极推进城乡供水一体化。加强乡镇工矿企业和农产品加工企业污染整治，严格控制饮用水水源保护区上游或周边建设化工、造纸、印染等企业，严防工业污染转移。重点针对全省重点区域的30个农村环境连片整治示范区开展生活污染、畜禽水产养殖等突出环境问题整治。

（5）初步开展区域大气联防联控。以改善长株潭地区空气质量为目的，以增强区域环境保护合力为主线，以全面削减大气污染物排放为手段，建立统一规划、统一监测、统一监管、统一评估、统一协调的区域大气联防联控工作机制，全面防控大气污染。优化区域产业结构和布局，加大大气污染物防治力度，加强能源清洁利用，加强机动车污染防治，加快旧机动车的淘汰，完善区域空气质量监管体系，致力于促进二氧化硫、氮氧化物、颗粒物、挥发性有机物等重点污染物减排，控制复合型大气污染蔓延，酸雨、灰霾和光化学烟雾污染明显减轻。

3. 管理减排

加强对已建减排工程的督查、核查，确保减排工程设施稳定正常运行。加强对省控、国控重点污染源的监管，确保污染物处理工程设施稳定正常运行。加大减排监测体系建设力度，做好对重点污染源每月一次的督查核查、每季度一次的监督性监测、在线监测数据比对监测和有效性审核等工作，完善相关台账档案。全面推行排污许可制度，落实总量控制要求，严格控制新增污染物排放量，把污染物排放总量指标作为环评审批的前置条件。抓好清洁生产工作，对于列入强制清洁生产的企业应当要求按下达文件的时限完成清洁生产审核，强化评估验收，把清洁生产审核作为审批、验收、污染物减排量核算的重要因素，提升清洁生产水平。加强机动车氮氧化物控制。优化城市交通，大力推进绿色交通体系建设，

鼓励长沙等机动车尾气污染问题突出的城市加强机动车需求管理，开展机动车保有量总量控制试点。

四　保障措施

（一）完善政策法规

一是推行征税收费制度改革。按照国家整体部署，以防治任务重、技术标准成熟的税目为重点，积极开征环境税。完善环保收费制度，研究逐步提高涉重金属、有机污染物收费标准，推动完善城镇污水和垃圾处理收费政策。改革环境价格政策，完善脱硫脱硝电价等价格政策，推动基于环境成本的资源性产品定价政策。二是完善绿色金融贸易政策。在全省推开环境污染责任保险工作。推动修订取消出口退税的商品清单和加工贸易禁止类商品目录。建立健全排污权有偿使用和交易机制，扩大排污权有偿使用和交易试点范围，在长株潭地区全面实行、其他地区探索实行排污权有偿使用和交易。建立健全生态补偿机制，利用财政转移支付、保证金等手段，推进自然保护区、重要生态功能保护区、资源开发的生态补偿，建立基于主体功能区、跨界流域、跨界断面水质目标考核的生态补偿机制，积极探索市场化生态补偿机制。三是制定产业行业标准规范。对相关重点产业及行业，尽快组织力量研究，制定符合实际的污染物排放等标准，编写技术导向目录、投资项目评价指南（标准），逐步完善指导建设“两型社会”的标准规范体系。

（二）加强组织考核

一是加强组织领导。各级党委、政府切实把污染减排摆上重要议事日程，不断推进。各级政府和所有公务员率先垂范，确保做好污染减排工作。二是建立协调机制。在各级党委、政府的统一领导下，环保、发改委、科技、公安、监察、财政、住建、交通、农业、质监、物价等部门建立污染减排工作协调推进机制，负责协调污染减排工作。各级各有关部门要明确任务，认真履行职责，搞好协调配合，形成合力。三是建立严格的目标责任制和责任追究制。确保污染减排责任到位、措施到位、工作到位。没有完成目标任务的，严格责任追究并实行“限批”。对因污染减排设施运行不正常、限期整改没到位、监管不到位的地区实行“区域限批”和暂停安排环保专项资金。四是建立绿色GDP指标体系和新型的干部考核指标体系。从政策与法律上确认生态环境的财富价值，并给予强有力的保护。把环境保护和绿色GDP指标纳入党政领导政绩考核中，促进领导干部的“生态化和绿色化”。

（三）加大减排投入

一是积极争取国家资金。利用国家加大节能减排等公共领域投资力度的契机，坚持从早、从快、从细的原则，在产业退出、城市环境基础设施建设、节能减排、农村环保、生态建设、环境监管能力建设等方面有重点、有计划地筛选一批重点项目，做好项目前期工作，落实配套资金，争取国家资金。二是努力加大各级财政投入。省市县各级政府要将环保投入列入本级财政支出的重点内容并逐年增加投入，重点增加对重要减排领域的投入。三是继续扩大银行贷款。努力搭建服务平台，促进银企合作，银政合作，争取更多的政策性贷款和商业性贷款。安排财政贴息，引导银行资金投向环境保护减排设施建设。四是进一步加大招商引资。继续鼓励社会资本参与城市污水处理、垃圾处理等城市环境基础设施的建设和运营。通过建立有利于环境治理的价格、税收、信贷、贸易、土地等政策体系，鼓励社会资本参与企业污染防治设施和环境监控设施的建设和运营。

（四）强化科技支撑

一是大力促进环保科技创新。围绕污染防治和生态保护，开展污染防治新技术和新工艺的研发、推广应用。充分利用大专院校和科研院所的技术力量，加大环保科技研究力度。以“湘江水环境重金属污染整治关键技术研究与综合示范”为依托，重点开展重金属污染底泥、重金属污染土壤、含重金属废水污染治理、含重金属废渣污染治理等技术的研究创新，为重金属污染控制与治理重大技术攻关项目提供技术支撑。开展湖泊富营养化研究，积累富营养化防治、河流休养生息的技术和管理经验。开展流域环境容量与生态承载力等战略与理论研究，开展流域上下游之间生态补偿机制的研究，为总量减排工作提供决策支持。二是积极促进环保产业发展。以市场需求为导向，以科技创新为先导，以体制创新为动力，以结构调整为主线，以提升产业技术水平、提高自主创新能力、创新产业经

验模式和规范产业市场为核心，加大资金和政策扶持力度，大力发挥产业基地的孵化作用和骨干企业的带动作用，全面提高湖南省环保产业的整体实力和核心竞争力，将环保产业打造成湖南省新的支柱产业和经济增长点。大力发展环保设备（产品）制造业、资源综合利用产业、环境服务业、洁净产品制造业，建设一批环保产业重点园区，扶持一批环保骨干企业，打造一批环保名牌产品。三是加快减排技术开发和推广。加快推动产业结构优化升级，积极发展资源消耗低、环境污染小、经济效益高的高新技术产业和现代服务业，加快运用现代技术改造提升传统制造业和服务业，努力形成有利于资源节约和环境保护的产业体系，从源头上解决环境问题。以提高资源利用效率为核心，以政策引导为手段，大力推进循环经济发展，建立循环经济产业园，实现企业之间废物的资源化和再利用，全面推行清洁生产，促进增长方式转型。以企业为主体，以政府为主导，开展节能减排技术的基础性研究、应用研究、产品和工艺技术开发，充分调动企业的积极性和主动性，使节能减排成为企业的自觉行为。加强清洁生产、节能减排技术和产品的推广应用，实施节能和新能源汽车示范工程。

“千里之行，始于足下。”2012 年湖南省污染减排工作形势依然严峻，但只要我们统一认识，正确应对当前的重大困难和问题，坚定信心和决心，花最大的工夫、尽最大的努力，突出重点、强力推进，便一定能如期完成年度减排任务，也必定能为“两型社会”建设的顺利推进奠定良好的基础。

B.8

加快水利发展　助推“四化两型”

戴军勇*

2011年，在省委、省政府的高度重视和正确领导下，湖南水利工作以全面贯彻落实中央、省委1号文件和中央、省委水利工作为主线，以水利改革为重点，抓住机遇，扎实工作，水利事业呈现大投入、大建设、大改革、大发展的强劲态势。为服务“四化两型”、保障全省经济社会又好又快发展提供了坚实的水利支撑。全年争取中央投资105亿元，居全国第一。列入省政府为民办实事的300万农村人口饮水安全建设和376座小一型水库除险加固全面完成任务。夺取防汛抗旱全面胜利，减少受灾人口78.9万人，应对湘江枯水期历史最低水位应急补水6.8亿立方米，利用雨洪资源增发电量1.2亿度。特别是在水利部的大力支持下，湖南省列为全国唯一的水利综合改革试点省，省政府出台了《加快水利改革试点方案》，全面启动水资源管理体制、水利投融资、水利建设管理体制、基层水利服务体系和水价改革等五大改革，进一步增强了水利内生动力和可持续发展能力。

2012年将召开党的十八大，是实施“十二五”水利规划关键之年，也是湖南水利改革攻坚年。回良玉副总理对2012年的水利工作作出重要批示，要求继续抓好中央关于水利工作决策部署落实，乘势而上再掀治水兴水热潮，真抓实干推动水利跨越发展。省第十次党代会提出全面推进“四化两型”建设，加快建设绿色湖南、创新型湖南、数字湖南和法治湖南，既对水利提出了新要求、新任务，也为水利加快发展方式转变、拓宽发展内涵和外延提供了广阔的空间。

2012年湖南水利工作总的要求是：以改革为主线，强基础、抓管理、争项目、提质量，突出民生水利，创新体制机制，促进水利科学发展上台阶、上水平，更好地发挥水利服务“四化两型”建设的支撑保障作用。

---

* 戴军勇，湖南省水利厅厅长。

主要目标是：争取国家水利投资再上百亿元，全面实现省委、省政府“四个确保”的防汛抗旱总目标，完成300万农村人口饮水安全建设和1272座小Ⅱ型病险水库除险加固任务，水利改革取得实质性进展，水利管理得到进一步提升，完成全国第一次水利普查任务。重点是抓好以下几项工作。

一　进一步完善治水思路，把握“四化两型”建设的水利需求

“四化两型”建设是符合湖南实际的科学发展路子，要全面把握“四化两型”建设对水利的新任务、新要求，积极践行并不断丰富完善湖南省新时期可持续发展治水思路，实现五个转变：加快推动传统水利向现代水利、可持续发展水利转变。突出资源节约，加快从控制洪水向管理洪水转变，坚持科学防洪、依法防洪，给洪水以出路，合理利用雨洪资源。加快从供水管理向需水管理转变，坚持节水优先、以水定需、量水而行，全面建设节水型社会。突出友好的水生态水环境建设，加快从水土流失重点治理向预防保护、综合治理、生态修复相结合转变，优化配置工程、生物和耕作措施，注重发挥大自然的自我修复能力。加快从水资源开发利用为主向开发保护并重转变，更加注重水利建设中的水生态、水环境保护，实现经济效益、社会效益和生态效益的多赢。

二　进一步全力推进改革，建立适应“四化两型”建设的水利体制机制

把改革作为2012年水利工作的重中之重，打造充满活力、富有效率，更加开放，有利于科学发展和适应“四化两型”建设需要的水利体制机制。全力实施加快水利改革试点三年行动方案，扎实做好加快水利改革发展试点示范工作，以重点领域和关键环节的突破带动全局改革。重点抓好长沙、株洲和湘潭城乡水务一体化管理体制改革示范，加快出台《湖南省湘江管理条例》，建立水资源安全协作机制，推进城市水价改革；以建立各级财政对水利投入的持续稳定增长机制为目标，组建市、县水利融资平台，基本确立政府主导、市场补充、群众参与的以公共财政投入为主的投融资体制；加快水利工程建设与管理体制改革，县级

水利建设项目管理中心 2012 年要组建到位，完善水利工程招投标体制，加强水利建设市场诚信体系建设，建立小型农田水利新机制；加强乡镇水管站规范化建设，积极推广“一村一会”农民用水户协会建设，力争用 3 年的时间，建立健全全省水利行政管理、技术服务队伍，基本建立覆盖全省的基层水利服务体系，夯实水利可持续发展的基础。

三　进一步坚持规划引领，夯实“四化两型”建设的水利基处

“四化两型”建设既指明了水利发展目标，也是一项系统工程，必须科学谋划，顶层设计。要按照全省“十二五”水利总投入 1471 亿元的总规模，统筹兼顾，科学确定水利发展长远目标，有计划、有步骤，分阶段、分层次提出水利建设任务、投资规模、总体布局和实施重点。要加强规划的战略性，加大前期工作力度和深度，储备一批服务“四化两型”建设的重点水利项目，加快全省现代水利建设规划、环洞庭湖生态经济圈水利专项规划、全省武陵山区扶贫攻坚水利规划和衡邵干旱走廊综合治理规划编制，调整水利建设布局，促进水利区域平衡发展，为服务“四化两型”打下扎实基础。

四　进一步加快薄弱环节建设，打造“四化两型”建设的水安全环境

“十二五”期间，湖南省经济总量将达到 2.5 万亿元以上，城镇化率提高到 50%，保障全省粮食安全，旱洪保收面积必须维持在 3700 万亩，而从水利现状来看，还存在着许多薄弱环节，仅洪涝灾害每年造成的损失都在百亿元以上，极不适应“四化两型”建设的需要，因此，要抓住薄弱环节，集中力量加以突破。突出抓好中小河流治理、病险水库水闸除险加固、山洪灾害防治等薄弱环节建设，确保人民群众生命财产安全。要根据 2012 年国家气象局关于黄淮和长江中游部分地区夏季可能出现汛情、防汛形势较严峻的分析预测，及早做好防汛抗旱准备工作，坚决实现省委、省政府“四个确保”的工作目标，抓紧完成 58 个县级山洪灾害非工程措施建设，科学应对湘江枯水期调水补水。切实加快洞庭湖近

期治理，加快农村饮水安全工程、大中型水库等重点水源工程建设，完成300万以上农村人口饮水安全建设，1272座小二型病险水库除险加固任务，123个中小河流治理项目全面扫尾，加快第二批、第三批35个全国小农水重点县建设，大力发展农村水电，完成23个农村水电增效扩容改造试点建设任务，为全省经济社会发展保安澜、保稳定、促发展。

五　进一步严格水资源管理，为“四化两型”建设提供水资源支持和保障

2011年湖南省用水总量已达323亿立方米，距国家分配的指标仅剩13亿立方米，全省万元工业增加值用水量和万元GDP都高于全国水平，特别是农业灌溉用水达到188亿立方米，接近全社会用水总量的60%，改变用水模式、加强水资源节约保护既是当前一项战略性的工作举措，也是推进“四化两型”的必然要求。最近，国务院出台了《关于实行最严格水资源管理制度的意见》，明确提出了“三条红线”控制指标及分阶段目标，对实行最严格水资源管理制度作出全面部署。我们要坚决守住用水总量、用水效率、水功能区限制纳污“三条红线”，实施水资源管理行政首长负责制，进一步完善水资源考核指标体系，抓紧建立水资源管理责任和考核制度，加快4个国家级节水型社会试点市建设，规划14个地级城市供水第二水源建设，提高全省主要江河湖泊水功能区水质达标率，提高安全饮水水质保障。进一步完善水价定价机制，加强用水定额管理，从制度上规范农村用水、工业用水和城市生活用水。加大农村面源水污染治理力度，建设人民群众宜居的水生态环境。

B.9

转变林业发展方式 加快绿色湖南建设

邓三龙*

绿色资源是湖南省的巨大优势和宝贵财富，巩固和提升生态优势是绿色湖南建设的重要内容。发展林业是建设绿色湖南的根本所在、推动绿色发展的动力所在和增进民生福祉的潜力所在。当前，林业发展面临空前机遇、肩负重大使命，转变林业发展方式，既是顺应经济社会发展规律的必然要求，也是推进“四化两型”、建设“绿色湖南”的现实需要。

一 提升发展理念，推动林业从注重单一的木材生产功能向多功能多效益转变

随着经济社会的不断发展和我们对林业的认识不断深化，林业的多种功能更加凸显。过去一说到林业就是提供木材，现代林业的经济功能不仅包括生产木材，还包括提供木本粮油、木本药材、生物质能源、森林旅游、森林保健疗养；过去一说到林业工作就是植树造林，现代林业已经涵盖了森林、湿地、荒漠三大生态系统和生物多样性保护；过去一说到林业发展就是指经济效益，现代林业已经延伸到改善生态环境、应对气候变化、提升投资环境、树立国际形象等。

1. 生态保护功能

森林是“地球之肺”，湿地是“地球之肾”，生物多样性是地球的“免疫系统”，林业承担着建设森林生态系统、保护湿地生态系统和维护生物多样性的重要职责，是实现良好生态的关键和生态建设的主体。林业生态效益是其经济效益的几倍、几十倍甚至上百倍。经监测，2011 年全省森林覆盖率 57.13%，森林固碳、放氧、储能、蓄水、保土保肥等主要生态效益总值达 8628 亿元。

---

* 邓三龙，湖南省林业厅厅长。

2. 就业增收功能

林业产业链条长，市场潜力大，涉及三大产业，发展林业促进增收就业的空间十分广阔。一些地区，一根翠竹可以撑起一方经济，一个物种可以成就一大产业，一处景观可以带来一片繁荣。特别是森林是巨大的物种库、资源库、能源库，木材和钢材、水泥是被世界公认的三大重要原材料，林业生物质能源是仅次于煤、石油、天然气的第四大战略性能源，也是世界各国替代化石能源的战略选择，茶油被誉为“东方橄榄油”和“软黄金”，油茶树已经成为农民增收致富的摇钱树，林业成为山区林区经济发展的新亮点。2011 年，全省实现林业产业总产值 1445 亿元。

3. 观光休闲功能

森林景观是令人赏心悦目的绿色风景，森林旅游成为人们休闲旅游的首要选择，森林保健院、森林疗养院正蓬勃发展。湖南省自然保护区、森林公园、湿地公园等生态文化基础设施不断完善，森林旅游年接待游客 3350 万人次，实现收入 115 亿元。

4. 碳汇减排功能

森林每生长 1 立方米蓄积量，可释放 1.62 吨氧气，吸收 1.83 吨二氧化碳，是最经济的吸碳器。据初步测算，“十一五”前四年，湖南省工业直接减排累计达 8000 多万吨碳当量，而同期森林生态系统吸收二氧化碳达 2.56 亿吨。现在，全省森林蓄积量 4.16 亿立方米，森林年释氧 4.99 亿吨。森林间接减排远优于工业直接减排，可有效保障经济社会的持续快速发展。

5. 文化传承功能

林业是记录农耕传统文化的重要载体，也是传播生态文明理念的首要阵地。湖南省张家界国际森林保护节、生态文化节、植树节、爱鸟周、家具博览会等生态文化节庆活动，已经深刻影响着人们的生活方式和价值观念。

二　拓展发展领域，推动林业从只重山头绿化向统筹城乡发展转变

过去生态建设的成效主要体现在远离人们居住的山区林区，作为人口聚集区和人才聚集地的城市，却难以享受到生态建设的成果。面对新形势，林业亟须从

农村走向城市，走城乡统筹发展之路。

1. 林业在城市生态建设领域大有可为

森林是现代化城市不可或缺的有生命的基础设施，是城市生态文明的重要标志。国内外的实践证明，一个城市只有具备良好的森林生态系统，使森林和城市融为一体，人与自然和谐相处，才能称得上是发达的文明的现代化城市。西方发达国家甚至为发展城市森林立法，美国1972年通过的《城市森林法》就明确提出，城市平均森林覆盖率要达到27%，商业区树冠覆盖度要达到15%，郊区森林覆盖率要达到50%。

2. 林业在发展低碳经济领域大有可为

科学研究表明，每公顷森林每年吸收20～40吨二氧化碳，释放15～20吨氧气。一座20万千瓦的煤炭发电厂、一架每天飞行4小时的波音飞机、一辆奥迪A4汽车，一年内所排放的二氧化碳，可分别被48万亩、1.5万亩和11亩人工林吸收。强调工业减排是必要的，但单纯的强调工业减排，则不利于经济的发展。工业减排是直接减排，最大的好处是可以取得立竿见影的效果，最大的弊端是对一地乃至一国的经济发展产生一定影响。森林减排是间接减排，最大的好处是既能实现减排，又能美化环境，更不影响经济发展。

3. 林业在提升城市居民生活品质方面大有可为

森林具有吸附粉尘、净化空气、消减噪声、阻挡光辐射、吸收二氧化碳等功能，还具有释放负氧离子、杀菌以及赏心悦目等保健功能。城市森林巨大的生态功能像保健品一样，呵护着城市居民的身心健康。研究表明，人的寿命，遗传因素占20%左右，其他取决于食物、空气和水的质量。而食物、空气和水的质量，很大程度上取决于完善的森林生态系统和充足的生物多样性。在人的视野中，绿色达到25%时，能消除眼睛和心理的疲劳，使人的精神和心里感到舒适，城市居民每周进入森林绿地休闲的次数越多，其心理压力指数越低。

三　突出发展重点，推动林业从只重“两头”向突出森林经营转变

过去，人们对造林绿化只重“造”和“用”，长期忽视管护经营这一中间环节。当前，造林绿化的增长方式发生了重大变化，森林经营已成为现代林业建设

的永恒主题。

1. 全面开展森林抚育

湖南省单位面积森林蓄积量仅3.13立方米/亩，低于全国和世界的平均水平。湖南省作为南方重点集体林区，气候、土壤、光热等自然条件优越，森林经营大有可为。经测算，如果单位蓄积量实现翻番，超过6立方米/亩，全省森林蓄积量则可以增加4.38亿立方米，等于再造一个绿色湖南。只要大力实施低产低效林改造、中幼林抚育、封山育林等措施，着力提升森林质量和效益，通过若干年努力，全省单位面积蓄积量将达到并超过全国平均水平。

2. 持续调整树种结构

湖南自然资源特征有三个90%，即水稻是粮食中的90%，柑橘是水果中的90%，松杉是林业中的90%。以松杉为主的林种结构，不仅不利于实现森林生态效益的最大化，而且从根本上制约了林业产业化进程，特别是以名贵、优质木材为原材料的家具产业，长期得不到发展。为此，要克服短期行为，注重林种、树种结构调整，大力实施无节良材和优材更替培育工作。

3. 大力推进良种壮苗

以前我们发展油茶，由于没有培育出高产的油茶良种，茶油产量相对较低，生产效益始终不高。现在，湖南省不断加强油茶科研攻关，已培育出一批高产油茶良种和新品种，产量大幅提高。如省林业科学院在浏阳营造的示范林，年均亩产油77.47公斤，最高可达96公斤，是原来全省面上每亩3~5公斤产量的20多倍。

四 创新发展手段，推动林业从传统落后的生产方式向依靠科技兴林转变

湖南省科技兴林空间广阔，潜力巨大，完全可以在良种壮苗、科学种树、精深加工等重点领域率先实现突破，取得成效。

1. 全面应用测土配方

如以前林农种树，主要凭经验，由于不能做到适地适树，导致很多地方一棵树种下去后几十年长不大。现在我们率先实施测土配方工程，全省组织5000多名林业技术人员上山，从全省470万个森林小班采集整理土壤和气候等因子数据

5000多万个，仅用1年的时间就在全国第一个建起测土配方系统网络服务平台。现在，林农只要点击湖南林业电子政务网上的电子地图，就能迅速查到自家的山头地块适宜种什么树、怎么种，消除了湖南过去一棵树长几十年也不成材的现象。

2. 着力推进精深加工

切实改变“橘子卖筐、木头卖方”的粗加工状态，延长产业链，增加附加值，生产高端和终端林产品。毛竹加工成竹地板，价值可由15元增加到60元，增值3倍；枝丫材加工成高密度纤维板，可增值5.2倍；油茶毛油经过加工成高档食用油，每公斤市价达288元，可增值14.4倍。在首届湖南家具博览会上，一批实木制作的高档家具，价值高达20万~30万元，特别是开福家具公司用阴沉木制作的乌木沙发，价值高达560万元。

3. 放手发展新兴产业

在突出发展油茶、楠竹、花卉、林板、林纸、林化等传统产业和支柱产业的同时，大力发展家具、森林旅游、生物质能源等新兴产业形态。同时，要大力发展林下经济，实施林药、林菌、林菜、林牧、林蜂等立体开发、循环利用模式，实现长中短有机结合，上中下综合利用，林农牧综合经营，大力提高林地利用率和产出率。

五　完善发展机制，推动林业从部门办林业向全社会办林业转变

长期以来，林业主要依靠国家投入和林业部门来办。现在，这种单一的投入模式和部门办林业已经成为制约林业发展的重要瓶颈，迫切需要形成全社会办林业的浓厚氛围和建立多元投入的发展机制。

1. 建立健全林业支持保障制度

建立健全林业支持保障制度包括林业投入保障、生态效益补偿、林业补贴、税费扶持等制度。目前，国家已经陆续实施退耕还林、生态工程造林、公益林、良种、造林、森林抚育、政策性森林保险等11大补贴，这些强林惠民政策极大地调动了农民兴林致富的积极性。

2. 建立健全林业金融支撑制度

建立健全林业金融支撑制度包括加大林业信贷投放、开发林业信贷产品、拓宽林业融资渠道、完善财政贴息政策、健全林权抵押贷款制度、建立政策性森林保险制度等。湖南省年均引导信贷资金投入林业达20亿元以上。

3. 建立健全集体林权流转制度

建立健全林业要素市场，规范林地承包经营权、林木所有权流转，以此推进林业适度规模经营，优化林业要素配置。目前，全省已经建立森林资源资产评估机构109个、林权交易中心107个，流转森林面积868.26万亩，流转金额近34亿元。林改后，一大批企业和公司投资林业，势头强劲。

4. 建立健全林业社会化服务体系

建立健全林业社会化服务体系主要是加快构建公益性和经营性服务相结合、专业服务与综合服务相协调的新型林业社会化服务体系，加快农民林业专业合作社建设。

5. 依托国际援助和国际市场发展林业

近年来，湖南省通过中德合作造林、世界银行贷款、全球环境基金项目共获得国际无偿援助资金近2亿元、低息贷款近5亿元，发展空间仍然巨大。特别是当前发达国家为降低减排成本，纷纷通过清洁发展机制，购买发展中国家的碳汇项目以冲抵自身减排义务。《京都议定书》确定的减排履约机制给发展中国家带来了巨大的国际碳汇需求。据测算，到2020年，湖南省森林碳汇交易潜在价值高达340亿美元，可为林业发展提供巨大的国际合作空间。

𝔹.10

调整能源结构　践行“两型社会”

湖南省能源局

21世纪以来，随着温室效应对全球生态环境影响加剧和化石能源日益枯竭，温室气体排放和能源安全问题越来越受到世界各国政府、学术界、媒介、企业界等的重视。美国、法国、德国等发达国家积极调整能源结构，减少温室气体排放，大力发展风能、太阳能、生物质能等新兴能源。“十一五”以来，我国高度重视经济社会的可持续发展，积极调整能源结构，新兴能源正呈现出蓬勃发展的良好势头。湖南省是全国“两型社会”建设示范区，节能减排任务艰巨，本省能源供应又严重不足，调整能源结构已成为全省的一项重要工作。

一　湖南省能源现状

1. 资源禀赋不优

湖南省一次能源匮乏，缺煤少电，无油无气。传统能源中，煤炭资源总量102.8亿吨，其中查明的资源量40.8亿吨，已利用资源19亿吨，尚未利用的资源量21.8亿吨，大部分煤炭资源为薄煤层，透镜状或鸡窝状赋存，构造复杂，煤矿瓦斯、水、火、煤尘、顶板等五大灾害齐全，资源集中度低；目前没有探明有石油和天然气；水能资源丰富，但已开发技术可开发量的90%以上。新兴能源中，铀矿资源占全国的30%，核电厂址资源丰富；页岩气资源较丰富，初估资源储量在11万亿立方米以上，约占全国的10%；农林生物质资源相对丰富，可发电利用农林生物质资源量3450万吨/年，可装机200万千瓦左右；风能资源理论蕴藏量在1000万千瓦左右，目前技术水平和电网承受能力下经济可开发量600万千瓦左右；太阳能资源属四类地区，年日照时间1400小时左右，年太阳总辐射在3200～4600兆焦耳/平方米之间，有一定的开发潜力。湖南省人均用电量、装机容量、成品油消耗量、天然气消耗量分别为全国水平的55%、56%、

61%、20%。总体上讲，湖南省能源资源禀赋不优。

2. 供需矛盾十分尖锐

2011年，全省一次能源生产总量折合标煤7000万吨左右，消费总量15000万吨左右，对外依存度达到55%左右。煤炭产量8000万吨，消费量11800万吨，调入量超过3000万吨。湖南电网电力总装机3096万千瓦（其中，水电1406万千瓦，占45.4%；火电1666万千瓦，占53.8%；新兴能源24万千瓦，占0.8%），发电量1103亿千瓦时，用电量1293亿千瓦时，全社会电力最高负荷2250万千瓦，省外输入电量141亿千瓦时；管道天然气消费量14.8亿立方米，成品油消费量800万吨左右。

2011年，受全国性资源紧张，煤电价格机制不顺和有记录以来的最少降水等多重因素影响，湖南省经历了新世纪以来最为严峻的能源短缺特别是电力供应紧张形势。火电由于电煤库存严重不足，发电能力大幅受限、机组故障、缺煤停机增加；水电由于雨量比常年减少近3.5成，控制月最低可供出力仅220万千瓦，不到全省水电装机的16%。全省最大电力缺口610万千瓦，累计移峰影响电量高达42.3亿千瓦时，是全国缺电最严重的省份之一，全省由过去时段性、季节性的用电紧张转变为全面性、长时间、常态性的用电持续紧张。2011年10月份省政府采取了强力的调煤保电新政后，供电才有所好转。

据测算，“十二五”期间湖南省经济将继续保持10%以上的速度增长，能源供需矛盾将进一步凸显，“十二五”末全省能源对外依存度将达到63%以上，电力需新增装机1000万千瓦以上，“十三五”期间需新增电力装机2000万千瓦以上，才能满足经济社会发展的需求，能源供需矛盾将越来越尖锐。

二　能源结构不合理

湖南省能源结构不合理主要表现在以下几方面。

一是电源结构单一。由于历史原因和资源条件，长期以来，湖南省一次能源消费中煤炭占70%，一半以上的煤炭用于火力发电；同时，湖南省水能资源丰富，开发程度高，由此形成了以水火电为主的单一电源结构。目前，全省电网电力装机中，水电、火电各占45.4%、53.8%，新兴能源仅占0.8%；全省电网电源发电量中，水电、火电各占28%、71%，新兴能源仅占1%。其他电源点明显不足。

二是水火电比例失调，调节能力差。湖南省水电比重大，且大多为径流式电站，80%的水电出力严重依赖天气状况，不具备调峰能力。受来水大幅减少的影响，2011年全省水电利用小时数仅为2245小时，较往年降低30%，与三北地区风电利用小时数相当，全省占总装机43%的水电仅产出全省28%的电量，即使夏季丰水期，水电装机出力也不到总装机的50%，严重影响全省电力稳定供应。调峰能力不足的特点和湖南省水电比例过高的现状，决定了湖南省必须建设更为稳定或与水电互补的电源点。

三　调整能源结构势在必行

进入“十二五”，湖南省“转方式、调结构”将向纵深推进，将大力发展节能环保、新材料、新能源汽车等战略性新兴产业，节能降耗目标将继续下降，同时全省能源刚性需求持续增长与国家合理控制湖南省能源消费总量的矛盾将更加突出，无论是从国家政策要求还是省情来看，调整能源结构都已势在必行。

1. 应对气候变化、促进节能减排的要求

2009年9月胡锦涛主席在G20峰会上承诺，中国到2020年将实现非化石能源占一次能源消费比重达15%，二氧化碳排放量较2005年下降40%～50%。这是我国为应对气候变化对国际社会作出的庄严承诺。目前，我国非化石能源消费比重在8%左右，国家初步确定“十二五”末提高到11.4%，任务十分艰巨。可以预见，“十二五”期间，国家对能源消费总量的控制将越来越紧，环保的门槛将越来越高，常规能源发展将受到抑制，核能、风能、生物质能、太阳能等新兴能源将得到大力发展。按照国家规划，到“十二五”末，我国核电装机达到8000万千瓦左右，风电装机将达到10000万千瓦，生物质发电达到1300万千瓦，太阳能发电装机达到1000万千瓦，新兴能源将占电力总装机的七分之一左右。发展新兴能源、调整能源结构已成为我国应对气候变化、促进节能减排的重要举措。这既是国家的要求，也是湖南发展的方向。

2. 提高保障能力、提升供应品质的要求

按照湖南省“十二五”规划纲要，“十二五”期间湖南省经济将保持10%以上的增长速度，单位GDP能耗将比2010年下降16%，据此推算，“十二五”末

湖南省能源消费总量将达到2亿吨标煤左右，将近1.3亿吨标煤的能源需求要靠外部供给。目前，湖南省火电发展受省内煤炭产能和运输通道制约；水电已开发殆尽；太阳能、风能、生物质能装机规模小。无论是保障能源充足供给，还是促进经济社会发展，都必须调整能源结构，加大外区能源输入，加快本省电源项目建设，实行输煤输电并举，外输和自建并重的方针，以提升能源供应品质，保障能源供应安全。湖南省能源建设，除适度发展火电外，核电、风电、生物质发电、页岩气、煤层气等新兴能源的开发都是调整湖南省能源结构的重要措施。区外能源输入需在综合比较的基础上，按照输煤与输电并举的方式，根据湖南省的需要，加快蒙西到两湖一江输煤通道建设，同时加大输入四川、云南的水电和蒙西、甘肃等地的火电，以保证湖南省能源安全，减轻节能减排的压力。

3. 发展低碳经济、践行“两型社会”的要求

2007年长株潭城市群获批为全国资源节约型、环境友好型社会建设综合配套改革试验区，“两型社会”要形成有利于能源资源节约和生态环境保护的体制机制，加快转变经济发展方式，推进经济又好又快发展，促进经济社会发展与人口、资源、环境相协调。加快核能、风能、生物质能、地热能、太阳能等新兴能源的开发，加大常规天然气利用、加快页岩气开发利用等是降低排放、提高能源使用效率，应对气候变化、保护生态环境的重要举措，完全符合“两型社会”建设的要求。

四 调整能源结构的思路和对策

1. 积极安全建设核电

湖南省发展核电具备得天独厚的条件，铀矿资源占全国的30%、厂址资源丰富、水系资源发达、市场资源空间巨大，要继续坚持新兴能源“以核为主、兼顾其他”的发展方针。受日本福岛核电站核泄漏事故影响，我国核电建设将会更加慎重，更加注重安全。但从长远看，我国经济与社会发展对能源的需求，不会长期远离核能。从湖南省资源禀赋、能源输入能力以及支持经济社会发展的需要看，更是离不开核能。因此，要坚定信心，加强公众的核宣传教育，在安全可靠的前提下，争取桃花江核电站在“十二五”期间尽快开工建设，小墨山核电在“十三五”期间开工建设，为“十三五”、“十四五”的电力电量平衡打下

坚实基础。

2. 因地制宜发展风电、生物质发电、太阳能等新兴能源

目前，随着国家电价政策支持、技术进一步成熟、主要设备价格大幅下降，湖南省生物质能、风能、太阳能等新兴能源发展正面临良好的机遇。“十二五”期间，要在农作物秸秆等生物质资源相对集中的地方，有序建设100万千瓦左右的生物质发电厂，大力推广沼肥综合利用，推广生物质固化成型燃料技术，扩大使用生物质能炉具等清洁能源设施，改善农村居民生活条件；在具备条件的湘南、湘西南、湘东、洞庭湖区布局建设400万千瓦的风电场；在大中城市周边，加快建设垃圾填埋场、大型沼气抽气和垃圾焚烧发电厂。积极争取国家“金太阳”工程支持建设15万千瓦左右的太阳能光伏发电项目，积极促进余热余能利用和地热能开发利用，力争新兴能源装机占全省装机的比重提高到12%左右。

3. 加快常规和非常规天然气的开发利用

大力推进“气化湖南”工程，争取国家对湖南省天然气供应总量和输入通道布局的最大支持，加快省内长输管、城市配套管网和调峰储备设施建设，优化省内天然气管网布局，力争“十二五”期间基本实现“全覆盖，县县通”的总体目标。加快推进省内非常规天然气的开发利用，将页岩气、煤层气资源勘探开发作为非常规天然气开发的重点，按照国家政策要求，积极探索新的市场运作模式，尽快实现页岩气、煤层气的商业化生产，提高湖南省能源自给能力。

4. 加大政策支持力度

一是落实国家已经出台的政策。目前，国家电网从平均每度电中代征0.3分钱上缴财政部形成可再生能源发展基金，由国家发改委统筹分配用于补助风电和生物质发电标杆电价与火电脱硫标杆电价的差价。要严格执行生物质发电0.75元/千瓦时、风电0.61元/千瓦时、太阳能发电1元/千瓦时的上网电价，电网企业全额收购电量；严格执行《湖南省人民政府办公厅转发省财政厅省国税局省地税局关于支持新能源产业发展若干意见的通知》（湘政办发〔2010〕61号）的有关财政补贴、税收优惠、金融支持等政策，引导风险投资进入新兴能源产业。

二是研究制定省内支持政策。紧密结合湖南省的实际，完善新兴能源发电价格补偿机制，制定鼓励新兴能源技术研发投入、加大财政引导资金支持力度、培育省内优势装备制造企业做大做强、培养新兴能源产业人才等一系列政策措施，

全面引导、扶持新兴能源产业发展。

5. 加快能源输送通道建设

湖南省大量能源需从外部输入，又处于全国能源输送末端，加快输电输煤通道建设至关重要。

一是输煤通道建设。积极向国家有关部门汇报衔接，加快建设从蒙西到华中地区的重载运煤通道，加快洛湛、焦柳铁路扩能，完善川煤、陕煤、渝煤入湘的水运通道。

二是输电通道建设。加快荆门至长沙、甘肃至湖南两条特高压前期工作，加强与西北煤电基地、风电基地的联系，积极争取西南大型水电基地向湖南省输电。

区 域 篇

Region Reports

B.11 开展城乡同治 打造幸福家园

陈君文*

株洲市攸县是一个中等的内陆农业县、资源县和劳务输出县，全国100个重点产煤县之一，2011年县域综合实力位居湖南省十强。自2009年以来，该县加快推进“四化两型”建设和社会管理创新，以“洁净攸县大行动”为抓手，先县城、后镇区、再乡村，逐年梯次推进城乡环境卫生治理，成功创建全国平安畅通县、省级卫生县城、全国生态文明先进县、中国十佳绿色城市、中国最具投资价值旅游县，走出了一条城乡同治、科学发展的好路子，得到温家宝总理的批示和充分肯定。现在，该县做到“五个基本看不见”，即：城乡公共区域可视范围基本看不见垃圾、主干道基本看不见车辆乱停乱放、街面基本看不见私搭乱建厂棚、门面商店基本看不见商品出店摆放、执法整治现场基本看不见大的争执纠纷。其主要做法包括以下几方面。

一 宣传教化开路

有形发展靠建设，无形发展靠教化。该县在城乡环境同治实践中，坚持宣传

* 陈君文，中共株洲市委书记。

教化开路，有效达成共识。

一是开展大讨论。近三年坚持每年开展一个全县性的主题大讨论活动，认真总结了规划建设观、大众公共观、生态环境观、礼义荣辱观等“十大观念”，提炼“厚德从善、崇文重教、诚信守法、尚勤敢超”的“攸县精神”，编撰《思鉴》、《政鉴》、《德鉴》、《礼鉴》、《法鉴》、《廉鉴》“六鉴”系列公民教育读本，有针对性地提出了“城镇客厅理论”、“农村公园理论”的概念，即把城镇当做客厅来呵护、把村庄当做公园来建设。

二是实施大教化。组织百人宣讲团深入乡村和企事业单位，开展了1200余场“新观念面对面”宣讲活动；组织10万余名机关单位职工和中小学生开展“万人诵读中华经典”活动；广泛开展“生活健康、健康生活”系列大型群众文娱活动，促使城乡环境建设、“洁净行动”等理念进村入户，深入人心。

三是组织大规劝。县级领导带头，每月开展上街下乡进村入户文明规劝活动，当场纠正车辆乱停乱靠、行人乱扔垃圾、商户占道经营等行为，每年参与规劝和清扫行动人员超过10万人次，发放“门前三包”等各类宣传资料30多万份，纠正不文明行为10多万人次。

二　市场模式运作

城乡环境同治中，探索建立了政府主导、市场运作、搞活经营的管理模式，把能推向市场的推向市场、能交给社会的交给社会，着力破解过去高耗低效的运行状态，努力实现“经营改善环境、环境提升效益”的良性循环。

一是引进保洁公司。公共区域保洁引进专业公司。打破城区环卫原有体制，104.7万平方米主街道和33.6万平方米小街小巷清扫保洁全部实现公司化运作；将“牛皮癣”治理、灭鼠除害、建筑装潢垃圾清运、主街道门店经营广告牌、余土清运、绿化养护、路灯维护等市政管理统统推向市场。住宅小区服务普及物业管理，小区环境卫生交由物业公司全面负责，吸引和培育了10家有资质、高素质的物业公司进驻各大小区，提升小区保洁、保安、保绿水平。

二是放权激活乡镇。下放土地经营权，对乡镇土地经营净收入全额返还，保证乡镇镇区建设和城乡环境建设投入。全县有80%的乡镇拍卖了土地，乡镇土地经营收入、镇区建设投入均超过了1亿元。下放资金分配权，在党建帮扶办点上推行集中办点镇区的模式，村级洁净行动扶持资金下拨到乡镇，所有的帮扶资金集中到乡镇，由乡镇统筹安排。对乡镇税收超收部分全额返还，调动乡镇经营镇村、管理镇村、建设镇村的积极性，增强城镇辐射农村、带动农户的效果。

三是有的放矢负债。主要是做大城建投、做强国资投、做活旅游投。城建投作为建设融资的重要平台和城市经营的主要实体，国资投重点是盘活国有资产，旅游投定位于酒埠江旅游风景区的开发建设，采取切实有效的措施，使其规范运作，加快发展。近两年，三大投共融资举债近 10 亿元，储备或预征的土地达到 1.3 万亩，不仅有效缓解了建设资金，而且逐步实现平台的良性发展。

三　精细管理跟进

卫生不是扫出来的，而是管出来的。在城乡环境管理中，顺应新要求，运用新技术，积极推行网格化管理、数字化管理、精细化管理。特别是针对农村环境卫生习惯改变难、垃圾处理难、长期坚持难、经费保障难等问题，探索了农村垃圾“四分”处理模式。

一是分区包干。将村级卫生区划分为村级公共区和农户责任区，村级公共区包括主干道、主水系、村民集中活动场所和集贸市场等，由村集体出资，聘用专人进行日常保洁维护；农户责任区指各家各户房前屋后的晒坪、水沟、绿化区等，各农户按要求落实包卫生、包秩序、包绿化的“三包”责任，保持日常整洁。

二是分类减量。每家农户配备一个垃圾池，对垃圾分户分类收集，通过“回收、堆肥、焚烧、填埋”等方法分类减量，就地从简处理，做到厨余垃圾就地堆肥还土、可回收利用废旧物资集中回收、回收难度较大的“白色垃圾”焚烧填埋处理。目前，全县农户配备垃圾池 13 万多个，普及率超过了 80%，垃圾基本做到了入池处理。

三是分级投入。县财政每年预算乡村洁净行动专项经费 1000 万元，采取以奖代拨的方式，500 万元用于支持镇区创建，500 万元按每村 1 万元的标准补贴到村，用于村庄洁净行动；各乡镇根据实际情况，配套一定的工作经费，对重点村、中心村、贫困村给予适当支持，弥补村级经费不足；各镇区居村民自筹一部分资金，负责镇区和村级公共卫生区的日常保洁，形成财政下拨、部门支持、乡

镇配套、村组自筹的多元投入模式。

四是分期考核。强化激励措施，实行月抽查、季考核。县考核乡镇镇区，并抽检到村，考核结果通过县电视台向全县公布；乡镇参照县考核办法考核到村，并抽查到组，考核结果向全镇进行公开；村考核组，并延伸到户，各村对各组的卫生情况进行交叉检查评比，考核结果在全村进行公示。

四　机制制度保障

城乡同治，坚持既抓具体，更重机制保障。主要实施六项制度。

一是对县直单位推行结对共建活动。组织县直机关企事业单位干部深入农村一线，开展“城乡同治、结对共建”活动，扎实抓好礼仪教化、洁净家园、济困维安、联合办公和五基规则五项工作，着力推动城乡同规划、全民同教化、卫生同保洁、设施同建设、事务同管理、素质同提升。

二是对乡村推行“重奖重罚”机制。县考核乡镇镇区，每季考核排前三名的乡镇，在享受县财政资金扶助的基础上，奖励 3 万 ~7 万元；排后三名的乡镇，取消县财政资金扶助，同时处罚 3 万 ~7 万元。乡镇考核村，给予 1000 ~ 3000 元不等的考核奖罚。村考核组，给予 100 ~200 元不等的考核奖惩。近两年来，全县已累计兑现奖罚资金 1000 余万元。

三是对干部推行绩酬挂钩机制。将各乡镇、部门单位和村、社区的洁净行动目标细化、任务量化，纳入全县工作预安销号和绩酬挂钩内容，将县乡村三级干部 40% 的工作津补贴用于工作预安销号、绩酬挂钩，把环境卫生整治作为一项重点内容，实行按月预安、按月考核、按月兑现，提高执行力，促进城乡环境卫生治理的落实。

四是对业主推行量化考核机制。在主要街道、重点市场实行百分量化日考核计分办法，对经营户卫生状况、经营秩序进行逐日考核计分。在政府管理的门面、市场摊位租金、环卫处卫生规费中，抽取一部分作为奖补资金，将考核分与租金挂钩，分值越高租金越少，分值越低租金越高，分值降至底线，取消承包资格，充分调动业主参与环境卫生治理的积极性。

五是对户主建立“大评小奖”机制。对各农户采用“大评比、小奖励”的办法进行激励，按清洁、较清洁和不清洁评定等次，评比结果张贴到户，或分组

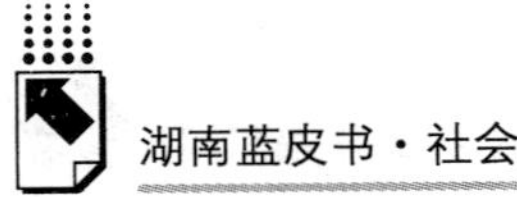

公示，对清洁户给予毛巾、牙膏、雨伞等价值10～20元的小额物质奖励。通过精神和物质激励调动群众的自觉性、积极性。

六是对社会实行举报投诉奖罚制度。设立专线电话受理群众举报和投诉，凡有环境卫生不清洁、秩序管理不到位、主管单位不作为等现象均可直接检举投诉，一经查实，对被举报乡镇党政一把手和分管领导分别处以200元的罚款，对村主要负责人处以100元的罚款，同时奖励举报人100元。

B.12

建设“两型社会” 实现“两个率先”

陈三新*

2011年7月，湖南省委、省政府作出了支持湘潭率先统筹城乡发展、实现韶山率先富裕的战略决策。湘潭在肩负“两型社会”建设和统筹城乡发展两大改革重任的同时，也迎来了加快科学跨越发展的重大历史机遇。当前和今后一个时期，湘潭将深刻领会、全面贯彻落实中央和省委、省政府的决策部署，全力推进“两型社会”建设、加快实现“两个率先”目标。

一 将实现“两个率先”作为“两型社会”建设的核心任务

1. “两个率先”和“两型社会”本质相同

从发展理念上看，两者总体一致，都是更加注重以人为本，更加注重经济社会的全面协调可持续发展。从发展途径上看，两者相辅相成。实现“两个率先”，必定要遵循“资源节约和环境友好”的要求，而走建设“两型社会”之路，也有利于提升经济社会发展的质量，从而推动“两个率先”早日实现。从内容上看，两者在产业发展和项目建设上，都有许多融合之处乃至重合的地方。因此，从本质上讲，实现“两个率先”是湘潭“两型社会”建设的核心任务，湘潭的“两型社会”建设之路，就是“两个率先”之路，我们的一切工作都要围绕这个核心来开展。

2. “两个率先”是湘潭“两型社会”建设的特色亮点

周强书记在研究湘潭“两个率先”工作时曾经指出，湘潭“两型社会”建设的特色和亮点，就是“两个率先”，这是基于对形势发展以及湘潭市情的准确

---

* 陈三新，中共湘潭市委书记。

判断而作出的精辟结论。长期以来，城乡二元体制导致城乡发展不均衡。只有通过统筹城乡发展，才能从根本上解决这一问题，才能真正实现社会的全面、协调、可持续发展。湘潭地域面积小，人口较少，经济社会发展水平在全省居于前列，具备在全省率先实现城乡统筹发展的条件。可以说，统筹城乡发展既是大势所趋，也是湘潭的优势所在。我们的任务，就是在推进“两型社会”建设的过程中，加快实现“两个率先”，为全省统筹城乡发展走出一条切实可行的路子来。

3. “两个率先”是加快“两型社会”建设的强劲动力

近年来，通过全市人民的不断努力，湘潭的发展取得了显著成效，综合实力明显增强。但与“两型社会”的要求还有相当距离，与周边地区尤其是长沙和株洲相比，差距仍然不小，做大经济总量、提升发展质量的任务仍然繁重。省委、省政府支持湘潭“两个率先”政策的出台，一方面，给予了湘潭特殊优惠政策和特别支持；另一方面，我们还可以通过这一平台，争取到更多更新的省级政策、资金和项目，并向国家部委争取进一步的支持。可以说，“两个率先”这一平台，将为湘潭加快推进“两型社会”建设、实现科学赶超发展提供持久强劲的动力。

二　将改革示范作为建设“两型社会”、实现“两个率先”的关键环节

1. 推进韶山“三个示范”

韶山是“两个率先”战略的核心区域。周强书记明确要求“把韶山建设成为全省城乡一体化发展的示范区、社会管理的示范区、精神文明建设的示范区”。推进湘潭改革示范，必须首先抓好韶山建设的这三个示范。充分发挥韶山对国省政策的吸纳作用，支持韶山率先改革发展，在全省、全市率先实现城乡规划一体化、基础设施一体化，公共服务一体化、产业发展一体化、生态建设一体化、管理体制一体化，建立起城乡互促共进、协调发展的长效机制，把韶山建设成为城乡统筹的样板、红色文化的圣地、率先富裕的示范和精神文明的家园，以韶山的先行示范带动湘潭全市的改革创新、率先发展。

2. 狠抓园区"两型"示范

进一步凸显"两型"特色，明晰园区产业定位，狠抓湘潭国家高新技术开发区、湘潭国家经济技术开发区和昭山、天易示范区的"两型"示范。以新型工业化为主体，以四大园区为载体，积极引导企业向园区集中、产业向园区集聚，全力加快发展先进装备、新能源、电子信息三大战略性新兴产业，积极改造提升精品钢材及深加工、汽车及零部件、食品三大传统优势产业，构建"两型"产业体系。重点打造湘潭高新区、湘潭经开区两个千亿园区，推动四大园区在发展高端产业、提升配套能力、完善设施功能等方面取得新的突破，使园区成为"两型"产业的集聚区、自主创新的引领区、节能减排的样板区。

3. 加快体制机制改革示范

充分利用国家赋予"两型社会"建设综合配套改革试验区的"先行先试"权，充分利用省委、省政府支持湘潭开展城乡统筹综合配套改革的重大机遇，大胆探索、加快创新，纵深推进土地管理、投融资、城乡统筹、行政管理、对外开放体制机制等改革，积极稳妥推进资源性产品价格和环保收费改革，全面启动城乡统筹发展改革，努力探索基础设施一体化、公共服务均等化、社会管理服务化的体制机制改革，率先突破体制机制以及土地、资金、人才等要素瓶颈制约，为全省、全国"两型社会"建设和统筹城乡发展提供现实范例。

三　将项目建设作为建设"两型社会"、实现"两个率先"的主要抓手

1. 抓好项目包装申报

抓住政策机遇，大力策划、包装、上报一批具有全局性、战略性的项目，特别是研究策划一批影响长远、有持久后劲的重大项目。重点抢抓毛泽东诞辰120周年时间节点，策划和包装一批基础设施、生态环保、文化旅游等方面的重大项目，用最短的时间、最快的速度向上衔接、申报，争取全部进入国家政策支持的笼子。

2. 抓好重大项目引进

拓展招商引资视野，提高招商选资水平，加大重大项目引进力度，将招商引资的主要目光和主要精力放在引进战略投资者上，大力推动与世界500强和国内

大型企业的战略合作，重点引进一批投资规模大、带动能力强、综合效益高的项目。充分发挥湘潭市的人文、资源、区位等优势，加快承接国际及沿海发达地区产业转移，推动湘潭市产业提质转型，加快转变经济发展方式，培育战略性新兴产业。

3. 抓好签约项目建设

坚持实施领导挂帅、一个重大项目一套工作班子的项目落实机制，为重点项目建设营造良好环境。以“签约一个、开工一个”为目标，对已签约项目加大运作力度，始终不渝地抓好签约项目的履约、资金到位和开工工作，切实做好协调服务，加强跟踪落实，确保签约项目个个进入实质操作阶段，个个落地建设，让每一个签约项目都在湘潭“落地生根，开花结果”。

四　将狠抓落实作为建设“两型社会”、实现“两个率先”的根本保障

1. 解放思想重落实

建设“两型社会”，实现“两个率先”，既没有现成模式可参考，也没有现成的经验可借鉴，必须大胆解放思想、创新发展模式。坚持先行先试、边干边试，打破传统思维定势和陈旧观念束缚，敢于瞄准未曾达到过的远大目标，敢于探索未曾开创过的路径，敢于破解未曾解决过的难题，敢于承担未曾经历过的风险，敢于创造未曾取得过的业绩，大胆探索出一条建设“两型社会”、实现“两个率先”的新路来。

2. 严格责任抓落实

对“两个率先”工作，坚持“一把手”亲自抓，以最快速度进行量化、细化责任，层层落实，做到事事有人做，人人有专责。将“两个率先”工作纳入绩效考核的重要内容，加强对“两个率先”中心任务、重大工作、重点项目的考核，真正考出干劲，考出实效。切实加大督促检查和责任追究力度，确保省委、省政府《关于支持湘潭率先城乡统筹发展实现韶山率先富裕的意见》提出的政策、项目、措施和市委、市政府关于“两个率先”的一系列工作部署一项一项落到实处。

3. 上下联动促落实

加强上下衔接沟通，充分争取省委、省政府和中央各部委支持湘潭重大改革事项和给予更多优惠政策。积极利用试验区建设这一平台和省委、省政府《关于支持湘潭率先城乡统筹发展实现韶山率先富裕的意见》中有关开放性政策，在土地、环保、财税等方面，全力争取国、省项目和资金支持。深入宣传发动，形成全社会关心支持“两型社会”、“两个率先”的舆论氛围，把全市上下加快发展的愿望转化为自觉推动“两型社会”建设、实现“两个率先”的不竭动力。

B.13

2011～2012年长沙市“两型社会”建设报告

长沙市两型办

2011年，长沙市紧紧围绕“四化两型”战略和“率先建成两型城市”的总体目标，积极谋划和推进“两型社会”建设和改革，实现了“两型社会”建设综合配套改革试验第二阶段工作和“十二五”规划的良好开局。

一 2011年长沙市“两型社会”建设基本情况

（一）第二阶段改革建设明确了新的战略定位

1. 以“率先建设两型城市”作为经济社会发展的总体目标

在长沙市经济社会发展“十二五”规划纲要和第十次党代会上，明确了未来五年以“率先建成两型城市”为总体目标定位，提出要大力实施“两型引领”战略，走出“发展两型化路子”，坚持用“两型”理念和“两型”标准引领发展方式转变，努力实现更高质量、更好效益、更可持续的发展。

2. 深化了建设“两型”城市的科学内涵

通过编制全市“两型社会”建设综合配套改革“十二五”专项规划，进一步深化了“两型”城市的内涵，明确了在资源环境、经济发展、社会和谐、体制机制等方面的具体目标，提出了构建“两型”生态体系、“两型”生产体系、“两型”绿色建筑、“两型”高效交通、“两型”低碳文化、“两型”体制机制、“两型”示范新区、“两型”推进机制等八方面的重点任务和实现路径。

3. 强化“两型”城市建设的规划引领

加快城市总体规划修编，切实落实“两型”要求，新增了生态控制线规划

的内容，其中生态控制面积2284平方公里，占规划区总面积的46%。推进了综合交通和能源、水资源、环境保护、绿色建筑等规划编制。通过“十二五”规划和节能减排综合示范方案的编制，谋划了一批支撑性、示范性强的重大“两型”项目。

（二）重点领域和关键环节的改革取得了新的进展

1. 节约集约用地机制建设和土地管理改革继续深化

着力推广城市建设、农民安置、开发园区建设、新农村建设、道路建设领域五种成熟的节地模式，继续探索保障房建设、公共服务资源配套、盘活存量土地等方面新的节地方式，在此基础上，加强激励约束制度创新，实施了各主要地类控制指标体系，推进单位GDP新增建设用地分级考核，抓紧制定节约集约用地评价办法。创新实施农村土地综合整治新模式，编制土地综合整治规划，在莲花镇、永安镇和关山村、光明村等地开展土地综合整治试点，共实施项目55个，总建设规模达20278公顷。构建农村土地流转交易体系，积极建设城乡统筹的土地市场，2011年8月，再次举行农村土地流转交易会，总面积2978.72亩的宁乡县湘湖等4家土地合作社的土地承包经营权流转项目在市农村土地流转交易中心顺利流转；四县市（区）均成立县级林权流转服务中心，全市已办理林权流转33694宗，流转金额5.5亿元。探索和完善“两转变一纳入”、“先征后转和只征不转”、“两退出两获得一保留”等征地制度。开展缩小征地范围改革试点，缩小非公益性征地范围。

2. 环境经济政策实施取得重要进展

制定了《长沙市主要污染物排污权有偿使用和交易实施细则（试行）》、《长沙市主要污染物排污权有偿使用和交易工作规程（试行）》，完善了相关工作流程；配合省环保厅、物价局出台排污权交易的价格政策；制订《长沙市初始排污权分配工作实施方案》（征集意见稿），并着重开展了排污权初始分配工作，对全市575家排污单位进行二氧化硫、化学需氧量、氨氮和氮氧化物的初始权分配，对化工、石化、火电、有色、医药、造纸、食品、建材等8大行业400多家单位进行二氧化硫和化学需氧量的有偿使用工作，对长沙天宁热电有限公司等初始排污权申请进行审核和初始排污权购买确认，为下一步排污权交易的大规模开展创造了条件。探索流域补偿工作，研究提出流域补偿新工作方案，完善了

《长沙市境内跨区域河流生态补偿暂行办法（试行）》。城区开征生活垃圾处理费取得突破，开征垃圾处理费方案获批，将对垃圾处理费与水费合并征收，专款用于城市生活垃圾无害化资源化处理。

3. 能源资源节约制度体系和机制建设进一步完善

出台《长沙市节约能源办法》、《长沙市公共机构节能管理办法》、《长沙市民用建筑节能管理办法》等一系列制度，其中《长沙市节约能源办法》是全省第一部有关节能工作的地方性政府规章。继续实施投资项目节能评估审查机制，遏制了高耗能项目投资。继取消宾馆酒店免费供应一次性用品之后，推动客房新型智能节电管理改造试点，开展宾馆酒店客房IC卡智能取断电、中央空调末端自动控制、绿色照明改造，全市共有110家宾馆酒店完成节能改造，节电率达30%以上。扎实推进节水型社会建设，《长沙市水资源管理条例》经省人大批准后颁布实施，制定了水功能区划、水资源实时监控系统建设规划，打造了一批节水典型示范项目；市水务部门整合水利、供水、排水3大主要行业，落实了对水资源各环节的一体化管理；推行阶梯式水价和超计划累进加价制度已通过听证，将择期出台实施。长沙县按照“定额分配、水权转让、按方收费、梯级计价、节水有奖、超量加价”的原则，率先启动了水权制度改革。

4. 城乡统筹改革和制度创新深入推进

按照“六个一体化”的工作目标，继续推动农村饮水安全、电网改造、公路通达、环境整治、校舍改造“五大工程”建设，重点抓好农村土地管理、人口户籍制度、农村社会保障、农村金融四项制度创新实施，全市城乡医疗保障率先实现全面并轨，新型农村养老保险试点全面实施。通过一批城乡一体化示范村镇建设，带动了土地流转交易、现代农业发展、农民集中居住、城市资本下乡、农村投融资创新等城乡一体化改革措施的推进，莲花镇、关山村、光明村等一批村镇在改革发展和“两型”建设上发挥引领示范作用，显著改变了农民的生产生活方式。

5. 金融服务创新和投融资改革不断加快

支持地方金融机构创新发展，推动长沙银行实施区域化经营和上市战略，长沙银行广州分行正式开业，长沙县信用联社改制为星沙农村商业银行。积极推进新型金融组织创设，全年新增7家小额贷款公司，长沙银行科技支行开业，并在村镇银行、农村资金互助组织创设等方面取得了进展。探索开展林权、宅基地、

土地承包经营权、股权、知识产权质押登记业务，全市完成林权抵押贷款 5100 宗，贷款金额 7300 万元。获批全国股权投资企业登记备案试点城市，市政府出台实施《鼓励股权投资类企业发展暂行办法》，积极推动私募股权投资基金发展，全市从事股权投资的机构已超过 200 家，管理的基金约 300 亿元；参与组建湖南省股权交易所，推荐长沙水业投资管理有限公司等 20 家企业纳入湖南省股权融资项目资料库，为 OTC 市场建立了储备资源。资本市场融资成效明显，2011 年新增永清环保等 4 家上市公司和海赛电装等 8 家拟上市企业。金融城、金融后援基地产业园和国家级灾备中心等金融重大项目建设取得进展。

6. 行政管理改革和社会管理创新持续深化

继续深化行政审批制度改革，整合再造行政审批流程，市政府部门承担的 32 项行政审批、评比表彰和技术性、事务性职责，被取消、下放或转移给事业单位和中介组织，有效地防止了行政职能"体外循环"。继续深化公共资产管理创新和公共资源交易平台建设，公共资产管理创新经验在全国体改会上推介。制定出台《长沙市社会组织登记和监督管理办法（试行）》，简化社会组织登记程序，工商经济类、社会服务类、社会福利类和公益慈善类社会组织可直接向民政部门申请登记，同时降低社区社会组织和农村专业经济协会的登记门槛，并加大政府向社会组织采购公共服务力度。推进社会管理法治化，积极争创全国社会管理创新示范城市，《长沙市社会管理法治化实施纲要（征求意见稿）》正式发布。

（三）大河西先导区建设展示了新的形象

1. 区域生态环境改善提升

制订出台了《先导区生态建设实施方案》和《靳江河流域综合整治方案》。坪塘老工业基地已退出厂房的拆除工作进展顺利，完成了湖南新生水泥厂等 5 家企业的厂房拆除和 6 家企业的土地整合，并启动生态修复。推进了湘江西岸、靳江河、雷锋河、莲花河、八曲河、马桥河、沩水河、龙王港"八河"流域截污工程，基本实现"全截污，零排放"，核心区完成 8 家矿山关闭和生态修复，完成了靳江河入湘江口段和湘江西岸沿线 67 家非法地摊式砂场的自行整改和强制关闭。潇湘南大道东线景观工程、潇湘风光带北段景观工程二期、龙王港河道综合治理工程等重大环境工程项目实现竣工。有序推进洋湖、大泽湖、金洲湿地公园建设，桃花岭景区公园、梅岭公园、梅溪湖人工湿地等生态建设工程启动建设。推进太阳能建筑一体化工程，在工业园区推广能源节约工程，建设太阳能屋顶电站；推进分布式能源示范工程，推广沥青再生料、生物边坡等绿色建筑技术。

2. “两型”产业聚集进展加快

积极支持重点园区扩容提质，加快高新区国家级创新型园区建设，建设电子信息、新材料、先进装备制造、生物医药、新能源与节能环保等5大产业基地；加快国家级宁乡经开区（金洲新区）建设，着力打造长沙新的现代装备业基地和高新产业配套基地。大力发展高端旅游、金融服务、高档酒店、现代物流等现代服务业，开工建设3家五星级酒店，大力引进银行、保险、证券、信托等机构进驻先导区，岳麓山风景名胜区成功获批国家“5A”级景区。加快建设大河西人才创业示范区，重点建设麓谷企业广场、长沙软件及服务外包人才培训基地、高新人才公寓、工程孵化中心、产业孵化基地等创新创业平台，积极推进信息产业园建设，构建支持科技创新、人才创业和成果转化的政策体系。

3. 发展承载能力显著增强

推进重点片区开发，滨江新城、梅溪湖、洋湖、坪塘片区新投入拆迁建设资金近60亿元，完成土地拆迁2650亩，有效保障了重点项目建设的用地需求；滨江新城潇湘风光带二期北段、茶山公园等景观项目已完工，民生银行大厦、世茂大厦、奥克斯商业综合体、渔人码头等社会投资项目顺利推进。洋湖片区坪塘再生水厂2万吨污水处理系统实现通水运行，洋湖景园13.8万平方米保障住房一期完成建设，湿地公园一期（800亩）实现竣工开园并启动二期建设；梅溪湖片区湖泊工程已实现一期蓄水目标，梅溪湖路、东方红路、长东路等片区道路、5座跨湖桥梁竣工通车，梅溪湖中学、梅溪湖保障住房一期主体工程积极推进。加快基础设施建设，年初续建和开建的15条骨干道路总长60.4公里，完成投资约30亿元，通车里程约40公里；进行了电力、供气、供水、污水处理、通信、垃圾处理等配套基础设施建设工作，目前城区面积达到118平方公里，城市人口达到120万，河西新城雏形基本形成。

4. 体制机制创新不断深化

突出行政审批制度改革，积极履行市委、市政府已授权的行政审批职能，落实省直部门关于支持先导区推进行政审批制度改革的政策，继续减少审批事项、优化审批流程、缩减审批时限、提高审批效能。突出资源节约体制改革，全面推

进节地、节能、节水、节材，加大闲置土地清理力度，坚持连片供地、有序供地、计划供地，全面提升土地价值。突出投融资体制改革，积极探索资产证券化改革，积极发展创业投资引导基金、股权投资基金，加快湖南股权交易所等多层次资本市场建设。突出行政执法体制改革，积极争取落实先导区综合行政执法支队的执法权限，在先导区规划区域内，集中委托先导区管委会组织行使市级行政处罚权，开展国土规划建设房产领域相对集中处罚。

（四）环境保护和生态建设积累了新的经验

1. 农村环保经验完善提升

71家乡镇污水处理厂及配套管网建设扎实推进，其中新建成13家。完成乡镇饮用水源保护区54个，设立农户饮用水源保护标识3500个。全市所有大中型水库开始全面退出投肥养鱼，保持水源水质。推进畜禽污染整治，完成20~499头养殖户污染治理1000余家，新建三格化粪池9.9万套、沼气池5.8万个、四格净化池4.9万个；稳步推进城区畜禽养殖退出工作，对重点养殖场（户）进行环境监测和执法，全年城区退出生猪养殖72828头，超过任务6080头。农村垃圾收集处置体系全覆盖工程实现突破性进展，目前已有98个乡镇建立起覆盖全乡镇的农村垃圾收集处置体系，建成乡镇垃圾中转站96个，村级垃圾收集站810个，各类垃圾收集池（筒）65万个。农村环保长效机制探索大胆创新，率先形成了垃圾分类减量处理的浏阳市“三口”模式和长沙县果园模式，得到了环保部和国家发改委的肯定。长沙县18个乡镇全部建好污水处理厂，成为全国首个实现集镇污水处理设施全覆盖的县，将彻底解决农村集镇水污染问题。

2. 流域环境治理深入推进

推进污水处理厂及配套管网建设，坪塘、新港、长善垸3座污水处理厂施工进展顺利，坪塘污水处理厂已实现通水试运行，启动既有污水处理厂提标改造工程，主城区72个排水口改造基本完成，城区污水处理率达到92.7%。全市预计削减COD17930吨，总量削减7.9%，预计削减氨氮1546吨，总量削减5.3%，两项指标任务均已完成。铬盐厂42万吨铬渣解毒工程基本完成，全年淘汰落后产能污染企业110家。全市大气污染防治稳步推进，城区机动车尾气检测能力全面提高，启动了涉氮氧化物排放企业提标改造工程。加强了扬尘污染控制，全年空气质量优良率达到93.4%，在中部六省省会城市中名列前茅。

3. 生态建设和长株潭绿心保护不断加强

推进全国生态文明示范城市创建，统筹规划五大生态系统建设。参与绿心规划制定出台，加大对长株潭绿心保护的协调力度，加强禁止开发区和限制开发区的管控。全面铺开了全市生态创建工作，完善森林生态补偿机制，市级生态公益林补偿面积由16万亩扩大到50万亩，补偿标准由每年每亩20元提高到30元，补偿范围涵盖各县（市）区。大围山省级自然保护区正在积极申报国家级自然保护区，宁乡县金洲湖和长沙县松雅湖国家湿地公园（试点）建设稳步推进。莲花镇、葛家乡、果园镇等10个乡镇获“全国环境优美乡镇”称号，光明村、关山村、龙洞村等11个村获“国家级生态村”称号。

（五）城乡绿色建设品质得到了新的提升

1. “两型社会”城乡建设体系研究全面完成

2011年3月，“长沙市‘两型社会’城乡建设标准体系研究”课题通过了国家部委验收，该体系研究包括政策、指标、标准、技术四大类28个课题，涉及绿色建筑、绿色交通、能源资源可持续利用、热环境、噪声防控等内容，其中20项课题为国内首次提出，并出台了专门的贯标措施，为全市“两型社会”城乡建设提供了政策、标准和技术支撑。出台了《长沙市可再生能源建筑应用城市示范总体实施方案》等5个政策文件，全年完成建筑节能设计审查947.7万平方米，新增节能潜力18.69万吨标煤/年。安排推进一批绿色建筑示范项目建设，绿地公馆等8个项目被批准为2011年全市第一批绿色建筑示范项目。

2. 绿色便捷交通体系逐步完善

结合城市总体规划，重点改造中心城区重要交通节点，提升城市交通效率，实现营盘路湘江隧道的建成通车，加快福元路大桥、湘府路大桥、南湖路隧道等过江通道建设，推进湘江大道、潇湘大道的南北段延伸，形成“一江两岸”互动共进、区域协调的城市格局。全力推进轨道交通建设，长株潭城际铁路长沙段全线开工，地铁一、二号线进展顺利。作为全国节能与新能源汽车示范推广试点城市，加大示范推广力度，全市城区共更新油电混合高等级车、CNG双燃料高等级车等新能源和清洁能源公交车541台，100台纯电动公交车即将投入使用。启动了新一期交通疏导工程和智能交通体系建设，增强公共交通的便利性，提高了公交覆盖率。

3. 城市精细化管理扎实推进

在全国率先建立了城市管理效能平台，推进城市管理精细化。全年完成5条景观街项目建设，完成17个社区环境综合整治工程，建设了30个社区公园并对市民开放。

4. 城市群对接平台加快建设

加快推进城市群之间的交通对接，加快长株潭城际铁路建设，推进黄花机场扩建和大托铺机场迁建，加快湘江长沙综合枢纽、新港三期、大河西综合交通枢纽建设。加快沿江防洪景观道路、芙蓉大道望城段、金洲大道西延线、开元东路东延线等干线公路建设。加快推进长株潭城市群之间的信息化进程，积极推进三网融合。

（六）“两型”产业发展有了新的推进

1. 产业结构向高端化迈进

推动产业发展向“两型”生产方式转型，按照“两型”要求大力调整产业结构，淘汰高耗能高污染产业，发展高端产业和新兴产业，推进装备制造、食品烟草等优势产业集群节能减排，提升现代服务业发展能级，大力建设现代农业体系，加快传统产业的“两型”化转型升级。制定实施《长沙市战略性新兴产业规划》，着力培育发展节能环保、生物医药、高端装备制造、新能源、新材料、新能源汽车、信息网络、文化创意等战略性新兴产业，高新技术产业增加值占GDP的比重达到15%。

2. 企业发展向“两型”化提升

进一步加大了财政倾斜并引导企业增加科技投入，支持发展创新型经济。安排节能资金专项用于企业节能减排的贴息和奖励等。开展“两型”示范企业创建活动，发布了“两型”企业创建试点单位考核标准（试行），对企业的主要产品单位能耗、工业用水重复利用率、污染物排放达标率，均有严格的考核指标，鼓励企业进行“两型”技术的研发、“两型”产品的生产销售。

3. 园区经济向集约化布局

发布了“两型”园区创建试点单位考核标准（试行），开展“两型”园区的创建工作，宁乡经开区承办了全省“两型”园区建设现场会，“两型建设”经验向全省推介。支持长沙高新区建设国家创新型园区，推动长沙经开区创建国家生态工业园区，推进宁乡经开区、铜官循环经济工业基地建设循环型园区，发展循环型产业，提升园区的环境承载能力和资源节约水平。全国首批两个国家级再制造示范基地之一的长沙（浏阳、宁乡）再制造基地规划已上报国家发改委，将在全国范围内率先探索再制造业的发展和壮大。

4. 绿色产业向规模化拓展

制定实施节能环保和新能源等产业发展规划，探索开展再制造产业基地和集聚区建设，发展循环经济和节能产业。加快研发、引进和培育发展资源综合利用、节能材料、新能源汽车、污水处理、垃圾处理、太阳能、生物质能等先进产品和技术，促进绿色产业集群做大做强。比亚迪新能源汽车即将投产，以泰通科技、威胜能源等企业为代表的节能服务产业不断壮大，以红太阳光伏、神州光电为代表的光伏产业在严峻市场形势下保持了稳定，万容科技等资源综合利用产业快速发展，分布式能源、储能电站等新能源项目开始起步。

（七）统筹协调工作得到了新的完善

1. 政策理论研究不断强化

加强“两型社会”建设政策体系研究，拟定了《关于全面推进“两型”城市建设不断深化综合配套改革的若干意见》，系统化提出了《关于推动“两型社会”建设综合配套改革争取国家支持政策的建议》和《建立健全长株潭试验区有关“两型”改革建设的政策框架体系的意见》。密切与高校院所在重大课题方面的研究合作，公开招标完成了流域治理模式和机制创新、低碳城市建设战略规划、绿色城镇化路径与“两型”小城镇建设、建立全国性无形资产交易平台、“两型”消费模式构建、政府购买社区公共服务等6个重点课题，强化了“两型社会”建设的理论探索和政策研究。

2. “两型”示范创建稳步推进

组织召开全市“两型社会”建设工作联席会议，讨论通过了《长沙市“两型社会”示范创建2011年工作方案》并以市政府名义（长政函〔2011〕69号）下发，在全市广泛组织开展了“两型”示范机关、“两型”示范园区、“两型”示范企业、“两型”示范学校、“两型”示范城镇、“两型”示范村庄、“两型”示范社区、“两型”示范家庭、“两型”示范门店（市场）、“两型”示范建筑等“两型”示范创建活动，分类明确了“两型”示范创建的标准和要求，各区县

市、市直部门和园区积极发动、稳步推进，取得了较为显著的成效，为"两型社会"建设营造了良好的工作氛围。同时积极组织申报湖南省"两型"示范单位和"两型"示范项目，共有31个单位和项目获批。

3. 工作推进机制不断完善

不断完善联席会议、绩效考核、示范创建、群众性参与等机制，进一步形成了齐抓共管的格局和全民参与的氛围。制订了全市"两型社会"建设综合配套改革2011年度重点项目实施方案，明确了八大类28个改革项目，建立项目化管理机制，推动改革的落地实施。成功获批为全国首批节能减排财政政策综合示范城市之一，组织编制综合示范"1+6"方案和项目库上报财政部和国家发改委，明确提出了住宅产业化、绿色新区、绿色建筑、再制造、分布式能源等20项示范工程和四大长效机制建设，致力于为全国节能减排作出贡献、创造经验，为"两型"城市建设提供重要支撑。

二　2012年长沙市"两型社会"建设要点

2012年长沙市"两型社会"建设综合配套改革试验的总体要求是：以科学发展为主题，以加快转变发展方式为主线，以推进改革创新为动力，围绕率先建成"两型"城市目标，大力实施"四化两型"和"五化一率先"战略，在资源节约、环境保护、"两型"产业、绿色建筑、低碳交通、财税金融、城乡统筹、行政管理、社会管理等重点领域先行先试，立足全省乃至全国层面探索"两型社会"建设模式、经验和标准，实现全市"两型社会"建设改革新的跨越。

（一）推进资源节约利用路径

创新节地模式和制度，进一步推广城市建设、农民安置、开发园区建设、新农村建设、道路建设等比较成熟的节地模式，继续探索保障房建设、公共服务资源配套、废弃工矿用地复垦整理利用等新的节地模式，抓好新河三角洲、武广黎托片区节约集约用地试点；健全节约集约用地指标控制体系和考核评价体系，推动土地资源由粗放利用全面转向集约利用。启动实施节能综合示范工程，以全国节能减排财政政策综合示范城市建设为契机，争取国家财政支持，全力实施20个节能减排重大示范工程，实现单位GDP能耗比上年下降4%；扩大实施投资项目“能评”，建立重点用能企业能源信息平台，在电力、机械、化工、建材等重点耗能行业实施重点节能工程；培育大型节能服务机构，推进企业合同能源管理示范工程；研究能耗总量控制方案，探索启动节能量交易。扎实推进节水型社会建设，加强制度建设，并优化取水程序，强化取水许可监督和水资源保护，加强节水器具推广，打造一批典型示范项目。率先发展再制造产业，以宁乡经开区和浏阳制造产业基地为依托，建设国家长沙再制造产业示范基地，加快再制造重点技术的研发与应用，培育形成再制造产业。

（二）加强环境保护整治

全面实施新“环保三年行动计划”，确保全年空气质量优良率保持在92%以上，化学需氧量、二氧化硫、氨氮、氮氧化物等减排指标完成省下达任务，加快构建城市、农田、森林、流域、湿地五大生态系统，争创全国生态文明示范城市。推进流域综合治理，全面实施湘江长沙段和浏阳河、捞刀河、靳江河、沩水河综合整治工程，新建和扩建暮云、长善垸、花桥等污水处理厂，加快建设脱水污泥集中处理项目；加强农村环境保护整治，实施饮用水源保护区畜禽业退出和治理；完善乡镇、村、户三级污水处理体系，建设完成16家乡镇污水处理厂及其配套管网；大力推行“户分类、村收集、镇中转、县处理”等垃圾收集处理模式，推广市场化运营的“农村环保合作社”。加快餐厨垃圾处理中心建设，推行全市餐厨垃圾统一收集、统一运输、统一处理。

（三）加快发展“两型”产业

继续淘汰落后产能，淘汰一批小水泥、小制革、小化工、小冶炼企业，在城区和先导区范围内实施更高标准的“两高”产业退出。培育发展高端装备制造、新能源与节能环保、新能源汽车、新材料、文化创意、生物、信息网络等战略性新兴产业，实现绿色产业增长30%以上，战略性新兴产业占GDP的比重明显上升。率先开展“两型”示范园区创建，推行高层厂房、楼宇工业园等集约用地模式，建设技术研发中心、产学研合作中心、综合数据服务中心等公共服务平台，推广园区集中供热供冷、热电联产、分布式能源、中水回用和废物集中处理利用等节能减排措施。积极创建“两型”示范企业，通过推行清洁生产、实施节能改造等措施，培育“两型”企业典型。

（四）大力推广绿色建筑

出台《长沙市绿色建筑实施管理办法》，创新绿色建筑全过程监管体系，扩大绿色建筑项目试点，在政府投资项目、大型公共建筑等项目建设中执行绿色建筑标准；启动推进梅溪湖、洋湖、滨江新城、黎托新城四大绿色示范新区建设，执行绿色规划、绿色市政和绿色建筑标准，打造率先全国的绿色生态新区；加大住宅产业化技术体系研究，扶持住宅工业发展；出台《长沙市既有建筑节能改造管理规定》，加快既有公共机构、高耗能公共建筑和部分住宅建筑节能改造；推进绿色轨道建设，在地铁 1、2 号线推行绿色化采购、施工、运营、维护，建设全国首个绿色地铁样板工程。

（五）构建低碳交通体系

构建和完善立体化交通体系，启动东二环线改造等工程建设，开工建设地铁 2 号线西延线和 3 号线、4 号线一期工程，加快湘江“两桥一隧”建设；推广使用节能与新能源汽车，其中纯电动公交车 100 台以上，争取私人购买新能源汽车试点政策，启动建设充电站、充电桩等配套设施；实施公交优先战略，优化公交站点布局；加快建设综合交通枢纽，推进零换乘全对接体系建设；加强机动车尾气治理，启动黄标车淘汰工作。

（六）严格保护生态绿心

贯彻落实《长株潭城市群生态绿心地区总体规划》，启动绿心控制性详细规划编制，建立绿心保护标识，研究编制产业发展目录，严格控制项目建设，大力实施林业生态工程，启动省级森林公园申报工作，探索绿心区域生态补偿机制，严格保护绿心范围内的森林植被、自然景物和人文景观。

（七）推进财税金融改革

调整公共财政支出结构，支持“两型社会”建设，完善公共采购优先支持节能环保产品制度。构建完善金融组织体系，积极培育和引进基金管理、小额贷款、消费金融、融资担保等新型金融机构，培育本地、服务中介等金融机构；支持金融产品和服务创新，着力构建中小微企业金融服务体系，加快知识产权投融资服务平台建设；建立引导民间资本投资机制，探索利用保险资金支持“两型”建设；设立创新创业引导基金，引导发展创业投资机构，积极参与场外交易市场。

（八）深化城乡统筹改革

推进户籍制度创新，探索实行城乡统一的户口登记制度，降低城区和城镇户口准入门槛；推进城乡社会保障一体化进程，提高农村社会保障覆盖面和保障水平，重点加强农村基层医疗卫生体系建设；加强乡镇、村规划建设管理，实行小城镇规划、建设、国土、环保、城管“五位一体”管理新模式；创新农村金融产品和投融资体制，打造城乡一体化发展的项目、土地和招商融资平台。

（九）创新行政管理和社会管理

继续精简审批事项，探索行政性审批和专业性审查相分离，优化审批流程；全面推进电子政务建设，推进非行政许可和年检项目在线办理；探索重大公共政策第三方制定和评估制度，完善公共财政和政府投资管理制度；完善政府绩效考核评价体系，探索绿色 GDP 考核制度。继续推行政府部分职能向行业协会转移，抓紧完善鼓励社会组织孵化、发展的政策法规体系，建立社会组织直接登记、信息公开制度；扩大政府购买社区公共服务的范围，率先开展民政事业类购买服务试点；全面推行“选聘结合，三位一体”新模式，积极探索社区管理社会化新路子。

（十）推进示范片区建设

完善先导区“六纵八横”骨干路网，建设梅溪湖国际文化艺术中心、科技研发中心、国际会议会展中心等高端项目，完成加快完善水电气讯等市政配套和公共服务设施；推进全国生态文明建设试点区建设，全面完成截污治污，继续实施核心区非煤矿山清理整顿和山体复绿，推进湿地公园、森林公园、城市公园和城市社区公园建设，建设坪塘大道等生态绿轴和绿色长廊，确保流域水质达标率100%，河流流域断面水质提高到Ⅳ类；以“大河西人才创业示范区”为支撑，推动科技产业园发展壮大，推进建设战略性新兴产业基地，建设高端服务业集聚区。推广先导区示范经验，推进金霞片区物流园区建设，申报建设综合保税区；支持铜丁片区打造循环经济工业基地，提升发展陶瓷、石材等传统特色产业，建设铜官窑博物馆。支持安青片区发展大型农庄、休闲旅游农业和订单农业。

（十一）开展“两型”示范创建

省、市、县三级联动开展两型示范创建活动，按照条块结合的原则，在全市开展两型机关、两型园区、两型企业、两型学校、两型乡镇、两型村庄、两型社区、两型家庭、两型市场（门店）、两型建筑、两型景区等两型示范创建活动，积极实践两型标准，培育一批两型示范典型，并适时通过示范观摩、宣传推介等形式最大限度地发挥示范带动效应，营造政府推动、社会参与、全民行动的创建格局。

（十二）强化工作推进机制

进一步发挥市“两型社会”建设综合配套改革领导小组的功能，研究部署和统筹协调重大问题，研究制定全面推进两型城市改革建设的意见，推进重大建设和改革；完善和落实考核制度、述职制度和联席会议制度，探索领导联系改革试点项目制度，推动重点工作落实。积极与高等院校、研究机构开展合作，共建“两型社会”研究基地，围绕两型城市指标体系及实施路径、两型示范创建标准体系、要素市场体系改革建设、农村环境综合治理模式、生态补偿体系构建等重点领域研究，形成一批高质量的研究成果并公开发布。强化与省、国家部委的沟通，加强与其他试验区以及有关国家、国际组织及社会机构的合作。健全信息反馈机制，完善简报、专刊、网站等信息交流载体，与相关主流媒体合作举办两型主题宣传活动，扩大长沙“两型社会”建设的品牌影响。

B.14 2011～2012年株洲市“两型社会”建设报告

株洲市两型办

一　2011年株洲市“两型社会”建设改革主要情况

2011年，在市委、市政府的正确领导下，株洲市紧扣“两型”主题，狠抓落实，试验区工作取得了好的成效，为第二阶段工作开好了头、起好了步。

（一）“两型”环境建设产生较大影响

以创建国家环保模范城市为目标，持续打好“城市提质战”，突出解决重大环境问题，推进城乡环境同治，环境品质显著改善。

1. 城市品质进一步提升

强力推进“四创”进程。国家环保模范城市26项创建指标已通过湖南省预验收，来之不易；创建全国文明城市扎实推进，获得提名资格；主要污染物排放量持续下降，市区空气质量良好率保持95%左右，空气质量维持国家二级标准。着力提升“四化”水平。实施了主干道两侧建筑物立体绿化、林荫停车场建设、社区绿化、小街小巷绿化等28个绿化项目，新增绿化面积32.9公顷，提质改造绿地面积162公顷；湘银“阳光水岸”等33栋建筑美化及207家店铺提质改造均已完成；天台路两侧树木和滨江路灯杆的装饰亮化已经完成，城市绿化覆盖率提高到50%。建立了渣土车监控系统。美化建筑33栋，改造小街小巷60条。亮化13条道路路灯，新建60条小街小巷路灯，城区无灯路段全部消除。数字株洲建成视频融合平台，完成平安城市、智能交通、数字城管“三大平台”全面整合，实现了全时段、全方位、全覆盖的数字化管理。

2. 积极推进重大环境问题治理

突出解决清水塘地区污染问题。投资5亿元建设的重金属污水处理厂已投入

运行，整合封堵了原有24个湘江排污口，实现清水塘工业区只有一个湘江排放口的目标。全力推进“一江四港”整治工程。研究制定了“一江四港”整治规划方案，已经市规划委员会评审通过；建宁港截污干管建设和龙泉污水处理厂三期扩建工作正在加紧建设；白石港污水处理项目已完成选址意见书核准、国土预审，霞湾港已完成项目立项、环评审批等工作，正积极推进；三角叉水系改造工程全部完成。强力推进污染减排。城区累计拆除烟囱320根，基本完成市区260余家餐饮单位油烟整治；完成限期治理工业污染治理项目16个，造纸企业污染整治92家，37家洗水企业停产或搬迁。湘江株洲段水质持续保持Ⅲ类标准，市区集中式饮用水源水质达标率（单因子评价）100%，连续五年未发生重大环境污染事故。全市工业建设项目环境影响评价执行率达100%，验收建设项目环保“三同时”执行率和合格率均为100%。

3. 大力推进城乡环境同治

把城市“创卫”的理念和标准延伸到乡村，出台了《株洲市县（市）城乡环境卫生整洁行动考评办法》，形成了“市、县（市）、乡（镇）、村、户”五级联动环境治理机制，建立了市考核县（市）区，县（市）区考核乡镇，乡镇考核村的“三级”考核奖惩机制，走出了一条城乡共建“两型社会”、统筹城乡发展的新路子。“分类处理、分区包干、分级投入、分期考核”的“攸县模式”得到国家及省委、省人大、省政府的充分肯定，温家宝总理就“攸县模式”作出了“攸县城乡同治经验值得重视、推广”的批示。城乡环境品质显著提升。500头猪以上养殖大户污染治理已基本完成；株洲、醴陵、攸县分别获评湖南“最干净”地级市、县级市和县城，炎陵成功创建为国家卫生城市，醴陵、攸县、茶陵创建为省级卫生县城，醴陵成功创建“省级园林城市”，攸县获评“2011年全国生态文明先进县”，炎陵县被评为“国家林下经济示范县”，炎陵下村乡荣获“全国环境优美乡镇”称号。

（二）重点项目与相关设施建设成效显著

坚持以项目建设为支撑，全力推进重点项目与相关设施建设，打造了一批精品工程和城市名片，大幅提升了城市魅力。

1. 重点项目建设快速推进

全力打造“两型”精品工程。积极推进神农城建设，神农湖已建成开放；

湘江风光带紧扣“两型”要求，着力打造“一江两岸十景”，目前河西段工程已全部建成开放，东岸整体建设工程已启动；华强文化基地一期建成开园，并承办了2011年湖南省旅游节开幕式；职教大学城湖南有色职院、湖南工贸技师学院2所院校建成招生，湖南铁职院、商业技术学院、化工职院等5所院校建设正加快推进，与中国五矿二十三冶建设集团签订了战略投资合作建设协议。北汽控股南方生产基地一期工程已竣工投入生产，2011年可实现产值8亿元，正在准备二期开工建设。投资70亿元的攸县煤电一体化项目全面开工，湘水湾、大汉希尔顿、万豪、沃尔玛、红星美凯龙等项目相继启动，时代电气IGBT、国家航空技术产业基地、新能源客车、不锈钢城轨车辆等项目建设进展顺利。中航湖南通用航空发动机项目已正式落户株洲董家塅高科技园。通用机场、风电产业等一批项目顺利推进。环保基础设施建设加快推进，霞湾污水处理厂和董家塅污水处理厂提标改造工程已完成，其中董家塅污水处理厂污泥处置中心已建成运行；白石港污水处理厂已开工建设；南郊垃圾场渗滤液处理项目已基本完工；城市生活垃圾焚烧发电厂已开工；攸县、炎陵县、茶陵县生活垃圾处理项目建成投入试运行；总投资3800万元的“数字环保”系统建成投入试运行。

2. 低碳出行体系基本建成

引导公交出行，公交票价全部由2元降至1元；完成了城区627台公交车电动化置换，成为全国首个“电动公交城”，平均节油率达15%以上，每年可节油近220万升，减少二氧化碳等各类有害物质排放14730吨。建成了全国试点、全省第一的公共自行车租赁系统，已投放自行车1.3万余辆，春节前将达到2万辆，办卡人数已超过10万，单日使用突破了20万人次，累计超过2000万人次，基本实现城区全覆盖，相当于节省燃油160万升，减少碳排放5500吨，被住建部列为“城市步行和自行车交通系统示范项目”试点城市，被交通运输部列为“全国低碳交通运输体系建设试点城市”。城区推广“双燃料”出租汽车610台，占比达31%。湘江航道疏浚一期工程（株洲至城陵矶）前期工作已基本完成，铜塘湾港区建设等水运设施加紧建设推进，城际铁路建设应征集体土地完成率达100%，位居长株潭三市前列。

（三）“两型”产业发展进展明显

紧扣转方式主线，积极实施产业转型战略，全力推进园区攻坚和旅游升温

战，力促产业由“高碳”向“低碳”、“黑色”向“绿色”、“制造”向“创造”转变，加速构建“两型”产业体系。

1. 全力推进新型工业化

坚持把推进新型工业化作为第一推动力，大力实施“5115”工程和“6+1+4”产业发展行动计划，全年实现工业增加值830亿元，比上年增长16.5%，其中规模工业增加值730亿元，增长19%，新型工业化考核连续五年获全省一等奖。“5115”企业总产值达780亿元，增长25%，年销售收入过100亿元的企业3家，过50亿元的企业4家。大力创新中小企业服务方式，由重服务个体转变到重服务体系建设。中小企业实现规模工业增加值500亿元，增长20.3%；中小企业服务超市、创业成长俱乐部、产业联盟等服务载体得到发展；精心举办了第二届中小企业服务周，已成为全省服务中小企业的品牌；继续完善中小企业公共服务平台，注册会员达到2000多名，其中金牌会员近1000名，点击量达到200万次，居全国同类网站首位。突出打好园区攻坚战，推动产业集聚化、集群化、“两型”化发展。启动园区建设项目169个，完成投资270亿元，实现园区技工贸总收入1600亿元，增长22.8%；轨道交通、汽车、航空、服饰、陶瓷等产业集群不断发展壮大。产业“两型”化特征越来越明显，全市高新技术产业产值达960亿元，增长22%，高新技术产品增加值占规模工业增加值比重45.2%，同比增加2个百分点。加快淘汰落后产能，申报实施了67个落后产能淘汰项目，其中，42个国家级落后产能淘汰项目获中央财政奖励资金超过9000万元；化工、建材、火电、有色、钢铁5大高耗能行业能耗继续下降，对株洲市产值单耗下降的贡献率达到67.8%，全市万元规模工业增加值能耗下降14.9%，拉动株洲产值单耗下降9个百分点。

2. 大力发展现代服务业

2011年服务业投资增长45.3%，占全市总投资比重达到53%，高出上年同期3个多百分点，四个100亿元投资项目全部是服务业。实现社会消费品零售总额505亿元，增长18.2%。红星美凯龙、沃尔玛等项目相继启动。持续推进“旅游升温战”，确定41个重点旅游项目，总投资709亿元，启动建设39个项目，优质旅游资源得到进一步开发。全年实现旅游总人数1625万人次，比上年增长33.2%；旅游总收入109.6亿元，增长33.6%。炎帝陵通过国家风景名胜国评；神农谷、酒仙湖成功创建国家4A级旅游景区；全国首家红军标语博物馆建成开馆；国际品牌酒店希尔顿、万豪相继开工建设；芦淞服饰城综合提质改造工程全面完成，获评“中国（中南）服装第一街”。金融机构年末存款余额达1300亿元，新增163.4亿元，增长12%；贷款余额670亿元，新增106亿元，增长18.5%。中国驰名商标和著名商标分别达到20件和155件，获评“国家商标战略实施示范城市”。

3. 着力发展现代农业

致力农民增收，农业增效，引导建立“合作社+公司”、“公司+经营户”、“协会+基地”等经营模式，大力发展高产、优质、高效、生态、安全的现代农业。完成农业增加值130亿元，增长4%。农产品加工业总产值达182亿元，增长19%。粮食总产量突破190万吨，连续8年实现丰产丰收。农产品加工业企业发展到2747家，规模以上企业达到150家，其中省级、市级龙头企业分别新增了6家、12家，农业产业化市级以上龙头企业97家（国家级2家，省级19家，市级76家）。建立农业基地面积400.8万亩，带动农户44.2万户。农业机械化率达到62.1%。举办农民工阳光工程培训班273期，培训农村劳动力14700人。生猪养殖规模化率超过60%。全市耕地流转集约经营比率稳定在35%以上，居全省首位。醴陵市跻身全国经济百强县，攸县稳居全省县域经济十强县。

（四）综合配套改革取得实质性进展

把改革创新摆在首要位置，印发了《关于推进2011年全市十大改革的工作方案》，明确了城乡统筹改革、投融资体制改革、土地经营制度改革、资源节约体制改革、行政管理体制改革等10大改革的目标任务及要求，各项改革稳妥推进。

1. 统筹城乡发展改革方面

政策体系进一步完善，制订出台了土地集约利用、劳动社保、农业产业化、民政事业等8个专项方案，形成了一套系统完善的政策体系。农村产权制度改革取得实质性进展，集体土地所有权证、集体建设用地使用证和农民宅基地使用证发证率均已达到90%以上。村级治理机制探索了路子，完成了城区53个村改社区工作，形成了松西子3+X等一批典型和模式。示范点工作形成特色，重点推进了云龙示范区云田村、株洲县松西子社区、炎陵县星光村、荷塘区荷塘月色等试点村（片区）着力在产业集聚发展、基础设施建设、综合配套改革和文化建

设等四个领域重点突破；起草形成白井片区改革建设方案，编制了综合开发项目简介。

2. 土地经营制度改革方面

注册成立了株洲市地产集团，负责全市拆迁安置、环境整治、旧城改造等相关储备土地的运营以及土地运营的投融资和招商引资等工作，完成融资 3 亿元，报批储备土地 69 公顷，成交 12 宗共 42.7 公顷。研究制定出台了《株洲市耕地开垦费征收使用管理实施办法》、《土地经营制度改革方案》，建立健全了农村土地流转信息发布栏、电子大屏幕与农村土地流出意向登记簿、农民土地流入意向登记簿、农村土地流转台账簿以及岗位责任制度、信息发布制度、备案审查制度、风险预警制度、土地流转维权制度等“一栏一屏三簿八制度”，进一步规范了耕地占补平衡、农村土地综合整治、土地经营流转工作，地票交易实现常态化，连续 13 年实现耕地异地占补平衡，集体林权制度改革全面完成。

3. 投融资体制改革方面

按照“资源资产化、资产资本化、资本证券化”思路，大力推进投融资平台公司化改造，市直 8 家投融资平台及县（市）区的 15 家投融资平台均于 9 月底提前达到“退出平台公司目录，进入正常公司”的国家标准，工作质量和效率全省第一，在全国也名列前茅。推进建立株洲“两型”基金。高科集团、城发集团分别发行 10 亿元、15 亿元企业债券，为基础设施建设提供了强大资金支持。积极发展上市资源，5 家企业进入省重点上市后备企业资源库；开展了高新区“新三板”战略合作，“红龙电工”等 4 家企业与券商签约；“旗滨玻璃”、“唐人神”分别首发上市，上市公司达到 9 家。积极推进小额贷款试点工作，有 8 家小额贷款公司获批开业。深入推进金融产品和服务方式创新，拓宽质押物范围，形成了知识产权质押贷款、农村土地承包经营流转权证质押贷款等 20 多种产品和模式。

4. 资源节约体制改革方面

四部门联合发文，建立了发展规划和建设项目“两型”审查机制。强力推进节能减排“三百工程”，明确了“三百工程”实施单位名单。与上海宝钢能源公司达成意向性合作协议，确定职教大学城为全省“两型”建设示范项目。积极开展合同能源管理，与湖南宝诚节能技术公司合作，市两型办、市五中等单位已完成了灯管节能改造，节能率高达 60% 以上。推进工业节能，出台了《2011

年株洲市工业节能与资源综合利用工作要点》等文件，严格控制“两高”行业。建立节能评估制度，不再审批、核准、备案“两高”和产能过剩行业扩大产能项目。积极推进排污权交易试点，株洲电厂与湖南省排污权交易中心签订了湖南省第一份主要污染物排污权交易合同，成为全省首个排污权交易转让方。对可再生能源建筑应用项目实行国家补贴、市本级行政规费减免的激励政策，实施项目32个，总面积104.7万平方米。在南车时代建设了太阳能发电项目，每年可生产36.9万千瓦时绿色电能。中国水电投资40亿元，在株洲建设年发电量8亿千瓦时的风力发电场，将成为长株潭城市群新能源中心。

5. 行政管理体制改革方面

水务管理体制改革取得突破，正式成立了株洲市水务局，结束了涉水事务“城乡分割、多头管理”的历史。交通大部门制改革顺利完成，成立了株洲市交通运输局，从行政管理层面扫清多种运输方式协调发展的障碍，综合运输体系的整体保障水平得到明显提升。株洲市经济和信息化委员会完成组建，进一步精简部门，提高效率，为推进信息化与工业化融合，增强株洲市工业经济宏观调控能力，加快工业转型升级创造了条件。组建了文化广电新闻出版局、人力资源和社会保障局。

同时，积极推进了户籍制度、城区建设体制、城区财政体制等改革，并取得了好的成效。

（五）示范区大发展格局已经形成

坚持以创新的思路建设示范区，着力在发展方式、发展速度和改革创新上发挥示范引领作用。

1. 云龙示范区

项目建设快速推进。湖南华强文化产业基地在其全国布局的同类项目中创下了征拆面积最大、征拆速度最快、建设时间最短等纪录，方特欢乐世界日均接待游客超过6000人。云峰湖体育公园、北欧小镇、湖湘文化城等一批重大项目均在有序推进。路网建设加快推进。新建、续建道路共7条，其中，华强路、云峰大道复线、迎宾大道均已竣工通车。成功签约华强片区综合开发及商贸城、云龙水质净化中心等8个项目，引进投资100亿元以上。改革创新顺利推进，全面完成所有20个行政村改社区工作。云发集团法人治理结构日趋完善，通过探索债券、BT等多种融资渠道，累计融资58亿元。“生态城、科教城、旅游城”初具规模。

2. 天易示范区

完成了《长株潭城市群“两型”社会示范区株洲天元片区规划》的修改提升，将辖区范围由 150 平方公里扩大到 328 平方公里。成功引进了株洲中小企业孵化基地、三湘湘雅健康城、时代新材汽配园等“两型”项目，初步形成了以北汽株洲基地为中心的汽车产业集群，以风电整机制造产业为龙头的风电产业集群。建成的神农湖、栗雨休闲谷成为全省“两型”示范工程，“两型”产业集聚区逐渐形成。综合改革顺利推进，30 个行政村“村改居”全部完成。顺利推进第一批改革试点单位户籍制度改革，近 1 万户改革社区居民的户籍被统一登记为“居民户口”。高塘、湘云社区流转土地 1200 余亩。节能减排全覆盖工程已在 10 家企业、36 家学校、2 家公共机构全面展开。

3. 清水塘循环经济示范区

着力推进清水塘地区战略性改造，成立了清水塘地区综合整治指挥部，指挥部下设“一室五组”。编制形成了“1＋7”的实施方案体系，即 1 个总体实施方案，7 个子方案，共收集项目 47 个，预计总投资 486 亿元，其中清水塘重金属污染综合治理有 23 个项目（总投资 188 亿元）进入国家政策支持笼子，已有 3 个项目获得中央预算内专项资金 2.43 亿元，8 个项目已进入国家评审。轨道交通产业也成为全球规模最大、技术最先进。成功引进南车株洲物流基地、湘江金属物流城，物流业发展态势良好。

（六）改革试验区氛围明显增强

坚持把培育“两型”文化贯穿于“两型社会”建设改革全过程，广泛动员全民参与，着力营造改革试验区氛围。

1. 重视抓好“六大体系”建设工作

围绕“两型”规划、标准、政策、要素支撑、监测评价、工作推进等体系建设，分别组织人员、资金开展研究。目前大多数已形成了初稿，2012 年上半年可以全面完成。

2. 深化“两型”创建工作

市直各牵头单位和县（市）区明确了“两型”创建分管领导和责任人，实行“两型”创建与单位年度政绩考核挂钩、与个人评先评优挂钩。进一步完善了“两型”创建标准，“两型”机关、学校、家庭、企业等年底前将发布实施。

着力培育、挖掘典型，在“两型”机关、企业、学校、家庭等10项创建领域，评选出了株洲市首批“两型”示范创建单位83个；推荐省级“两型”示范创建工程提升类项目6个，培育类项目11个，培育类“两型”示范创建单位17个。株冶成功入选国家首批“两型”企业创建试点企业；淞欣学校获批全国首批“国际生态学校”；易果双家庭入选全国“低碳生态家庭”。

3. 着力推进厅市合作工作

由市两型办牵头，将厅市合作工作纳入政绩考核，多次组织调度会和专项督查，市直各部门主要领导亲自负责，组织人员具体负责这方面工作。市委书记、市长等参与签约活动，并大力推进协议落实。

4. 加强宣传培训工作

制订出台2011年“两型”宣传方案，由市委宣传部发文，组织召开了“两型”宣传工作落实会，进一步明确了宣传工作的方向、重点和措施。在北京成功举办了“湖南株洲‘两型社会’建设汇报会”，株洲市“两型”工作受到国家部委以及省委、省政府领导的充分肯定。举办了湖南省首届“两型社会与城市建设”高峰论坛。各级学习中心组和党校、各类学校都开展了“两型”教育培训。突出活动引导，组织开展了“打造东方莱茵河——百万青少年绿色行动”、“全民参与全球熄灯一小时”、“我眼中的湘江母亲河”手机摄影大赛、“徒步湘江环保体验”、“激情石峰，绿色出发”首届全省公共自行车精英挑战赛、“体验低碳，感悟生活”首届儿童用品交换会、“社区我最型”等一系列主题活动，进一步提高了民众对“两型社会”建设的认知度和参与度。

同时，我们也清醒看到存在的困难和问题。一是体制机制突破难。由于部门工作多、任务重，市两型办协调职能不强，与改革试验区的要求、株洲市的建设相比，改革工作有待加强。二是重大污染问题解决难。清水塘治理等不是我们一个市能解决好的。三是节能减排工作难。株洲市能耗较高，工作涉及的部门多，任务艰巨。

二　2012年株洲市“两型社会”建设改革思路

（一）总体思路、目标

2012年株洲市“两型社会”建设改革工作的总体思路是：以科学发展观为

指导，全面贯彻落实省、市决策部署，围绕“保二争一，科学跨越”的战略目标，按照“三个加快”的工作要求，紧扣“重点突破，全面推进”，着力在综合配套改革、重大环境问题治理、“两型”示范创建等方面实现突破，全面推进产业转型、节能减排全覆盖、城乡环境同治和示范区建设；确保“两型”工作领先态势，确保试验区第二阶段工作进度。

相关主要指标是：万元GDP能耗下降3.5%以上，万元规模工业增加值能耗下降10%以上；主要污染物排放总量削减不低于省下达的目标；建成区绿化覆盖率保持50%；湘江株洲段持续保持国家Ⅲ类水质标准，饮用水源水质达标率为100%；空气质量维持国家二级标准。

（二）主要任务

1. 突出推进十个方面改革

按照“‘两型’改革要突破”的要求，大力强化改革试验区的定位意识、体制机制突破的责任意识、先行先试的权力意识、敢闯敢试的作风意识，全面推进产业转型发展、能源节约体制、土地经营制度、创建节水型社会、促进智慧型城市建设、统筹城乡发展、财税体制、投融资体制、社会管理机制、文化体制等十方面的改革。专门下发文件，细化改革目标任务，明确责任领导和牵头单位；研究制定各专项改革的实施方案；加强改革督促和协调，实行改革项目化管理，建立改革督查及情况通报制度，务求2012年在综合配套改革方面取得关键性突破和实质性进展。

2. 突出实施十大重点举措

落实“两型”环境有突破的要求，按照国家和省里的要求，立足株洲市的工作基础和发展需要，坚持“统筹兼顾、重点突破”，突出抓好清水塘地区战略性整体搬迁、“一江四港”综合整治、城乡环境同治、节能减排全覆盖工程、节地模式推广、节水型社会建设、绿色建筑及“两型”示范小区建设、低碳出行体系建设、城乡统筹发展、“两型”审查及“两型”认证等十大重点举措。各责任单位要将所负责的工作纳入年度工作重要议事日程，专题讨论研究，明确工作任务、责任领导、责任人员，保障工作资源。坚持开门引智借力抓重点，按照一流的规划设计、一流的工作目标、一流的工作质量和效率推进相关工作。形成抓重点的合力，主要责任单位积极主动负责、全力推动，相关责任部门尽职尽责支持配合，上下一致共同关注，积极参与。注重形成模式和典型示范，不仅关注任务的完成，同时研究规律性、前瞻性问题，使工作体现时代特色、经济社会发展方向，创造经验、模式。

3. 突出建设十个“两型”典型示范项目

按照与“两型”紧密相关、投资规模较大、具有典型示范作用的标准，确定扎实推进南车时代1MW光伏发电综合试验系统项目（二期）、株洲县风电开发、绿心保护建设、“两型”示范建筑、城市生活垃圾焚烧发电厂、餐厨废弃物资资源化利用和无害化处理工程、污泥处置中心、中建五局光伏生产基地、公共自行车租赁系统（二期）、芦淞洗水工业园整体搬迁和原址开发等十大“两型”重点示范项目。建立项目管理机制，明确项目建设进度要求和考核指标；实行“每季一调度、半年一督查、一年一考核”的服务跟踪推进机制，对建设进展好的项目，纳入申报“两型”示范创建项目，争取引进资金支持。

4. 全面开展十项“两型”创建

巩固、扩大株洲市“两型”创建工作优势，在全市范围内全面深入开展“两型”企业、机关、学校、医院、经营场所（市场、门店、酒店）、园区、社区、村庄（农村社区）、城镇、家庭等十项创建工作。制定发布“两型”园区、医院、社区、村庄、城镇、经营场所等六项创建标准，形成较为完善的“两型”建设标准体系；制定出台《株洲市“两型”示范创建项目和单位管理办法》，对创建单位及项目实行动态管理，对已挂牌的“两型”示范创建单位和项目进行复查，给创建达标的单位和项目予以授牌奖励；遴选储备一批“两型”项目和单位，充实完善“两型”创建项目库；总结提升一批有特色、有影响力的示范创建经验模式，充分利用媒体及网站宣传报道创建典型，推广“两型”示范创建的经验和做法。

5. 努力向国家和省争取十方面政策

将争取国家、省十方面的政策作为2012年厅市合作工作的主要内容，力争国家部委、省直单位就株洲市的政策请求进行对接，争取国家、省在清水塘地区企业整体搬迁、产业发展、土地、财政、税收、节能环保、金融、社会保障、自主创新、对外开放等十方面明确支持株洲市的政策措施。健全完善厅市合作机制，全面完成厅市合作协议签订，将合作内容落实到具体政策、项目和资金；坚持定期会晤制度和督办制度，推进协议条款落实，进一步放大厅市合作效应。

6. 全力推进示范区建设

落实“‘两型’示范有突破”的要求，形成示范区建设新热潮。三个示范区全面启动绿心保护相关工作。云龙示范区，加快职教大学城建设，建成综合配套服务中心，启动铁道职院、中医药高专2所院校建设；建成华强方特梦幻王国；全面启动云峰湖体育公园、龙母河水系水利及景观工程、科技数码城、总部经济园、水利科技园等项目建设；建成云龙大道；完成智慧大道、盘龙路二期路基工程。天易示范区，加快推进栗雨中央商务区、物流园、汽配园等项目建设，争取湘煤立达煤机装备制造等项目建成投产。清水塘工业区，实质性启动清水塘地区企业整体搬迁工作，编制相关规划、重组开发公司，推进旗滨集团整体搬迁改造升级；加快推进湖南湘江金属物流城，南车物流基地等综合性和专业性物流基地建设；着力推进霞湾港污染治理、大湖治理、清水湖综合开发项目，力争在重金属污染治理上取得实质性进展。

（三）保障措施

1. 健全工作推进机制

加强“两型社会”建设领导和工作力量，按省里的要求，成立试验区党工委和“两型”综合配套改革委员会。健全工作推进机制，将重大建设改革任务纳入市级领导“五个一”工作责任制。建立区县（市）主要领导干部“两型”工作年度述职和领导离任资源环境审计制度。加强区县（市）“两型”工作机构建设。

2. 完善“两型”标准和相关规定

进一步完善“两型”创建标准，优化创建指标，形成一套成系统、能操作、可推广的“两型”标准体系。对达到创建标准的项目、单位给予和推荐给予政策支持、资金奖励。争取省政府或省人大常委会就株洲“两型社会”建设改革相关事项作出明确规定。

3. 强化评估监控

建立健全“两型”工作监测评价体系，形成主要指标数据库。建立评估体制机制，规范“两型社会”建设有关数据的采集、加工、发布和应用，探索发布动态评价指数和年度评价报告。严格执行发展规划、重大建设项目“两型”审查机制，实行严格监督、目录管理和审批把关。

4. 加大政策支持和引导

争取形成国家、省、市和县（市）区四级支持“两型”建设的政策体系，争取与国家部委、省直单位进行政策对接；明确市直部门、县（市）区支持“两型”建设的政策措施。设立市级“两型社会”建设专项引导资金，并对资金使用进行绩效评估。

5. 加强宣传和培训

坚持把“两型”内容纳入各级各部门宣传工作计划、纳入干部职工学习培训计划和各类学校的教学计划，开设“两型”课程或讲座，在市委党校举办“两型”骨干培训班。充分利用大众媒介，结合“世界环境日”、“地球日”等纪念日开展“两型”主题活动；开展年度“两型”人物、事迹评选，制作“两型”宣传片和公益广告，提高社会各界对“两型社会”建设改革的认知度和参与度。重视加强国际交流。

6. 强化督促考核

调整优化政绩考核方法，加大节能减排、环境保护等“两型社会”指标考核权重。建立政务督查、效能监察、媒体监督等“三位一体”联动机制，对“两型社会”建设改革工作实行“平时督促指导、半年督查通报、年度考核评比”，将考评结果充分运用到评先评优、选拔使用等各方面。

B.15

2011～2012年湘潭市“两型社会”建设报告

湘潭市两型办

一 2011年湘潭市“两型社会”建设基本情况

2011年，湘潭市“两型社会”改革建设工作始终坚持以科学发展观统领全局，不断强化规划引领、项目支撑、改革推动、示范先行理念，取得了实质性进展。特别是全省“两型社会”改革建设推进大会后，市委常委会、市政府常务会议又进行了专门的研究和部署，出台了《湘潭市第二阶段“两型社会”建设实施方案》，编制了《湘潭市率先统筹城乡发展实现韶山率先富裕规划》和八大工程方案，明确了以重点项目为抓手，全力推动湘潭经济社会发展。具体表现为：一个全面完成，呈现六个特色，做了九方面的工作。

（一）一个全面完成

一个全面完成即全面完成了具有“两型”特色的各项指标任务。2011年，湘潭市实现地区生产总值为1120亿元；完成一般预算收入100.4亿元；完成全社会固定资产投资622亿元；实现高新技术增加值280亿元，同比增长24.4%。生产总值能耗同比下降3.9%；城市空气质量优良率达到94.7%；COD、SO_2排放量同比削减3%和3%；城镇化率达到51.3%。

（二）呈现六个特色

一是“两型”产业结构有了新的优化。三次产业的比重得到进一步优化，三次产业比重由2010年的10.7∶55.9∶33.4调整为9.35∶57∶33.65。二是综合配套改革有了新的突破。行政体制、土地、投融资等综合配套改革取得新的突破，形成了32个“两型社会”改革建设模式。三是“两型”理念有了新的拓展。“两型”的理念逐步深入到生产、生活、消费等各个领域。四是高新区、示范区核心增长极的作用逐步显现。高新区和三个示范区的财税总收入占全市比重从2010年的22.54%提高到29.8%；工业总产值占全市的比重从2010年的26.2%提高到34.25%。五是示范创建催生了一批新的亮点。通过开展“两型”示范工程项目、单位的创建，出现了一大批省内知名的，可学、可看、可比的“两型”示范亮点。六是推进工作出现了一批新举措。市两型办由临时机构正式成为常设机构。出台了改革推进办法、第二阶段实施方案等。对推进“两型”的政策、法规进行了汇编。整理了32个“两型社会”建设模式并编印成集。

（三）做了九方面的工作

1. 科学部署了第二阶段工作任务

认真传达了省“两型社会”建设推进大会的精神，并于2011年11月16日召开了湘潭市建设“两型社会”实现“两个率先”的推进大会，全面总结了第一阶段的各项工作成绩，客观分析了当前工作中存在的不足，科学部署了第二阶段全市“两型社会”建设工作。出台了《湘潭市第二阶段“两型社会”建设实施方案》，编制了《湘潭市率先统筹城乡发展实现韶山率先富裕规划》和八大工程方案，组织对第一阶段湘潭市“两型社会”建设的亮点进行总结提升，编辑了“两型社会”建设模式集。

2. 进一步调整优化了产业结构

围绕老工业基地转型升级，确立“两型”产业发展思路。

一是科学布局“两型”产业。印发了《湘潭市加快发展“3+3”产业，推进新型工业化行动方案》，将湘潭市原有重点发展的产业体系，提升为“3+3”产业布局。即培育发展先进装备、新能源、电子信息三大战略性新兴产业，改造提升精品钢材及深加工、汽车及零部件、食品三大传统优势产业。2011年全市“3+3”产业实现总产值1350亿元，比上年增长41%。加快《湘江湾重化工业循环经济实施方案》的实施，重点督促抓好湘钢炉窑改造、韶峰节能改造等10个节能和循环经济项目建设。文化旅游、都市农业、现代物流和职业教育培训四大基地建设成效明显。以都市农业为重点的现代农业加快发展，实现农业增加值100亿元，增长3.5%。以现代商贸物流业和文化旅游业为重点的服务业加快发

展，第三产业增加值达360亿元，增长13.3%。湘潭软件职院、湘潭职业技术学院等职业教育协调发展，湘潭市工贸中专跻身国家职业教育改革发展示范学校行列。

二是重大项目加快推进。2011年全市安排重点建设项目154个，完成投资360亿元。战略引资不断加强，成功引进中建集团、中交集团等一批世界500强和大型央企、民企入驻湘潭，中建健康养生城、昭山晴岚等重大项目陆续签约与开工，为湘潭未来加快发展打下良好基础。

三是增强自主创新能力。正式启动了“1126”工程建设，重点组织实施先进矿山装备制造技术、风力发电机组及关键零部件制造技术、汽车及零部件制造技术、废气废水废弃物治理与综合利用技术、太阳能综合利用装备制造技术等科技重大专项，提高科技支撑能力。全市高新技术产业增加值增长38.8%，快于全市平均水平18.8个百分点，占规模工业增加值的比重达45%。

3. 进一步完善了规划体系

一是在全市“两型社会”改革建设顶层设计的基础上，认真组织了全市“一条例一决定”执法检查，市人大常委会对“一条例一决定”落实情况进行了认真审议，2011年6月份将昭山绿心保护、湘江流域重金属污染治理、湘钢污染整治等三个专题交办给市人民政府限期整改，整改行动在落实中。

二是围绕省委、省政府《关于支持湘潭率先统筹城乡发展实现韶山率先富裕的意见》，编制了《湘潭率先统筹城乡发展实现韶山率先富裕规划》，建立了建设“两型社会”推进“两个率先”规划重大项目库。

三是率先完成示范片区规划编制。按照省政府文件要求，湘潭市的九华、昭山易家湾和易俗河三个“两型社会”示范片区总体规划，在全省“五区十八片”中率先编制完成，其中九华和易俗河片区规划第一批获得省政府批准。

4. 重大领域改革继续深化

一是进一步明确了改革重点。下发了《湘潭市2011年“两型社会”建设综合配套改革工作方案》，明确重点推进面上30项改革工作，在一些重点领域和关键环节取得突破。出台了《湘潭资源节约型和环境友好型社会建设综合配套改革事项推进暂行办法》，明确了推进湘潭“两型社会”综合配套改革试验的“八大领域”、“四大程序”和“六大机制”。

二是深入推进了行政管理体制改革。正式部署和启动了全市乡镇编制和乡镇机构改革工作，完成了城管体制改革，建立健全“两级政府、三级管理、四级网络”的城市管理体制。九华示范区正式获批国家级经济开发区；将54项市级相关行政审批事项和经济管理权下放给湘潭高新区，激发了园区发展活力。创新湘乡水府旅游区管理体制取得突破性进展，水府示范区正式挂牌成立。

三是深入推进土地管理改革。严格落实《关于推进土地节约集约利用的意见》，出台了《湘潭市城区农村宅基地审批实施办法》和《湘潭市补充耕地项目开发暂行办法》，将集体土地征收补偿资金入股试点，扩大到高新区和天易示范区。

四是深入推进了财税和投融资改革。启动市区财政分享分成体制改革，下放高新区、九华示范区、昭山示范区区域范围内的税收规模。继续推行“绿色信贷”，实施环境污染责任保险试点，成功推广林权抵押贷款、农村土地经营权抵押贷款等涉农贷款新品种，有效缓解了农民致富“融资难”问题。

5. 生态宜居与民生发展相得益彰

一是生态环境逐步改善。制订实施《湘潭市节能减排科技发展规划》及其《支撑行动方案》，全面推行节能减排工程，推行湘潭环保“数字化”管理，在全省率先实现污染源在线监控。主要污染物减排指标提前完成目标，空气优良率达93.8%。主要污染物排污权储备交易所挂牌运营，合计交易金额达118万元。实施《湘潭市湘江湾循环经济试验区总体实施方案》，将湘江流域重金属污染治理纳入国家大江大河治理，在全省率先完成城镇污水处理设施“三年行动计划”。生态绿心保护工作有序推进，昭山绿心林相提质改造工作全面启动。成立了餐厨垃圾资源化利用项目领导小组，草拟了《湘潭市餐厨垃圾资源化利用办法》，拟报政府常务会议研究后即可实施。

二是城乡统筹步伐加快。全市确立了“率先实现城乡统筹，建设幸福湘潭”奋斗目标，出台了《两个率先规划》编制和工作实施方案。坚持基础设施先行。突出抓好了对接长株潭三市的交通干道建设，加快融城步伐。覆盖城乡的5条市域干线公路全面铺开，市际市域两个“1小时经济圈”加速形成。坚持公共服务同步。城乡一体化建设取得明显成效。按照“两型”的要求，进行了农村时尚生活新模式、循环农业新模式、新能源利用模式的探索，取得初步成效。

三是民生投入逐步加大，社会保障扩面提标。城镇居民人均可支配收入和农民人均纯收入，分别突破2万元和1万元。全市五项社会保障共扩面7万人，市

区城市低保标准线由300元每月提高到340元每月，居全省第二位。城乡就业稳步扩大，全市新增城镇就业4.9万人，新增农村劳动力转移就业4.8万人，均已超额完成全年目标任务。

6. “两型”示范创建成效明显

根据省定标准，规范和探索“两型”示范创建标准，制订了活动方案，明确要求各创建牵头单位要集中资金、政策等资源优势重点打造一批亮点。形成了可学、可比、可看、可推广的“两型社会”建设模式32个。组织申报省级“两型”示范创建工程项目和单位，确定备选了一批省级“两型”示范项目、单位，经省两型办最终评定，湘潭市共有30个项目、单位被评为省级“两型”示范创建工程项目、单位创建先进单位，争取省级“两型”创建引导资金近600万元。

7. 公布了一批标准和政策

一是加强“两型”化标准体系建设。新发布了“两型”学校、“两型”社区等6大标准和具体指标体系。按照可看、可比、可学原则，加强了各行业领域“两型”示范创建工程项目标准的探索。

二是认真编制八大工程实施方案。将八大工程作为各单位年度绩效考核的主要内容，并将任务细化分解到各部门，目前方案已经全部编制完成，通过专家评审，报市政府批准下发，并在下一步的“两型社会”建设中予以重点的资金、政策支持。

8. 内引外联取得重大突破

一是积极拓展、优化和创新服务平台。修订了招商引资奖励政策，建立了全市招商引资和物流项目的联席会议制度，在全省创新组建了“商务联合会”，创新建立了招商引资“保姆式”服务制度。

二是积极引进战略投资。新签订投资项目30个，2011年完成外贸进出口23.19亿美元，完成招商引资140亿元，其中外资4.68亿美元，内资125亿元。

三是积极争取上级支持。在获批全国流通领域现代物流示范城市、全国商务综合行政执法试点城市两块国家金字招牌的基础上，又成功获批全国现代农产品流通综合试点城市、全国家政服务体系建设试点城市和国家外贸转型升级（生猪、肉制品产业）示范基地三块金字招牌，正在申报全国再生资源回收体系建设试点城市。

9. 营造了良好的宣传氛围

在全市各主要干道、路口新设置"两型社会"建设立柱宣传牌20多块，湘潭电视台设立"两型"频道，并将"两型社会"建设的宣传纳入市委宣传部、湘潭日报社、湘潭电视台的年度"两型社会"建设绩效考核，仅《湖南日报》、《湘潭日报》、湘潭电视台在2011年就进行了系列专题和整版报道近10次。同时，我们通过撰写理论文章等在日报、内参上刊发宣传"两型社会"建设。通过全方位、立体宣传，全面提振信心，取得人民群众的认同、参与和支持，为第二阶段的工作推介营造了良好氛围。

株洲市"两型社会"建设取得了阶段性成绩。但同时仍然存在一些突出困难和问题。例如，作为老工业基地城市，重化工业结构特征没有从根本上改变，发展转型压力仍然很大；由于改革成本高、牵涉面广，污染企业退出、土地管理、生态补偿机制等关键领域的改革任务仍然十分艰巨；地方财力有限，湘江流域重金属污染治理、竹埠港地区产业转型等重大项目推进工作还不理想。在城市这个经济发展载体的建设上欠账太多，不仅人民群众不满意，而且影响了城市形象和功能，弱化了聚集生产要素的能力。在现行的领导协调体制下，办事机构履行职能较弱，导致统筹协调、引导、激励和监督作用发挥不够。

二 2012年"两型社会"建设的基本思路

2012年是纵深推进"两型社会"第二阶段建设的承前启后之年，湘潭市将坚持全市"两型社会"改革建设第二阶段总体指导思想，坚持以"建设'两型社会'、实现两个率先"为主题，强化规划引领和改革创新两大手段，启动"两型社会"八大工程建设，力争在城乡统筹、产业升级、示范区建设、"两型"示范创建等重点领域和关键环节取得新突破，率先实现城乡统筹发展，建设幸福湘潭。主要工作目标是：高新技术增加值增长30%以上，研发经费支出占地区生产总值的比例达1.8%以上，万元GDP综合能耗下降5%以上，二氧化硫排放量和化学需氧量排放量削减2.5%以上，城市空气质量达标率和饮用水水源水质达标率分别提高1个百分点，城镇居民人均可支配收入和农村居民人均纯收入分别增长14%和15%，新增城镇就业4万人，不断提升人民群众的幸福感。

为纵深推进"两型社会"第二阶段建设，完成全年目标任务，2012年湘潭

市两型办将按照“全面深化、创新落实、项目管理、重点突破”的总体要求，主要从以下八方面来开展工作。

（一）坚持规划引领，完善规划体系和执行机制

一是完善规划体系。重点完成杨河示范片区、雨湖新城（姜畲—响塘地区）、高新区总体规划编制，推进锰矿地区重金属污染治理、竹埠港地区及湘潭湘江风光带控制性详细规划编制，深化九华、昭山、天易示范区重点领域的控制性详细规划。

二是加强规划统筹与对接。建立重大规划衔接制度，做好与《长株潭城市群区域规划》等上位规划的对接工作，抓好各类专项规划和重点地区规划之间的衔接协调，做好各县（市）区、示范区城乡统筹规划的协调工作。

三是强化规划实施与督查。加快搭建“两型”规划推介、研究平台，深化公众对规划的认知。建立规划纠偏机制，所有建设项目和用地审批必须符合规划。建立规划执法检查的长效机制，强化规划执法，严肃查处违规行为。

（二）组织实施“八大工程”，突出重大项目支撑

加快实施《湘潭市“两型社会”建设八大工程实施方案》，制定出台《湘潭市“两型社会”建设项目推进办法》，尽快启动一批重大“两型”项目建设，着力抓好一批典型示范工程，力求年内抓出成效，示范全省。

一是“两型”产业振兴工程。培育发展先进装备、新能源、电子信息三大战略性新兴产业，改造提升精品钢材及深加工、汽车及零部件、食品三大传统优势产业，力争“3＋3”产业增加值达到480亿元，增长30%；同时，加快建设现代物流、文化旅游、现代农业、职业教育等四大产业基地。积极创建和深化国家级新能源示范城市和全国红色旅游综合发展示范区。

二是城镇建设示范工程。以省支持湘潭率先统筹城乡发展为契机，重点支持韶山建设城乡一体化发展示范城市，着力抓好清溪、月山、楠竹山、易家湾、石潭镇等综合示范镇建设，积极打造韶山清溪镇成为全省城乡统筹发展示范镇。

三是基础设施建设工程。重点抓好能源、环保、风光带、城市绿化等基础设施建设。加快推进天然气利用工程、污水处理厂、生活垃圾处理等项目建设以及湘江风光带建设，制定出台《湘潭湘江风光带项目管理办法》，确保河东城区段

和昭山段全面完工，九华段完成主体工程建设，启动一级撇洪渠至二级撇洪渠河滩风光带建设。

四是节能减排全覆盖工程。大力发展低碳经济，促进建筑、交通、商业、民用等领域的节能推广。加快大唐湘潭发电、韶山市再生能源示范工程、静脉产业园等项目建设。严格执行固定资产投资项目节能评估和审查制度，出台并实施相关配套政策。积极申报可再生能源建筑示范市，推广绿色建设示范工程。加快国家再生资源回收网络体系建设。

五是湘江流域综合治理工程。加快实施《湘江湘潭段重金属污染治理规划》，加大对竹埠港、湘乡湖铁周边、锰矿地区、湘潭县红燕山地区综合治理，抓好华湘环保钢铁废渣利用、竹埠港产业转型、餐厨垃圾资源化利用等项目建设。支持锰矿按照国家资源枯竭型矿区生态补偿等政策，建设湘锰矿山地质公园。

六是示范区建设工程。支持高新区和示范区率先发展，启动湘潭水府示范区建设，努力形成一系列可示范、可推广的“两型社会”建设模式、经验和标准，带动全市改革发展和经济结构调整。

七是长株潭综合交通运输一体化工程。加快推动长株潭城际铁路、长株潭外环高速公路、芙蓉大道二期等区域干道建设，推进城际对接。着力提升中心城区与县乡的道路通行能力，加快“七纵五横”骨干路网建设。继续推进长株潭三市城际公交一体化运营，实现三市公交出行同城同享。

八是三网融合工程。积极协调市电信、移动、联通等通信企业和广电企业全面参与三网融合试点工作，抓好九华网联大厦建设，推进物联网产业发展布局，进一步扩大试点广度和范围。

（三）着力改革创新，完善“两型社会”建设体制机制

结合“两个率先”，充分利用先行先试权，加快重点领域和关键环节改革创新。

一是在推进目标上，建立一套让一切创造财富的资源充分涌流的体制机制。在推进方式上，推动实施《湘潭市“两型社会”建设综合配套改革试验区改革事项推进暂行办法》，完善以“抓项目方式抓改革”的推进机制，将改革建设的各项任务量化到可操作性的项目，实行项目化管理；探索建立司市合作、厅市合

作协调推进机制，积极争取国、省有关部门对“两型社会”改革建设的资金、项目等支持，力争年内打造5个以上合作亮点。

二是在推进内容上，协调县（市）区、市直部门深化推进八大改革，特别是围绕破解发展瓶颈，大力探索要素市场改革。资源环境方面，推进阶梯式水价、电价和燃气价改革，完善污水处理和生活垃圾处理收费制度，全面推行宾馆“七小件”有偿使用。依托湘潭市主要污染物排污权储备交易所，通过价格杠杆推进节能减排。土地管理方面，建立城乡统一的建设用地市场，推行集体建设用地管理改革，健全集体土地承包经营权流转市场。探索制定农民承包土地经营权抵押、入股、互换、转包等流转方式的政策和具体办法，力争农村集体土地流转面积突破75万亩。启动第二批“双挂钩”拆旧区项目建设，完成全市集体土地确权发证和集约节约用地示范区腾地工作。强化土地使用投入产出的门槛约束机制和检查机制。投融资方面，积极对接省“两型”产业投资基金，设立湘潭市“两型”产业投资基金，开发策划一批战略性新兴产业、城市基础设施建设、环保和节能减排等重点项目，作为基金项目投入的载体。稳妥推进“两型投”等投融资平台市场化改革，增强融资能力。推动企业上市融资和发行债券，年内直接融资30亿元以上。城乡统筹方面，支持韶山开展全省社会管理创新试点，建设社会管理创新示范城市。加快新农保制度试点步伐，积极开展城镇居民社会养老保险制度在湘潭市的全覆盖。加强城镇居民医保和新型农村合作医疗制度的有效衔接。积极探索社会救助的新体制，实现城乡低保户、农村五保户保障水平高于全省平均水平。积极开展困难群众重特大疾病救助试点工作。

（四）推进示范区建设，培育形成“两型”主导产业

以率先形成示范效应为目标，高起点推进高新区和示范区建设。

一是加强规划引导和政策扶持。努力协助昭山示范区规划报审工作，争取尽早出台。积极向国家、省里争取示范区享受国家级园区优惠政策。争取省里出台支持示范区改革建设的政策措施，扩大示范区经济管理权限，从财税、产业、土地、投融资等方面给予支持。到2012年底，力争每个示范区取得1～2项重点改革突破，并总结一套示范区改革发展的政策机制。

二是推进“两型”主导产业发展。高新区要集聚壮大新能源装备制造、先进机电制造、精品钢材深加工三大主导产业，加快钢材深加工产业园和东方红南

广场科技孵化城建设。九华示范区重点抓好汽车及零部件、先进装备制造、兴业太阳能及静脉产业园等产业项目建设；昭山示范区要加快建设中建健康养生示范城、昭山晴岚等生态提升项目；天易示范区重点发展农产品精深加工、新材料、节能环保等产业，加快形成“3 +2”的现代产业体系。

三是启动湘潭水府示范区建设。将水府示范区及周边乡镇共290平方公里统一规划整合，高标准完成示范区总体规划编制。加大政策支持力度，赋予相应市级经济管理权限，实行行政托管模式。按照“旅游度假胜地、人水和谐乐园、城乡统筹新区”的定位，通过政府推动、体制创新、政策扶持，不断增强经济实力和自主发展活力，切实增强示范区对市域经济发展的支撑和对周边乡镇的辐射带动能力。

（五）加强生态环保，建设绿色宜居城市

加快推进生态文明建设，重点抓好三方面工作。

一是治理好“一江两水”。按年度计划落实《湘潭湘江湾循环经济试验区实施方案》，抓好湘江、涓水、涟水流域重点园区、重点行业节能减排，加大淘汰落后产能力度，提高项目环保准入门槛，加强工业源头、城市区域和农村面源污染防治，继续推进河道采砂综合整治，坚决禁止非法采砂行为。通过综合治理逐步使湘江流域水环境得到改善和提升，恢复山清水秀的景观生态，打造“东方莱茵河”。

二是保护好“一心”。按照“保护第一，永续利用”的原则，严格管治昭山绿心禁止开发区和限制开发区，积极争取国家、省里建立生态补偿机制，改善昭山林相结构，提高森林覆盖率；抓好昭山晴岚、中建健康养生示范城等符合生态要求、具有国际品质的高端项目，提升生态品质，发挥生态资源价值，实现被动生态保护到主动生态保护的转型，打造“东方维也纳森林”。

三是建设好“三圈”。以建设绿色湘潭为目标，加快构建“三圈”森林生态体系。在环湘潭市城区15公里左右范围内，建设功能完备、群落稳定的城市森林圈；在距城15～40公里范围内，建设以森林生态休闲旅游和水源涵养为主的森林生态经济圈；在距城40公里以外的地区，建设以水土保持和生态保护为重点的森林生态防护圈。在此基础上，抓好澄月湖生态项目、法华山森林公园、金霞山森林公园等生态项目建设。

（六）突出示范创建，带动“两型社会”建设全局

把示范创建作为“两型”试验的前沿阵地，培植典型，打造亮点。创建一批“两型”示范工程。按照可看、可比、可学、可推广的原则，推动“两型”示范，突出抓好水源热泵机组产业化、20 兆瓦光伏屋顶及智能电网示范项目、零排放生态养殖示范与推广等示范工程，营造“两型社会”建设的浓厚氛围。深入开展“两型”示范单位创建。在认真总结前一阶段“两型”示范单位创建工作的基础上，继续开展“两型”县（市）区、园区、企业、城镇、村庄、社区、景区、机关、学校、门店、宾馆（酒店）、消费（家庭）等单位的创建活动，力争年内每个类型打造出 1 ~2 个示范亮点。突出抓好云龙实验学校、梅林桥镇梅林桥村、恒盾集团、湘潭县八角村等创建示范点建设。

（七）抓好内引外联工作，增强“两型社会”建设活力

一是积极拓展、优化和创新服务平台。进一步完善和落实招商引资奖励政策，深入开展招商引资“保姆式”服务制度，以优质的服务吸引人。

二是积极引进战略投资。发挥湘潭的政治优势、区位优势和当前湖南省与央企对接的优势积极引进战略投资者。

三是积极争取上级支持。以全国流通领域现代物流示范城市、全国现代农产品流通综合试点城市等几块国家金字招牌为基础，深入开展厅市合作和司市合作，并充分运用“两型”改革试验的金字招牌，争取上级政策、资金和项目的支持。

（八）加强系统建设，增强统筹协调能力

一是健全工作架构。参照省里模式，权威设置机构，加强对“两型社会”建设的领导协调力度。协调各县（市）区和示范区成立相应机构，配备专职人员。重视发挥行业协会、商会和其他非政府组织的作用。设立湘潭市“两型社会”建设专项引导资金。

二是提升推进能力。适应高起点、大手笔、求突破的改革建设要求，加强“两型”系统的内部学习和对外交流，全年开展“两型”项目、改革创新、“两型”创建等 3 次工作推进讲评会，努力实现从务虚型向务实型转变，从思路型向

操作型转变，从被动型向主动型转变。

三是开展绩效考评。加快建立“两型”指标体系，加大资源环境考核力度，不断完善“两型”绩效考评办法，形成全市齐抓共管的局面。建立领导工作联点制度，形成内部工作合力。搭建示范区操作平台，通过考评、讲评等方式，增强对示范区的指导协调能力。

四是发挥专家咨询委员会作用。搭建开放的研究平台，组织“两型社会”建设专家咨询委员会，进一步开展示范区支持政策、低碳经济、财政统筹、平台建设、幸福湘潭指标体系等重大问题研究，提出系列政策措施。

五是加强宣传推介。依托各类资源环境纪念日，广泛策划开展“两型”主题活动，建立“两型”示范项目、单位模式集，使人们在参与中逐渐养成“两型”理念和行为方式。积极引导全社会参与“两型社会”建设。

B.16
2011～2012年衡阳市“两型社会”建设报告

衡阳市两型办

一　2011年衡阳市“两型社会”建设的基本情况

在全省“两型社会”建设推进大会召开以来，衡阳市奋力推进“四化两型”建设，争当科学发展排头兵，“两型社会”建设取得积极成效。一是生态环境日趋优美。通过大力实施节能减排、污染防治，加强生态环境的保护，衡阳的天更蓝，地更绿，水更清。目前，空气环境质量优良率达到99.6%，城市人均公共绿地面积超过9平方米，城区饮用水达标率为99.3%。二是各项改革快速推进。在投融资体制、行政审批事项、城乡统筹、示范区改革、财政管理体制等方面的改革取得积极突破，国土资源管理机制进一步理顺，为“两型社会”建设增添了新的动力。

2011年，我们着力从以下几方面推进“两型社会”建设。

（一）完善规划编制，引导“两型社会”建设

根据衡阳市委、市政府确定的，以“一圈一带一区三园”为重点，示范带动全市“两型社会”建设的总体思路。2011年，重点是深化顶层设计。完成了城市总体规划修编，突出了对白沙示范片区、城市管线、综合交通体系、历史文化名城保护、生态绿化系统等方面的规划。目前，新的城市总体规划已经出炉，市中心城区将达到240平方公里，常住人口达到200万。编制专项方案。编制了“两型”产业振兴、基础设施建设、节能减排全覆盖、湘江流域综合治理、城乡统筹、示范区建设等“六大工程”实施方案。储备重大项目。建立了“两型社会”建设项目库，向省两型办申报了51个“两型”示范重点项目，总投资2181亿元。

（二）振兴“两型”产业，加快“两型社会”建设

突出项目建设，振兴“两型”产业，加快“两型社会”建设步伐。推进传统产业“两型”化改造。2011 年前三季度，全市工业技改投资达到 320 亿元、同比增长 80%，全市企业技术装备及工艺达到国内先进水平的 16%，达到国际先进水平的占 6.5%。大力培育战略性新兴产业。随着一批重大项目的实施，先进装备制造、电子信息、生物医药、新能源四大产业已成为衡阳市经济发展的重要支撑。预期全年战略性新兴产业产值将达 900 亿元，超过工业总产值的 35%。深化服务业改革试点。衡阳市把生产性服务业作为服务“两型社会”建设的突破口，着重发展现代物流、信息服务、科技服务、金融保险、商务服务、农业服务等行业，促进服务业与制造业融合发展，建设区域性服务中心。

（三）提升示范片区，带动“两型社会”建设

提升完善示范区建设，引进高端企业入园发展，示范带动“两型社会”建设。完善基础设施。2009 年以来，白沙示范片区已累计投入基础设施建设资金 19 亿余元，完成征地拆迁 9000 余亩，平整土地近 8000 亩，主次干道建成 10 条共 16 公里、即将竣工 3 条共 7.3 公里，4.1 万平方米廉租房、37.1 万平方米标准厂房已投入使用，27.6 万平方米安置房基本建成。水、电、气、讯、宽带等公用设施配套到位。一座现代工业新城初步形成。扩大招商引资。目前，已签订入区项目合同 56 个，合同总投资 70 亿元。拥有规模以上工业企业 25 个，在建项目 30 个。入区项目累计完成投资 41.27 亿元，加快了示范区“两型”产业集群发展。城乡统筹发展。启动了新型农村社会养老保险、被征地农民社会保障工作。协调解决辖区内部分农民工就业，实现符合低保条件的失地农民、市民的应保全保。在示范区内，建立了市中心医院门诊部，开通了 5 条公交线路和免费梭巴，让示范片区的群众共享发展成果。

（四）强化生态环保，优化“两型社会”建设

在推进“四化两型”过程中，更加注重发展循环经济，加强对环境污染的治理、垃圾污水的处理和生态环境的保护。努力培育循环经济。在水口山、松木和大浦 3 个循环经济园区，以推行清洁生产为切入点，促进园区企业之间通过合

作实现污染零排放，形成循环经济产业链发展模式。如恒光化工余热蒸汽供给建滔化工，建滔化工将电石渣供给金山水泥等，每年可节约3.8万吨标准煤，消化利用工业废渣100万吨左右。加强环境污染整治。在松柏柏坊、松江、合江套、耒阳城区、大浦等5片区，关停项目15个，完成清洁生产项目1个，淘汰退出及重组升级项目47个，加快了湘江流域污染综合治理。同时，对107个项目进行治理整顿，全面完成污染物总量减排计划。加强垃圾污水处理。8个生活垃圾处理设施中，3个已投入试运行，5个年底可建成。全年垃圾无害化处理率可达66%。10座城镇生活污水处理厂运营良好，预计处理污水1亿吨以上。推进生态工程建设。积极推进退耕还林、“三边”造林、荒山造林、“十万乔木进雁城”、紫色页岩石漠化改造、“三江六岸”风光带建设、南岳推行环保香、修葺城市“绿肺”等活动，成效明显。大力开展环境优美乡镇、生态村创建工作，塔山瑶族乡等5个乡镇获得全国环境优美乡镇称号，兴隆村等3个村庄获得国家级生态村称号。

（五）加强要素保障，支撑“两型社会”建设

加强科技、资金、土地等关键要素的供给，为“两型社会”建设提供有力保障。建设科技创新体系。2011年，全市获得省科技奖12项，纳入国家科技计划17项、省科技计划41项，专利申请量突破1400件，技术创新平台的数量和规模居全省第二。高新技术企业达到55家，其中新增15家，预计高新技术产业产值将达到700亿元。“输变电装备高新技术产业化基地”、“国家高新技术产业基地衡阳盐卤及精细化工产业园”、“湖南综合性高技术产业基地”、“国家生物产业基地衡阳湘南集聚区”等花开衡阳。构建企业融资平台。成功引进民生银行、中信银行等6家股份制银行。帮助天雁机械、中油金鸿完成借壳上市；金杯电工在中小板上市；南岳电控、紫光古汉优化了资本结构。成功发行城投一期债券15亿元，即将发行二期债券20亿元。大力推进金融生态建设，引导各银行为推出个性化服务，为“两型社会”建设提供金融支持。10月末全市银行贷款余额594.87亿元，同比增长13.9%，比年初增加69.72亿元。有效保障用地需求。完成第一轮城乡建设用地增减挂钩项目326公顷，将废弃的工矿地、宅基地、荒草地开发整理成集体建设用地或耕地。截至10月底，已批回用地1533公顷，同比增长18%，千方百计保障了用地需求。

（六）推进各项改革，促进“两型社会”建设

坚持以改革为根本动力，创新方式举措，破除前进道路中的体制机制障碍。构建市场化运作平台。搭建了城建投、水利投、交通投、工业园开发公司等10家融资平台，为“两型”产业、基础设施、生态环境保护筹措建设资金近80亿元。探索土地经营新模式。按照“先做环境后卖地”理念，变生地为熟地再出让，完成储备土地3000亩，完成征地拆迁2124.8亩，提高了土地利用效率。按照“综合评标”、“双向竞价”等模式，及时开展基准地价成果更新，促进了土地节约集约利用。完善社会参与机制。编制了“两型”技术产品目录，加强照明节能推广应用。在城区公共照明方面，推行降压式调控节电柜，将传统白炽灯、汞灯全部换成节能的无极灯、LED灯、高压钠灯。推进节水试点，投入210万元对唐福冲水库灌区进行改造，大大提高了节水效果。

二　2012年“两型社会”建设思路

2012年，衡阳市将紧扣“四化两型”这个主题，努力争当科学发展排头兵，奋力推进“两型社会”建设，力争在推进机制上有积极进展，在示范创建上有喜人成果，在“两型”产业上有跨越发展，在城乡统筹中有明显成效，在生态环境上有新的亮点，在改革创新中有重大突破。

（一）营造创建氛围，加强“两型”建设宣传

继续开展“两型社会”系列宣传活动，充分调动人民群众推进“两型社会”建设的积极性、主动性和创造性，营造构建“两型社会”的浓厚氛围，集全社会之力推进“两型社会”建设。加强“两型”示范创建。继续深化推进“两型社会”示范创建活动，开展“两型”产业发展、城乡建设、生态文明、改革创新、扩大开放、保障民生等领域的示范创建活动，选树一批“两型”创建工作出色的“两型”试点单位、选报一批“两型”特征鲜明的“两型”项目，给予表彰奖励和政策支持。加强“两型”技术推广。采用“政府引导+企业主导+市场推广”的模式，建立“两型”技术、产品指导目录和标识认证体系，综合发挥基金、企业、协会等作用，完善奖励扶持政策，推进“两型”技术产品的应用。

（二）振兴“两型”产业

做强工业。重点支持特变电工、水口山、衡钢集团等骨干企业优化发展，继续支持富士康、中兴通讯、欧姆龙、光伏玻璃、瑞达电源等重大项目建设，发展战略性新兴产业。做旺三产。重点开展服务业综合改革试点，实施服务业改革 16 条优惠政策，建立服务业发展联盟，推进服务业 48 个重点项目，力争年度完成投资 53 亿元，增强服务能力。做绿经济。发展循环经济，重点加快松木、水口山、大浦等循环经济园区建设。推进城镇生活垃圾分类收集和综合利用、餐厨废弃物资源化利用和无害化处理工作。积极发展生态农业、有机农业，推广猪—沼—果（菜、鱼）模式，促进农业资源循环利用，实施油茶、楠竹、速生丰产用材林等产业化项目，建设南岳生态经济示范区。

（三）加快城乡统筹

通过实施一批基础设施重大项目，为“两型社会”建设拉开骨架，促进城乡统筹发展。畅通大交通，重点建好南岳高速、湘桂铁路、衡云干线，力争开工建设南岳机场、土谷塘航电枢纽、怀邵衡铁路、衡西干线，完成衡大干线通道前期工作，完善“1189”立体交通网络。疏通微循环，加快城区蒸阳北路、船山东路、衡州大道、南外环改造、107 国道改造、红湘北路、石塘路一期等项目建设，推进内环西路、外环北路、长丰大道北延伸、衡州大道西延伸、雨母山景观大道等项目建设，疏通城市微循环。打造大城市，完成城市东西南北畅通工程、基础设施配套工程、“三江六岸”美化工程、千家万户民心工程等“四大工程”；以商业步行街为主的商业标志性工程、以湖湘文化为主的文化标志性工程、以生态为主的生态标志性工程等“三大标志”建设任务，打造生态宜居新城。建设新农村，完成 220 个村通水泥路、1 万户户用沼气池建设，改造 850 个村电网、200 公里县乡道。解决农村 30 万人饮水安全问题。继续开展环境优美乡镇、生态村创建工作，推进“乡村清洁工程”和“城乡一体、镇村共建”两型乡镇、村庄建设。

（四）美化生态环境

扎实开展湘江流域重金属污染治理，开展农村环境连片整治试点。继续抓好

“三边”造林、灾损林地恢复、紫色页岩石漠化改造等项目，促进生态修复。启动“东方莱茵河”湘江风光带衡阳段建设，推进雨母山综合景区开发，开工建设珠晖、酃湖、东洲岛、黄巢、雁栖湖等公园和衡阳植物园等项目。做好水、景、路三篇文章，加快幸福河流域综合治理，打造示范片区的绿腰带。按照“退二进三”的原则，全面启动合江套片区的综合整治，建设衡阳市商业、文化次中心。

（五）推进改革创新

加快城乡统筹，实施劳动保障体制改革试点，完善就业政策和农民工社会保险制度，落实被征地农民社会保障，试行新型农村养老保险制度。在城市周边，探索农民市民化、农民土地量化入股、农民持股进城模式，试行以承包换社保、以宅基地换住房等办法，促进示范区农民变为市民。推进土地管理体制改革，在群众自愿的基础上，开展农村土地综合治理试点，探索农村建设用地减少和城镇建设用地增减挂钩的新机制，引导零星分散的农户向中心村或农村新社区集并。

三 加快“两型社会”建设的建议

（一）规范管理机构设置

目前环长株潭城市群8市“两型社会”建设的管理机构设置比较不规范。有独立的正处级单位，也有内设的正科级单位；有归口发改委管理的，也有归口政府办管理的。机构名称不统一，职能界定不明确。建议省“两型”工委协调省机构编制部门，下发一个指导性文件，规范8市“两型”机构设置。

（二）加强统筹协调管理

作为推进全省“两型社会”建设的组织员、协调员和裁判员，建议省两型办对省直部门和市州加强以下工作：①搭起台子，以“两型”为主题，组织好示范创建活动，开展“两型”专题招商、“两型”专题宣传、“两型”专题教育。②发好牌子，结合“两型”创建，抓好考核评价认定工作，授予各类优秀示范创建工程项目和单位的“两型”牌子。③给点票子，在充分用好省“两型社会”

建设引导资金的同时，以省委、省政府的名义，要求省直部门按照其在“两型”工作的职责分工，分别切块各种建设专项资金，用于与其对口的相关创建工作，在不增加全省资金总盘子的情况下，以“两型”的名义安排各类扶持资金。④压点担子，可以对省直部门和各市州提出要求，发挥其主体作用，创建一定数量的“两型”项目、单位。⑤打点板子，对非“两型”的现象、企业、环境，适当予以公开曝光，鞭策后进。

（三）加快落实扶持政策

在研究制定对“两型社会”，特别是 18 个示范片区建设的扶持政策，省“两型”办做了大量工作，但受诸多因素影响，至今仍未出台。各市州，特别是示范片区对此热切盼望。在国家层面暂时未给予扶持政策的情况下，建议省两型办，用足用活“先行先试”政策，从省级层面制定落实对 18 个片区统一的、比较实在的扶持政策和措施，加快片区建设，示范带动全省“两型社会”建设。

B.17

2011 ~ 2012 年邵阳市“两型社会”建设报告

邵阳市发展和改革委员会

2011 年，邵阳市按照“四化两型”战略部署，坚持科学发展、加快后发赶超、推进富民强市，加快转变经济发展方式，扎实推进“两型社会”建设，取得了良好成效。

一 2011 年邵阳市“两型社会”建设情况

（一）扎实推进结构调整

2011 年，全市产业结构进一步优化，三次产业比例由上年的 23.9∶38.2∶37.9 调整为 24∶40∶36。新型工业快速成长。全市新增规模工业企业 68 家，其中产值过亿元企业 350 家。三一湖汽产业园一期工程即将投产，湘窖酒业二期工程 1 万吨浓香酿酒车间投产出酒，邵阳纺机退城入园整体搬迁抓紧进行，九兴鞋业落户宝庆科技工业园正式签约，立得皮革、湘中制药、玉新药业等企业新基地基本建成。园区发展加快。完成工业总产值 520 亿元，增长 45%。农业产业化发展较快。农产品加工企业发展到 4017 家，其中规模企业 312 家，新增 16 家。全年实际利用外资 1.37 亿美元，增长 27.9%，引进内资 422.9 亿元，增长 16.4%。全年实现旅游总收入 80 亿元，增长 45.6%。隆回县荣获中国最佳民俗风情旅游名县称号，武冈市列为省级历史文化名城，新宁县建成湖南旅游强县，洞口县罗溪创建国家级森林公园，湘窖酒业被授予省级 3A 景区，新宁县白沙镇、绥宁县寨市镇被评为湖南特色旅游名镇。

（二）加快推进项目建设，基础条件不断完善

继续推进“项目建设年”活动，以大项目争取大投资，大投资推进大发展。重点工程加快推进，全年实施重点工程 124 个，完成投资 168 亿元，为年度计划的 103%，新开工 5000 万元以上的投资项目 62 个。重大政策取得突破。8 个县市纳入武陵山片区区域发展和扶贫攻坚范围，未纳入的“一县三区”比照执行政策，纳入湖南省级实施规划范围；邵阳市已作为衰退型老工业基地纳入国家规划。这些政策均为邵阳未来发展打下坚实基础。交通建设方面。邵安、娄新、邵坪、洞新、包茂 5 条高速公路建设速度加快。银北高速张家界至武冈段列入国家高速公路“十二五”建设规划，并进入可研阶段；新白高速完成预可研评审，武靖高速完成可研评审，均有望 2012 年开工建设。娄邵铁路扩改和沪昆高速铁路进展顺利，怀邵衡铁路前期工作有序推进。武冈机场已完成机场选址评审，初步列入 2012 年全省投资计划。国省干线公路改造完成投资 11 亿元，完成项目 8 个、154 公里，为省定目标的 136%。建成农村公路 1386.4 公里，其中县乡道 352.2 公里、通畅工程 1034.2 公里。水利建设方面。衡邵干旱走廊综合治理项目已列入国家部委专项规划和省“十二五”规划，总投资 1800 亿元，其中邵阳约 600 亿元。44 座小一型水库除险加固主体工程全部完成，89 座小一型与 89 座小二型病险水库治理正在组织施工。新建农村安全饮水工程 164 处，解决 37.2 万人饮水不安全问题。能源建设方面。宝庆煤电一体化工程 1 台机组点火发电，南山风电场装机发电。白马山风电场以及洞口、新宁、绥宁风电均已签约，正在做前期工作。新一轮农网改造工程、天然气入邵管道输送工程开工建设。

（三）积极推进五城同创，城镇面貌大幅改观

城乡规划更加完善。城乡一体化建设进入新阶段，村庄布局规划全面启动，建制镇总体规划编制完成，县城详细规划覆盖率提高到 76%。城市基础设施和形象面貌明显改观。西湖南路、东大路、双拥路、敏州中路、建设南路延伸段实现改造提质，大祥路、财神路、桂花路、新华路南端竣工通车，学院路扩改工程强力推进，魏源广场一期改造完毕，西苑生态公园、爱莲池公园启动主广场建设，蔡锷广场即将建成，人防 1206 工程动工建设。中心城区新增建设用地 3860 亩，建成区面积达到 57 平方公里。城市管理继续加强。中心城市主干道实行全天候保洁，基本实现城

区无卫生死角、无隔夜垃圾。主干道亮灯率100%，重要临街建筑全部安装霓虹灯，10层以上高层建筑和标志性建筑基本装配LED灯，人均公共绿地面积5.2平方米。违法建设蔓延势头得到较好控制。县城和中心城镇特色鲜明。形成了以高沙镇、六都寨镇为代表的产业带动型，以仙槎桥镇、廉桥镇为代表的市场贸易型，以崀山镇、司门前镇为代表的旅游开发型等各具特色的城镇体系。全市城镇化率达到38.6%。

（四）节能减排成效明显，可持续发展能力增强

环境治理和生态建设进一步加强，城乡环境质量持续改善。城镇污水垃圾处理设施建设“三年行动计划”、巩固退耕还林成果、石漠化综合治理等项目加快实施。11个污水处理项目负荷率70%以上，生活垃圾无害化处理率90%以上。整治污染力度进一步加大，取缔关闭高污染、高能耗企业63家，万元规模工业增加值能耗降低11%，年度节能减排任务全面完成。

二　2012年邵阳市“两型社会”建设面临的机遇及挑战

（一）发展机遇

2012年，邵阳市加快“两型社会”建设发展具备不少发展机遇：一是国家“十二五”总体规划和主体功能区规划相继发布，一大批“十二五”专项规划将密集出台，社会建设、生态环境、民生保障等方面大批项目将陆续启动，一些专项资金和计划也将提前安排下达。二是国家将启动包括武陵山经济协作区在内的新十年扶贫攻坚计划，邵阳市属于武陵山区，将从项目、资金上得到支持。三是中央高度重视水利工作，省里正在编制衡邵干旱走廊综合治理规划，作为农业大市，邵阳市将在水利设施建设上得到更大支持。四是国家老工业基地调整改造政策和东部城市群城乡一体化政策的争取，有利于邵阳东部地区加快发展。五是煤、电、油、运及劳动力等生产要素价格上涨，加快了沿海地区产业尤其是劳动密集型产业向中西部地区的转移步伐，有利于邵阳市承接产业转移。

（二）挑战

2012年，邵阳市加快转变经济发展方式，扎实推进“两型社会”建设还面

临着不少困难和问题，任务还十分艰巨。

1. 经济总量仍然不大

“十一五”邵阳市GDP平均增速为12.2%，低于全省1.8个百分点。2011年邵阳市GDP增速低于全省0.2个百分点，总量仅占全省的4.6%，人均GDP只有全省的46.5%；全市财政收入仅占GDP的7.2%，比全省低4.9个百分点；地方财政收入只占全省的2.75%，人均财政收入仅为全省的26.7%。

2. 经济结构不优

三次产业结构中，第一产业比重比全省高10.4个百分点，第二产业比重比全省低8个百分点。工业主导作用不强，规模工业增加值占GDP的比重仅为28.2%，比全省低10个百分点。同时，投资的产业结构不尽合理，内生性投资动力不足。目前工业项目仍然依靠新上项目，依靠土地扩张，先进设备购置投资、存量企业技术改造投资占比偏低。工业投资中新能源等高新技术产业投资占比偏低，投资的重点依然集中在传统行业，高能耗产业投资仍有反弹趋势。

3. 发展后劲不足

2011年前三季度，全市施工项目个数3345个、增长51.8%，虽然项目个数多，但规模小，项目平均规模为2471万元，而全省投资项目平均规模为1.5亿元；全部项目中，3000万元以上的项目只有231个，仅占全市施工项目的6.9%。同时，受全国通胀压力影响，中央宏观调控力度加大，货币、土地政策趋紧，国家严格控制新开工项目，对一批基础设施项目的前期工作程序更复杂、审批更严格，对邵阳市部分项目尽快立项开工有一定影响。此外，节能减排形势严峻，区域竞争日趋激烈，邵阳市在争取项目、资金、市场等方面面临的压力不容忽视。

4. 要素制约突出

一方面，用地保障压力大。由于城市化、工业化进程加快，城镇用地的大量扩张，加上国家宏观调控的因素，项目用地矛盾更加突出。另一方面，项目建设资金的约束。投资来源主要依靠政府投资和银行信贷，债券、上市融资、风险投资等市场化融资机制活力不够，投资增长受国家财政政策和货币政策影响较大。同时，相关人才缺乏。尤其是工程咨询、工程建设、项目融资、项目评价等领域人才的缺乏，项目决策咨询水平有待进一步提高。

三　2012 年“两型社会”建设举措

（一）发展“两型”产业

加快发展战略性新兴工业、现代农业和现代服务业，逐步淘汰限制性产业，加快发展高新技术、旅游等“两型”产业，构建起科技含量高、环境污染少、综合效益高的“两型”产业体系。

1. 大力发展新兴工业

围绕增强产业核心竞争力、优化产业结构、建立健全现代产业体系，加大投入，着力引导资源要素合理有效配置，加快推进新型工业化。在战略性新兴产业方面，突出培育先进装备制造、电子信息、生物医药、新材料和新能源等产业集约发展，形成新的增长点。重点加大湘中制药、玉新药业（中南制药）、广信电工、信多利、圣昌玻璃、大成科技、南方电子等战略性新兴产业项目建设力度。在调整产业结构方面，建立健全“两高”产业退出机制，大力调整产业区域布局，加大承接产业转移力度，推动工业企业逐步向园区集中。在改造提升传统产业方面，大力推动冶金、建材、造纸、化工、采矿业等传统产业的“两型”改造，引导机械、纺织、食品和竹木等产业集群发展，壮大骨干财源企业。突出抓好南方水泥、云峰水泥、合力化纤、东信棉业、华力棉业扩改工程，宝兴科肥、华菱洞口矿业、新龙矿业等传统产业的优化升级。

2. 大力发展现代农业

围绕推进农业规模化、集约化、产业化、生态化加大投入，推动农业发展方式转变，全面提高农业现代化水平，确保粮食安全、农民增收和农业可持续发展。积极推进农田水利、人畜安全饮水等农业基础设施项目建设。强力推进农业产业化项目。抓好千亿斤粮食增产工程，优质稻高产示范工程，水稻良种繁育基地建设工程。继续做好标准化养殖工程、大型沼气工程、油茶林扩改工程、工业用速生丰产林示范基地、中药材标准化种植基地、柑橘脐橙品改基地、草山综合开发基地、烤烟生产基地等建设工程。积极推行林权制度改革，鼓励土地流转，大力推广农业机械化生产。

3. 大力发展现代服务业

围绕服务新型工业化和农业现代化，加大服务业发展的投入力度，逐步提高第三产业在三次产业结构中的比重，充分发挥第三产业在扩大就业、改善民生、促进消费中的基础性作用。重点发展旅游产业，加快景区建设、基础设施配套建设，大力发展旅游产品和旅游市场，着力打造以崀山、云山、南山、黄桑和罗溪等为基本景点的生态观光旅游区，做大旅游产业规模。突出抓好邵阳市物流园区的规划建设，重点抓好宝庆现代物流园建设，推进湘西南物流中心、市烟草物流中心、武冈商都物流园等市场建设。

（二）统筹城乡发展

大力推进城乡区域协调发展，积极做好市县域城镇建设、产业聚集、农田保护、村落分布、生态涵养等有关规划，在统一制定土地利用总体规划的基础上，明确分区功能定位，构建功能完善、产业互补、布局合理的城乡统一规划体系。

1. 统筹城乡规划布局

以“十二五”规划纲要为指导，针对邵阳市资源禀赋不同和交通区位变化的情况，按照国家主体功能区的要求和差异化发展的思路，科学统筹我市城乡规划布局，积极发展“东部城市群经济圈和西部生态经济圈”。启动东部城市群规划编制工作，完成城市总体规划、近期建设规划任务。完善和实施重点镇规划，走以镇带村、促进村镇协调发展的城镇化道路。加快推进中心城区“南优、东进、北联”步伐，加速与新邵县城及周边城镇融城进程。

2. 统筹基础设施建设

继续加大基础设施建设投入力度，加强和改善薄弱环节，为经济社会发展提供坚强保障。抓好交通建设，高速公路：加快邵坪高速、洞新高速、安邵高速、娄新高速、包茂高速邵阳段建设，争取开工建设新白、武靖高速公路。铁路：加快推进娄邵铁路扩改、沪昆客专等铁路建设，争取怀邵衡铁路开工建设。机场：继续推进武钢机场、邵东机场建设前期工作，争取国家尽快核准批复武冈机场建设。完善公共基础设施，按照城乡一体、适度超前、共建共享的思路，切实搞好公共基础设施的规划建设，构建安全可靠的供电体系，建立畅通的信息通信网络。加快农村基础设施建设，抓好衡邵干旱走廊治理、大圳、六都寨等大中型灌区续建配套和节水灌溉工程建设。加快推进骨干山塘清淤扩容，全面加强农田水

利骨干工程和田间工程建设，全力推进农村饮水安全工程建设。

3. 统筹新农村建设

以生态家园和村级道路建设为切入点，大力推进农村道路、饮水、沼气、农网、危房改造等基础设施建设；积极解决好乡镇集镇安全饮水和农村饮水困难问题；落实好各项支农惠农政策和大中型水库移民后期扶持政策；开展环境优美乡镇、生态示范村创建工作。通过整合农业、教育、劳动、科技等部门培训资源，积极开展劳动力培训，提高外出打工农民的就业技能。大力发展劳务经济，维护农民合法权益，引导富余劳动力就地就近转移就业。

（三）建设生态文明

加强生态文明建设，把发展与生态保护紧密联系起来，在保护生态环境的前提下发展，在发展的基础上改善生态环境，实现人类与自然的协调发展。

1. 大力发展低碳经济

加强风能、生物质能等新能源开发，加快南山风电二期、隆回和邵阳县生物质能发电项目建设进度，开工建设白马山风电场，积极做好洞口风电、绥宁风电、邵东风电等项目前期工作。加快推进管输天然气入邵工程建设，提高县城集中供气率。扎实推进节能减排，在建材、化工、冶炼等高能耗行业启动一批循环经济和资源综合利用项目，加快云峰水泥、宝兴科肥、合力化纤、玉新药业等重点企业节能技改工程建设。抓紧实施邵东电镀集中处理等一批污染减排项目，提高节能环保准入门槛，发展“两型”产业和低碳经济。争取建成新宁垃圾处理厂、绥宁县生活垃圾无害化处理厂以及城步城镇生活垃圾无害化处理设施，开工建设江北处理厂和新邵垃圾中转站，积极推进重点乡镇污水处理设施建设前期工作。

2. 努力做好生态保护

围绕发展绿色产业，促进绿色消费，加大投入力度，使邵阳成为湖南乃至中部最适宜居住的地区。突出“三边”（路边、城边、水边）及生态脆弱地区等重点地段造林，推行科学育林，继续抓好退耕还林项目建设，稳步推进油茶林基地建设和速生丰产林基地建设。建立林业生态封育禁伐区，采取林木禁伐、封山育林、人工更新等措施，提高森林植被生态效能。切实推进绥宁、城步、新邵等易灾地区水土流失治理和生态环境综合治理项目，抓好市区、隆回、洞口、武冈等城市防洪体系建设，提升邵阳市防洪抗灾能力。

3. 积极倡导“两型”生活

利用报纸杂志、广播电视、网络等媒体进行广泛宣传，加强机关、学校、社区、企业、家庭等“两型社会”建设知识的组织创建活动。结合“五城同创”，定期开展全民环境保护行动，注重从细节引导公民自觉行动。

（四）推进体制机制创新

推进政府管理体制改革，探索简化行政层次和管理架构的有效形式。加快财税体制改革，重点抓好收支分配体制改革和乡财县管乡用体制改革，规范政府债务管理。稳步推进国有企业产权多元化改革和改制上市，积极支持广信造纸、湘丰特纸、玉新药业、立得皮革、邵纺机、维克液压等企业的独立上市工作。认真落实发展民营经济的优惠政策，放宽市场准入，消除政策歧视，促进非公有制经济做大做强。合理界定市县政府投资审批、核准权限，全面推行企业投资项目核准制和备案制，放宽企业投资决策权，创造宽松的投资环境。探索推行政府投资公益性项目代建制和基础设施项目法人招标制。大力支持金融体制改革，加强银企合作，充分发挥金融机构在地方经济社会发展中的重要作用。深化农村改革，全面推进农村土地流转，完成集体林权制度主体改革任务。继续抓好资源价格、要素市场、社会事业等各项改革。

B.18

2011～2012年岳阳市“两型社会”建设报告

岳阳市两型办

一　岳阳市2011年“两型社会”建设主要成效

2011年，是岳阳市全面实施“十二五”规划纲要的开局之年，在岳阳市委、市政府的正确领导下，全市上下以“科学发展，富民强市”为主题，以“转型升级，更大更强”为主线，围绕“四化两型”和“五市一极”建设，团结一心，奋力拼搏，“两型社会”建设取得了新的成效。

（一）质量效益明显提升

2011年，全市实现地区生产总值1899亿元，同比增长14.2%，高于年初计划2.8个百分点。经济发展的质量和效益继续提升，完成财政总收入186亿元，增长33.1%，高于年初计划18个百分点；综合实力不断增强，国家统计局评定岳阳市综合实力排全国第57位，汨罗市、岳阳县、华容县获评全省县域经济前20强，君山区获评全省经济发展先进县（市）区。

（二）转型升级力度加大

深入开展“联手帮扶产业发展升级”行动，产业转型升级成效显著。新型工业化加速推进，规模工业增加值增长20.7%，高于年初计划7个百分点；2011年新增规模工业企业85家，总数达到1345家；长岭炼油改扩建项目竣工投产，石化产业总产值突破千亿，达1022亿元；园区工业发展加快，产值过百亿园区达到7个，园区工业增加值占全市规模工业增加值比重达到40%；自主创新步伐加快，组建产学研结合创新平台14家，新认定高新技术企业18家，总数达到

99家。现代农业稳步发展，规模农产品加工企业达到291家；新增国家农业产业化重点龙头企业2家，新增省级龙头企业14家，新增涉农中国驰名商标2件。航运物流业日益趋旺，全市口岸进出口货物总量突破1200万吨，集装箱吞吐量达到15万标箱；城陵矶—香港、澳门国际航线正式开通，“重庆—宜昌—岳阳—上海”四地大通关模式顺利实施；城陵矶保税港区申报加快推进。旅游业持续升温，全年接待国内外旅游人数1581.7万人次，旅游总收入达131.3亿元，增长27.6%；岳阳楼—君山岛成功晋升国家5A级旅游景区，平江获批全国红色旅游先进县。

（三）项目支撑作用突出

重大项目量增质提，全年共实施5000万元以上重大项目640多个，同比多增170多个，亿元以上投资项目（省认定）个数增加到100个。市政府重点推进的205个重大项目进展顺利。一是城建方面，中心城区13个城建项目完成投资6.3亿元。环南湖截污管网建设全面完成，千亩湖旅游走廊竣工开园，青年路跨王家河大桥建成通车，商业步行街广场与东茅岭路地下人防工程年内竣工；云梦新城、市体育中心等项目扎实推进。二是交通方面，随岳高速公路、S202二期、S306华容段、荣鹿公路、长江大道一期等已竣工通车；5条高速公路、炼化一体化公路、芙蓉大道北拓工程（湘阴段）等项目加快推进；S207平江段、澧溪港码头二期等项目前期工作全面展开。三是水利方面，钱粮湖垸围堤加固工程、临港产业新区防洪排涝工程顺利实施；中小河流治理工程、屈原垸围堤加固工程、城西垸围堤加固工程等项目稳步推进。

（四）城乡环境明显改善

深入开展“五创”提质活动，岳阳市城市公共文明指数测评进入全国地级市前30名，荣获创建全国文明城市“提名奖”，华容获“全国文明县城”称号。生态环境不断优化，完成污染减排项目91个，整治城区污染严重小企业66家，实施锅炉清洁能源改造82台，全市单位GDP能耗同比下降3%，化学需氧量和二氧化硫排放量分别削减2.3%和3%，氨氮、氮氧化物排放量分别削减4%和3.5%，城区空气质量优良率达90.1%。绿化创模扎实推进，完成植树造林25.6万亩，森林覆盖率达45.3%；城市建成区绿化覆盖率达39.8%，人均公共绿地面积达9.3平方米。城乡清洁工程深入实施，城区新改建36座公厕、24座垃圾站；城镇生活垃圾无害化处理率达76%，超过计划43.5个百分点；完成90条小街巷提质改造和5条道路建筑立面改造；102个村纳入环境卫生整洁行动试点，新建1.28万口沼气池，年底可建成2.8万座农村卫生厕所。新农村建设力度加大，改造县乡公路167.9公里，建成乡镇到村水泥（沥青）路669.2公里，疏通渠道720多公里，新建和改造机埠涵闸29处，解决农村人口安全饮水25.2万人。

（五）改革开放不断深化

国有企业改革加速推进，全市累计99家企业完成改制。医药卫生体制改革效果明显，在全国率先开展乡镇卫生院就医新农合全免费试点，在全省率先完成国家基本药物制度全覆盖，3332个村卫生室全部纳入网络诊疗管理。融资体系不断完善，全市实现直接融资22.9亿元，排全省第二，“凯美特气”在深交所中小板上市，“汨特石墨”、“湘菌科技”在天交所挂牌交易，“科美达”等4家企业引进10家私募创投基金。招商引资力度加大，实际利用外资1.9亿美元；引进内资项目592个，到位资金180亿元，同比增长21.6%，内联引资总量居全省第二，工业内联引资总量保持全省第一；中种集团、中粮集团、中联重科等一批央企名企落户。政府机关改革、税收征管改革、文化体制改革、城市管理体制改革等有序推进。

二　岳阳市2011年“两型社会”建设主要做法

在“两型社会”建设上，主要把握好以下四方面。

（一）突出统筹规划

坚持规划先行，把“两型社会”建设放到全市经济社会发展的大局来谋划和推动，切实完善了城乡规划体系，编制了城市建设总体规划和土地利用总体规划，并重点推进了产业规划、城市规划与土地利用规划“三规合一”。中心城区实施了东扩、西连、南延、北靠的发展战略，东扩武广客运新片区，西连君山生态区，南延南湖风景区，发展北边沿江工业走廊，促进了城镇扩容提质。

（二）突出生态保护

深入推进节能减排。重点抓好了取缔关停违法企业、淘汰退出落后企业、停产治理污染严重企业、限期治理重点污染源和搬迁布局不合理企业等工作，着力实施了城镇污水垃圾处理设施建设、工业企业脱硫脱硝等污染减排、湘江流域重金属污染整治、农业面源污染整治、农村清洁工程等一批重点项目。加强生态环境建设。深入推进“碧水蓝天工程”，广泛开展植树造林、退耕还林、退田还湖等生态建设，加强了洞庭湖、南湖和铁山水库生态环境的综合治理。

（三）突出“两型”产业培育

一是推动转型升级。推进炼化一体化、催化剂新基地等一批重大产业项目，实施中小企业“提档升级”行动，全面铺开中心城区重点排污企业“退二进三”。大力发展化工新材料、先进装备制造等战略性新兴产业。二是推动产业集聚。着力引导生产要素向优势产业、重点园区集中。园区工业增加值占全市规模工业增加值比重40%左右。按照“三年搭框架、五年见成效、十年成规模”的发展思路，积极推进城陵矶临港产业新区建设，目前，共签约引进项目50个，合同引资217亿元，16个开工建设，7个建成投产。三是推动循环经济发展。重点支持汨罗再生资源产业园发展，推进企业集中安置、能源统一供给、污染集中治理。加快云溪精细化工园建设，初步形成了工业催化裂化、高分子材料加工等六条循环经济产业链，实现了企业与企业之间产业循环组合、“三废”综合治理、能源梯级利用。

（四）突出长效机制建设

一是准入机制。强化“宁愿少一个GDP，也不要多一个COD”的理念，提高新上项目环保准入门槛，坚决守住新上项目“环评、审批、验收”三个关口，严格控制和避免污染增长。二是投入机制。设立节能减排专项资金和自主创新引导基金、产学研专项经费，采用补助、奖励等方式支持企业加大对节能减排、科技创新的投入。三是考核机制。把节能减排等“两型社会”建设内容纳入民本岳阳综合考评，将考核结果作为评价使用干部的重要依据，严格实行节能减排“一票否决”制。

三　岳阳市2012年“两型社会”建设思路和重点任务

（一）建设思路

2012年，为纵深推进全市“两型社会”建设，岳阳市将以科学发展观为统领，以“稳中求进，进中求强”为主调，着力从以下五方面加大力度：一是加快生态环境建设。重点突出湘江风光带建设、湘江流域重金属污染整治，开展“山水保护”行动，搞好城乡清洁工程。二是加快滨湖示范区建设。加强基础设施建设，整合滨湖示范区各片区资源，力争三年内基本完成起步区建设，努力打造“长株潭”次中心，形成岳阳新的品牌。三是加快“两型”产业发展。立足特色，发挥优势，积极推动产业提档升级，大力发展低碳环保绿色产业。四是加快城乡统筹协调发展。推进规划同编、设施同建、交通同网、资源同享、环境同治、产业同兴，扎实抓好各县城与建制镇建设。五是加快体制机制创新。用市场的手段、改革的办法突破瓶颈，为“两型”建设提供有力保障。

（二）重点任务

一是加快产业结构调整。以临港产业新区为依托，打造湖南长江经济带。发展港口经济，壮大石化产业，建设湘北能源基地。以岳阳经济技术开发区为依托，发展战略性新兴产业。提升发展先进装备制造产业，聚集发展生物医药产业，培育发展电子光伏产业，扶植发展设计创意产业。以岳阳楼君山岛5A级景区为依托，建设洞庭湖旅游度假区。拓展岳阳楼君山旅游，开发环南湖滨水旅游，做强县域特色旅游，推进旅游与文化融合。以城镇和园区为依托，提升县域经济综合实力。大力建设“两型”园区，以引进科技含量高、可持续发展、带动性强的龙头企业为重点，以特色谋求竞争优势，形成园区规模与集聚效应。

二是突出重点项目建设。实施项目引进和建设攻坚行动，重点推进100个重大项目建设。加快远大可持续建筑低碳经济科技园、硅峰新能源电动环保车、洞庭湖国际公馆大型旅游综合开发、广电中心暨文化创意产业园、张谷英景区保护与开发等30个产业项目建设；抓好京港澳高速公路复线、芙蓉路北拓（湘阴段）工程、环洞庭湖基本农田重大工程、市体育中心等20个基础设施项目建设；

推进洞庭湖综合治理、湘江流域重金属污染治理、东洞庭湖湿地保护等20个生态环保项目建设；落实好岳阳楼区居民安置房建设、华容长江引水工程、农村饮水安全工程等30个民生工程项目建设。力争全年完成投资196.6亿元。

三是加强生态环境整治。坚决依法关闭淘汰落后产能企业，充分发挥科技对产业升级的支撑作用，严格市场准入，全面推行新上项目能评制度，实行项目“区域限批”，强化企业的主体责任，推动化工、陶瓷、水泥、冶炼和造纸等重点行业节能降耗。加强城乡环境整治力度，在全市所有乡镇开展“四清、四改”整治行动，创建300个市级新农村建设清洁家园样板村。切实加大铁山水库等重点水资源环境整治力度，保护水环境。深入开展城乡绿化，力争全年完成造林20万亩以上，新增城区绿地面积170万平方米以上。

四是推进体制机制创新。投融资方面，抓好投融资体制改革，优化财政投融资运行机制；强化金融服务机构，促进“银、保、证、企”对接互动；依法打击恶意逃废银行债务、非法集资和高利贷行为，优化金融生态。财税方面，依托税收优惠、财政贴息、奖励补助、政府采购等政策手段，构建激励与约束相结合的调控机制。科技方面，增强科技创新能力，健全覆盖全市主导产业的产学研结合创新体系，新组建一批省级以上创新平台，实施一批关键性技术攻关和重大科技成果转化项目；加强引才引智，完善和落实人才政策，积极引进发展“两型”产业所需的各类专业技术人才。

B.19

2011～2012 年常德市“两型社会”建设报告

常德市两型办

近年来，常德市切实推进“两型社会”建设综合配套改革试验工作，高起点谋划工作思路、高标准编制规划体系、高效率推进体制机制创新，“两型社会”建设取得了阶段性成绩。

一　2011 年“两型社会”建设的成效

（一）“两型”产业不断壮大

将培育壮大“两型”产业作为常德转变经济发展方式的根本力量，产业结构得到进一步优化。一是新兴产业加快发展。壮大了德山电子信息产业园，目前已有三升光电、良田高科、金晟安智能电子等一批重大电子产业项目落地；通过积极支持企业加大研发投入，提高产品科技含量，创元铝业新型阴极结构高效节能铝电解技术被列入国家“863”计划项目；大力发展新能源产业，目前，澧县理昂生物质发电厂、德山垃圾焚烧发电厂已建成投产，桃源水电站项目进度加快，常德核电、常德风电等项目前期工作正稳步推进。二是现代服务业来势较好。我市重点发展以文化旅游业为代表的现代服务业，启动了柳叶湖水世界旅游建设和低碳旅游城建设工程，桃花源旅游开发正进行方案深化设计，签署了常德、岳阳、益阳三地环洞庭湖旅游战略联盟及旅游区域合作无障碍通道的协议，进一步强化了旅游区域协作。三是传统产业转型加快。积极运用先进技术改造传统产业，促进传统产业纵向延伸。重点抓好纺织、建材、造纸等产业的改造升级，进一步提高了传统产业的产品附加值。四是承接产业转移成果丰

硕。紧跟国家产业政策走向，多形式、多途径招商引资，吸引了中联重科、三一重工、湘投控股等大企业落户常德。2011 年 7 月在东莞召开的常德承接珠三角产业转移推介会上，重点介绍了电子、新材料、食品加工和机械制造四大产业，收到了良好效果。

（二）城乡环境不断改善

按照环长株潭城市群中的功能定位，以建设生态宜居城市为目标，大力改善城乡环境。城市环境方面，加大了“三山三水”（德山、太阳山、河洑山、沅水、穿紫河、柳叶湖）生态环境保护和治理力度，实施了城镇污水处理设施建设三年行动计划，建成投产污水处理厂 8 座，日处理污水能力达到 17 万吨；建成标准无害化处理设施 2 座，另有 7 座城市生活垃圾处理场在建。连续几年开展对造纸、苎麻、水泥等行业的污染整治行动。目前，常德市的生态环境质量总体保持稳定，市城区空气质量达标率为 88.8%，沅、澧水等主要水体水质稳定在国家Ⅲ级标准以上。农村环境方面，在省内率先以“镇村同治”方式推进镇村同步规划、环境同步治理、产业同步发展、设施同步建设，共建成 10 大示范片区、400 多个示范点。重点加大农村饮用水源保护力度，对全市 37 座大中型水库、219 座小Ⅰ型水库和所有饮水水源水域全面禁止投肥养殖，压减珍珠养殖面积 13 万亩，大型灌区续建配套与节水改造等水利工程进展顺利。

（三）“两型”改革深入推进

为破除制约“两型社会”发展的体制机制障碍和要素瓶颈约束，围绕重点领域和关键环节，全面深入推进“两型社会”综合配套改革。一是实施市委、市政府《关于全面加快发展服务业的意见》，各区县（市）均成立了工作机构，常德市服务业得到稳步发展。新引进华融湘江银行，全省首个棉花期货交割库落户常德，万福生科成功上市。二是扎实推进医药体制改革，全市 9 个区县（市）所有乡镇卫生院和社区卫生服务中心全面实施国家基本药物制度，以人事制度改革、乡村卫生队伍建设和基层卫生机构债务化解为主要内容的基层医疗卫生机构综合改革全面铺开，9 大类基本公共服务项目和 6 个重大公共卫生项目全面实施。三是推进公共资源交易统一平台建设，出台《关于推进公共资源交易统一平台建设的意见》，9 月 15 日市公共资源交易中心已正式挂牌运行。四是积极承接节能减排工作，积极推进固定资产投资项目节能评估前期准备，争取澧县和临澧列入了全国108个绿色能源示范县序列。五是启动水资源价格改革，即生活用水阶梯式水价和工业用水递进加价。目前常德市已对实施阶梯式水价的技术要求、设施设备、组织保障、成本测算等进行了前期调研和论证。六是积极开展区域协作，争取将石门、桃源纳入“国家武陵山经济协作区”规划，现已取得阶段性进展。七是完善产学研机制，建立了5大产学研合作联盟，全市规模企业新建立企业技术研究中心16个、联合实验室5个，总数分别达到121个、23个。八是创新节约集约用地制度，争取省国土资源厅支持，在常德市启动了城乡建设用地统筹改革试点，实行拆旧区与建设用地的置换，争取省厅第二轮城乡建设用地增减挂钩指标1905亩。

二　主要措施

（一）完善“两型社会”规划体系

常德市坚持规划先行，进一步完善“两型”规划整体构架。一是高标准完成了“十二五”规划的编制工作，提出今后五年常德市经济社会发展围绕“两型社会”建设的几大任务。二是按照“两型社会”建设要求，对城市总体规划进行高标准、高起点修编。常德市委托中国城市规划设计院修编的城市总体规划，已于2010年9月通过了省人民政府的审查批准。三是完成了全市1个国家级开发区、5个省级经济开发区和5个市级工业园的“十二五”发展规划编制工作，并已提交省相关部门修订完善。四是根据专家评审意见，修改完善了大河西先导区德山片区（含柳叶湖）改革建设实施方案、片区规划。

（二）突出“两型社会”活动创建

坚持以“两型社会”创建为统领，着力培育城市“两型”品牌，取得较好成效。一是组织开展“两型”示范创建。根据省统一部署，广泛发动社会各界组织开展示范创建工作，并认真组织省“两型”示范工程项目和单位的申报工作。经严格把关，遴选了万福生科循环经济开发项目、澧县理昂生物质发电项目、湖南合磷化工有限公司等一批“两型”特征明显、示范带动力强的示范工

程和示范单位。二是创建节水型城市。创建节水型城市是常德市“两型社会”建设的一项战略举措。企业方面，通过制定规划、改进工艺、改造设施等一系列措施，使水资源利用水平有了很大程度提升；居民用水方面，在各类媒体上突出节水宣传，积极引导常德市民从自身做起，珍惜水、爱护水，节水效果非常明显。2010年8月，通过省节水型城市考核验收评审组的考核验收，评定为“湖南省节水型城市”。2011年5月，经住建部和国家发改委组织专家预审、现场考核、综合评审及公示，常德与昆明、深圳等17个城市一起被评为第五批（2010年度）国家节水型城市，这也是湖南省首家国家级节水型城市。三是创建生态市。率先在全省提出全面创建生态市，目前，生态市创建已成农村环保工作的重要抓手，并与新农村建设形成了良性互补，促进了农村环境质量的改善和农村经济可持续发展力的提升。目前，全市已创建省级和国家级生态乡镇65个，省级和国家级生态村133个，生态乡镇个数占乡镇总数的31.6%，位居全省前列。

（三）探索“两型社会”合作机制

一是“两型”项目建设上积极对接大企业大集团的成熟技术。经省两型办、联合国工发组织环境检测机构联合引荐，中石化胜利油田胜动集团、宝钢集团宝诚节能公司实施的利用禽畜粪便建设大型沼气发电项目即将在常德市桃源县落地，整个项目建成后，日处理1000多吨禽畜粪便，可实现桃源县的养殖业孽源无害化处理、利用生物质能源发电及促进农牧业循环经济。二是城市建设上积极对接省住建厅。常德市与省住建厅签署《推进常德市绿色生态北部新城建设战略合作备忘录》，厅市将合作共建绿色生态北部新城，致力打造湖南省“两型社会”建设的先行区、绿色低碳生态宜居城市示范区。三是企业融资上积极对接省创投基金。成立湖南德源高新创业投资有限公司，这是湖南省第一家由省政府创业投资引导基金主导、市政府创业投资引导基金参与的区域性公司制股权投资基金，也是湖南省“四化两型”发展战略的一个典型示范。四是经营模式上积极对接发达国家先进理念。作为林业部在湖南省唯一试点单位，花岩溪国有林场成功对接中德技术合作“中国森林可持续经营政策与模式研究”项目。2011年10月，由中德合作编制的《花岩溪国有林场森林经营方案》通过专家评审，标志着该林场将成为全国实践先进森林经营理念和经营模式的试验场，对探索我国林业的科学发展起到示范作用。

（四）营造“两型社会”创建氛围

常德市以宣传为创建的主抓手，多途径营造了良好的创建氛围，形成了一定的声势和影响。一是以活动营造气氛。根据省委宣传部、省两型办统一部署，2012 年 2 月，常德市举行“潇湘新乐章——唱响‘四个湖南’红网市州行常德站”活动。新闻媒体与网友代表采访参观了德山示范片区“两型社会”建设，红网以直播的形式对市委书记卿渐伟进行了专访，另外十多个市直部门的主要负责人还回答了热心网友的提问，整个活动对常德市“两型社会”建设起到了很好的宣传效果。二是以检查促宣传。充分利用省人大开展“一条例一决定”执法检查的契机，以检查促宣传，以整改树理念。市政府、有关市直部门及常德经开区、柳叶湖旅游度假区经过认真自查，汇报了本级本部门近年来在“两型社会”建设方面开展的工作，广大领导干部进一步牢固了“两型”思想理念。三是以宣传凝聚共识。2011 年初以来，通过电视、网络、报刊等媒体以及在迎宾路等地设立“两型社会”固定宣传牌等对“两型社会”建设进行了大量的宣传报道，效果明显。特别是 2011 年 6 月 5 日世界环境日，以“低碳减排·绿色生活”为主题，全市上下开展了形式多样的宣传活动，大力倡导绿色生活，低碳减排，通过这些活动的举办，为常德市全面开展“两型”建设营造了良好的社会氛围。

三　2012 年“两型社会”建设工作重点

2012 年常德“两型社会”建设的工作重点是以中央、省委经济工作会议精神为指导，深入贯彻落实科学发展观，全面落实省委省政府“四化两型”、“两个加快”战略部署，继续坚持“发展质量优于全省、发展效益高于全省、发展速度快于全省”的目标，努力建设现代常德、幸福家园。将重点抓好五方面工作。

（一）进一步强化规划引领作用

按照环长株潭城市群“两型社会”试验区改革建设的总体要求和“两型”示范片区规划编制要点，及省直相关部门的修改意见，进一步修订完善《“两型社会”德山片区规划》，做到片区规划与全市“十二五”规划、土地利用规划、

城市总体规划有机衔接，并争取尽快获得省政府批准。同时，强化规划的权威性，坚持刚性管理，做到一张蓝图规到底，真正用规划指导建设。

（二）深入推进“两型社会”创建

根据省两型工委3号文和两型办23号函等文件精神，下一段将深入开展“两型”示范创建工作。要求各地围绕“两型”产业发展、“两型”城乡建设、“两型”生态文明建设等方面做好工作，力争各地能创建一批省级“两型示范创建项目”和“两型示范创建单位”。为了引导全市上下都投身到上述的创建中来，掀起积极争创“两型社会”的新高潮，2012年将制订下发各类创建活动的实施方案，对活动进行具体部署，力争在部分项目夺牌成功，并树立一批先进典型，营造全社会崇尚“两型社会”建设的良好态势。

（三）大力推进示范片区建设

2012年将更加注重示范引领，以德山示范片区建设带动全市“两型社会”建设。一是加大基础设施建设力度。按照生态、低碳、宜居的标准，坚持适度超前，加快片区扩容建设步伐，通过建设德山海德路、东沿路、南区22万伏变电站及柳叶湖环湖赛道等项目，进一步提升片区承载力。二是大力发展“两型”产业。工业方面，加大对传统产业“两型”化改造力度，大力引进新能源、新材料、生物和信息等战略性新兴产业，积极帮助企业建立研发中心、国家级产品监测中心和重点实验室，重点抓好以德山“两型社会”建设示范片区为龙头的“两型”园区建设。现代服务业方面，把文化旅游作为现代服务业发展的重中之重，加快柳叶湖景区建设进度，积极挖掘柳叶湖景区文化内涵，全面提升文化旅游产业发展水平。三是加强生态环境保护。大力推进节能减排，加快德山污水处理厂、德山垃圾填埋厂、德山沿江风光带等项目建设，进一步强化节能减排目标责任制，加强对重点领域、重点产业、重点企业的监测调度。加大环境治理力度，推进柳叶湖东岸整治、蚂蟥溶退田还湖等工程建设，加强片区雨污分流工程等项目建设，加强饮用水源保护，扩大水域禁止投肥养鱼的范围。

（四）深入开展“两型”宣教工作

为加强“两型”的宣传教育，我们将把“走出去”与“引进来”相结合，使全市上下牢固树立“两型”意识，提升建设“两型社会”的能力。一是请进来。计划恳请省“两型”办领导和专家来常德市举办专题讲座，指导工作，进一步提高干部建设“两型社会”的理论水平。二是走出去。2012 年我们将分组分批次地组织区县（市）外出考察，学习兄弟城市在推进转方式、调结构、促“两型”上创造的经验和一些有益启示。三是传开来。通过网络、报刊、电视等媒体，大力宣传“两型社会”创建工作和“两型”知识，引导居民在节水、节电、节材和环境卫生等方面增强责任意识，真正使“两型”理念深入人心，奠定扎实的思想基础和群众基础。

（五）积极争取“两型社会”建设改革试点

一是积极争取“两型”产业试点。认真研究政策，根据省“两型”产业基金投资方向，筛选一批如绿色生态北部新城的符合“两型社会”建设要求的重大项目，加强与省办的汇报衔接，力争一批常德的重点企业进入省“两型”产业基金投向的范围。二是积极争取省直部门改革试点。及时捕捉省与国家各部委开展部省合作、改革试点的信息，主动跟进，群策群力做好向上争取工作，力争常德纳入“两型社会”建设改革试点范畴。

B.20

2011～2012 年张家界市“两型社会”建设报告

张家界市发展和改革委员会

一 2011 年“两型社会”建设的成效

2011 年，张家界市认真贯彻省委、省政府“四化两型”战略，围绕建设世界旅游精品和富民强市总目标，坚持旅游带动、“两型”引领，以“四化”为基本途径，以旅游业转型提质为重点，切实加强节能减排和生态环境保护，全面推进生态市创建，扎实推进经济发展方式转变和产业结构调整，统筹推进城乡发展，着力保障和改善民生，“两型社会”建设取得了一定成效。

（一）“两型”产业扎实推进

1. 旅游转型步伐加快

旅游接待规模和总收入分别突破 3000 万人次和 160 亿元，同比分别增长 25% 和 28%；接待过夜人次 1330 万人次，同比增长 33%；入境旅游客源市场逐步多元化，境外游客达到 175 万人次，同比增长 18%，客源国和地区已发展到了 52 个。国际乡村音乐周和 4 台文化演艺节目等成为文化旅游强势品牌。“张家界文化演艺现象”成为业界热议话题。天门山体育公园、碧桂园凤凰酒店、贺龙体育中心等休闲项目正在抓紧建设，溪布街主体工程及天门山景区观光电梯等工程竣工，国际影视文化基地等一批转型项目已经签约，全市挂牌、待评、在建和签约的五星级酒店达到 11 家，全市服务业增加值增长 16.5%，增速居全省第一位。

2. 新型工业化取得新进展

全市规模工业增加值完成 60 亿元，增长 20.5%。大力培育壮大战略性新兴产业，全市20家高新技术企业实现总产值20.6亿元，同比增长13.6%。工业效益大幅提升，工业经济效益综合指数达到296%，同比上升47个百分点。园区经济发展良好，3个工业园区基础设施建设投资达5.05亿元，入园企业达78家，其中2011年新入园企业达到20家，园区实现工业总产值35亿元，园区工业增加值增长70.3%，园区经济带动效应明显。

3. 旅游农业、城市农业、生态农业和品牌农业规模不断扩大

无公害蔬菜产业发展到40万亩，名特优水果产业达到44万亩，新增水果生产大户240余户，长茂山村优质桃、广溪峪村奈李、沙堤无核葡萄、枫香岗菊花芯柚等名优水果基地面积达到16.5万亩。全市新发展休闲农业企业与农家乐140家，2011年全市新认证有机食品1个，绿色产品7个，无公害农产品8个，新增省级名牌产品2个，共有91个农产品通过了“三品一标”的认定认证，张家界椪柑、张家界大鲵、茅岩莓茶获国家地理标志保护产品认定。建设8个现代烟草农业示范点，张家界山地生态特色烤烟完成移栽9万亩，全市共建成国家级生态乡镇2个、生态村2个，省级生态乡镇20个、生态村88个，市级生态村200个，武陵源区的国家级生态示范区已通过检查验收开始进行国家级生态区创建。全市猪—沼—果（瓜、菜、粮）等生态循环农业模式发展达到5万亩。

（二）城乡基础设施加快建设

城市道路和功能配套工程、重大基础设施建设取得新的进展。鸬鹚湾大桥重建工程、贸易路、且东南路、滨河路（澧水大桥—市政府段）、溪西路、澧水大桥维修等6个项目已竣工通车。古人堤、庸都园等绿化景观建设、两区“穿衣戴帽”和35条小街小巷整治改造已完成。黔张常铁路获国家发改委正式立项，张桑高速公路纳入省高速公路开工计划，张花高速公路完成路基工程，张沅公路南段、S304慈利段建成通车，市中心汽车站投入运营，锦苏特高压输电线路、城乡电网、通信网络建设计划全面完成。农村交通、水利等基础设施投入力度加大，农民生产生活条件进一步改善。

（三）生态建设和环境保护成效明显

1. 环境质量显著改善，全市环境安全得到有效保障

2011年城市空气质量优良以上天数达到356天，空气质量优良率达到

97.5%，比2010年提高4.1个百分点，武陵源景区空气质量优良率达到100%。城市区域环境噪声、全市地表水环境全部达到环境功能区划要求。辐射环境处于安全水平。全年没有发生重特大污染事故，全市环境幸福指数优良。

2. 单位GDP能耗和主要污染物排放量持续下降，全市节能减排任务全面完成

组织召开了节能减排会议，进一步分解和明确了区县、部门、企业的节能减排的目标、任务和责任。从全市节能减排情况看，节能降耗呈现“高开低走”态势，预计可实现单位GDP能耗下降3%左右的目标。4大减排均超额完成省定年度减排任务，全年完成废气减排项目10个，削减二氧化硫5584吨，削减氮氧化物36吨，完成废水减排项目11个，削减化学需氧量1250吨，削减氨氮87吨，预计全市2011年化学需氧量排放量为19600吨，氨氮排放量为2046吨，二氧化硫排放量为21510吨，氮氧化物排放量为9782吨，比2010年分别削减8.34%、10.06%、12.76%、1.5%，实现“十二五”减排工作开门红。

3. 生态建设扎实推进，强力促进农村地区经济建设、环境建设协调、双赢

大力实施封山育林、退耕还林、绿色长廊、水土保持等工程，实现封山育林1.8万亩，退耕还林7.1万亩。推进26个乡镇、212个村垃圾治理工作，投资690万元，建设垃圾填埋场4个，添置垃圾清运车、手推车、垃圾桶、垃圾箱、建设垃圾池等垃圾收集清运设施。农村环境连片整治工作成效明显，3个区县25个乡镇34个村计划投入整治资金5182万元，其中中央和省补助资金3500万元，已完成投资4537.85万元，完成47个片区饮用水源地保护工程，2728处污水分散处理设施，10处污水集中处理设施，1194处畜禽养殖粪便处理设施，2011年又争取到上级补助资金2500万元，项目惠及3个区县5个乡镇23个村。大力发展生态经济，在生态创建村镇，按照“优化种植业、提升养殖业、拓展加工业、搞活流通业”的发展思路，大力发展效益农业，积极推进农产品加工、畜禽养殖、优质粮油加工、花卉苗木等产业，结合农村改水改厕和改圈工程，建设一批立体化、多元化的“生态家园”、“生态庭院”。着力开发新型生态旅游，发展以农家乐为主的乡村旅游业。通过生态创建既改善了农村生态环境又促进了农村生态经济快速发展。

4. 严格景区保护监督

指导督促全市风景名胜区做好各项应急准备工作，做好景区设施的安全检查维护；配合市人大城建环资委完成《湖南省风景名胜区条例》和《湖南省武陵源世界自然遗产保护条例》的修正审查意见，省人大已正式颁布实施；国庆节期间，通过张家界电视台、《张家界日报》对两个条例组织了重点宣传，共发放条例资料3万多份督促区县拆除违章建筑50多处、6000平方米。

（四）改革开放步伐加快

全面启动国家旅游综合改革试点工作，出台了改革试点总体方案，确定了408个重点建设项目，着力加快推进旅游目的地产业转型、创新旅游目的地管理、创新旅游目的地营销、加快推进旅游目的地国际化进程，取得了一定成效。医疗卫生体制改革积极推进，基本药物制度实现全市基层卫生机构全覆盖，桑植县在全省率先实行参合农民看病住院全免费政策。体制机制创新步伐加快，BT、BOT等融资项目开始实施，产权交易所正式挂牌，小额贷款公司启动筹建。对外交流合作不断扩大，航空口岸于2011年11月17日正式扩大开放，世界旅游组织旅游可持续发展张家界观测点正式挂牌。

（五）基础工作得到加强

为加强对全市“两型社会”建设工作的领导，张家界市委、市政府成立“两型社会”建设协调领导小组及工作机构，办公室设在市发改委。市委、市政府高度重视“两型社会”建设工作，市委常委会专题研究了“两型社会”建设工作，出台了《关于加快推进“两型社会”建设的实施意见》以及《张家界市“两型”示范创建工程实施方案》等3个文件，进一步明确了“两型社会”建设工作思路、重点和保障措施。

2012年张家界市“两型社会”建设尽管取得了一定成效，但是，张家界市作为国内重点旅游城市，属经济欠发达地区，经济社会发展基础仍然薄弱，发展不足和发展不优的矛盾并存，经济结构不合理，产业结构单一，内生动力不强，发展不快、不平衡、不协调、不可持续的问题比较突出，资源环境的压力日益增大，推进“两型社会”建设任务十分艰巨。全市上下将进一步增强使命感和责任感，把思想统一到中央和省的一系列部署上来，抢抓机遇，务实创新，确保“两型社会”建设顺利推进。

2012年，张家界市将以党的十七届六中全会、省第十次党代会和市第六次党代会精神为指导，全面贯彻落实科学发展观和“四化两型”战略，坚持旅游

带动、科学发展，围绕建设世界旅游精品总目标，立足国家旅游综合改革试点、武陵山片区区域发展与扶贫攻坚试点、国际航空口岸“三大平台”，以建设“两型社会”为方向和目标，以实施“两型”产业振兴、基础设施、节能减排、生态张家界建设、城乡统筹发展、“两型”示范创建等六大工程为重点，加快推进旅游国际化、新型工业化、新型城市化、农业现代化和信息化，加快建设小康张家界、法治张家界、文明张家界、和谐张家界和生态张家界，努力实现优化发展、创新发展、绿色发展、人本发展，加快实现由旅游产业大市向旅游经济强市转变，为在全省率先打造“两型社会”迈出坚实的步伐。

二 2012 年“两型社会”建设重点工作

（一）实施“两型”产业振兴工程

加快构建符合“两型社会”建设要求的现代产业体系，是“两型社会”建设的重要支撑，也是“两型社会”建设的先导力量。把实施“两型”产业振兴工程作为构建现代产业体系的重要抓手，促进经济结构由低端向高端转型，发展方式由粗放向集约转变。

1. 大力推进旅游业转型提质

加快实现旅游业“四个转变”，着力提高旅游经济的质量效益、旅游产业的带动效应和与相关产业融合发展的能力。要重点培育旅游文化产业，推动文化与旅游融合发展。要按照国家旅游综合改革试点的要求，努力建设产业转型示范区、管理创新示范区、优质服务示范区、低碳旅游示范区和开放合作示范区，加快推进由旅游产业大市向旅游经济强市跨越。

2. 大力推进新型工业化

大力推进生态科技工业园区建设，大力培育旅游商品、清洁能源、生物医药等特色产业，全面推行清洁生产，大力培育和发展战略性新兴产业，提升产业竞争力。运用先进适用技术改造提升传统产业，促进传统产业向“两型”化、高端化、品牌化发展。

3. 大力推进农业现代化

以市场化为导向，推进“四个农业”专业化、标准化、规模化、集约化发展。重点发展无公害蔬菜、名特优新水果、特种养殖和花卉苗木等特色产业，积极发展农业观光园和生态休闲农庄，加强农业标准化体系建设，大力发展富硒农产品、无公害农产品、绿色农产品和有机农产品。

4. 大力发展现代服务业

坚持生产性服务业和生活性服务业发展并重，提升传统服务业与发展新兴服务业两轮驱动，以配套完善旅游服务要素体系为重点，大力拓展新领域、发展新业态、培育新热点，发展壮大现代服务业。

5. 大力推进信息化建设

大力发展信息产业，推进“三网融合”，用现代信息技术改造提升传统产业，加快推进“智慧张家界”建设。

（二）实施基础设施建设工程

按照“规划优先、突出‘两型’、统筹协调、适度超前”的要求，着力构建综合服务、现代产业、生态环保、安全防范、城市智能、公共管理等“六大体系”，全面提升综合服务、基础设施、集聚辐射、国际旅游城市等“四大功能”。重点加强交通、水利、能源、生态、信息和城市基础设施建设，形成布局合理、功能完备、安全高效、集约利用、统筹协调的现代基础设施体系。加快完善旅游交通、旅游城市服务功能，强力推进旅游大交通及完善配套旅游接待设施。加快黔张常铁路建设，力争启动安张衡铁路、焦柳铁路石怀段扩能项目建设。争取长常城际轨道延伸至张家界。加快建设张花高速公路，动工建设龙山（黔界）—张家界、张家界—安化、慈利—南县高速公路，推进张家界（慈利）—宜昌、张家界（桑植）—鹤峰高速公路前期工作，加快形成以张家界为中心的高速公路骨架。及早建成永定城区绕城公路、环武陵源景区公路，加快国、省道公路升级改造步伐，构筑内引外联的快速通道。完成荷花机场二期扩建工程，建立张家界航空基地。加快建设城市道路、特色街区、特色小城镇、集中供水、供气等项目，实施“中心极化、经济互动、梯度推进、城乡协调”的城镇化战略，真正实现“快旅慢游”。努力抓好桑植天然气、民族地区清洁能源基地、凉水口水电站、生物质能综合开发、风能发电及宜冲桥水库、凉水口水库水电站、防洪工程、中小河流治理等项目建设。

（三）实施节能减排全覆盖工程

把节能减排作为落实科学发展观、转变经济发展方式、推进“两型社会”建设的重要抓手和突破口，确保全面完成 2012 年节能减排约束性目标。

1. 严格落实节能目标责任

将省下达的节能减排指标层层分解落实，明确区县政府、有关部门、重点用能单位和重点排污单位的责任。完善节能减排考核办法，建立健全节能减排统计、监测和考核体系，定期发布全市和各区县单位 GDP 能耗、主要污染物排放公报，加强年度目标责任评价考核，并将考核结果向社会公告。

2. 实施节能减排重点工程

加快实施节能改造、节能产品惠民、合同能源管理推广等重点节能工程，实施资源综合利用、废旧商品回收体系、“城市矿产”示范基地、再制造产业化、餐厨废弃物资源化、产业园区循环化改造、资源循环利用技术示范推广等循环经济重点工程，促进循环经济加快发展。大力实施污水垃圾处理设施、火电及水泥等重点行业的脱硫脱硝治理、农业污染减排工程、机动车污染源减排等污染物减排重点工程。

3. 加强节能减排管理

建立节能减排的技术支撑体系，积极推广节能新技术新产品，以节能减排在线监管为突破口，深入开展万家企业节能行动，强化固定资产投资项目节能评估审查和环境影响评价，促进建筑、交通、商业、民用等领域的节能推广，在全省乃至全国率先形成节约减排考核评价、行业标准、用能标准和设计规范等系统管理的体制机制。切实加大落后产能淘汰力度，坚决关闭影响生态文明建设的严重排污设施和落后生产工艺设备。探索排污权、碳排放权的有偿使用和交易试点，开展环境污染责任强制保险试点，推行污染治理设施建设运行特许经营。进一步完善主体功能区规划，完善法规政策体系、绩效考核办法和利益补偿机制，引导各地按照主体功能区定位推进发展。加强能力建设，建立节能管理、监察、服务三位一体的节能管理体系和节能监察机构能力建设，建立健全市、县、乡三级减排监控体系。开展全民行动。大力倡导低碳生活方式，积极创建绿色酒店、“两型”企业，探索实施低碳旅游行动计划，在宾馆酒店等场所逐步取消免费提供一次性日用品。

（四）实施“生态张家界”建设工程

坚定“生态环境”生命线，进一步增强生态环境意识，把生态环境建设摆在更加突出的位置。加大生态环境建设力度，落实相关工作措施，像爱护自己的生命一样，保护好生态环境和世界自然遗产，努力走出一条生产发展、生活富裕、资源高效利用、生态环境良好的绿色发展道路。

1. 加强资源环境保护

要严格保护世界自然遗产，科学、有序、合理开发旅游资源，确保资源永续利用。认真贯彻落实《湖南省武陵源世界自然遗产保护条例》，着力实施核心景区生态环境综合整治工程，进行生态移民搬迁和安置，确保自然遗产真实性、完整性和生物多样性。加强景区环境监测，科学控制景区游客流量。要大力推进植树造林和森林资源保护，突出抓好高速公路、铁路、干线公路沿线的绿色通道、绿色长廊建设。

2. 实施澧水流域中上游综合治理工程

抓住张家界市水利建设的重大机遇，积极构建澧水、索水、溇水为主体的区域生态环境安全体系，建立区域协调统一的环境保护联动机制，澧水治理问责机制，坚持以保护饮用水源安全为主要目标，实施澧水流域水污染综合整治新的行动计划，推进生态保护、水土保持、水资源利用、重金属污染治理、流域截污治理、城市洁净、农村环境污染治理等工程建设，加大生态补偿力度和环保执法力度，促进两岸生态保护和恢复。

3. 大力推进生态市建设

弘扬生态文明理念，培育生态产业，发展生态经济，加快改善城乡生活环境，在全市建设一批生产发展、生活富裕、生态良好、文化繁荣、社会和谐、人民群众充满幸福感的宜居城镇、村庄，使张家界成为中部乃至全国最适宜居住的地区。

（五）实施城乡统筹示范工程

城乡协调发展是“两型社会”建设的重要内容和目标。以加快新型城镇化带动城乡协调发展。协调推进城镇化和新农村建设，加快转变城乡“二元”结构，形成以工补农、以城带乡、城乡一体化发展格局。大力推进城乡规划、产业

布局、基础设施建设、公共服务的一体化。要加快推进新型城市化，加快提升中心城区旅游城市功能，加快推进县城扩容提质，以综合型、工业主导型城镇和商贸、旅游型城镇为重要节点，推进示范镇、中心镇和小集镇建设，不断增强小城镇发展产业和吸纳就业的承载能力。在产业集聚和城镇建设的推动下，引导农民向集中居住区集中。坚持以建设“两型”城镇为载体，把新农村建设纳入“两型社会”建设总体规划，加快实现城乡规划全覆盖。统筹城乡产业发展，引导城市资金、技术、人才、管理等生产要素向农村合理流动。统筹城乡基础设施建设，推动城市道路、供水、污水垃圾处理、园林绿化等基础设施向农村延伸。加快推进城乡公共服务一体化，逐步使城乡居民均等享有医疗、教育、文化、卫生等基本公共服务。要继续深化扶贫攻坚，以桑植作为主战场，推动贫困地区稳定脱贫。

（六）实施“两型”示范创建工程

实施“两型”示范创建工程，是着力形成“两型”生产、生活、消费模式，示范引领全市“两型社会”建设的重要举措。按照“两型社会”建设要求，结合国家旅游综合改革试点工作，主要是两项重点任务。

1. 着力创建一批“两型”示范工程

主要是培育“两型”产业发展示范、“两型”城乡建设示范、“两型”生态文明建设示范、深化改革创新示范、扩大对外开放示范、保障民生发展示范等6方面的示范工程。

2. 着力开展十大“两型”示范单位创建活动

要在全市广泛开展“两型”示范机关、“两型”示范街道（乡镇）、“两型”示范园区、“两型”示范企业、“两型”示范学校、“两型”示范社区（村庄）、“两型”示范家庭、“两型”示范市场（门店）、“两型”示范建筑、“两型”示范景区创建活动。通过开展“两型社会”示范创建活动，实施一批“两型”示范工程项目，认证一批“两型”示范单位，推广一批“两型”技术产品，形成一批“两型”标准，提升一批“两型”典型模式，力争一年全面启动，三年取得成效，形成政府推动、社会参与、全民行动的“两型社会”建设格局，在社会的各个层面逐步形成与“两型社会”相适应的思想观念，形成“两型”生产生活方式和消费模式。

三 2012 年“两型社会”建设的保障措施

（一）加强组织领导

张家界市委、市政府成立“两型社会”建设协调领导小组及工作机构，负责全市“两型社会”建设的统筹、协调、监督、管理、服务工作。各区县也要成立相应领导和工作机构。全市各级党委政府要进一步解放思想、转变观念、与时俱进，提高加快推进“两型社会”建设的认识，切实以科学发展观统领各项工作。要围绕科学发展选准干部、配强班子、聚集人才、建设队伍，加大创新型人才的引进、培养和使用力度，为“两型社会”建设提供有力人才保障和智力支持。

（二）强化规划引领

把规划置于“两型社会”建设的综合性、全局性、基础性工作来抓。从长远和全局出发，将“两型”观念和要求贯彻到经济社会发展中，抓紧制定“两型社会”建设总体规划和相关专项规划，构建张家界市全方位、多层次的建设规划，明确张家界市“两型社会”建设的行动路线图。加强各项规划之间的有效对接，对照“两型”要求审视“十二五”发展规划及城市总体规划，旅游产业发展规划等。强化规划的实施，把“两型社会”建设目标任务细化成具体可操作的实施方案、政策措施和建设项目，严格管理、严格执行，真正以规划指导建设。

（三）完善体制机制

加强改革创新。要以国家旅游综合改革试点和张家界航空口岸对外开放为载体，统筹推进全方位改革，加快形成有利于“两型社会”建设的体制机制。要进一步扩大开放，加大招商引资、招才引智力度，提高张家界国际化水平。优化发展环境。良好的发展环境是推进“两型社会”建设的前提和保障。大力推进开放型、服务型政府建设，加强社会信用建设，切实把张家界建设成为全省行政审批最少、效率最高、收费最低、服务最好的开放城市。加大政策支持。各级各

部门立足张家界实际，制定土地利用、产业发展、投融资、资源环境等方面的配套政策。抓住国家旅游综合改革试点、西部开发、武陵山区集中连片扶贫开发、支持战略性新兴产业等发展机遇，争取国家、省更多的政策支持。各级政府要设立“两型社会”建设专项引导资金，激励发展方式转变和“两型社会”建设。强化督查考核。将“两型社会”建设纳入全市的绩效考核范围，进一步完善考评内容，探索绿色GDP考核办法，突出考核质量效益、结构优化、自主创新、资源节约环境保护、就业和民生改善等指标。科学运用考核结果，坚持把考评结果运用到干部选拔使用、培养教育、管理监督等环节。

（四）推进项目建设

要将“两型社会”目标任务实行项目化、具体化部署。要集中力量、突出重点，充分利用各种政策，整合各个渠道的资金，在“两型”产业发展、基础设施建设、节能减排、城乡统筹、民生工程、生态建设等方面，加快实施一批重点项目。要协调推进“两型”重大项目实施，把“六大”工程作为张家界市“两型社会”建设工作的重点，编制工程实施方案，突出工程项目化管理，加强工程市场化运作，实施严格的目标责任管理，实行重点调度、重点服务，加强督查，确保取得实质性成效。

（五）加强宣传引导

大力宣传“两型”理念与知识，培育“两型”文化，让“两型社会”建设落实到每个单位、每个家庭，使“两型”理念更深入人心，成为每个公民的自觉行动。市里媒体要发挥优势，组织系列主题活动，加强典型推介，积极营造“两型社会”建设的良好舆论氛围。

B.21

2011～2012 年益阳市“两型社会”建设报告

益阳市两型办

2011 年是益阳市“两型社会”建设的起步之年，是取得实质性进展的一年。

一 2011 年益阳市“两型社会”建设情况

（一）建立了“两型社会”建设推进机制

益阳市成立了领导层面、协调层面、运作层面、考评层面等四个层面的推进机制。领导层面。成立了书记、市长挂帅的支持“两型”示范区建设领导小组，市委常委会议两次专题研究益阳“两型社会”建设工作，书记、市长分别主持召开了“两型社会”建设座谈会。协调层面。成立了益阳市“两型社会”建设办公室，为益阳市政府直属正处级机构，负责益阳市“两型社会”建设的综合、指导和协调。执行层面。成立了长株潭城市群“两型社会”示范区益阳东部新区党工委、管委会，为益阳市委、市政府的正处级派出机构，负责益阳东部新区的开发建设。考评层面。益阳市人民政府制定印发了《2011 年“两型社会”建设工作考核实施细则》（益政办函〔2011〕109 号），强化了相关部门责任，为全力推进益阳“两型社会”建设提供了坚强的制度保障。

（二）完成了“两型社会”建设顶层设计

一是组织编制了《益阳市资源节约型和环境友好型社会建设综合配套改革试验实施方案》、长株潭城市群“两型社会”示范区益阳东部新区《改革建设实施方案》、《概念规划》、《片区规划》、《土地利用规划》，目前，《益阳市资源节

约型和环境友好型社会建设综合配套改革试验实施方案》和益阳东部新区《改革建设实施方案》、《片区规划》和《土地利用规划》均已获湖南省人民政府正式批准。

二是组织开展了益阳东部新区开发建设可行性研究，形成了可研报告，邀请省、市专家进行了评审。目前，益阳东部新区开发建设可行性研究已获省两型办认可。

三是组织编制了益阳市“两型社会”建设《节能减排全覆盖工程》、《两型产业振兴工程》、《基础设施建设工程》、《示范区建设工程》和《城乡统筹示范工程》等五大工程实施方案，拟组织专家和有关部门讨论后报市委、市政府研究。

四是制定发布了《两型标准》。为贯彻落实“绿色发展”战略，建立促进益阳市绿色益阳建设的标准体系，根据有关法律法规和标准，制定并发布了益阳市“两型”机关、“两型”园区、“两型”企业、“两型”学校、“两型”镇、“两型”村庄、“两型”社区、“两型”家庭、“两型”门店、“两型”建筑等10个试行标准。

五是加强了课题研究。资源节约、环境保护、产业发展、科技创新、土地管理、投融资、财税体制、城乡统筹、对外开放、行政管理等课题研究已形成初步成果。

六是根据省第十次党代会、市第五次党代会和全省“两型社会”建设推进大会精神，调研起草了《关于坚持“两型”引领，加快推进绿色益阳建设的决定》。

（三）启动了“两型”示范创建

按照《绿色益阳行动纲要》和省两型办的安排部署，印发了《益阳市开展“两型社会”建设示范单位创建活动实施方案》，并召开专题会议进行了安排部署，在全市广泛开展了“两型”机关、园区、企业、学校、城镇、村庄、社区、家庭、门店和建筑等示范创建活动。培养选送了市特殊教育学校、虎形山社区、沧水铺镇、万子湖村、清溪村、益阳东部新区管委会、龙源纺织公司等一批省级“两型”示范创建单位和工程项目。争取了省两型办对益阳市“两型”示范创建单位和项目的资金支持。

（四）加强了“两型”技术推广应用

与北京中关村国际环保产业促进中心合作，由中关村提供资金、技术和人员，市两型办提供协调服务，在市一中、市特殊教育学校、市人民医院、双江化工、金沙重机、沅江纸业、新兴管件、市自来水公司等单位实施了节能减排改造示范，签订了合同能源管理协议，制订了节能减排技术应用方案。目前，市特殊教育学校的改造施工任务已完成，新兴管件等单位的技术改造正在进行。

（五）推动了“两型”示范区建设

一是认真开展了区域调查和处理相关遗留问题。组织开展了区域内基本情况现场调查，摸清了区域人口、土地、山林、水体、建筑等基本情况；解除了鱼形山水库养鱼承包合同，取缔了鱼形山水库网箱养鱼和水面养殖；依法收回了四方山产权、收购了原省水利培训中心资产，并将原省水利培训中心改造装修，划给益阳东部新区管委会作为办公用房，现已投入使用。

二是科学编制了区域主干道详细规划。示范区外环线、内环线和鱼形山大道延伸工程等3条主要道路的详细规划已编制完成，并已报市规划例会批准。3条道路均规划为6车道，全线总长约31.67公里，其中外环线23.7公里，内环线6.69公里，鱼形山大道1.28公里。鱼形山大道已完成施工图设计和定点放样。

三是积极申报鱼形山水库补水工程项目。现已完成项目可行性研究、地勘、施工设计等基础工作。该工程确定在志溪河地段提引水，渠线全长约24.5公里，概算总投资1.2亿元。

四是全面启动征地工作。区域主干道建设、江南古城、体育康乐城、北欧风情小镇、银发产业园、产权式酒店等十个项目，共6500亩，已进入省国土厅窗口办理。

五是外引内联扎实推进。新型工业区：共引进项目26个，合同引资31.98亿元，新投产项目19个，实际到位内外资10.5亿元，完成政府直接投资19亿元，完成企业固定资产投资10.93亿元，工业总产值15.91亿元。汽车零部件产业园已累计进驻相关企业41家，聚集效应和行业影响力日益提升，“湖南益阳汽车零部件特色产业基地”初具规模。高端三产业区：围绕区域开发建设的定位和发展构想，积极开展外因内联工作。重点对接了江南古城、体育康乐城、中国

环境世博城、北欧风情小镇等项目。江南古城（含奥特莱斯商业广场）项目由山东兖矿集团投资建设，占地3000亩左右，总投资65亿元。体育康乐成项目由省体育产业集团投资建设，市政府与投资方分别签订了江南古城、体育康乐城等合作开发框架协议；中国环境世博城由北控水务集团投资，计划占地3000～4000亩，北欧风情小镇由深圳笔克集团投资建设，是一个大型旅游地产项目，计划占地3000亩。

（六）注重了“两型”理念推广

为提高益阳“两型社会”建设影响力，普及“两型”知识，强化干部群众的“两型”理念。邀请省两型办主任徐湘平、湖南城市学院党委书记赵运林在市委中心组扩大学习会议上，分别就“两型社会”与绿色益阳建设做了专题讲座。建设了《益阳两型》网站、创办了《益阳两型动态》刊物。借助网站、刊物及《中国低碳年鉴（2011）》、《长株潭试验区年鉴（2011）》等平台，深度宣传了绿色益阳。

（七）加快了“绿色益阳”建设

统筹绿色益阳建设与“两型社会”建设，以创“国家级卫生城市”、“全国文明城市”、“国家森林城市”为抓手，推动了城乡清洁工程、中心城区绿化工程、背街小巷扩建提质工程等一系列民生工程，益阳城市品位和市民幸福指数不断提升。在香港举办的“绿色中国——2011环保成就奖大型评选”中，益阳市入选联合国杰出绿色生态城市。节能减排方面，益阳市化学需氧量的排放强度下降到每万元GDP排放5.3千克，二氧化硫排放强度下降到每万元GDP排放8.7千克。益阳市化学需氧量减排贡献率占全省五分之一强，跃居全省第一；二氧化硫减排贡献率也跃居全省前列。2011年，益阳市因为在全省减排任务目标完成中作出巨大贡献而受到省委、省政府的表彰。

（八）带动了“两型”产业发展

大力发展战略性新兴产业，加快工业园区“两型”化进程。已建成益阳东部新区汽车零部件特色产业基地、益阳东部新区三一重工中阳产业园、沅江船舶制造工业园等国家级、省部级产业基地。大力扶持晶鑫新能源、中科恒源、凯迪生物等一批企业做大做强。培育了汉森制药、太阳鸟游艇成功上市；积极引进艾华电子、科力远、汇盛科技等高新技术企业进驻工业园区；稳步推进桃花江核电站建设；不断拓展了太阳能光伏发电、风光互补供电系统制造、生物质再生能源等领域产业发展空间。

二 2012年益阳市“两型社会”建设面临的机遇与挑战

（一）益阳经济社会快速发展为全面推进“两型社会”建设提供了坚实的基础

益阳的经济社会已经进入加速发展阶段。“十一五”时期地区生产总值年均增长13.6%，高出全国2.4个百分点，经济总量由五年前全省第12位上升到第10位，财政总收入年均增长22.5%，高于全国、全省平均水平。“十一五”时期工业增加值年均增长21%，分别高出全国、全省平均水平9.2个、2.2个百分点，规模工业增加值增速连续五年位居全省前列。装备制造业、食品加工业年产值过百亿元，造船产业和电子信息产业规模分别位居全省第1位和第3位。农业产业化不断推进，第三产业加快发展，三次产业结构明显优化。益阳的“两型社会”建设不是空中楼阁，而是在全市经济社会快速发展的基础上提质提效。

（二）绿色益阳行动纲要为全面推进“两型社会”建设提供了科学的目标指引

益阳市委、市政府出台了《建设绿色益阳行动纲要》，明确了建设“绿色益阳”的基本原则和保障措施，提出了发展绿色产业、建设绿色生态、倡导绿色生活、实现绿色文明、实施绿色管理五个主要目标，这也正是益阳市“两型社会”建设的重点，是资源节约和环境友好的形象化展示。益阳市委、市政府成立绿色益阳行动和“两型社会”建设工作领导小组，办公室设市两型办，旨在统筹绿色益阳建设与“两型社会”建设的主题，奋力将益阳市建设成为产业发达、环境优美、特色鲜明、适宜人居的现代化山水生态城市和新型工业化城市。《绿色益阳行动纲要》为全面推进益阳“两型社会”建设提供了科学的目标指引。

（三）益阳人民的殷切期望为全面推进“两型社会”建设提供了强大的发展动力

“两型社会”建设的根本目的在于让人民群众生活更加幸福，所居住的环境更加舒适，所享受的公共服务更加全面和完善，所得到的实惠更加充裕。2012年，益阳人民对“两型社会”建设的期盼将更加殷切，全面推进“两型社会”建设的群众基础将更加坚实。全体市民的广泛参与、热心关注和献计献策是“两型社会”建设不可或缺的发展动力。

益阳市“两型社会”建设面临诸多挑战。一是当前益阳正处于工业化、城市化加速发展阶段，益阳经济增长离不开投资拉动，而新开工项目越多，对能源、资源和环境的压力越大，节能减排任务实现的难度也越大。二是体制机制尚待健全。目前，益阳市区、县（市）一级还没有设立“两型”机构。市两型办向区、县（市）一级整体推进“两型社会”建设没有着力点。三是创建资金不足。随着“两型社会”建设的深入推进，示范创建引导资金需求将不断增大，资金问题，对有效推进“两型社会”建设影响较大。

三　2012 年益阳市“两型社会”建设思路、重点任务、保障措施

（一）建设思路

认真贯彻落实省第十次党代会和益阳市第五次党代会精神，以“坚持绿色发展，建设两型益阳”为主线，紧紧围绕“工业强市、绿色发展、城乡统筹、开放带动”四大发展战略，强化“两型”规划体系建设、体制机制创新、重点项目管理、典型示范创建、内引外联服务和宣传教育引导，加快示范区建设、产业振兴、基础设施建设、节能减排全覆盖、城乡统筹示范五大工程，扎实推进“两型社会”建设。

（二）重点任务

1. 开展“两型”示范创建

在全市深入开展“两型”示范机关、园区、企业、学校、城镇、村庄、家

庭、门店、建筑、景区等创建活动，以节能、节地、节水、节材、资源综合利用和保护生态环境为重点，以宣传教育、体制机制创新、标准规范、设施建设、技术进步为手段，通过各具特色的示范创建，倡导理性消费和绿色消费，带动全社会各个层面形成与“两型社会”建设要求相适用的思想观念、行为方式和长效机制，共同打造益阳“两型社会”建设的生动局面，做到“三个一批”：①巩固一批：在2011年认证一批的基础上，及时总结创建经验，认真落实示范创建要求，确保创建成果。②认证一批：力争再认证30个有特色、有亮点的省级示范点，并以他们为示范，扩大成果。③培育一批：进一步增强牵头单位的“两型”意识，明晰创建工作思路，力争再培育50个市级“两型”示范创建单位作为下一批省级示范创建的培育点。

2. 推进五大工程建设

（1）示范区建设工程。①完善区域规划编制。完成益阳东部新区高端三产业功能区及居民安置区控制性规划和修建性规划的编制。②启动基础设施建设。完成鱼形山大道和鱼形山临水栈道建设；启动示范区内、外环线及水、电、气、通信等基础设施建设。③建立完善有效的开发机制。成立鱼形山“两型社会”示范区投资开发有限责任公司；完善益阳东部新区行政管理体制；组建鱼形山街道办事处。④加大招商引资和项目建设力度。积极内联外引，加大与战略投资者的对接洽谈力度，力争1~2个项目落地。

（2）产业振兴工程。①制定并实施符合益阳实际的战略性新兴产业发展规划和“两型”产业发展规划。②重点培育以晶鑫科技、金博科技、中科恒源为龙头的新能源企业，以艾华科技、益源光电、汇盛科技为龙头的电子信息企业，以瑞亚高科、聚泉新材为龙头的新材料企业，实现高新技术产业增长速度保持在20%以上，高新技术产业增加值占规模工业增加值的比重达到30%以上。③加快传统产业的转型升级。以造纸、矿产、粮食、黑茶、竹木、中药材、生猪、水产等产业为重点，以白沙溪茶业、桃花江竹业、龙源纺织、沅江纸业、三益有机农业、广益水产、粒粒晶米业、口口香米业为代表，打造一批生产规模大、工业化程度高、带动能力强、产业链条长的龙头企业，形成“两型”理念引导传统产业升级的良好态势。

（3）基础设施建设工程。①加快推进高速公路、干线公路、过境铁路建设，重点建设好二广高速，完成长益高速路面提质改造；加快国道207、省道308

线、省道225线，石长铁路复线电气化改造。着力打造“两型”综合交通体系。②以水利、城建、能源和信息设施为主体，加快建设金塘冲水电、南县港南州港区500吨级码头，加快推进中心城区、益阳东部新区道路基础设施建设。③在中心城区、县级城镇和重点建制镇新建、扩建和改建24个污水处理厂，建立城镇与农村生活垃圾分类、清运、收集、中转和卫生填埋及渗滤液处理体系，新建、扩建和改建25个垃圾填埋场。

（4）节能减排全覆盖工程。①建立节能减排在线监测平台，深入开展企业节能行动和合同能源管理，形成政府主导的节能减排考核体系。②加强节能减排财政投入的绩效考核，探索行业节能减排目标与节能减排财政投入挂钩制度。③选择安化县城区垃圾填埋场和大通湖区河坝镇垃圾填埋场进行试点示范，逐步建立垃圾分类处理中心，完善和改造城镇垃圾处理流程，节约土地和垃圾处理成本。④在造纸、建材、冶金、轻工和机械等重点耗能行业企业投资9.36亿元，完成24个锅炉窑炉节能减排改造项目和13个污染防治项目，重点建设赫山区沧水铺镇和安化县高明乡等2个环保产业园。

（5）城乡统筹示范工程。①积极总结沅江草尾镇、大通湖城乡统筹示范区建设经验，积极推进沅江城乡统筹示范市、沧水铺镇城乡统筹示范镇和万子湖等五个城乡统筹示范村的建设。②继续推进农村产权制度改革，加大农村土地综合整治力度，加快农村土地流转，积极探索土地资源节约集约模式。③继续以城乡清洁工程为推手，抓好农村环境整治，发展农村沼气，探索建立农村清洁能源体系。

3. 推广“两型”技术

①在沅江纸业推广使用污泥干化焚烧技术，在双强化工、金沙重机等高耗能企业实施节能改造示范，力争年内打造10个节能减排成效显著的“两型”技术推广示范点。②推行合同能源管理。与中关村国际环保产业促进中心合作，在全市推进合同能源管理工作，探索并形成“两型”技术推广新机制。③加强清洁生产、低碳技术、新装备的研发、引进、筛选和应用。

4. 强化宣传引导

①编辑一本面向益阳全市干部群众及学生的《两型读本》。②举办一次反映益阳市“两型社会”建设的摄影大赛。③通过益阳电视台、益阳日报、“益阳两型”网站、益阳《两型动态》和户外平面宣传广告对益阳市“两型社会”建设

进行全方位的宣传报道。④加强与省级、地方媒体合作，及时做好“两型社会”建设经验的总结、提升、推介。增强示范推介效应，扩展宣传引导空间，形成“两型社会”建设发展氛围。

5. 开展调查研究

①重点针对“两型”示范区建设、“两型”示范创建、“两型”技术推广三方面开展调研，查找政策障碍，探究国家和省里的政策支持。②充分利用“先行先试”权，力争将研究成果转化成为省、国家层面的支持政策。

（三）保障措施

1. 加强组织领导

成立益阳市“两型社会”建设领导小组，召开全面推进“两型社会”建设动员大会，印发《关于全面推进“两型社会”建设的决定》。建立健全市、县两级“两型社会”建设工作机构。

2. 加大资金投入

一是争取设立益阳市“两型社会”建设专项资金，重点用于规划编制、重点项目前期工作、重大改革试点、生态环境治理等方面。二是创新投入机制，拓展融资渠道，鼓励私人资本投入“两型社会”建设。同时加大争资立项力度，争取国家、省级更多的建设资金，加快益阳“两型社会”建设。

3. 落实工作责任

一是研究制定《2012年绿色益阳与“两型社会”建设工作考核实施细则》，对益阳市各单位落实绿色益阳和“两型社会”建设的工作情况实施考核评估，增强考评工作的前瞻性、科学性，把考评结果纳入市直部门与区、县（市）绩效考核内容。二是以凝聚力工程和创先争优活动为载体，充分发挥基层党组织和广大党员在推动经济发展方式转变、建设“两型社会”中的战斗堡垒和先锋模范作用。三是建立健全工作责任制，把各项工作分解落实到部门、到单位、到责任人。四是加强督促检查，及时发现问题，改进工作。

B.22
2011～2012年郴州市“两型社会”建设报告

郴州市发展和改革委员会

一 2011年郴州市“两型社会”建设情况

（一）切实加强对“两型社会”建设工作的组织领导

1. 切实强化领导

郴州市委、市政府多次专题研究全市“两型社会”建设和郴资桂“两型社会”示范带建设工作。市委经济工作会议报告、市人大会政府工作报告和市党代会工作报告，都将“两型社会”建设纳入重要内容，予以重点安排部署。市人大、市政协采取听取汇报、组织调研视察、召开座谈会、提出建议提案等多种形式，加强监督指导。

2. 建立组织机构

成立了以市委书记任顾问，市长任组长，市委有关领导和市政府副市长任副组长，市直有关部门和郴州大道沿线4个县市区政府、郴州有色金属产业园和郴州经济开发区等单位主要领导为成员的领导小组，领导小组办公室设市发改委。筹备组建了市两型办，市编委安排了8名编制。示范带区域内各县（市、区）和园区都按要求设立了领导小组及其办公室，配备了工作人员。

3. 争取上级支持

多次向省委、省政府主要领导同志请示汇报全市“两型社会”建设和郴资桂“两型社会”示范带建设工作。2011年以来，郴州市邀请省委书记周强同志一行，省委常委、长株潭试验区工委书记陈肇雄，长株潭试验区工委副书记、长株潭两型办主任徐湘平等领导同志到郴州市调研指导。郴资桂一体化区域于

2011年6月获批省“两型社会”建设示范点，这是目前全省14个市州除长株潭以外的唯一一个省级示范点，已争取省政府安排首批扶持资金1500万元。省两型办、省发改委、省科技厅、省国土资源厅等省直部门通过调研指导、项目倾斜、会商共建等方式，对郴州“两型社会”建设和郴资桂“两型社会”示范带建设工作给予了大力指导和支持。

4. 加强协调配合

市委办、市政府办将“两型社会”建设纳入年度绩效考核评价重点内容，对指标任务进行量化分解，把责任落实到具体单位，并定期督查工作进度。市发改委、市两型办初步建立了示范带建设重大项目立项建设、规划编制、体制改革的调度督促机制和信息共享机制，对重点工作进展情况实行定期调度和通报。

（二）着力推进郴资桂“两型社会”示范带建设

1. 以规划编制为重点，夯实基础工作

郴州市委、市政府下发了《郴资桂“两型社会”示范带建设工作方案》（郴办发〔2011〕13号），明确了示范带建设的指导思想、发展目标、实施步骤、主要任务和保障措施，并大力推进各项基础工作。为切实搞好示范带建设的“顶层设计”，方案确定了“1+14”规划体系，并将规划编制工作任务落实到市直部门及相关县市区。目前，《郴资桂“两型社会”示范带建设规划纲要》已形成送审稿，正报市政府常务会议审议。各专项规划和片区规划正在加紧编制和报批中。

2. 以项目建设为载体，加快转型发展

初步确定了郴资桂“两型社会”示范带“十二五”重大项目库和2011年重点建设项目，其中2011年的重大项目涉及“两型”产业、城乡统筹、生态文明等三大领域33大工程，共计152个项目，总投资750亿元，2011年计划投资124亿元。截至2011年12月底，共完成投资141.5亿元，完成年计划的113.7%。其中：“两型”产业项目80个，总投资433亿元，年计划投资65.1亿元，完成投资76.6亿元，占计划投资的117.6%；统筹城乡建设项目54个，总投资275亿元，年计划投资53.1亿元，完成投资57.3亿元，完成年度计划投资的107.9%；生态文明项目18个，总投资44亿元，年计划投资6.3亿元，完成投资7.62亿元，完成年计划的121.1%。

3. 以配套改革为突破，努力先行先试

编制起草了《郴资桂“两型社会”示范带建设综合配套改革总体方案》和资源节约、环境保护、产业发展、科技创新、土地管理、对外开放、行政管理、文化管理等8个专项改革方案，目前正在进一步修改完善，总体方案正报市政府常务会议审议。在配套改革方案实施前，着重督促示范带区域各县市区及市直部门贯彻落实《郴州市2011年“推进改革年”活动实施方案》，全面深化体制机制改革，为示范带建设顺利推进提供强力支撑。

4. 以“两型”示范创建为抓手，营造“两型”氛围

围绕“两型”生产、生活、消费主题，组织实施“两型”示范创建工程，广泛发动“两型”特征明显、示范带动力强的项目和单位组织申报，初步建立了市申报“两型”示范创建工程项目和单位信息库，入库示范创建项目和单位达32个。并按省两型工委要求遴选了4个示范创建项目、2个示范创建单位上报。示范带区域各县市区充分发挥积极性和创造性推进“两型社会”建设，如苏仙区启动了“两型社会”建设示范片区，在“二镇一乡”即桥口镇、白鹿洞镇和塘溪乡率先推进“两型社会”示范试点建设。

（三）以“两型”理念引领全市经济社会发展

1. 加快构建“两型产业”体系

大力实施产业转型发展“三年行动计划”，着重推进资源型产业转型升级，走规范开采、规模发展、精深加工、集约开采、节约利用道路。全市19个重点整合矿区有16个矿区已基本完成整合，金属矿山由整合前的177个减少到128个，煤矿由整合前的576个减少到171个，引进了中国五矿、云南锡业等一批战略投资者，郴州矿业经济初步呈现“大矿区、大集团”的大治景象。大力培育战略性新兴产业，将电子信息、新材料、新能源、节能环保等作为发展重点。如新能源建设方面，继仰天湖风电场（全省第一个风电场，22×1650千瓦＝3.63万千瓦）投产运行后，鲁（塘）荷（叶）金（江）已经吊装20台风机，桂阳天塘山、宜章太平里、临武三十六湾风电场已经开工建设，宜章白石渡风电场等7个项目获准开展项目前期工作；安仁凯迪生物质能电厂正在进行“三通一平”；“金太阳”示范工程建成投产，4093户偏远山区无电用户安装了风光互补独立发电系统，新能源建设实现了历史性的突破。大力承接产业转移，携手衡阳、永州获批湖南省湘南承接产业转移示范区，引进培育了台达电子、高斯贝尔等一批骨干转移企业，与中国建材、大唐新能源、中化蓝天等大型央企签署合作协议项目达20个，总投资482.8亿元。大力发展旅游、房地产、物流、金融、职业培训、科技、信息、中介等新兴服务业和生产性服务业。

2. 加快构建城乡统筹发展格局

郴州市委、市政府高度重视城乡统筹发展工作，坚持规划引领，政策引导，加大县域经济建设力度，推进镇基础设施建设，加快新农村示范建设。紧紧围绕“两城”建设目标，对全市11个县市区进行了区域规划和功能定位，分层次推进新型城镇化，重点建设以中心城区为核心、以郴资桂一体化区域为主体、连通永兴和宜章的郴州城镇群。按照“三化同步”总体要求，开展“点亮郴州”行动，推进农村净化、美化、绿化、亮化，共完成338个村庄整治、新农村建设规划，已建成省级新农村示范村6个、市级88个。

三是积极推进生态郴州建设。大力推进节能减排，取缔关闭环境违法和“两高一资”企业22家、停产整治19家、限期整改21家，实施了临武县三十六湾、香花岭地区重金属污染综合治理一期工程，1～9月万元GDP能耗下降3.46%左右。2010年10月起，组织开展“绿城攻坚，绿化攻坚”活动，先后建设了40多个公园（游园），使城区现有公园、游园总数达到53个，“十山十湖”城市生态体系建设全面推进，城市绿地率达到35.9%，绿化覆盖面达到38%，人均公园绿地9.99平方米。市第四次党代会作出了《关于开展三年城乡绿化攻坚的决定》，从2012年到2014年全市计划投资100亿元，重点实施城市绿化、通道绿化、水系绿化、村镇绿化和荒山荒地绿化“五大工程”，完成荒山荒地及迹地更新造林130万亩，再现“林邑”风采。

二　当前郴州市“两型社会”建设形势分析

（一）机遇及有利条件

1. 外部环境总体良好

当前我国经济发展总体态势良好，经济增长由政策刺激向自主增长有序转变，继续朝着宏观调控的预期方向发展。今后一段时期，国家将继续加快经济发

展方式转变，更加注重缩小区域、贫富、城乡三大差距，更加注重节约资源能源，保护生态环境，发展低碳经济、绿色经济。湖南省将继续实施"四化两型"战略，扎实推进长株潭试验区第二阶段改革建设工作，为"两型社会"建设创造了良好的外部环境。

2. 郴州步入发展新阶段

近年来，郴州市加速"两城"建设，强力推进矿产资源整顿整合，大力承接产业转移，加快园区经济、城市经济、战略性新兴产业和现代服务业的发展，逐步减少了对资源的依赖，促进了经济结构的优化升级，经济发展步入"高质量、高增长"轨道，2010年全市经济总量过千亿元、财政收入过百亿元，跻身第一梯队行列，为"两型社会"建设特别是郴资桂"两型社会"示范带建设提供了有力支撑。

3. 承接产业转移示范区建设带来新机遇

2011年10月，湘南承接产业转移示范区正式获得国家发改委批复。省里将科学编制示范区规划并认真组织实施，研究出台具体实施方案和专项支持政策，加大对示范区建设的指导力度。示范区获批建设，有利于郴州市进一步发挥区位、资源等优势加快承接产业转移，有利于加速资本、人才、技术等要素集聚，有利于逐步走出资源路径依赖，也有利于加快推进全市"两型社会"建设和郴资桂"两型社会"示范区建设。

4. 基础工作扎实推进

郴资桂"两型社会"示范点获批半年多来，在市委、市政府的正确领导下，在市两型办的组织协调、相关各县（市、区）和市直各部门的通力协作和扎实工作下，示范带建设第一阶段的基础工作已经基本完成。规划纲要和配套改革方案已完成送审稿，按程序报批后即可组织实施，为加快"两型社会"建设打下了良好的基础。

（二）困难及挑战

1. 产业结构不合理

郴州市经济尚未走出粗放式的模式、彻底摆脱资源路径依赖，经济发展方式的转变与产业结构的调整，短期内都难以从根本上实现。从全市上报的建设项目来看，还有比较多的新建项目是"两高一资"（高投入、高消耗、资源型）行业，高新技术、高附加值、低消耗、低排放的项目所占比例仍然较低。

2. 资源环境约束加大

郴州市是一个典型的资源型城市，产业结构偏重、能源结构单一，目前又处于工业化、城镇化加速发展时期，面临着资源环境压力越来越大、能源消费结构不尽合理、节能减排潜力和空间越来越小、工作思路举措和方式方法亟须完善等一系列新情况、新问题，特别是还面临着既要加快经济发展、扩大总量，又要实现节能减排、提升质量的双重任务、双重压力和两难选择。

3. 生态环境建设任务繁重

临武三十六湾、苏仙柿竹园矿区等一些工矿区环境隐患较多，历史问题凸显，彻底解决的难度相当大，东江湖生态保护面临水土流失、生产生活污染等多重威胁。

这些问题，表面上是资源环境生态问题，实质是发展方式粗放的问题，必须从经济发展方式的转变上来解决，加快推进“两型社会”建设。

三 2012年郴州市“两型社会”建设思路

根据省、市党代会关于“两型社会”建设的有关精神，以及《关于贯彻落实〈关于加快经济发展方式转变推进“两型社会”建设的决定〉的实施意见》（郴发〔2010〕13号）、《郴资桂“两型社会”示范带建设工作方案》（郴办发〔2011〕13号）和《郴资桂“两型社会”示范带建设规划纲要》等文件规定，结合当前建设工作实际以及2012年工作的预测和判断，郴州市初步确定了2012年“两型社会”建设的主要目标、总体思路、工作重点和保障措施。

（一）主要目标

加快推进试点建设和先行区建设，全面完成郴资桂“两型社会”示范带建设第一阶段工作任务，2012年示范带区域万元地区生产总值能耗比2011年降低3.86%，COD排放总量比2011年削减1.7%。在全市范围深入开展“两型园区”、“两型项目”、“两型企业”、“两型乡镇”、“两型社区”等“两型”示范创建活动，培育提升一批覆盖生产、流通、消费、生活等领域的示范项目和示范单位。

（二）总体思路

“六个突出、两个力争”。突出示范引领，抓好郴资桂“两型社会”示范带建设；突出转型发展，加快构建“两型产业”体系；突出改革开放，大力推进体制机制创新；突出节能环保，大力推进生态环境建设；突出统筹兼顾，大力推进城乡区域协调发展；突出改善民生，让“两型社会”建设成果惠及广大人民群众。力争与全省同步建设“两型社会”，力争在全省先行建设城乡统筹试验区。

（三）工作重点

1. 加快推进郴资桂“两型社会”示范带建设

按照“两个率先、四个示范”（率先实现资源节约和环境友好、率先实现城乡统筹，加快新型城市化、新型工业化、农业现代化和信息化示范建设）的总体要求和“四个区域”（“两型”产业聚集区、统筹城乡试验区、生态文明实践区、改革开放先导区）的战略定位，认真组织实施《郴资桂“两型社会”示范带建设规划纲要》，确保全面完成基础和试点阶段各项既定任务，努力把示范带区域建设成为湖南省“两型社会”建设示范点、大湘南高品质城镇群、郴州市经济核心增长极。启动并推进以“两型”产业振兴为主导、以“两型”项目建设为重点的九大工程，即“两型”产业培育工程、“两型”示范创建工程、基础设施提升工程、节能减排全覆盖工程、环东江湖生态保护工程、郴州大道沿线蓝脉绿网工程、郴州大道沿线中心镇率先发展工程、郴州大道沿线新农村示范点建设工程、综合配套改革工程。为推进这九大工程，加快实施 287 个重大项目，总投资 1196 亿元，其中 2012 年投资 260 亿元。

2. 大力发展“两型”产业

抓紧建立健全“两型”产业体制和技术支持体系，严格资源承载力和环境容量两大边界限制，坚持环保优先，严格环境准入，切实做到新上产业项目不放松环保要求，承接产业转移不降低环保门槛，扩大产业规模不增加排放总量。加快发展电子信息、新材料、新能源等战略性新兴产业、现代服务业和现代农业，大力发展绿色环保产业。逐步淘汰限制性产业，加快淘汰落后产能，抓好工业、建筑、交通运输等重点领域节能减排，推进节能节水节地节材。

3. 加强环境治理和生态建设

以解决饮用水不安全和空气、土壤污染等损害群众健康的突出环境问题为重点，加大综合治理力度，明显改善环境质量。加快建立生态补偿机制，争取把郴州作为湘江、赣江、珠江流域的重要源头纳入国家综合治理，继续抓好湘江流域重金属污染治理，力争把环东江湖区域创建成为国家级生态功能保护区，纳入国家湖泊“一湖一策”试点范围和省级生态补偿试点。扎实开展“三年城乡绿化攻坚”，继续推进“绿城攻坚”，构造中心城区“十山十湖”景观和“蓝脉绿网”、“河湖互补”生态体系。

4. 加快推进城乡统筹发展

以中心城区为带动，以大十字城镇群建设为重点，以全市域城乡统筹为目标，加快形成“一核、一带、一廊、一圈”发展格局。坚持交通先行，加快建设以“三纵四横”高速公路网为主的对外大通道网络，以干线公路、城际快线、农村公路为主的市域循环网络，形成半小时、1 小时交通圈。加快郴州大道、郴永宜城际快线沿线中心镇建设和新农村示范点建设，启动有色金属产业园、小埠—西水生态园、罗围—白溪产业园等“两型”先行区建设，加快形成郴资桂城镇群。

（四）保障措施

1. 强化项目支撑

按照“示范工程化、工程项目化”的思路，科学谋划一批重点工程和重大项目，加强项目前期工作，完善“两型社会”建设项目库。在项目布局、资金安排、用地计划等方面向郴资桂“两型社会”示范带区域和园区倾斜，通过实施一个个看得见、摸得着的工程和项目，确保“两型社会”建设各项目标任务落到实处。

2. 加强政策扶持

争取省委、省政府及省直各部门对彬州市“两型社会”建设的大力支持，争取国、省重大改革事项、重大项目和重大政策等在彬州市先行先试。落实投资、产业、土地、财税、技术创新和人才等方面的扶持政策，吸引生产要素、产业、人口向郴资桂“两型社会”示范带区域和产业园区集聚。切实强化市直部门之间的协调配合、相互支持，形成部门之间共同推进“两型社会”建设的联

动机制。

3. 推进配套改革

紧扣“两型”主题，重点推进资源节约、环境保护、产业发展、科技创新、土地管理、对外开放、行政管理和文化管理等八大领域的综合配套改革，着力破解发展中的瓶颈制约，努力探索一条有别于传统模式的工业化、城镇化发展新路，为全面推进“两型社会”建设提供体制机制保障。

4. 强化考核评价

建立“两型社会”建设考核评价体系和统计监测评价指标体系。进一步完善考评内容，把“两型”要求细化、具体化，加大“两型”项目和资源节约类、环境保护类、生态建设类指标的权重。由市委、市政府组成考核评价小组，对全市各级各部门“两型社会”建设任务完成情况进行考核评价，把考评结果运用到干部选拔任用、培养教育、管理监督等各个环节。

B.23

2011～2012年永州市“两型社会”建设报告

永州市发展和改革委员会

2011年是“十二五”时期开局之年。永州市坚持以科学发展为主题，以加快转变经济发展方式为主线，紧紧抓住中央和省委、省政府关于促进转型发展、建设“两型社会”的战略机遇，深入贯彻落实全省“两型社会”建设推进大会工作部署，把加快推进“两型社会”建设作为转方式的重要目标和着力点，采取一系列行之有效的措施，有力有序推进永州市“两型社会”建设各项工作。

一 2011年“两型社会”建设情况

（一）“两型”产业建设显效，转型发展全面提速

在坚定不移推进加快发展的同时，高度重视经济发展的质量和效益，实现了发展速度与质量效益的同步提升。

1. 新型工业化步伐加快

通过转方式、调结构、扩总量、上规模和大力实施“五百工程”，全市工业呈现加速提质发展，先进装备制造、电子信息及光伏、矿产品深加工、加工贸易等产业集群规模不断扩大，推动工业效益持续向好。2011年全市工业企业主营业务收入突破900亿元，规模以上工业增加值完成260亿元，比上年增长22%；全年技改投入160亿元，工业经济效益综合指数达295%。规模工业企业发展到776家，产值过亿元企业112家。凤凰园经济开发区和蓝宁道新加工贸易走廊两大百亿园区。道县工业园被省政府批准为全省首批“两化”融合试验区。

2. 传统产业“两型”化改造提速

建成装备制造、农产品加工和矿产品加工三大百亿元产业。冶炼、建材行业

上大压小力度加大，重视引进战略投资者，先后与北控水务集团、中交集团、五矿集团、神华集团、中科院等签订了战略合作协议，进一步加快传统产业提升速度。

3. 现代农业发展加速推进

农业生产总体平稳，现代烟草农业建设成效明显。农产品加工产业位居全省前列，国家和省级农产品加工龙头企业发展到31家，申报省级龙头企业14家。品牌建设取得突破，新获得“中国名牌产品”2个、“中国驰名商标”4个。永州市现代农业科技示范园晋升为国家农业科技园区和国家农业产业化示范基地。

4. 现代服务业加快发展

城乡消费持续旺盛，文化旅游产业加速融合，成为重要的支柱产业。商贸物流、金融保险、科技服务、房地产等发展迅速。住房、汽车、家电、网上购物成为新兴消费热点，现代物流等生产性服务业快速发展。2011年社会消费品零售总额完成290亿元，比上年增长19%。旅游市场活跃，全年共接待游客1440万人次，实现旅游收入73亿元，分别增长30.6%和31.4%。

（二）重点项目进展顺利，投资保持快速增长

突出抓好了“两型”项目、“三个一”重大项目和1100个重点建设项目实施，其中2011年投资5亿元以上项目9个、1亿元以上项目65个、5000万元以上项目203个。

1. 产业发展项目分布广泛

涉及汽车产业、轻工、建材、纺织产业提质，新能源装备、文化、旅游、特色优质食品产业化，钢铁、有色产业调整和整合，生物医药、信息产业振兴，产业园区建设等。其中：广汽长丰技改、玫瑰湾国际生态旅游度假区、格润太阳能晶体硅、恒惠食品土建工程进展顺利。永州海螺水泥、零陵区锰产品精深加工、金浩油茶100吨/天茶油脱蜡等项目完成生产线建设。达福鑫电子信息产业园、天润太阳能晶体硅一期、祁阳耐克鞋业新增生产线顺利投产运行。

2. 基础设施建设项目占比较高

全年实施项目22个，完成投资109.8亿元，占已投资总额的56.3%。铁路，湘桂铁路完成路基工程。公路，永蓝高速、厦蓉高速、道贺高速超额完成年初投资计划。城建，生态新城、零冷东一体化、宁远、东安、祁阳、双牌等路网建设

稳步推进。

3. 民生和社会发展项目开工顺利

涔天河耕地后备资源开发和农田整理工程新开工以来，实施后备资源开发750公顷，完成农田整理3000公顷。

项目结构布局合理，产业和基础设施重点项目投资占全年任务的75%，促进了生产力加快布局和基础设施水平有效提升。在重点项目的强力支撑下，固定资产投资继续保持高位运行，2011年超过600亿元，比上年增长40%左右，高出年初计划15个百分点。

（三）基础设施建设加快，“两型”发展夯实根基

一是立体交通网络初具雏形。洛湛铁路建成通车，湘桂复线路基工程基本完工，高速公路已建在建488公里，二级公路新建在建796公里。永州机场通航能力逐步提升。城镇面貌显著改善。二是中心城区一体化步伐加快。永州大道建成通车，生态新城建设加速推进，中心城区建成区面积拓展到60.1平方公里、城区人口达到55万人。县城和中心镇建设成效明显，新增城市道路52.9公里。全市城镇化率达到39.9%。三是能源信息保障能力大幅提高。新增水电装机76万千瓦，建成500千伏变电站2座、220千伏变电站10座，110千伏变电站14座，新增供电容量548.6万千伏安。行政村通电话率和互联网开通率分别达到90.6%和62.3%，广播电视综合覆盖率达到96.5%。

（四）生态环保力度加大，绿色永州稳步推进

1. 严格把关项目准入

制定出台了永州市《固定资产投资项目节能评估和审查工作规定和程序》，加强了从源头控制高能耗项目的能力。严格执行国家政策，着重从优化重大布局、加快经济发展、合理开发利用资源、保护生态环境、保障公共利益等方面，把好全市1000多个项目的审批、核准，从源头上把好项目准入关，促进了全市“两型社会”建设。

2. 节能减排成效明显

全市完成污染治理项目42个，关停和改造污染企业130余家，单位GDP能耗下降3.5%。绿色永州建设顺利实施，全力推进造林绿化。按照“一线一景、

一乡一景、一村一景”的要求，做精了10个特色通道走廊，建成了20个特色生态乡镇，打造了30个特色景观村庄，逐步形成各具风情的生态景观。全市共投入生态建设资金9亿元，完成人工造林74万亩，退耕还林工程建设全面完成各项任务，被评为退耕还林工程管理先进单位。全市城镇饮用水源100%达标，城市空气优良率96.9%，总体环境质量居全国地级市前列。

3. 三是环保条件充分改善

全力实施湘江潇水流域生态环境综合治理工程、垃圾污水处理工程，突出抓好湘江两岸风光带建设。新改造城市公园和公共绿地4万亩，着力实施建设生态旅游乡镇，新农村建设示范片。切实加强山水景观和自然生态保护，深入细致勾勒山水洲城形象。绿色永州建设取得明显成效。污水处理“三年行动计划”目标任务顺利完成，建成污水处理厂11个、垃圾处理场9个，省定节能减排任务全面完成。

（五）规划指导科学引领，积极创建“两型”示范

加快相关专项规划的编制完善，充分发挥规划引领作用。积极培育成长性好、科技含量高、竞争能力强的“两型”产业龙头企业，着力建设创新能力强、创业环境优、特色突出、集聚发展的“两型”产业基地，使之成为带动经济结构调整和发展方式转变的先导示范。一是坚持以“两型”发展理念指导“十二五”规划和年度计划的编制，把发展战略性新兴产业、促进资源节约利用、发展循环经济、生态环保建设、湘江潇水流域治理等列为发展的重要任务，确定了经济结构调整、生态环保的中长期和年度目标，提出了绿色环保十大工程。组织编制了战略性新兴产业和循环经济发展等重点规划，组织开发全市循环经济“十二五”规划重大项目64个，总投资1241.24亿元。二是扶持“两型”示范创建项目。紧紧围绕“两型”产业发展、“两型”城乡建设、“两型”生态文明建设、深化改革创新、扩大对外开放、保障民生发展等6个领域，结合永州市实际，筛选确定了2个“两型”示范创建项目（祁阳县新型节能照明LED灯具示范创建工程项目和新田县万家鹅业两型示范创建工程项目）和3个“两型”示范创建单位（回龙圩管理区经济作物管理办公室、江华工业园区和祁阳县工业园）。

二　当前永州“两型社会”建设形势分析

（一）机遇及有利条件

1. 具适宜外部环境

我国经济继续朝着宏观调控预期方向发展，经济增长由政策刺激向自主增长有序转变，内外需动力更趋协调，今后一段时期，国家把更大力量放在加快推进经济发展方式转变和经济结构调整上。湖南省内“两型社会”建设规划体系基本形成，长株潭试验区第二阶段改革建设加快推进，为永州“两型社会”建设提供充分详细的指导和参考；郴州、衡阳等地快速发展、再创优势，给我们借鉴经验、加强合作提供了契机。

2. 逢赶超发展良机

当前，中部崛起战略深入实施、沿海产业加快转移、央企省企积极扩张、中国—东盟自贸区正式运作，永州正处于赶超崛起的历史节点，为永州“两型社会”建设、跨越发展提供了难得的发展机遇和有力支撑。充分利用好已与国家、省有关部门建立的联系通道，努力沟通争取，将会为永州市引进更大更多的项目和资金开辟更宽的领域，为永州市赶超发展提供有力支撑。

3. 有承接转移发展机遇

设立国家级承接产业转移示范区，探索科学承接产业转移的新模式，促进产业承接转移有序开展，给予永州市先行先试的诸多政策优惠，给永州市经济社会发展带来巨大历史机遇，为永州市跨越发展奠定了坚实基础。有利于永州市参与优化区域生产力布局、构建合理产业分工体系，有利于推进永州市产业结构调整、加快经济发展方式转变，有利于促进永州市建设“两型社会”与构建现代产业体系、统筹城乡区域发展、加强生态文明建设的融合发展。

4. 拥良好发展基础

近年来，永州以生态新城建设为龙头，大力实施“五百工程”、“四大战略”，经济社会发展步伐明显加快，承接产业转移成效明显，基础设施建设实现新的跨越。特别是坚持走绿色发展之路，加强生态建设，推进节能减排，全市生态环境质量保持全省前列，为进一步加快“两型社会”建设打下了良好的基础。

（二）困难及不利因素

1. 产业层次仍然较低

经济总量不大、结构不优，经济增长和管理方式粗放，投入产出比还较低，永州市经济欠发达的市情没有根本改变。战略性新兴产业的培育力度不大，资源要素仍旧是制约产业发展项目实施的重要因素。

2. 资源环境约束加大

永州市处于工业化、城镇化加速发展时期，面临着资源环境压力越来越大、能源消费结构不尽合理、节能减排潜力和空间越来越小等一系列新情况、新问题，特别是还面临着既要加快经济发展、扩大总量，又要实现节能减排、提升质量的双重任务、双重压力和两难选择，节能减排任务艰巨。

3. 统筹发展任重道远

城乡、地区、行业之间差距差异比较明显，统筹发展的难度和任务仍然艰巨。生产要素合理高效配置的体制机制亟须建立完善。社会转型矛盾增多，社会管理水平有待提高，民生领域亟须改善，发展环境还有待进一步优化等。

三 2012 年永州“两型社会”发展思路

加快“两型社会”建设是落实省党代会精神的重要载体，建设好承接产业转移示范区是永州市未来五年工作的总抓手。下一步要按照省政府“四化两型”、“两个加快”的战略部署，突出抓好“两型社会”建设和承接产业转移示范区建设，坚持以“两型”理念指导承接产业转移示范区建设，以示范区建设推动“两型社会”建设迈上新台阶，以六个“突出”，加快推进永州改革发展。

（一）突出规划引领

一是加快顶层设计，加快编制出台全市“两型社会”建设实施方案、建设承接产业转移示范区的实施意见以及各类规划，明确永州市“两型社会”建设目标、原则、路径和要求，形成系统性好、创新性强、层次高的行动路线图。将“两型社会”建设目标细化成具体可操作的实施方案、政策措施和建设项目。二是抓好规划编制实施，加快编制承接产业转移示范区建设的子规划，重点突出产业、园区、基础设施等方面；认真贯彻执行全市国民经济和社会发展“十二五”规划纲要及生态环保、工业发展、城市建设、国土资源开发利用、农业等行业专项规划，健全完善保障规划实施的制度体系和执行机制，强化规划对示范区和“两型社会”建设的宏观引导和具体指导作用。

（二）突出产业突破

坚持以发展大产业为突破口，努力提升全市“两型社会”建设和示范区建设的层次。一是承接发展六大支柱产业。实施好长丰汽车技改、达福鑫电子信息园、华威光伏、江华稀土、永州国际航空物流等重大项目，全力打造以汽车制造为重点的先进装备制造业，以电子信息和光伏为重点的高新技术产业，以百亿稀土产业和百亿锰产业为重点的矿产品深加工业发展，以农产品精深加工为重点的现代农业，以毛织和制鞋为重点的加工贸易产业，以物流和文化旅游为重点的现代服务业。二是优化产业布局。按照统筹协调、错位互补的原则，协调各县区、各工业园根据产业基础和资源禀赋，有选择地承接发展重点产业，实现错位互补发展，全力打造湘江千亿“两型”产业带、环阳明山绿色经济圈、蓝宁道新加工贸易走廊、湘粤桂边界民族经济区等四大经济板块。三是发挥节能环保产业引导。严格实施固定资产投资项目节能评估和审查制度，加强对节能环保项目的规划、组织、协调和指导，强化政策法规保障和产业政策引导。实施好水体、重金属、农业面源污染防治项目。加快推进潇湘流域生态保护和治理工程前期工作，积极促进湘江流域重金属污染治理工程的实施。

（三）突出基础支撑

永州市“十二五”规划开发收集了140余个基础设施重大项目，总投资3200亿元，下一步工作关键是加快项目落地实施。一是突出抓好交通建设。力争湘桂铁路扩能、永蓝高速、厦蓉高速、二广高速双牌连接线等项目建成通车。开工新建G207零陵至双牌一级公路等6个项目。完成冷水滩至道县高速的前期和招商引资工作，争取郴州经新田至宁远高速尽快开工，加快湘江永州段千吨级航道改造和零陵、冷水滩、祁阳三个千吨级港口项目前期工作。二是强化水利能源保障。全力加快涔天河水库扩建工程进度，实施好52座小一型和116座小二型水库除险加固。突出抓好永州火电厂前期工作，争取尽快开工建设。加快江华

风电项目建设。继续加强电网建设，重点实施好新田、老山界2座220千伏、岚角山等9座110千伏变电站新扩建工程。三是加快园区平台建设。把工业园区作为项目实施的重要载体和平台，重点抓好凤凰园经开区、零陵、祁阳、东安、宁远、江华、蓝山等工业园区基础设施建设项目，强化水、电、路、讯、生活配套和防灾减灾等基础设施投资建设。

（四）突出城乡统筹

一是加快推进市域城镇一体化。坚持统筹城乡、科学布局，加速构建以中心镇为核心、县城为骨干、重点建制镇为节点的新型城镇体系。优先实施和全面提升市域城际纽带工程，加快实现市到县、县与县之间高速公路或一级公路的连接连通，打造北五县区半小时经济圈、中心城区至南部六县两小时经济圈，以及南六县区域间的一小时经济圈。二是加快推进城乡发展一体化。统筹城乡规划，积极探索城乡经济社会发展、土地利用、城乡土地总体规划“三规”整合。统筹城乡产业发展，着力提高城乡产业关联度、市场集中度和经济融合度。统筹城乡基础设施建设，支持城市公共设施向村镇延伸。

（五）突出示范带动

集中力量抓好示范创建，加快先行先试，努力做到典型引路，整体推进。一是抓好“两型”产业样板区。以凤凰园经济开发区和蓝宁道新加工贸易走廊为依托，建设两个“两型”产业样板区，加速产业转型，促使产业从“高碳”向“低碳”、从“黑色”向“绿色”转变，引领全市承接产业发展，提升“两型”发展质量。二是加快生态新城建设。加快推进生态新城建设，把生态新城作为永州市“两型社会”建设的示范区和引领区。支持生态新城先行先试，进一步探索提高行政效能的体制机制，率先突破土地、资金、人才要素瓶颈制约，做到以生态新城建设为切入点，全力开展“五城同创”，通过生态新城带动，把永州打造成国家历史文化名城、国家级旅游城市、国家级卫生城市和全国宜居城市。全面提升中心城市吸引客商投资的能力和居住魅力，切实带动全市“两型”建设全局。

（六）突出体制创新

用好用活先行先试政策，紧密结合永州实际，制定出台推进“两型社会”

和示范区建设的优惠政策，构建强有力的政策支撑体系。创新园区运行模式，推行园区法人资格制度，倡导政府与企业共建、共管或托建、托管大型产业园区；建立健全区域合作机制，营造良好发展环境；完善区域合作机制，积极探索“两型”产业发展、湘南三市间的支柱产业配套、新兴产业共建、一般产业互补的梯度开发模式与分工协作体系，促进三市之间的基础设施对接、园区共建、政策同步，加快推进湘南三市一体化。建立要素市场共建共享机制。实现要素资源跨区合理流动和优化配置，建立健全农村集体经营性建设用地流转和宅基地管理机制。按照发展区域经济、建立大市场的要求，深化行政管理和经济体制改革，健全人才培养和引进机制，强化人才保障。

B.24

2011～2012年怀化市“两型社会”建设报告

怀化市发展和改革委员会

2011年是怀化市实施“十二五”规划的开局之年，也是实现市委“大干新三年 再创新辉煌”的攻坚之年。一年来，怀化市委、市政府深入贯彻落实科学发展观，准确把握中央宏观政策走向，紧紧围绕省委省政府“四化两型”、“两个加快”的战略部署，突出产业发展，突出城乡建设，突出民生改善，努力“构筑商贸物流中心，建设生态宜居城市”，有效推动全市在实现全面小康的征程上迈出坚实步伐。

一 怀化市推进“两型社会”建设进展情况

近年来，怀化市紧紧围绕省委、省政府“四化两型”战略的总体部署，积极谋划，大胆创新，扎实工作，大力推进“两型社会”建设，在“两型”产业培育、生态环境保护、绿色消费倡导以及体制机制创新等方面取得了较好成效。

（一）“两型”产业体系加快构建

围绕促进经济发展方式转变，坚持以循环经济为突破口，强化自主创新，加快产业结构调整，“两型”产业体系建设取得了重大进展。

1. 产业结构调整步伐不断加快

按照“两型”理念，加快推进产业结构优化升级，第二、第三产业继续引领经济增长，2011年，三次产业结构调整为14.3∶44.5∶41.2。深入开展“工业年”活动，加大政策支持和规划引导力度，突出核心技术研发和引进，努力培育“生物医药、新能源、新材料、现代制造、节能环保和文化旅游”等战略性新兴产业，逐步引导形成了以传统产业为基础，新兴产业为支撑的有山区特色的现代产业体系。2011 年新增规模企业 34 家，总数达 595 家，实现规模工业增加值 350 亿元，比上年增长 20%，工业化率达到 42%。实施农业产业化项目 50 个，农业产业化龙头企业发展到 128 家，实现销售收入 133 亿元，增长 25% 以上，初步形成了竹木、粮油、果蔬、中药材、畜禽等五大优势农产品产业链，农业生产组织化、机械化、标准化水平进一步提高，农业产业化各类服务组织发展到 1298 个，农机总动力达到 66 万台/310 万千瓦。加快发展现代服务业，商贸物流、文化旅游等产业建设取得突破。大力构筑现代商贸物流中心，佳惠物流配送中心（一期）建成开业，凯邦·万象城基本完工，华桥钢材市场、国际生态农产品博览中心暨现代商贸物流园、现代粮食物流中心等项目正在加快建设；充分挖掘怀化独特的文化旅游资源，大力发展文化旅游产业。2011 年，全市接待国内外游客 1450 万人次，实现国内旅游总收入 86 亿元。

2. 循环经济发展取得阶段性成效

出台了一系列政策措施，着力构筑上下链接、相互循环的循环产业体系，鼓励企业建立循环经济联合体，实现内部工艺间能源梯级利用和物料循环利用。进一步加大对 24 家重点用能企业节能情况的监管，大力推进湘维、骏泰纸浆、恒光化工等企业节能项目的实施。初步统计，2011 年累计投入技改资金 80 亿元，完成各类技改 44 个，其中，金大地公司的“石煤→无纳焙烧提钒→渣生产水泥→余热发电”的生产线，不仅可实现年产新型干法水泥 260 万吨、五氧脂二钒 1500 吨、利用低温余热发电 1 亿千瓦时，而且可节省标准煤 6.9 万吨，降低水泥生产用电成本 40%，各类废渣利用量占水泥总产量的 54.6%。建立完善了以资源有偿使用、生态环境补偿、节能减排约束、绿色 GDP 考核评价为重点的绿色发展保障机制，为加快循环经济发展提供有力支撑。

3. 自主创新能力不断提升

一批具有自主知识产权的品牌和企业集中落户怀化，怀化工业园跃升为“国际生态工业园（怀化）示范基地”，成为“全国农产品加工创业基地、全国农产品加工业示范基地、湖南十大最具投资价值产业园区、全省第一批循环经济试点园区、湖南首批承接产业转移特色基地、湖南省工业化与信息化融合实验区”。深入实施人才强市战略，加强创新人才队伍建设，制定了《怀化市中长期人才发展规划纲要（2010～2020）》。创新科技投融资体制，加大科技投入，设

立科技创业投资引导基金，推进技术创新体系建设。2011年，全社会研究与开发经费支出占生产总值比重达到1%，比2010年提高0.2个百分点。坚持科技引领，实施重点科技项目攻关，争取省以上科技项目60项，申请专利380项，登记技术合同153个，技术成交额6200万元。

（二）生态创建取得明显成效

坚持把环境保护与经济发展、改善民生结合起来，继续推进实施“碧水、青山、蓝天”保护工程，生态创建工作取得阶段性成果，顺利通过国家验收。

1. 节能减排工作全面展开

出台了怀化市《固定资产投资项目节能评估和审查委内工作规则》，以怀化发改办〔2011〕4号文件下发至各相关单位和各县市区。建立健全节能减排目标责任制，制定了节能减排行政首长问责制，将单位生产总值综合能耗、主要污染物减排率等节能减排指标纳入各县（市、区）、各部门年度考核，实行严格的行政首长问责制。在有色金属、建材、化工、电力等重点行业着力推行清洁生产，建立了企业耗能动态管理制度，重点企业能耗水平持续下降。2011年，节能减排任务全面完成，2011年实施重点减排项目73个，整治重金属污染企业35家、电解锰企业11家，关闭落后产能企业13家，万元GDP能耗下降3.6%，万元规模工业增加值能耗下降8.8%。

2. 水环境建设取得重要进展

舞水流域综合治理工程全面推进，投入近30亿元启动了舞水流域综合治理工程，主要包括舞水河怀化城区段防洪堤建设、怀化城区舞水河和太平溪全流域截污管网工程建设项目、太平溪生态补水项目，怀化城区水环境质量和人居环境明显改善，城市品位不断提高。各个县城都实施了一批污水处理、垃圾无害化处理等公用设施项目，加强了城市管理，展示了新形象。饮用水源安全保障得到加强，认真执行《关于切实加强生活饮用水地表水源保护工作的通知》，继续完善全市突发饮用水源环境事件应急处置预案，绘制了饮用水源保护区分布图和重点涉水污染企业分布图，市、县两级环保部门加强了集中执法检查，对全市16个集中式饮用水源地、27个饮用水源保护区进行了全面清查，关闭了饮用水源一级保护区内的所有排污口，饮用水源水质达标率达97%以上。完成农村安全饮水工程145处，解决了35.7万人的饮水安全问题。

3. 城乡绿化水平持续提升

致力巩固提升生态优势，统筹推进城乡绿化，启动了高速公路高速铁路1000公里走廊绿化工程，完成“三边”人工造林7.58万亩，补植补造30.9万亩；中心城区实施了环城路、旧城改造、市民服务中心等一批重大工程项目，加快建设城市生态广场和迎丰公园、钟坡森林公园、岩门公园等综合性公园，大力实施公园绿化工程以及道路绿化建设。中心城市功能进一步完善，道路骨架进一步拉开，建成区面积扩展到65平方公里，新增11.2平方公里，深入开展了市容秩序、渣土运输、环境卫生整治，启动了省级园林城市建设工作，实施了城区道路绿化提质扩绿改造工程，人居环境持续改善，人均绿地已超过8平方米，区域性现代商贸物流中心的构架基本形成，山水园林城市特色更加突出。2011年，全市森林覆盖率稳定在69%左右，被国家环保部正式命名为第七批“国家级生态示范区”。同时，深入推进空气清洁工程。将改善城市空气质量列为创建生态示范市十件实事之一，实施了烟气脱硫改造项目，全面开展燃煤锅炉、窑炉改用清洁能源综合整治，开展了建筑工地扬尘管理。启动了13个村的农村环境连片整治工作和14个农村环保专项资金项目，新建沼气池7550个。

4. 绿色消费模式逐步显现

紧紧抓住与广大市民生活密切相关的领域，推进绿色消费示范项目，调动了市民参与“两型社会”建设的积极性，提高了社会参与度。大力推进绿色出行，积极推广使用清洁能源，探索建立自行车免费租赁服务系统，受到了广大市民的普遍欢迎。积极推广绿色建筑，探索建立绿色建筑的政策、标准体系，启动了一批绿色商务示范区、低碳生态示范区项目建设，推进了绿色建筑试点示范工程建设，推行了65%的建筑节能标准。实施绿色照明示范，加快了LED等新光源在怀化市照明领域的规模化应用，在各社区推广应用50万只节能灯具。努力营造绿色消费良好的社会环境，推行了政府强制采购节能产品制度，以节能环保产品为重点，确定空调、电视机、计算机等节能产品目录；各商业流通企业建立了较为完善的绿色产品经营管理制度，确保绿色产品放心经营、放心消费。

（三）体制机制创新深入推进

紧紧抓住“两型社会”建设的重点领域和关键环节，在一些领域积极开展先行先试，一些改革试验项目进展顺利。

1. 生产要素领域改革稳步推进

投融资体制改革迈出新步伐，继续完善怀化城市建设投资公司、怀化市交通建设投资公司管理体制，在成功发行城建债券13亿元的基础上，2011年再次申请发行企业债券12亿元，目前已通过初审，待国家发改委最后审批；成功引进首家区域性股份制商业银行——华融湘江银行，交通银行在怀化设立分支机构正在开展前期工作；小额贷款公司发展到5家，新设立融资性担保公司2家；洪江市农村商业银行组建完成并挂牌营业，芷江县、会同县和怀化农村商业银行正在筹建当中；农村金融服务中心建设试点全面推进，银行卡助农取款业务得到较好推广，支付结算服务实现乡镇全覆盖。BT、BOT等新型融资方式在污水处理厂、池黔公路改造、舞水河综合治理等项目建设中成功使用。电力体制改革基本完成，大小电网成功合并。市“百纺五副”等5家企业改制进入扫尾阶段。乡镇机构改革基本完成。文化体制改革正式启动。医药卫生体制改革深入推进，实现了基本医疗保障制度、国家基本药物制度全覆盖。

2. 环保管理体制创新取得新进展

建立和完善环境保护和治理机制，不断完善《怀化市中小河流整治管理办法》、《怀化市城市建筑垃圾管理办法》、《怀化市城区城市生活垃圾管理办法》、《怀化市城镇污水处理运行监督管理办法》、《怀化市环境污染、生态破坏应急预案》等制度和措施，开通环保110、渣土110等服务热线，强化了环保工作管理。探索建立碳交易市场，向省发改委积极申报在怀化市建立省级碳交易中心，努力推动经济发展向高效益、低能耗、低排放转型。积极鼓励开展废旧物品回收工作，全市工业固体废物综合利用率达到50%，初步形成了“政府补贴、企业运作、市民参与”的废旧物品回收处理系统。

3. “两型社会”建设推进机制不断完善

建立了“两型社会”建设调度会制度，定期由市长主持召开各县（市、区）、各部门专题调度会，跟踪进展情况，研究重大问题。建立考核激励机制，逐项分解目标任务，纳入全市绩效目标管理。结合生态示范市的建设，在机关、学校、社区、村镇、家庭等多个层面广泛开展了形式多样、内容丰富的“两型”示范创建活动，全市节约资源、保护环境的社会风尚日益浓厚。同时，深入推进城市管理体制改革，成立了城市综合执法局，构建了“大城管”机制，建立了以街道、社区为主体的城市综合管理工作体制。

总体上看，怀化市“两型社会”建设工作虽然取得了积极成效，但随着工作的深入推进，也遇到了一些困难和问题。一是思想认识还不够深。一些地方和部门思想认识没有完全统一到中央的要求和省委、省政府的部署上来，对推进“两型社会”建设的认识不足，工作的重心多放在争资金、争项目、争政策上，对体制机制创新重视不够、研究不深。二是“两型社会”建设面临较大的投入压力。近年来，怀化市加大了“两型社会”建设项目策划运作力度，建立了“两型社会”建设项目库，但“两型社会”建设项目特别是基础性、公益性项目投资额较大、筹融资难度较高，项目的实施面临较大压力。三是体制机制创新有待加强。部分重点领域和关键环节的改革尚未取得突破性进展，体制机制创新还需要拓展深度和扩大覆盖范围，并系统化地加以推进。特别是在推进城乡统筹发展、完善收入分配保障体系、优化生产要素资源配置等方面，还需加大体制机制创新力度。

二　2012年“两型社会”建设思路和重点

2012年，怀化市将深入贯彻落实科学发展观，按照省委、省政府“四化两型”的战略部署，坚持以重点领域和关键环节改革为突破口，以“两型”产业建设为主线，以发展循环经济、绿色经济为导向，以重大项目建设为主要抓手，努力在促进低碳发展、建设生态宜居城市、创新体制机制等方面取得新进展。

（一）突出结构调整，做好“两型”产业这篇文章

坚持把经济结构战略性调整作为加快转变经济发展方式的主攻方向，推动全市三次产业全面升级，实现经济发展方式由粗放型增长向集约型增长转变，由单纯的经济增长向全面协调可持续发展转变。

1. 突出发展“构筑商贸物流中心”为重点的商贸物流业

围绕构建10大批发市场和2大特色零售商业网络，全力推进现代农机物流中心、电器大世界、飞达新世纪等19个重点项目建设。加快培育连锁超市、网络配送、服务外包等新型业态，不断提高物流业发展水平。大力发展电子商务，培育一批网上零售企业。整顿和规范市场秩序，加强市场监管，严厉打击假冒伪劣产品和市场欺诈行为，改善消费环境。积极开拓农村消费市场，进一步做好家

电下乡、家电以旧换新工作。加强农村流通和售后服务体系建设，重点发展直营连锁农家店和配送中心。认真落实促进服务业发展的各项政策措施，着力做大做强金融、信息、科技、商务、会展等生产性服务业，推进现代服务业与商贸物流业有机融合、互动发展。

2. 壮大提升“战略性新兴产业”为重点的新型工业

坚持发展战略性新兴产业与改造传统产业两手抓，抓紧引进和实施一批以技术为先导的新型工业项目。重点支持华宇真空玻璃、华宏瓦楞纸、华峰电子器材、三一工程机械、正清鱼腥草项目，确保五新高铁专用工程机械等项目建成投产。强化企业的自主创新地位，支持恒光化工、湘维、辰州矿业等建立产学研合作平台，确保金大地材料有限公司创建省级技术中心。加强新技术、新产品开发，力争新增新技术、新产品 3~5 个。积极实施中小微企业成长工程，着力搭建融资、配套协作、技术创新和信息服务平台，解决发展难题。打好园区攻坚战役，着力完善园区基础设施、配套生产生活服务设施，降低企业生产运行成本，抓好市工业园、阳塘工业园标准化厂房建设，积极申报和创建一批省级工业集中区。

3. 切实做好“生产标准化、规模化”为重点的现代农业

加大现代农机推广力度，积极培育农机大户，开展代耕代收跨区作业，减少农田抛荒和提高机械使用率。做好绿色和有机农产品认证工作，建立健全农产品质量安全监管检测体系，全面推行农业生产标准化。积极扶持各类农民专业合作组织发展，努力将其打造成农业农村发展的建设平台、营销平台、服务平台。加强气象水文预报、山洪灾害预警、森林防火、动物防疫、农林有害生物防控等体系建设，提高综合防控能力。

4. 积极推进“绿色生态”为重点的文化旅游业

充分挖掘“古城、古镇、古村”资源，大力发掘民族文化、商道文化、和平文化、红色文化，开发建设一批特色文化旅游产品。加强重点文物和非物质文化遗产保护和利用，支持通道侗族古建筑群申报世界文化遗产，争取“中国杂交水稻历史博物馆”落户怀化。鼓励生产富有文化创意、文化内涵和地方特色的旅游纪念品。抓好芷江和平园、中方荆坪古村、通道万佛山·侗寨、黔阳古城旅游基础设施等项目建设，打造一批精品景点景区。强化旅游品牌形象促销，参与和筹办武陵山片区文化旅游产业发展论坛和湖南省第三届旅游商品博览会，进一步提升怀化旅游知名度。

（二）坚持城乡统筹，改善“两型”发展基础条件

以建设新型城镇化为带动，推进城乡共享的基础设施建设，进一步改善区域发展的基础条件。注重规划对统筹城乡发展的引领作用，抓好城镇体系规划、城镇总体规划、新农村村庄规划编制，科学布局国土空间、产业发展、基础设施和公共服务，逐步实现城乡规划全覆盖。突出中心城市扩容提质。开工建设香洲南路、建丰路、云集路二期，加快红星北路、刘塘路建设和二环路改扩建。抓好太平溪、舞水河怀化城区段综合治理和潭口溪防洪治理。推进城区供水管网铺设和燃气普及。以创建国家卫生城市为载体，突出抓好城市绿化、亮化、美化工作，完成城南入城线、迎丰路、正清路、人民路、榆市路、红星路、舞水路、香洲路、湖青路、锦溪路、顺天路等 11 条道路绿化改造，建成一批城市公共绿地、城市小公园、小广场；推进园林式城市、园林式单位、园林式小区创建工作；下大力气规范马路市场、流动摊点、店外经营活动；加大清理乱贴乱画、乱扯乱挂、乱停乱放，依法拆除违法建筑，规范渣土运输，加强环卫保洁，真正还路于民、还绿于民、还净于民。提高城镇综合承载能力。积极推进县城、中心城镇建设，加快鹤中洪芷一体化建设。抓好一批城镇道路、水电气管网等公益性基础设施建设，完善城镇功能。支持各县（市、区）根据区位条件、资源禀赋和文化特点，建成工业型、商贸型、旅游型等各具特色的县级城镇；支持沿路、沿河及城郊乡镇建成“干净、整齐、畅通、繁荣”的精品小城镇。以加快 75 个示范村和 13 个示范片建设为带动，大力实施一批基础设施和产业发展项目，引导开展各类乡村文明卫生创建活动，推进“百城千镇万村”示范工程，加快新农村建设。以地方电网和国家电网合并为契机，整合资源，加快变电站、输电工程、配电设施建设，推进城乡电网升级改造。积极发展沼气、太阳能、风能、生物质能等新型能源。

（三）加强生态建设，倡导“两型社会”绿色发展

把生态怀化作为品牌来打造，把绿色发展贯穿于各个领域、各个环节，切实在招商引资、项目审批等方面把好前置关，决不以牺牲生态环境为代价换取一时的发展，确保怀化青山常在、绿水长流、资源永续利用。

1. 坚定不移地保护生态环境

持续推进“碧水青山蓝天”保护工程，启动国家环保模范城创建工作。充分发挥林业在改善生态环境、实现间接减排、应对气候变化方面的重要作用，加快国土绿化，增加森林碳汇，推进以1000公里走廊绿化工程为主的“三边”绿化，加强公路、铁路两旁乱采乱挖林地的整治。规范河道采砂行为，加强饮用水源保护。加大水土保持力度，抓好地质灾害防治，促进矿山和生态脆弱区植被恢复。加强农村面源污染治理，推行垃圾集中收集处理试点，发展沼气和太阳能等清洁能源。严格执行环境容量控制和“三同时”制度，加大环保执法力度。严格污水排放监管，确保污水处理厂正常运营，实现达标排放。

2. 毫不动摇地推进节能减排

切实抓好林纸、化工、矿冶、建材等传统行业的燃煤锅炉改造、余热余压利用、建筑节能等重点节能工程，深入开展企业节能行动，促进交通、商业、民用等领域的节能推广，推进建筑节能示范市建设。进一步抓好骏泰浆纸、金大地、湘维、恒光化工等企业循环经济项目，推进矿产资源、固体废弃物资源综合利用以及再生资源、水资源的循环利用，全面推进清洁生产。加快淘汰水泥、铁合金、造纸、化工等行业落后产能，关停破坏资源、污染环境和不具备安全生产条件的企业（生产线）10家（条）。加大对重点企业的生产监管，确保完成省里下达的节能减排目标任务。

3. 最大限度地集约利用资源

实行最严格的耕地保护制度，抓紧完成土地利用总体规划修编，突出加强基本农田保护，确保耕地数量不减少、质量不降低。积极推进集约、节约用地，强化对开发强度、建筑密度、容积率、绿地率等指标控制，保障重点建设项目和民生工程用地需求。继续整顿和规范矿产资源开发秩序，严格矿权管理，推进矿产资源整合，限制和淘汰粗放型资源开采、经营项目，提高资源利用效率。以锰、铜、铅、钡、黄金、石煤等矿种为重点，加大勘探工作力度，增强资源支撑经济持续发展的能力。

（四）深化改革开放，增强“两型社会”发展活力

深化改革开放，营造更加宽松、更具活力的政策环境和体制环境，不断增强“两型社会”创建的发展活动和内在动力。

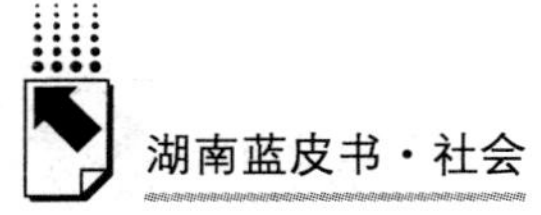

1. 多领域推进各项改革

巩固集体林权制度改革成果，规范发展林业要素市场，推进林权抵押贷款，加快林地林权流转，盘活森林资产，完善商品林采伐管理，全面推进林业市场化经营。继续推行农村土地承包经营流转，启动农村集体土地确权登记，建立健全土地承包经营权流转市场，发展多种形式的适度规模经营。全面推进农村五大社会化服务体系建设，不断提高为农服务水平。全面实施基本药物制度，积极推进公立医院改革，确保所有村卫生室以上的医疗机构都建立基本药物制度。以岗位设置和实施绩效工资为重点，深化事业单位用人制度和分配制度改革，搞好中介服务类、生产经营类事业单位市场化改革。加快市县两级文化行政体制改革和文化市场综合执法改革，加大经营性文化事业单位转企改制力度，激活文化事业发展活力。加强财政专项资金管理，开展财政资金使用绩效评价，增强财政集中支付能力。清理盘活国有资产，确保保值增值。加快投融资体制改革，确保城建投15亿元企业债券发行到位，做实做强交建投、水务投等融资平台，提高融资能力；规范和完善中小企业贷款信用担保体系，创新融资方式，努力扩大股权投资；落实扶持政策，支持金大地、佳惠百货等企业上市融资；加快农村信用社股份制改革步伐，争取设立村镇银行，大力发展小额贷款公司和农村资金互助社等新型农村金融组织。

2. 多方位推进招商引资

招商引资是破解资金瓶颈的有效手段，也是调整经济结构的有效手段。今天的招商结构决定着明天的产业结构，必须坚持招商与“选商”相结合，注重招大项目、招好项目。盯紧国内外500强企业，加强与央企对接，争取更多的战略投资者落户怀化；立足怀化市战略性新兴产业的培育、低碳经济的发展和产业结构的优化，算好生态、就业、税收“三笔账”，引进技术含量高、财税贡献大、资源消耗低、环境污染小的项目，坚决克服“饥不择食”的倾向。坚持引资与引智相结合，加快人才和技术引进，吸引大型企业来怀化设立区域代理、运营中心、研发中心，带动本土企业提升管理水平和创新能力。潜心研究资本流向、产业转移动态，及时掌握外商新的投资热点和动向，认真挖掘和包装一批项目，组织专业小分队，积极走出去，主动敲门招商、以情感商，务求实效。牢固树立“服务就是招商”的理念，认真做好对现有外来投资企业的后续管理和跟踪服务，做到以外引外，以商招商。充分挖掘广大干部群众的亲缘、地缘、人缘关

系，敢于和投资商做朋友，与外来客商多联系、多交流、多沟通，不断拓宽招商引资面。全年力争引进内资223亿元、外资7700万美元，分别增长20%、10%。

3. 多元化推进对外贸易

着力转变外贸发展方式，支持化工、机电、陶瓷、食品等产品扩大出口，严格控制“两高一资”产品和重要资源出口。大力实施市场多元化战略，巩固日韩、俄罗斯等传统市场，开拓东盟、中东、拉美等新兴市场。鼓励进口医疗设备、工程机械等先进技术设备。调整产业结构，着力培育一批具有地方特色、拥有自主知识产权的出口品牌企业，力争新增3～5家自营进出口企业。以怀化东星集团、407地质队在缅甸投资为突破口，扩大对外承包工程，带动技术、设备出口和劳务输出。加强与长三角、珠三角、中部地区、武陵山区等区域的经济文化合作与交流，实现互利共赢、共同发展。

B.25

2011~2012 年娄底市“两型社会”建设报告

娄底市发展和改革委员会、娄底市两型办

一 2011 年娄底市“两型社会”建设有序推进

2011 年，娄底市按照省委、省政府的统一部署，以新型工业化、新型城镇化为主轴，以农业现代化、信息化为辅翼，以“两点一面”为突破口，纵深推进“四化两型”建设，要求全市上下坚持“六个更加注重”，按照“六个结合”的思路扎实“六项工作”，在重点领域取得一定的成绩，形成了“三余”利用、土地综合整治、环境责任保险、资源型城市转型、道路照明节能等一批经验模式。

（一）“两型”工作体系初步构建

成立了娄底市“两型社会”建设工作办公室，作为副处级特设机构，定编 3 名。娄底市水府示范片东部新区、万宝新区管委会于 2011 年 1 月 6 日正式挂牌运行。各县市区“两型”工作机构也在筹建之中。初步完成了“两型社会”建设的顶层设计。先后编制了全市综合配套改革实施方案和城市总体规划，水府示范片区建设改革实施方案、水府示范片区规划和“两型”产业发展规划。其中水府示范片区规划已获省政府批准；东部新区、万宝新区的控制性详规编制工作也即将完成。

（二）“两型”基础设施建设不断加强

顺利推进 2 条铁路、6 条高速公路、7 条干线公路和娄长高速连接线、新星南路等项目建设和 2 站改扩建工作。在建高速项目在娄底中心城区形成“井”字形黄金框架，全市实际完成交通固定资产投资 78.93 亿元。新（化）武（冈）

高速、涓（江）琅（塘）高速分别完成工可研究工作和预可研；涟水按三级（1000 吨级）航道标准列入了全省十大水运规划项目之中。

（三）“两型”改革有所突破

积极探索投融资体制、土地管理体制、科学创新体制等领域的改革。出台了《关于鼓励和引导民间投资健康发展的实施意见》、《关于加快推进企业上市工作的意见》、《关于推进政府投资项目 BT 融资的若干意见》。开展了全市政府融资平台（公司）清理整顿工作。成功发行 12 亿元市政建设债券。有序引进华融湘江银行、招商银行等股份制银行。娄星区农信社加快改制组建娄底农商行，上海农商银行、浙江泰隆银行在有关县市组建村镇银行。推进土地征转分离、土地综合整治、耕地保护跨区域统筹、集体土地产权改革。

（四）“两型”环保工程强力推进

将节能减排作为“两型”化发展的重要抓手，市委书记、市长多次主持召开专题会议，研究部署节能减排工作。建立节能管理、监察、服务三位一体的节能管理体系，严格落实目标责任，建立健全节能统计、监测和考核体系，实行严格的问责制和“一票否决”制。强化固定资产投资项目节能评估审查，提高行业准入门槛，严控新上“两高一资”项目。大力发展循环经济，实施资源综合利用、餐厨废弃物资源化、产业园区循环化改造等重点工程。加快实施锅炉窑炉改造、热电联产、余热余压利用、电机系统节能等节能改造工程，以及节能产品惠民、合同能源管理推广等重点节能工程。依法加强用能管理，在工业、建筑、交通运输、公共机构以及广大居民生活消费领域全面加强用能管理，抑制不合理用能需求。强化节能监察，严肃查处用能违法行为。加强节能减排宣传和日常教育，组织好全国节能宣传周等专题活动，培育文明、节约、绿色、低碳的生产方式、消费模式和生活习惯。全市关闭了 63 家落后生产企业或生产线，核查核算的减排项目共 156 个。削减二氧化硫 3.08 万吨、化学需氧量 817 吨、氮氧化物 722 吨、氨氮 106 吨，完成了省定任务。积极开展“三边”造林和“四旁”绿化，造林 16.6 万亩，森林覆盖率达到 48.15%。

（五）“两型”产业培育初见成效

依托园区经济发展新材料、新能源及电动汽车、先进装备制造、生物医药、电子信息、节能环保、文化创意等7大战略性新兴产业。以华菱涟钢为依托，以娄底经济开发区为载体，以华菱安赛乐米塔尔汽车板电工钢项目为核心，集聚了三泰新材料、方瑞钢管、天柱钢结构等各类薄板深加工及配套企业42家，现已达年产值26亿元，将迅速形成年产值过100亿元的精品薄板深加工及配套产业集群。以三一中兴、巨大重工机械、华南煤机、大丰和电动汽车、金华特种车辆为主的汽车和工程机械配套产业集群也正在不断壮大。

（六）"两型"片区建设加快推进

2011年，水府示范片区建设得以快速推进。东部新区全年技工贸总收入突破110亿元，其中工业总产值80亿元、规模工业增加值25亿元，分别比上年增长45%、48%；实现财政总收入5.02亿元，一般预算收入2.45亿元，分别增长62%、52%；完成固定资产投资45亿元，比上年增长40%，其他主要经济指标同比增幅均在40%以上。全年共引进项目13个，合同引资109.2亿元，省外项目实际到位资金23亿元，省内市外项目实际到位资金7.1亿元，外资4255.5万美元。与三一重工、中国供销集团、长丰集团、广东巨大等战略投资者达成了合作协议。万宝新区年筹措到位资金4.5亿元；完成社会固定资产投资27.5亿元，占全年任务的102%；实际到位内资30.62亿元，占全年任务的153%；到位外资3400万美元，占全年任务的154.5%；全年批回土地1875亩，共办理5000亩土地规划选址手续，完成了2次4300余亩土地利用总体规划的调整；完成了甘桂路、大井路、镇堂街等路基工程，文昌科技2011年新上两条生产线，瑞奇电器、天客物流已基本完成主体建设；仙女大道、高丰路、塑钢护栏、169公司棚户区改造等项目相继开工建设。

（七）"两型"城乡统筹试点稳步实施

市本级设立了500万元的新型城镇化工作引导资金，各市县区均设立了小城镇规划建设专项资金，为新型城镇化工作提供有力支持。实施城市道路照明节能工程，在节约能源和提高城市路灯管理科技水平上做了大量工作，采用新技术、新产品、新光源对原来能耗高的城市照明进行了全面改造，采取各种节能措施，全年可减少用电量68万度，节约电费支出60万元。重点推进冷水江市城乡一体化试点，市委、市政府主要领导多次现场办公解决实际问题。冷水江市全力以赴，以"五统筹"促"五新"，从规划建设、产业发展、社会事业、生态环境、

配套改革等五方面统筹。目前已投入资金5000多万元，在住房拆违、道路建设、环境绿化、垃圾清运、房屋风貌改造等方面成效明显。在农村医疗卫生服务、供水、购物、文化、体育、乡镇汽车站等社会公共设施建设投入就达2700多万元；初步构筑了以毛易镇为中心，以35个推进村为重点，以省道312线两侧城镇分布密集区为核心带，以周边区域为辐射区的一体化发展格局。

（八）"两型"示范创建开局良好

结合"三项创建"活动，扎实开展"两型"文化建设和"两型"示范创建活动。形成了"三余"利用、土地综合整治、环境责任保险、资源型城市转型、道路照明节能等一批经验模式。扎实抓好"两型"示范创建工程，共获批8个示范创建项目、5个示范创建单位，争取引导资金达270万元；并获全省"两型"示范创建组织一等奖。

但我们也清醒地看到，娄底市的"两型社会"建设还面临着诸多问题和困难。娄底作为全省重要能源原材料基地和资源型老工业基地，以钢铁、煤炭、火电、建材、化工为产业支柱，经济社会发展呈现"三高一低"的特点（高投入、高消耗、高污染、低效益）；日益面临资源枯竭、生态受损、接续替代产业发展滞后等重重困难。全市"两型社会"建设思想认识有待进一步提升，全民参与有待进一步发动，改革创新步伐有待进一步加快，战略性新兴产业发展还有待进一步加强；尤其是水府示范片区建设，亟须突破资金、土地、政策等方面的制约。

二　加快推进下阶段工作的初步设想

2012年，娄底市将根据湖南省第十次党代会和全省"两型"推进大会的精神，以及省委、省政府的统一部署，以项目建设为抓手纵深推进"四化两型"建设，重点实施"7+3"行动计划，以"七大"工程、"三项"改革全面建设"两型"娄底、幸福娄底。

（一）重点推进"七大"工程

1. 示范片区建设工程

在基础设施建设方面，重点抓好万宝新区仙女大道、高丰路、娄星南路、松山街、众园路等项目建设；改造提升东部新区园区道路及配套建设，打造便捷交通网络。在产业发展方面，继续抓好万宝新区新世界建材城、汽贸城等项目的建设，支持文昌科技和红太阳新材料做大做强，推动中兴液压、金华车辆、华润雪花和方瑞钢管、华南煤机扩建等项目投产达产，推动汽车板电工钢、乐开口自动化米粉机、大丰和绿色动力科技园等项目加快建设。2011 年两新区争取实现总产值200 亿元，同比增长 40% 以上；规模以上工业产值 110 亿元，同比增长40% 以上；完成规模工业增加值56.5 亿元，同比增长 42% 以上；完成固定资产投资 110 亿元，同比增长 35% 以上；完成财政总收入 7 亿元，同比增长 40% 以上。

2. 城乡统筹发展工程

按照“一年起步，三年见效，五年变样”的整体部署，以打破城乡二元结构为主线，积极稳妥推进冷水江市城乡规划、基础设施、公共服务、产业发展、生态环境、管理体制等六个一体化建设。着力发展现代农业，推动城乡产业融合，建立农村现代产业体系，促进农民增收致富；加快农村基础设施建设，推动城市公共交通、电力、供水、通信等向农村延伸，打造整洁秀美新村庄；加快农村配套改革，推动城市就业、医疗、卫生、教育、文化、社保等公共服务向农村覆盖，推动城乡生态环境共建、共治、共享。预计全年完成城市基础设施投资70 亿元。

3. 两型示范创建工程

进一步加强“两型”宣传，大力倡导“两型”理念。紧紧围绕“两型”产业发展、“两型”城乡建设、“两型”生态文明建设、深化改革创新、扩大对外开放、保障民生发展等6 个领域推进“两型”示范创建工作。重点抓好文昌科技等“两型”示范创建项目、金连村等“两型”示范创建单位的建设，争取一批“省两型示范工程”和“省两型示范单位”。筹措市级“两型”示范创建引导资金，对示范创建项目和单位进行重点扶持，营造全市推动、全民参与、全面转型的良好氛围。

4. 节能减排全覆盖工程

实施重点企业节能行动，强制关闭一批不符合国家产业政策和环保政策的企业，坚决淘汰落后生产设备和生产工艺。突出推进湘江流域重金属污染综合治理项目的实施，积极拓展电力、钢铁、水泥、有色金属冶炼等领域的减排空间，加

大农业污染源治理力度，逐步推进规模化畜禽养殖场和养殖小区的工程减排。大力推广余压余热废气（瓦斯）利用、新型墙体材料等先进的节能新技术、新工艺、新产品。重点抓好涟钢、冷钢、汇源焦化等高耗能企业的节能技改与循环经济试点；全面推进交通运输、建筑、商业、行政事业单位、农村等领域节能降耗工作。

5. “两型”产业振兴工程

通过改造提升传统产业、大力发展战略性新兴产业。以娄底经济技术开发区和涟钢失地农民再就业基地为依托，打造长株潭汽车与工程机械配套产业基地；支持冷水江市实施“一转三化”战略、涟源推进煤炭—煤电—煤机—煤化一体化发展、双峰承接沿海产业转移、新化发展特种陶瓷产业。以全面完成省“三个一”行动计划为目标，继续实施“项目建设年”活动，完成工业投资270亿元，力争280亿元。

6. 基础设施建设工程

加快推进娄邵铁路扩能改造、长昆客运专线娄底段项目建设，力争完成路基工程。加快推进娄新、安邵、新溆、娄长高速公路建设，确保娄新高速如期竣工通车，娄长高速完成路基工程。加快推进娄益、娄衡2个高速公路项目的工作进程。实施干线公路大会战，加快S209、S312等的工程进度，开工建设娄底西互通至荷塘等干线公路项目。全年计划完成交通100亿元。

7. 民生服务强化工程

全面发展社会事业，推动城乡文化教育、医疗卫生、劳动就业和社会保障服务体系建设，提升城乡居民幸福指数。重点抓好教师周转房建设工程、中小学校舍安全工程、中等职业教育基础能力建设工程（二期）实施，加快推进城南中学、吉星小学和娄底技师学院（筹）等新（迁）建工程。完善新型合作医疗制度，在保大病的同时，兼顾常见病、多发病的预防和治疗。全面完成省下达的各类保障性住房建设任务，中央下放煤矿43128户棚户区改造全面开工。全年完成社会事业投资25亿元。

（二）切实抓好“三项”改革

1. 投融资平台建设改革

创新融资方式，用好用足上级政策，积极争取国省项目资金支持。搞好银企、央企合作，积极搭建合作平台，确保 2012 年全市贷款增长在 20% 以上，最大限度地保障企业的扩大再生产。加大金融产品的创新力度，积极引进风险投资公司投入战略性新兴产业，加快推进天源农业、映鸿科技等项目建设。鼓励民间资金以 BT 等模式参与总投资 1 亿元以上的基础性或公益性政府投资项目建设。加快培育引进金融机构。加大与浙江泰隆银行、上海农商银行等的衔接力度，争取尽快落户娄底。强力推进娄星区信用社改制为农村商业银行。争取每个县市筹建一家村镇银行、各筹建一家小额贷款公司。大力培育本土企业上市。加速三泰轧辊、红太阳、农友等企业上市进度，确保 2012 年成功上市一家企业以上。推进信用体系建设。进一步规范民间资金的借贷，严厉打击非法集资，有效防范金融风险。

2. 土地管理体制改革

合理规划全市项目用地计划，科学有序安排项目建设用地。盘活存量土地。完善和推进土地利用“三集中”，即工业向园区集中、人口向城镇集中、居住向社区集中。积极倡导以多层厂房为载体的“精品产业园”建设，在支持中小企业发展的同时有效推进节约集约用地。严格审查建设项目用地标准，强化土地出让合同管理，实施建设项目用地竣工验收制度。积极调整盘活闲置土地，鼓励用地单位少要“新地”、多用“老地”，鼓励开发利用地上地下空间，从政策层面给予鼓励支持。实行城市规划区内安置方式的转变，即从偿还安置地的方式转变为偿还安置房的方式或进行货币补偿。按照和谐拆迁、有序开发、科学利用、依法管理的原则，以土地节约集约利用为核心，探索新型高效的征地补偿安置模式。

3. 煤炭行业兼并重组改革

坚持安全发展、集约发展、清洁发展、可持续发展，加快推进煤矿企业兼并重组，淘汰落后产能，提高煤矿集团化、机械化、标准化程度，提升安全生产和科技水平，有序开发利用煤炭资源，促进全市煤炭工业持续健康发展。探索建立促进资源节约的长效机制，促进资源有效开发和合理配置。扩大企业规模，提高煤矿本质安全程度，提升煤矿整体开发水平。到 2013 年底，市煤矿企业数量限定为 35 个。

B.26

2011～2012年湘西自治州“两型社会”建设报告

湘西自治州发展和改革委员会

一 转方式、调结构，实现“十二五”良好开局

（一）产业建设推进有力，转型升级有新成效

新型工业化进程加快。2011年，全州完成工业增加值126.1亿元，比上年增长12.6%；其中规模工业增加值107亿元，增长12.7%。矿业整治整合取得重大阶段性成果，花垣锰锌整合基本完成，组建了东方矿业公司，启动了15万吨高纯电解锰生产线项目，三立集团重组取得实质性突破，太丰公司电解锌扩能项目基本建成，一批整合企业恢复生产，吉首、保靖、古丈等县市矿业整合同步推进。大力扶持骨干企业发展，酒鬼酒公司销售收入近12亿元，税收3亿元，均实现翻番。湘西经济开发区发展来势好，完成工业总产值20亿元，增长63%，泸溪、花垣、保靖等县工业园区建设有新进展。全州10个投资过亿元、50个投资过千万元的技改项目全部启动，完成工业技改投资48亿元，增长45%。引进外矿、电价补贴、银企合作等工作有新突破。特色农业开发成效明显。完成椪柑品改低改18万亩，柑橘产量80万吨。推进烟叶新区开发和现代烟草农业建设，收购烟叶58.6万担。新扩茶园2.3万亩，茶叶产量、产值分别增长35%、99%。积极发展中药材产业，百合实现大丰收，产值达8.7亿元。畜牧水产规模化养殖不断扩大，初步建成湘西黄牛、鲟鱼等特色养殖基地。新增17家州级以上农业产业化龙头企业。旅游拓展升级加快。全州接待游客1486万人次，实现旅游收入77亿元，分别增长18.4%和21.1%。凤凰10大旅游提质项目加快推进，南华山森林公园开园，古城夜景亮化二期工程、城北生态停车场启

动建设，沱江风光带三期工程、“申遗”和5A级景区创建稳步推进；芙蓉镇景点圈旅游项目加快建设，争取到开行贷款2.7亿元，红石林景区启动试营业，老司城保护开发有新进展；乾州古城正式对外开放，湘西非物质文化遗产园成功揭牌，峒河风光带开工建设，里耶古城和老司城成功入选首批国家考古遗址公园立项名单。

（二）项目建设加快推进，发展后劲不断增强

交通建设有新突破，完成投资65亿元，创历史新高。吉茶高速即将开通，吉怀高速完成路基工程，张花、凤大高速加快建设，龙永、永吉高速顺利推进。铜仁凤凰机场改扩建开工，黔张常铁路、焦柳铁路石怀段扩能改造总规划获批，龙永二级公路基本拉通，迁河、下沱公路和几条绕城线建设加快推进，永顺至花垣、永顺至石堤、洗洛至里耶、白沙至武溪、迁陵至清水坪公路及凤凰堤溪大桥、泸溪千吨级码头开工建设，农村公路完成路面工程2000公里。水利能源建设有新成效。病险水库和中小河流治理、城市防洪、小型农田水利重点县建设稳步推进，新解决14.6万人安全饮水问题，花垣竹篙滩电站试运行，永顺洞潭水电站和凯迪生物质电厂建设进展较快，吉首、格山、默戎、小章等输变电工程竣工运营，永顺大青山、羊峰山和龙山八面山风电项目正抓紧前期工作，电网建设加快推进，完成108个村农网升级改造。信息化建设扎实推进，有线电视数字化、双向化改造加快，政府门户网站改版升级，电子政务外网启动建设，“数字湘西”建设全面启动。

（三）城乡统筹力度加大，人居环境明显改善

深入推进州府城市州市共建共管，30个共建项目加快实施，吉首大环线开工建设，峒河游园、老城区西口道路改造及停车场等项目完工，28个社区“六小”工程加快推进，城市综合管理得到加强，城市面貌有较大改善。7个县城扩容提质加快，永顺县城南区、龙山华塘新区、花垣城北新区、泸溪“双子城”等县城开发进展顺利，泸溪获得“全国文明县城”称号。全州污水、垃圾处理工程基本扫尾，管道天然气建设取得实质性进展，里耶、芙蓉镇、浦市、边城等重点乡镇建设稳步推进。特色民居保护整治加快实施，整治特色民居1881栋。乡镇整脏治乱绿化行动效果好，乡镇面貌得到有效改善。生态环境建设有新成

效，完成重点工程造林11.4万亩、"八百里绿色行动"造林3.6万亩、退耕还林补植补造44.3万亩，古丈高望界列为国家级自然保护区，全州连续12年实现耕地占补平衡，新建沼气池9000多口，电解锰污染治理实现摘牌，节能减排任务全面完成。

（四）改革开放深入推进，发展活力不断增强

各项改革继续深化，农村土地流转加快，基本药物制度全面实施，集体林权制度和乡镇机构改革基本完成，国库集中支付、文化体制改革深入推进，金融体制改革有新成效，成立了湘西创投基金，2011年全州金融机构存款余额433.52亿元、贷款余额185.48亿元，分别比年初增长21.9%和15.8%。招商引资成效明显，成功引进雪花啤酒、东顺纸业、武陵国际汽车城等一批重大项目，与省建工集团合作项目全面推进，全州招商引资到位资金89.4亿元，增长25.3%。商检、海关、口岸机构设置取得突破性进展，完成外贸进出口2.17亿美元，进口增长183%。友城结好工作有新突破，对外交往不断扩大。

（五）民生事业全面发展，保障水平不断提高

全面启动武陵山片区区域发展与扶贫攻坚试点工作，"两项制度"衔接、腊尔山高寒山区扶贫解困试点、"整村推进"扶贫开发有新成效，在全省率先开展了农村贫困大学生助学。保障体系不断完善，新增城镇就业人员2.2万人、农村劳动力转移就业4万人。新农保、新农合、城镇居民养老保险基本实现全覆盖，21.6万人享受城乡低保，救灾救济、医疗救助工作得到加强。完成6771套城镇保障性住房建设和10836户农村危房改造。实施了一批重大科技专项，州校合作深入推进。

二　把握发展机遇，先行先试，推动率先发展、率先脱贫

2012年是实施"十二五"规划承上启下的重要一年，是推进武陵山片区区域发展与扶贫攻坚试点的关键之年。湘西土家族苗族自治州面临多种优惠政策叠加的大好时机，特别是武陵山片区区域发展与扶贫攻坚试点启动，国家、省将配套一系列政策措施，有利于全州争资上项，加快发展。

（一）把优势产业建设作为主攻方向，着力推进产业转型升级

优势产业建设是加快发展的重要支撑和内生动力。要突出抓整合、调结构、转方式，大力推进新型工业化、农业产业化、文化旅游产业发展，形成区域特色产业体系。

1. 加快推进新型工业化

坚持新型工业化"第一推动力"不动摇，力争2012年全州工业增加值、规模工业增加值分别增长13%、15%以上。要巩固花垣锰锌整治整合成果，推进电解锰企业横向整合，加快东方矿业年产15万吨电解锰生产线建设，全面推进电解锌企业纵向整合，支持三立集团、太丰公司等重点企业整合，帮助做大做强。要进一步强化约束激励机制，保靖、吉首、泸溪等县市矿业整合要积极跟进，力求取得实质性突破。要积极推进新材料、生物医药、电子信息、新能源及节能环保等新兴产业发展，加快湘西国家锰深加工高新技术产业化基地建设，继续抓好一批千万元以上的工业技改项目，力争完成技改投资60亿元。要围绕创建国家级开发区、武陵山中心城市核心区和百亿园区目标，按照"州府新城、产业新区"的发展定位，抓好湘西经济开发区扩规修编和项目入园，推进重大基础设施和优势产业建设，广州工业园产业中心、东顺纸业一期工程、华润雪花啤酒一期工程要按期建成投产，争取全年完成园区工业总产值30亿元以上。各县市都要加快工业园区建设，年内争取成功申报省级工业园3个。大力扶持重点企业发展，酒鬼酒要完成销售收入20亿元、税收5亿元以上。要加强原材料、电力、土地、资金等生产要素协调，培育壮大融资担保机构，加强银企合作，保障工业加快发展。

2. 加快农业现代化建设

要围绕农业增效、农民增收，加快特色产业发展，着力推进农业产业化。要落实强农惠农富农政策，确保粮食总产量稳定在80万吨以上。要巩固提升椪柑产业，突出品改低改和标准化果园、出口基地及小型贮藏库建设，拓展国内外市场，打响"湘西富硒椪柑"品牌。要加快发展现代烟草农业，抓好烟基工程和烟叶新区开发，力争收购烟叶70万担以上。要加快优质茶叶基地建设，古丈、保靖分别新扩良种茶2万亩以上，巩固提升古丈毛尖和保靖黄金茶的品牌知名度。要抓好百合培管、良种繁育基地建设和加工增值，力争百合产量达7万吨，

产值过10亿元。要加快实施"畜禽标准化规模示范工程"、"水产健康示范工程"，加快湘西黄牛基地建设。要大力发展蔬菜产业，推进高山反季节蔬菜和商品蔬菜基地建设。要抓好猕猴桃、中药材、油茶等特色产业开发，着力建设一批优质、高效、生态农产品基地。要扶持各类农村专业合作社、流通大户和龙头企业发展，争取新增州级以上龙头企业10家以上。要继续抓好农机购置补贴工作，加快农业机械化建设。强化农产品质量安全监管，保障群众身体健康和生命安全。大力扶持种养大户，加快农村土地流转，推进农业规模化经营。

3. 加快旅游业提质增效

坚持把文化旅游产业作为战略性支柱产业和优先发展的主导产业来抓，争取2012年接待游客突破1800万人次，旅游收入突破100亿元。要强化凤凰旅游龙头地位，重点抓好沱江游道、文星苑、城北生态旅游停车场、大型游客服务中心、"凤凰故事"山水实景剧场、高速公路下线、绕城公路等旅游设施建设，抓紧申遗、5A级景区创建和世界地质公园申报工作，争取有实质性突破。吉首要完善乾州古城配套设施，加快峒河风光带建设，整合德夯苗寨、矮寨悬索桥、公路奇观等旅游资源，打造德夯神秘大峡谷，加快五星级酒店建设，提高旅游接待能力，着力将吉首打造成武陵山区旅游中心城市。芙蓉镇景点圈要加快停车场、游客服务中心、栖凤湖、不二门等旅游项目建设，抓好古镇风貌整治，红石林景区年内对外开放，加快老司城国家考古遗址公园建设，力争进入世界文化遗产预备名录。里耶古城、边城茶峒要加强古镇景区整治、拓展和配套服务设施建设。要推进文化与旅游深度融合，抓好民族民间文化的保护、挖掘和传承，积极举办各类节庆活动，丰富旅游文化内涵，提升"神秘湘西"旅游品牌。要完善旅游配套设施，加强旅游环境整治和市场监管，狠抓旅游通道安全，严厉打击欺客、宰客行为。

（二）把重点项目建设作为主要抓手，着力改善基础设施条件

要强化项目意识，加大争资上项力度，加快实施一批事关全州长远发展的大项目、好项目和老百姓看得见、摸得着的民生工程，用项目建设推进先行先试，夯实发展基础。

1. 突出交通路网建设

加快高速公路建设，吉茶高速确保2012年5月1日前通车，吉怀高速州内

段10月1日前通车，凤大高速争取年底通车，张花高速年内完成控制性工程，龙永、永吉高速尽可能完成更多工程实物量。加快干线公路建设，新改建国省公路169公里。全面完成迁陵至河西、下子花至沱江、龙山至永顺公路建设，加快洗洛至里耶、永顺至花垣、永顺至石堤、白沙至武溪、迁陵至清水坪公路及吉首、泸溪、凤凰、龙山国道绕城线建设，张花高速3条连接线力争上半年开工，白沙经浦市至辰溪公路力争年内开工。加快泸溪千吨级码头、铜仁凤凰机场扩建等项目建设，争取黔张常铁路年内开工。加快农村公路建设，完成路面工程1200公里以上，完善农村交通营运机制和管理办法，保障群众出行安全。积极做好焦柳铁路石怀段扩能改造、遵义经铜仁至吉首铁路、龙张高速、酉阳至永顺和秀山至龙山高等级公路、新建机场等项目前期工作。

2. 抓好水利能源建设

要抢抓国家大兴水利的政策机遇，力争在项目争取上取得新突破。加快实施13座小Ⅰ型、30座小Ⅱ型病险水库治理工程，开工建设古丈古阳河、吉首大兴寨水库，继续推进农村饮水安全工程，新解决18万人安全饮水问题。要抓好中小河流治理、农田水利建设和水环境保护，全面完成保靖、龙山、古丈全国小型农田水利重点县项目建设。要加强电源点建设，抓好龙山落水洞、三元、保靖竹子坪、永顺马鞍山等水电站新改扩建工程，启动羊峰山风力发电站建设，力争永顺洞潭水电站、凯迪生物质电厂建成投产。要大力推进城乡电网建设，抓好湘西500千伏、永顺220千伏输变电工程前期工作，完成237个村农网升级改造任务。

3. 加快信息化建设

要加快3G网络和城域网扩容建设，推进有线电视数字化和广播电视“户户通”工程，积极发展电子商务、现代物流等新兴信息服务业。加快“数字湘西”建设，重点推进“数字旅游”、“数字矿山”建设，抓好26个“数字湖南”和5个省电子信息产业项目，培育发展电子信息产业。抓好湘西广州工业园“两化融合试验区”建设，加强政府网站和电子政务外网平台建设，完善连接州直部门、县市政府的网络信息平台，实现政府信息资源共享。

4. 加强项目管理

完善项目法人责任制、招标投标制、工程监理制、合同管理制和工程质量责任制。切实抓好项目质量和安全监管，强化政府投资项目管理，对工程概算、预算及招投标进行全面评审，严格投资项目竣工决算审计监督。定期对项目资金使

用情况进行跟踪核查审计，确保项目资金合理、有效使用。建立重点项目考核机制，坚持一月一调度、一季一通报、年终考核兑现，确保项目建设顺利推进。

（三）把新型城镇建设作为重要载体，着力统筹城乡协调发展

新型城镇建设是全州“五大建设”的重点，是统筹城乡发展和改善城乡面貌的龙头，是推进率先发展、率先脱贫的重要载体。要将新型城镇建设摆在更加突出的位置来抓，提升城镇承载能力，促进城乡统筹协调发展，力争全州城镇化率达 37.5%。

1. 抓好城乡规划管理

要强化规划引领，坚持规划先行，用规划统筹城镇建设发展。加强环境保护、特色彰显和土地管理，注重生态、建筑、人文协调，立足个性，因地制宜，高起点、高标准、高要求做好规划，重点抓好吉首市和 7 个县城扩规修编工作，尽快完成控制性详规，编制好各类专项规划。要坚持规划一张图、审批一支笔、建设一盘棋，一张蓝图管到底、建到底，做到违反规划的项目不批，不作详规的项目不批，选址不合理的项目不批，做到多留遗产、不留遗憾。

2. 加快州府城市建设

要以 30 周年市庆为契机，按照“三市三特四个中心”的总体思路，拉开城市道路骨架，扩大城区规模，搞好功能布局，着力打造武陵山区中心城市，实现率先发展。要深化州市共建共管，突出抓好州府新城建设，加快州行政中心、景观带等综合环境项目建设。要加快推进 30 个州市共建重点项目，大部分项目市庆前要完工，重点推进吉首大环线、峒河风光带等项目建设。要深入推进 28 个社区和谐文明共建，加强城市精细化管理，提高市民文明素质和城市品位。要加强城市经营，政府严格控制土地一级市场，搞好土地收储，实现以地生财、滚动发展，采取 BT、BOT 和发行企业债券等方式，拓宽融资渠道，增强城市建设资金保障能力。

3. 推进县城扩容提质

要根据区域、资源、人文、产业等特点，明确发展定位，推进扩容提质。泸溪要以白沙、武溪为核心，打造宜居宜游“双子城”；凤凰要以建设国际化旅游城市为目标，景区沿沱江和南华山拓展，城市发展对接铜仁凤凰机场；花垣要加快城北新区开发和老城区提质改造，建设现代工业新城；保靖要以酉水风光带为

依托，建设生态文明城市；古丈要加快栖凤湖生态经济开发区建设，推进古阳镇与罗依溪镇融合，扩大县城空间；永顺要加快县城综合运营开发，推进旧城改造和南区拓展，建设生态宜居城市；龙山要以华塘新区开发为依托，加快“龙凤融城”步伐，建设武陵山区“龙凤经济协作示范区”。要抓好县城进出口通道建设，积极推进管道天然气工程，完善污水和生活垃圾无害化处理系统，大力实施净化、绿化、美化、亮化工程，改善城市人居环境。

4. 全面推进小城镇建设

要按照规模适度、布局合理、功能齐全、特色鲜明、产业集聚的要求，加快推进里耶、芙蓉镇、浦市、边城、塔卧等重点集镇建设。要抓好小城镇综合管理，特别是加强城乡结合部、大通道沿线和旅游景区小城镇控制管理，严厉查处乱搭乱建、占田建房行为。要加快实施特色民居保护整治工程，全面完成吉茶、张花、凤大、吉怀高速和1828省道、凤大二级公路沿线及芙蓉镇、里耶、边城、浦市、清水坪等重点城镇的保护整治任务，彰显民族文化特色，让湘西旅游呈现新亮点、新景观。

（四）把生态环境建设作为发展优势，着力打造绿色湘西

生态是立州之本，是全州发展的优势所在、潜力所在。必须牢固树立“保护生态环境就是保护生产力、改善生态环境就是发展生产力”的理念，加强生态环境建设，让绿色生态成为湘西第一形象。

1. 加快生态工程建设

要重点抓好退耕还林、长江防护林、石漠化治理和生态公益林等工程建设，全面完成16.2万亩林业重点工程造林和8.6万亩巩固退耕还林任务，深入推进“八百里绿色行动”拓展工程，着力打造绿色生态走廊。要认真落实木材采伐限额管理制度，狠抓森林管护、森林防火和病虫害防治工作，严厉打击乱砍滥伐、滥征乱占林地等违法犯罪行为，巩固生态建设成果。加快坐龙峡国家森林公园、白云山国家级自然保护区项目和资金申报，抓好高望界国家级自然保护区基础设施项目的跟踪落实。要加强地质隐患排查、预报预警和应急演练，着力提高避灾减灾能力，确保群众生命财产安全。

2. 抓好资源节约利用

要按照“两型社会”建设的要求，推进绿色发展、低碳发展。突出抓好节

能减排工作，严格落实“问责制”和“一票否决制”，坚决淘汰落后产能。要加强30家重点能耗企业监控，推进清洁生产和废渣循环利用，加强农村能源建设，抓好公共机构和社会节能工作。要严格耕地保护制度，严厉查处非法占地行为，启动花垣坡耕地试点县建设，抓好土地综合整治项目建设，确保耕地占补动态平衡。深入推进矿产资源整装勘查，加大地质找矿力度，增强矿产资源保障能力。

3. 加强环境污染治理

要高度重视主要污染物减排工作，抓好城镇污水、生活垃圾、工业废水、重金属、畜禽养殖污染等处理与防治工作。要突出抓好城市污水收集管网配套建设和污水处理厂正常运转。要严格落实“三同时”制度，坚决控制“两高”行业和关停“五小”企业。要积极引进先进技术，搞好电解锰废水回收利用，减少汽车尾气排放，大力推广浮选企业铅回收工艺。要深入开展电解锰污染整治行动，巩固“锰三角”环境污染治理成果。要加强饮用水源地保护管理和农村面源污染防治，改善河流水质，确保城乡居民饮水安全。

（五）把改善民生作为最大责任，着力提高民生保障水平

把保障和改善民生作为一切工作的出发点和落脚点，作为执政为民的最大责任，用好用足各项惠民政策，让广大群众共享改革发展成果，促进社会和谐稳定。

1. 大力推进扶贫攻坚

要按照“区域发展带动扶贫攻坚、扶贫攻坚促进区域发展”的基本思路，创新扶贫机制和方法，大胆先行先试，突出特色产业开发、基础设施建设和民生改善，强力推进中高海拔地区、集中连片地区和特困村扶贫开发，突出抓好腊尔山少数民族高寒地区脱贫解困试点、“两项制度”衔接试点、“整村推进”扶贫工作，加快湘西能工巧匠扶贫创业园建设，继续开展百万农民大培训和贫困大学生助学工作，争取永顺、保靖、古丈特困移民避险解困先行先试，创造经验，树立样板。

2. 完善社会保障体系

要突出抓好高校毕业生、城镇就业困难人员、农村转移劳动力的就业，新增城镇就业人员2万人、农村劳动力转移就业3万人。要抓好城乡低保、农村五保供养、灾民救助和医疗、教育、住房等专项救助，提高救助标准和水平。要巩固

完善新农合、新农保、城镇居民医疗和养老保险制度，继续完善城镇职工“五项”保险制度，提高企业退休人员养老金水平，推进城镇非公有制人员、灵活就业人员、农民工参加城镇职工医保。要加快城镇保障性住房建设和农村危房改造，切实保障土地供应，鼓励社会力量参与建设运营管理，建设城镇保障性住房2.6万套、农村危房改造1.2万套。全面完成省为民办实事任务。

3. 统筹发展社会事业

要加强科技创新，加快实施重大科技专项，推进科技成果转化应用，提高自主创新能力。要完成51所义务教育合格学校和49所公办幼儿园建设，加快普及学前教育和普通高中教育，支持吉首大学、湘西职院、吉大师院和湘西电大发展。要巩固和扩大基本药物制度改革成果，积极稳妥推进基层医疗卫生机构人事制度改革，加强县级医院、乡镇卫生院、合格村卫生室和社区卫生服务中心建设，推进基本公共卫生服务均等化。要加强食品药品监管，确保群众饮食用药安全。要全面推进文化强州建设，深化文化体制改革，大力发展文化事业和文化产业，推进文化大发展、大繁荣。要统筹发展计生、体育、广电、残疾人等其他社会事业，促进社会全面进步。

专 题 篇

Specific Reports

B.27
长株潭城市群城乡统筹研究

郑昌华　李传荣　杨贤成*

长株潭城市群承担“两型社会”建设综合配套改革试验区重任，国家要求长株潭城市群建成全国“两型社会”建设的示范区，建成新型工业化、新型城市化、农业现代化的引领区，建成湖南经济发展的核心增长极。按照以上目标和要求实施长株潭城市群发展战略，必须始终把城乡统筹作为重要抓手，以形成城乡经济社会发展一体化新格局，这样才能走出适合长株潭城市群发展的特色之路，为湖南科学跨越发展、率先突破提供范例。

一　长株潭城市群城乡统筹的现实基础

在长株潭城市群发展中，城乡统筹不仅意义重大，也是现实需要。

* 郑昌华，中共湖南省委讲师团主任、教授；李传荣，中共湖南省委讲师团学习服务处处长；杨贤成，中共湖南省委讲师团。

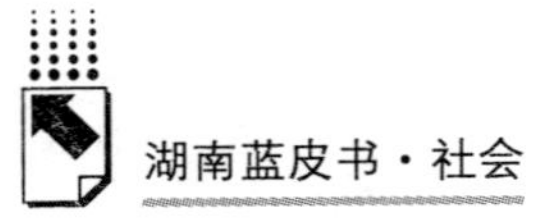

（一）从发展现状看，长株潭城市群已进入城乡统筹发展的新阶段

城乡统筹是长株潭城市群发展的客观选择。长沙、株洲、湘潭三市沿湘江呈品字形分布，两两相距40公里，虽然分布紧凑，但三个城市存在着现实的空间距离。三市周边即交界区域基本上是农村，要真正打破疆域形成一个功能完整的城市群体，三市周边农村区域就是一个绝对不能忽视或遗漏的空间及功能区域。从形成相对地理区域阻隔的长株潭周边农村入手实现长株潭城市群一体化的过程，其实就是长株潭城市群城乡统筹发展的过程。因而，在长株潭城市群发展中统筹城乡发展就必然是一个客观选择。

从人类城乡发展的历史也可以看到，城乡关系是随着人类工农业生产的发展而发展变化的。其间，大致经历了城市依托乡村、城乡分割、城乡融合三个大的阶段。在城乡融合的阶段，城乡一体化成为人类完善城乡关系普遍追求的目标，而实现城乡一体化的途径就是城乡统筹。从长株潭城市群的城乡发展关系看，其已经进入城乡融合的阶段，实行城乡统筹已成为必然的历史进程。

长株潭城市群的发展具备了较强的经济基础，同时，城乡居民收入增长加快，农业综合效益显著提升，在基础设施、公共服务等方面城乡一体化进展较快。这是长株潭城市群城乡统筹取得的阶段性成果，为进一步推进奠定了良好的基础。

但是长株潭城市群总体上还处于工业化中期阶段，城乡统筹发展还任重道远。特别是其严重的城乡二元分割问题，城乡经济社会发展不同步，拖累了长株潭城市群的快速发展。长期以来，我们采取城乡分治的二元体制，在农村和城市实施不同的、分割的土地制度、户籍制度、公共服务制度、就业和劳动保障制度、财税金融制度和行政管理体制。农民不享受公共财政提供的公共设施和与城里人一样的社会福利，也缺乏保障农民权益的制度和组织。受城乡二元体制的影响，长株潭城市群内的城乡公共资源分布极不公平，以社会事业固定资产投资为例，长株潭城市群教育、卫生、社会保障、社会福利、文化、体育、水利、环境、公共设施管理、公共管理和社会组织等公共部门在城镇的固定资产投资大都占了总投资的四分之三以上。

由于公共资源分布的不均衡，造成城乡之间的差异日益加大，如不统筹考虑，久而久之，两极分化就会更加明显。农村将成为制约长株潭城市群快速发展

的“短板”。这些失衡造成了城乡统筹发展的主要矛盾和问题：一是城乡分化造成城乡社会不公的问题。如果我们还不重视农业、农村中的公平问题，那么城乡社会的差距将会成为影响和谐社会构建的主要障碍，成为影响新型工业化和新型城市化战略推进的重要因素。二是城乡差别的扩大将会使长株潭经济今后的发展缺乏动力。因为广大农村既是发展的主阵地，也是一个潜在的巨大市场。如果农村和农业的发展长期滞后于城市和工业的发展，未来长株潭经济的发展空间将十分狭窄。三是城乡差距的进一步拉大会造成社会不稳定因素增多，社会长治久安难以维护。由于农民大量涌入城市，这样将会动摇国民经济的基础——农业的发展，从而也就无法为经济发展提供一个坚实的基础；同时，城市的发展也就缺乏良好的秩序、环境和有力支撑。

（二）长株潭城市群城乡统筹发展势在必行

城乡统筹是国家发展的重要战略，也是我国农业大国基本国情决定的发展路径。2008 年 10 月 13 日，党的十七届三中全会通过了《中共中央关于推进农村改革发展若干重大问题的决定》（以下简称《决定》），该《决定》指出我国总体上已进入了以工促农、以城带乡的发展阶段，进入了着力破除城乡二元结构、形成城乡经济社会发展一体化新格局的重要时期。该《决定》把走中国特色农业现代化道路作为基本方向，把加快形成城乡经济社会发展一体化新格局作为根本要求，成为指导当前和今后一个时期推进农村改革发展的纲领性文件，必将会进一步加快我国城乡统筹发展的步伐。

中央对于长株潭城市群的发展，给予了先行先试的权力，先行先试权力在手，可以根据国家法律精神在长株潭城市群建设中先进行试验，扩大了长株潭城市群发展的自主性，拓展了长株潭城市群发展创新的政策空间。湖南省委、省政府也给予了高度的关注，已经制定和正在制定许多有利于长株潭城市群加快发展的政策措施。

同时，城乡统筹发展也正在成为长株潭地区的实践探索。长沙市近年来高度重视城乡统筹、工农互补，在前段取得的成绩的基础上，中共长沙市委已经出台了《推进城乡一体化发展工作纲要》，将统筹城乡发展提上重要议事日程。株洲市提出以统筹城乡发展改革统领各项改革工作，先期在云龙示范区、天易示范区、荷塘区仙庾镇、株洲县松西子社区、攸县网岭镇 5 个区域开展该项工作的改革试点，准备总结经验后在“两型社会”建设改革试验核心区推进。湘潭市更是在韶山市开展城乡统筹试点的基础上，把率先统筹城乡发展作为全市的战略之一提出。这充分说明，城乡统筹发展在长株潭地区已经有了充分的实践探索，完全可以正式全面推开。

二　长株潭城市群城乡统筹的目标体系

城乡统筹，思想深刻，内容广泛，但简单讲，就是要改变和摈弃过去那种“城乡分治”的观念和做法，通过体制改革和政策调整削弱并逐步清除城乡之间的樊篱，在制订国民经济发展计划、确定国民收入分配格局、研究重大经济政策的时候，真正体现“城乡一体”、协调发展的思路。按照这一要求，长株潭城市群城乡统筹应该明确以下目标体系。

（一）统筹城乡发展战略

统筹城乡发展战略是指站在国民经济和社会发展全局的高度，科学把握国内外现代化发展一般规律，深刻总结我国处理城乡关系的经验教训，根据现阶段经济社会发展的特点和突出矛盾而做出的重大战略决策。

统筹长株潭城市群发展战略就是按照党中央、国务院关于长株潭城市群建设的总体战略部署，把长株潭城市群建设成为全国“两型社会”建设的示范区，中部崛起的重要增长极，全省新型城市化、新型工业化和现代农业化的引领区，具有国际品质的现代化生态型城市群。建设全国“两型社会”建设的示范区，旨在确立集约发展、循环发展和生态发展的模式，城市群的资源环境综合承载能力显著提高。建设中部崛起的增长极，旨在长株潭城市群经济规模快速扩张，综合实力、综合素质显著提升，占全省比重稳步提高，辐射带动作用明显增强。建设全省新型城市化、新型工业化和现代农业化的引领区，旨在形成新型城市化、新型工业化和现代农业化的产业和城镇体系，城市化和工业化水平处于全国前列，社会主义新农村建设成效显著。建设具有国际品质的现代化生态型城市群，旨在打造社会文明、经济富裕、环境优美、服务完善的新型城市群，形成绿色相连、疏密相间、山水洲城相融的生态型宜居城市群格局。统筹长株潭城市群发展战略正是体现湖南特色科学发展、可持续发展和带动全省跨越式发展的新路子。

（二）统筹城乡规划建设

统筹城乡规划建设最核心的就是要打破城乡分割规划模式，实现城乡规划的统筹，按照地区整体发展目标和要求，从立足本地区、面向全国、积极参与国际竞争的高度，科学编制发展的总体规划，统筹安排城乡布局，实现人口与产业的合理布局，把城乡一体化建设与繁荣城市经济有机结合起来，正确处理好城市发展规划与经济发展规划的关系，逐步缩小城乡生活条件的差距，实现城乡融合，协调发展。统筹长株潭城市群城乡规划建设的总体布局应以城市群核心区为中心，以卫星城和中心镇为重点，以建制镇和一般集镇为纽带，逐步形成联系广大农村的城乡一体化发展规划；要明确长沙、株洲、湘潭三市核心区的功能和定位，做好分工，明确核心区与各县区市城市化发展的思路与城镇空间格局；要明确三市核心区在规划建设的龙头地位，坚持用规划指导开发建设，提高三市核心区和城镇建设总体水平；规划要首先考虑经济发展，以人口就业为核心，将三市部分城市产业、居住、文教、会议以及行政功能转移到市郊，实现总体规划建设重点的“两个战略转移”，即从市区向市郊的战略转移和市区建设逐步从外延扩展向调整改造战略转移。

具体来说，统筹长株潭城市群城乡规划建设，就是要优化湘江以东的长沙、株洲、湘潭城区，做好现代服务业、高端制造业的合理布局；要综合提升北部长沙的综合性区域职能，增强南部株洲、湘潭的经济地位和专业性区域职能，增强湘潭面向城乡腹地的经济社会服务职能；要加强三市城际道路连接，改善卫星城和中心镇的通外道路，加强城乡经济联系，促进城乡互动发展和相向发展；要做好湘江流域的污染治理和产业提升，保护好湘江风光带生态环境，防止市郊和农村土地空间过度开发和城市空间过度连绵，提高生态安全保障。统筹城乡规划建设，立足长株潭城市群集约发展、科学安排生产、生活、生态空间，是推进长株潭地区城市化的必然进程。

（三）统筹城乡产业发展

从统筹城乡产业发展入手，努力推动城乡统筹，是加快工业化、城镇化发展的必然要求，也是加快新农村建设和发展现代农业的必由之路。要统筹城乡产业发展规划，打破城乡分割的二元结构，推进城乡产业融合，优化城乡产业结构和空间布局，实现城市带动农村、工业反哺农业的良性互动结构和协调发展。要打造城乡产业集聚发展平台，通过园区建设、项目建设，大力发展农村工业和现代服务业，加快推进城乡工业化、城镇化。要努力转变农业发展方式，加快农业产业化、现代化发展，积极推进农村土地向规模经营集中。统筹城乡产业发展是城乡统筹的关键，它要求打破城乡产业分割，工业反哺农业，城市支持农村，推进新农村建设，发展工业和服务业，为全面实现新型城市化、新型工业化和农业现代化建立稳固的产业基础和产业支持，为农村剩余劳动力转移提供更大平台和空间。统筹长株潭城市群产业发展就是全力发展工程机械、轨道交通、汽车、新能源设备制造、文化产业、创意产业和旅游业等战略性产业；积极培育高新技术服务业、电子信息、生物、新材料、环保节能、新能源、航空航天、物流、金融服务、商务服务和现代科技农业等先导性产业；稳步提升钢铁、化工和有色冶金等基础性产业；限制发展低于5000千伏安电石生产、土焦生产、小煤炭、小化工等产业；强制退出高能耗、高污染等对区域生态环境影响严重，预期效益低的劣势产业。构建“两型”产业体系和产业发展导向机制，发挥高新技术在加快结构调整步伐和实现产业升级的重要作用；根据市场需求和地域特点，调整农业产业结构，形成优质高效的现代农业生产体系，在城市群核心地区发展都市型农业，建立现代化农业示范工程和现代农业经济示范区，在丘陵山地大力发展特色农业、观光农业、林果业，建立若干农副产品生产基地。统筹城乡产业，突出优势、错位发展，是发挥长株潭城市群地区核心增长极作用的突破口。

（四）统筹城乡管理体制

统筹城乡管理体制要求大力破除城乡分割的各种体制性障碍，全面深化农村改革，为统筹城乡发展注入强大动力。统筹长株潭城市群管理体制，就是要加快转变政府职能，建设服务型政府，要坚持以邓小平理论和“三个代表”重要思想为指导，深入贯彻落实科学发展观，按照全体人民学有所教、劳有所得、病有所医、老有所养、住有所居的要求，围绕逐步实现基本公共服务均等化的目标，创新公共服务体制，改进公共服务方式，加强公共服务设施建设，逐步形成惠及全民的基本公共服务体系；要进一步理顺政府与企业、政府与事业、政府与市场、政府与社会的关系，加快推进政企分开、政资分开、政事分开、政府与市场中介组织分开，发挥公益类事业单位提供公共服务的重要作用，支持社会组织参

与公共服务和社会管理，形成公共服务供给的社会和市场参与机制；要加大机构整合力度，探索实行职能有机统一的大部门体制，健全部门间协调配合机制，要按照中央提出的“改革主要将涉及农业、工业、交通运输、住房保障、人力资源、文化市场、食品药品等七大领域”，推进“大农业”、“大工业”、“大交通”、“大文化”、“大社会事业”的“五部曲”改革；要探索建立决策、执行、监督既相互协调又适度分离的行政运行机制，实现决策科学、执行顺畅、监督有力，要在巩固以往改革成果的基础上，继续在党坚持依法执政、扩大党代会和全委会的决策权、强化纪律检查机关的监督权方面，在发挥人大对政府和司法机关的制约监督作用方面，进行积极有益的探索。统筹城乡管理体制，走体制机制创新之路，是长株潭城市群先行先试深化改革的具体体现。

（五）统筹城乡社会保障

社会保障是现代国家最重要的社会经济制度之一，建立健全与经济发展水平相适应的社会保障体系，让更多的人享有社会保障，是经济、社会协调发展的必然要求，也是社会稳定和国家长治久安的重要保证。统筹城乡社会保障制度建设的重点是要及时改变重城轻乡的消极的农村社会保障政策，全面实施积极的社会保障政策，采取有力有效的政策措施，缩小城乡社会保障水平差距，逐步提高农民的保障水平。统筹长株潭城市群城乡社会保障，就是要加快实现城乡社会保险全覆盖，要根据国务院关于开展新型农村社会养老保险的工作安排，按照个人负担和财政补贴补助相结合的原则，积极探索长株潭城市群新型农村养老保险制度，建立与社会经济发展水平相适应的城乡基本养老保险制度，保障水平不低于城乡最低生活保障线或上年农民人均纯收入的30%，同时，逐步提高征地农民保障水平，将征地农民的基本养老金标准提高到当年城镇企业退休人员最低基本养老金标准的80%以上，实现与城镇职工基本养老保险制度的对接；要进一步完善城乡医疗救助制度，建立和完善资助救助对象参合参保、门诊医疗救助、住院医疗救助、临时医疗救助和慈善医疗救助“五位一体”的医疗救助制度，提高农村合作医疗的保障水平和覆盖率，尽快实现农村合作医疗人均筹资额达到上年人均纯收入的2%以上；要全面实施农民工养老保险制度，推进农民工参加养老、工伤保险。提高各项社会保险基金统筹层次，在实现规范的市级统筹的基础上，逐步实现三市和全省统筹；要建立覆盖城乡的社会保障信息网络，逐步实现社会保障"一卡通"。统筹城乡社会保障，缩小长株潭地区城乡民生差异，是解决长株潭城市群各种民生问题的重要抓手。

（六）统筹城乡环境保护

统筹城乡环境保护是统筹城乡发展的重要任务，目的是建设生态文明，基本形成节约能源资源和保护生态环境的产业结构、增长方式、消费模式，循环经济形成较大规模，可再生能源比重显著上升，主要污染物排放得到有效控制，生态环境质量和城乡人居环境状况明显改善，生态文明观念在全社会牢固树立。统筹长株潭城市群城乡环境保护，就是要建立湘江流域综合治理机制，将湘江流域纳入国家长江中下游污染治理规划，加大国家对重点项目支持力度，以控制沿江沿湖地区项目准入和开发强度为重点，加强水系、水域环境污染联防联治和流域生态修复与保护，有效保护饮用水源地安全，探索建立跨区域的流域综合治理和保护机制新模式；要建立并实施污染物排放总量初始有偿分配、排污许可证、排污权交易等区域性生态环境补偿制度，改革城市污水和固体废弃物处理费征管办法，推进环境保护和污染治理市场化运营；要通过制定城市群统一的环境保护和生态补偿地方性法规，完善污染物排放标准体系；要通过建立城市群环境监控信息共享平台和环保督察中心，完善协同监控管理系统；要通过提高产业发展的准入门槛，实行强制清洁生产审核和生产全过程污染控制；要通过制定绿色产品标准体系，推进绿色产品认证和消费扶持等制度；要建立企业环保诚信档案和城市群一体化的垃圾分类、收集、运输、处理体系。统筹城乡环境保护，摒弃传统发展模式，是实现长株潭城市群城市与农村、人与人、人与自然可持续和谐发展的科学路径。

（七）统筹城乡基础建设

基础设施，主要包括综合交通、能源供应、供水建设、排污设施、垃圾处理、防洪设施、农业设施、信息通讯等工程设施，是为生产和生活提供公共服务必需的物质载体，是产业发展和产业集聚的基础，也是一个国家或地区经济社会发展的必要前提和基础。要统筹长株潭城市群城乡交通建设，就要加快对外通道建设，优化运输衔接，完善综合交通运输体系，尽快建成中部地区综合交通枢纽和国际贸易大通道，提升内陆城市国际化水平；要统筹长株潭城市群城乡能源建

设，就是要以电力为中心、煤炭为基础、天然气为补充，资源开发与区域合作并举，加快建设能源保障体系，同时，加强对外能源合作与自身电力建设两方面，统筹考虑能源结构和供需平衡，构建城市群中长期电力保障体系，为城乡经济可持续发展提供支撑；要统筹长株潭城市群城乡供水建设，就要加强水资源节约、保护和优化配置，改善湘江水源，加强水功能区管理，要大力推广节水技术，扩大再生水利用，加大公共供水系统服务面积，提高现有供水设施效率，要加快水价机制改革，提高水资源管理水平，保障水利良性发展；要统筹长株潭城市群城乡排污设施，就是要通过建成一定规模和数量的污水处理厂，提高三市核心区污水处理能力；要统筹长株潭城市群城乡垃圾处理，就是要通过规划预留大型垃圾综合处理场用地，采取卫生填埋、焚烧发电，来实现城市生活垃圾处理的无害化、减量化、资源化；要统筹长株潭城市群城乡防洪设施，就是要科学规划新建或加高湘江干流和支流以及三市其他河道的防洪堤，提高整体防洪能力；要统筹长株潭城市群农业设施，就是要通过加强农机服务网络建设和农田水利建设，提升水利化、田园化、机械化水平，拓展现代农业功能；要统筹长株潭城市群城乡信息通信建设，就是要优先考虑在城市群核心区开展“三网融合”试点，支持建设直达国际的专用高速通信通道。统筹城乡基础建设，推进长株潭地区交通、能源、水利等基础设施共建共享，是加快长株潭城市群“两型社会”建设的科学选择。

（八）统筹城乡人才发展

人才支撑体系是统筹城乡发展中的关键环节和重要内容，只有不断探索人才发展新模式，才能在日趋激烈的区域竞争中独占鳌头，赢得发展良机，为长株潭城市群的建设和发展提供强大的人才动力。统筹长株潭城市群城乡人才发展，要整合省内人才资源，健全高层次、高技能创新人才选拔培养机制，允许三市内部人才选择工作，允许其自主选择户口的不迁或随迁，并妥善解决好流动人才的工作和生活问题；要搭建三市各类人才交流和培养平台，建设统一的长株潭人才市场信息交流服务中心，加强三市信息沟通与交流，为各类人才的自由流动提供平等快捷的渠道和服务；要探索保障各类人才养老、医疗保险异地享受新模式，破除影响人才流动的体制性障碍；要大力发展人力资源服务业，促进各类人才交流与合作，广泛吸引海内外人才到长株潭地区就业和提供智力服务；要建立健全公务员学习培训制度和新录用公务员下基层锻炼制度，积极引导高校毕业生到基层就业，切实落实好“一村一名大学生”计划；要探索建立新型人才评价方法和人力资源开发利用制度，健全人才激励机制。统筹城乡人才发展，完善长株潭地区人才培养机制，是实现长株潭城市群快速发展的有力支撑。

（九）统筹城乡社会事业

统筹城乡社会事业，提升城乡社会公共服务水平，是加快长株潭城市群建设的内在要求。统筹长株潭城市群城乡社会事业，首先要保护好三市历史文化资源，塑造省府各类文化活动中心，建设雨花数字传媒、金星出版、金鹰影视等文化产业园，完善文化服务网络，加强农村文化设施建设；要优化区域教育资源配置，加快提高教育现代化水平，巩固提高义务教育，建设区域性公共实训基地，优化高效空间布局，提高高等教育质量，增强高校人才培养、科技创新与社会服务能力，促进产学研一体化，同时，加大企业家、科技创新、紧缺专业技术人才的培养和引进；加强城市社区卫生服务机构、县乡村医疗卫生机构业务用房建设及设备配置和人才队伍建设，不断改善市、县、乡、村四级医疗卫生服务条件，提高医疗卫生服务能力和水平；要完善最低生活保障制度，建立健全医疗、教育、住房、灾害、司法、就业、流浪乞讨等专项救助和应急救助制度，大力开展社会互助，并使各种救助项目有机衔接、相互协调，建立起解决困难群众生活问题的长效机制；要大力发展面向民生的养老、社区、健身服务设施。

（十）统筹城乡财税金融

1. 要统筹城乡财政支出

要把新增财政支出和固定资产投资切实向农业、农村、农民倾斜，逐步建立稳定的农业投入增长机制；要进一步加大对种粮农民直接补贴力度，将种粮直接补贴的资金规模提高到粮食风险基金的50%以上，继续增加良种补贴和农机具购置补贴资金；要设立小型农田水利设施建设补助专项资金，较大幅度增加农业综合开发投入；要调整财政支出结构，把农村基础设施建设和已有生产补贴纳入公共财政框架；要大幅度增加对农民职业技能培训投入，将新增财政收入的70%以上资金用于县以下教育、卫生、文化、计划生育等事业。

2. 要统筹城乡税收

要对农村专业合作组织及其所办加工、流通实体，适当减免有关税费；要对相对贫困地区的农村金融机构免除所得税和营业税，相对发达地区农村金融机构实行免征营业税、所得税减半征收；要对支农信贷达到一定标准的金融机构，适当给予税收优惠政策，免除全部营业税和所得税；要将资源税扩大到植物资源和动物资源，适当提高资源税种的税率来调整和引导资金流向，减少非纳税资源的肆意浪费和破坏。

3. 要统筹农村金融

要以农村信用社为基础，组建区域性农村合作银行或农村商业银行，培育发展村镇银行、贷款公司、农村资金互助社等新型农村金融机构，扩大农贷规模和覆盖面；要探索建立涉农贷款贴息制度，鼓励和引导金融机构扩大农村金融服务范围；要创新抵押担保方式，探索开展农村集体建设用地使用权、林地抵押融资服务，探索建立财政和保险共同参与的担保机制；要扩大农业政策性保险范围，建立农业大灾风险转移分散机制。统筹城乡财税金融，充分发挥财税金融政策促进经济社会发展功效，是持续提供长株潭城市群一体化发展的重要保障。

（十一）统筹城乡就业创业

就业是民生之本、安国之策。统筹城乡就业，是我国国民经济和社会发展“十一五”规划纲要确定的一项重要任务，党中央早在十六届六中全会就将就业比较充分确定为2020年构建社会主义和谐社会的九大目标任务之一。要统筹长株潭城市群城乡就业创业，就要首先统筹解决好体制转轨遗留的下岗失业问题，做好国有企业下岗失业人员、集体企业下岗职工、国有企业关闭破产需要安置人员的再就业工作，巩固再就业工作成果；要统筹做好城镇新增劳动力的就业工作，积极推动高校毕业生就业工作，在开发就业岗位的同时，大力提升他们的职业技能和创业能力；要改善农村劳动者进城就业的环境，清理和取消针对农民进城就业的歧视性规定和不合理收费，简化农民跨地区就业和进城务工的各种手续；要统筹、协调和指导开展农村劳动力培训和就业工作，加强对农村劳动力的职业技能培训，提高农民的就业能力，把对进城农民工的职业培训、子女教育、劳动保障及其他服务和管理经费，纳入正常的财政预算；要推进户籍制度改革，放宽农民进城就业和定居的条件；要鼓励自谋职业和自主创业，对下岗人员、城镇复员转业退役军人、高校毕业生和进城务工人员从事个体经营的，在规定限额内依次减免营业税、城市维护建设税、教育费附加和个人所得税，并在一定期限内免收属于管理类、登记类和证照类的各项行政事业性收费，对经营自筹资金不足的，政府依法提供一定期限、一定金额的贴息小额担保贷款；要对农村创业青年科技人才给予低息贷款，政府给予贴息补偿和适当的风险担保。统筹城乡就业创业，建立健全长株潭地区城乡统筹的就业促进体系，是为长株潭城市群统筹发展提供坚实民众基础的前提条件。

（十二）统筹城乡基层党建

按照十七届四中全会的要求，在长株潭地区率先构建城乡统筹的基层党建新格局。在按照地域、单位为主设置党组织的基础上，坚持城乡党建工作统筹兼顾、城乡互动的原则，积极探索新的更加务实管用的模式，使党的基层组织真正做到纵到底、横到边、全覆盖，形成城乡基层党组织全覆盖的体系格局，使各种组织都能在区域性大党建的工作平台上找到各自的切入点，进一步形成优势互补，整体联动的工作局面。实施城乡党建“组织联建”模式，打破地域、行业、城乡的界限，按照地域相邻、行业相近、资源共享、以强带弱的原则，联合建立党组织；实施城乡党建“活动联创”模式，按照城乡党建“一盘棋”的要求，统筹安排“三级联创”“五个好”等党建活动，实行城乡党建活动“统一领导、统一谋划、统一目标、统一实施、统一指导、统一考核”；实施城乡党建“产业联姻”模式，围绕区域性优势产业，依托城乡一体的经济实体建立基层党组织；实施城乡党建“网络共促”模式，按照“双边互动、共建共管”的原则，建立跨越地域、统筹管理、联动运行的流动党组织网络，进一步落实流动党员流入地属地管理、流出地延伸管理、流入地和流出地双向共管的职责，促进城乡两地党组织共同繁荣。

B.28
建设“两型社会”关键在于做大长沙大都市

张富泉*

2010年8月国家发改委印发至中部六省政府和国务院有关部门的文件《关于促进中部地区城市群发展的指导意见》（以下简称《指导意见》）提出：“按照经济发展要求，适当调整城市群内行政区划，完善城市设置，优化空间布局，增强城市功能和发展潜力。”这无疑是湖南省人民与社会各界企盼已久的重大战略机遇，也是加快全省经济发展方式转变与推进“四化两型”建设的关键和事关湖南加快崛起与富民强省的核心利益所在。如何切实抓住这次历史性机遇，把好事办好、实事办实？特就消化运用该文件精神适当调整长株潭城市群内行政区划、组建长沙大都市特大省会城市的理由、基本设想及可行性论证提出以下建议。

一　组建长沙大都市特大省会城市的主要理由

在长株潭城市群内适当调整行政区划，配合省直管县财政体制改革的要求，通过构建统一的财政经济区将长株潭岳组建为长沙大都市，并在其主城区湘江连通长江的大河口地带，形成东西宽80公里、南北长200公里、中隔半个洞庭湖共约1.7万平方公里左右的“吉祥之城”，以形成长江中游经济区新的巨城经济增长极，主要基于以下方面考虑。

（一）基于城市群内行政区划适当调整的迫切要求

湖南省行政区划于1964年、1983年等先后经历数次调整，现行政区基本为

---

* 张富泉，中共湖南省委政策研究室巡视员。

1983 年全省农业区划和市带县的格局，其优点是一个城市带一片农村和山区，充分顾及到了农业综合平衡发展，而最大局限则是造成中心城市发展功能不全，极不利于现代工业的合理布局与大规模集聚，因而一直成为改革发展的严重困扰。按照科学发展观和统筹城乡区域经济发展的要求，优化湖南国土开发格局和空间结构布局，显然必须打破这种基于农业考虑的现行区划格局，而其关键之举就在于组建长沙大都市特大省会城市，从而形成以特大城市为依托的辐射能力强的长株潭城市群，使之成为带动全省经济又好又快发展的强大支撑和新的经济增长极。

（二）基于保护耕地和人与自然和谐发展的迫切要求

湖南省面积共有 21.18 万平方公里，在中部地区四个人口大省中虽然国土面积高出湖北的 18 万平方公里、河南的 16 万平方公里、安徽的 14 万平方公里，但人均耕地面积只相当于这三个省的 70%。显然，城市建设发展必须尽可能利用丘岗山地资源，以弥补平原与耕地面积之不足。这就势必要求按照新型城市化的理念，在更广阔的地域空间内布局，以永久耕地与生态功能区为间隔，依托特大城市组团式发展，带动形成大中小城市与小城镇协调发展的城市群，在实现人与自然和谐发展的同时，切实做到集约用地、节约用地和严格保护耕地。反之，特大城市发展不起来或者其建设规划囿于一隅，势必造成对耕地资源的蚕食和摊大饼式的“城市病”，这与山水资源丰富和四季常绿的湖南省情是很不相容的。

（三）基于洞庭水环境变化与发挥长江之利的迫切要求

世行《重塑世界经济地理》（2009）提出，中国的经济地理“突出表现为沿海化、城市化、城市群化三个倾向”；“随着中、西部的各个大城市群的相继崛起，中国的经济还将进一步集中”。随着三峡电站和长江干堤的竣工，长江防洪能力得以提升，加之坝上川渝地区降水量明显增多，四水流域和洞庭湖来水量明显减少，位于湘江下游的原长株潭城市群所处生态环境容量相应减小，造林保水并在洞庭湖建闸增强水资源调蓄功能，充分发挥好长江之利已是湖南省发展大势所趋。而组建长沙大都市特大省会城市，更多更好吸纳人口和集聚产业，以引领全省共同开发利用长江 163 公里港岸资源，将湘江经济提升为长江经济，可谓已是湖南省经济发展和“两型社会”建设的重中之重与当务之急。

（四）基于加快湖南崛起和富民强省的迫切要求

湖南总的情况是人口占全国5%强、GDP和地方财政收入分别占3.5%与2.5%左右，1980~2009年投资约占全国3%；以往国家统计局公布的14种工业品产量，仅水泥和化肥占到3%多一点，其他占到1%与2%多的有6种，另6种所占比重在1%以下，全国企业500强仅占6家；城镇化率低出全国3.5个百分点，城镇个数遥居各省之首而平均人口规模却远居其下，首位城市长沙城市人口规模排第21位，人口中心聚集度仅2.9%，排全国第28位。与同类型省份湖北比较，湖南省人口多六七百万，而投资力和消费力却分别低于其1/4与1/5以上，主要在于湖北有个大武汉。由以上数字与情况综合分析不难看出，制约湖南发展的瓶颈主要就在经济、社会集约化程度低，其加快崛起与富民强省的根本出路关键就在于组建长沙大都市省会特大中心城市，以形成长株潭城市群新的增长极。因为缺乏特大中心城市的强大依托，长株潭城市群则不能最终形成，“两型社会”综改区则不可能持续下去并取得应有的成效。

（五）基于长江经济带形成与崛起的迫切要求

世界经济发展轨迹证明，依托沿海与大江大河的流域经济是区域经济增长的引擎。长江经济带拥有我国最广阔的腹地和发展空间，不仅是我国未来经济增长潜力最大的地区，而且将成为世界上可开发规模最大、影响范围最广的流域经济带。长江经济带的龙头是上海长三角区，尾部是重庆城乡统筹区，而中部实力稍弱，主要原因是仍然缺了个与武汉相谐发展的长沙大都市。把长沙省会城市延伸至岳阳大河口地带，形成以长沙、武汉特大城市为双核的星汉大十字架城市群，壮大长江龙形经济带腰部的力量，不仅将对整个中部区域经济崛起产生巨大支撑和拉动作用，而且将极大发挥出其承东启西的战略支点作用，有力促进新一轮经济的又好又快发展。

（六）基于历届省委、省政府和全省人民愿景的迫切要求

自1997年以来省委、省政府每年召开一次的长株潭一体化会议，到后来的省政府搬迁与湘江风光带建设，长株潭公交车的开通和争取通信同号等，往远一点说则在新中国成立初期即提出建“毛泽东城”等。显然，湖南的专家、干

部群众和历届省领导的愿景，实质上都是要组建一个巨型省会城市长沙大都市。完全可以说，按党的十七大走中国特色城镇化道路的要求，组建长沙大都市省会特大中心城市，为形成长株潭城市群新的经济增长极和加快湖南崛起提供特大城市的强大依托和重要支撑，既是湖南省情所需民心所向，也是中央促进中部地区崛起的战略性要求。另就提高行政效能和大的会议活动尽可能做到不扰民考虑，像江苏等省那样将省委、省人大、省政府、省政协四大家建置到一起或靠近一些，中间设立大型会议中心，确有诸多益处和便利；现省政府搬迁带动长沙南口发展目标已基本实现且已少有了发展余地，看来配合省直四大家相对集中办公新的需求形成新的城区发展带动，按毛主席当年指点沿“湘江北去”建设北斗星状的吉祥之城省会特大中心城市，确已是“其势已成、其时已至”！

二　组建长沙大都市特大省会城市的基本设想

按照《关于促进中部地区城市群发的指导意见》基于解决中部地区城市群发展“中心城市辐射带动作用不强”等突出问题，“促进城市合理分工和拓展功能”、“发挥区域中心城市的辐射带动作用，构建大中小城市和小城镇协同发展的现代城镇体系”和“围绕推动生产要素跨区域合理流动和实现基本公共服务均等化，允许城市群在政府行政管理体制、国有企业改革、非公有制经济发展、就业、职业培训和社会保障体制等方面先行先试”的要求，针对长株潭城市群缺乏特大中心城市强大依托、加快湖南崛起缺乏特大中心城市重要支撑的关键问题，在长株潭城市群范围内适当调整行政区划，其基本设想是：在保持原有县市区建制基本不动的前提下，分三步走组建长沙大都市特大省会中心城市；具体操作方式可学习借鉴安徽组建滨湖临江新合肥的做法，先选择在湘阴与望城县接壤的茶亭、樟树一带新建省委、省人大、省政府、省政协四大家行政与会议中心，包括新的机关生活服务区，从而对打造北斗星状的长沙“吉祥之城”统一思想、形成合力；并在管理体制上配合省财政直管县先组建统一的长株潭岳财政经济区，具体方案如下。

第一步：按照长株潭城市群综改区先行先试、大胆创新，切实走出一条有别于传统模式的工业化、城市化发展新路，为推动全国体制改革、实行科学发展与

社会和谐发挥示范和带动作用的要求，将地图上现有长沙、株洲、湘潭、岳阳四市范围圈定为长沙大都市特大省会城市财政经济区，其间原有长株潭一体化规划区即该三市的市区包括长沙、望城、湘潭、株洲四县8623平方公里，加进岳阳市区及湘阴、汨罗、岳阳、临湘四县9039平方公里共17662平方公里为其主城区即长沙中心城市区；其余地区包括宁乡、浏阳、湘乡、韶山、醴陵、攸县、茶陵、炎陵、华容、平江10县市共25601平方公里为长沙大都市的外城区即城乡统筹的都市圈（见图1）。

配合省直管县财政体制改革，设立长沙大都市主城区即长沙中心城市财政经济区，在保持省级与市县级财政关系不变、市县财政支出主体不变的前提下，对该区域内形成的地方财税收入原则上按“存量基数不动，增量因素人均”分配，即对其财政收入新增部分按国际通行做法以常住人口数并综合计算其GDP、地方财政收入与支出三大增长因素为分配依据，从而促进中心城市积极吸纳人口、集聚产业和又好又快发展，加快培育新的经济增长极并形成长株潭城市群特大城市的强大依托和加快湖南崛起的重要支撑；同时，对主城区财力适当转移支付至外城区，以促进长沙大都市统筹城乡区域协调发展与基本公共服务均等化。

第二步：学习借鉴安徽组建滨湖临江新合肥的做法，在长沙大都市特大省会城市财政经济区域内适当调整行政区划，增设长沙东城区（包括现芙蓉区、天心区、雨花区和长沙县、浏阳市等五县市区）、西城区（包括现岳麓区、望城区和宁乡县等三县市区）、城北区（包括现开福区、望城区河东五镇和湘阴、汨罗二县等四县市区）等三个新的城市中心区，并将这三大新区比照地市级单位管理；同时，根据生态环境主体功能区建设的要求，将长沙大都市外城区中的炎陵、茶陵、攸县三县共7200平方公里的生态功能区，组建为地市级的炎陵市，建成湖南省东部集传统文化、红色旅游和自然景观于一体的又一个“张家界”；对岳阳、株洲、湘潭和新组建的炎陵市等四个省直属市，交由长沙市托管（见图2）。

第三步：进行前两步工作后，力争搭上合肥升格的一班车，一并将长沙大都市升格为湖南省属副省级特大中心城市。这样，湖南省行政区划将由现在的14个市州增加到一个副省级城市、18个市州区，这与其7000万人口、21万多平方公里的管理规模应是基本适应的（见图3）。

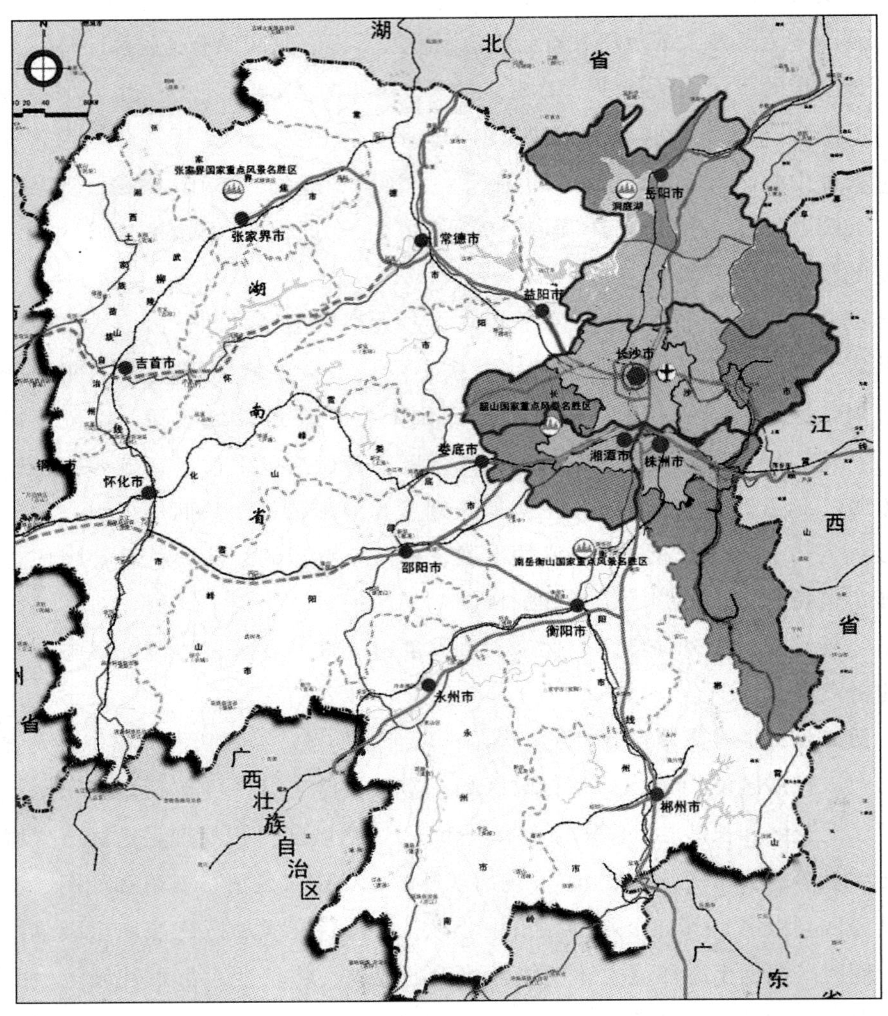

图1　长沙大都市财政经济区方案一

说明：在地图上将现有长株潭岳四市圈定为长沙范围。

基于长株潭城市群缺乏特大城市依托、湖南崛起缺乏特大城市支撑的严重困扰与发展所需，通过构建统一的财政经济区以组建长沙大都市特大省会城市，这是结合湖南省直管县财政体制改革，把跨行政区财政横向转移支付作为协调城乡区域关系、做大做强省会特大城市新的经济增长极的当务之急，也是推进湖南省“两型社会”综改区在重点领域、关键环节取得改革突破并实现基本公共服务均等化的必然要求；同时又是国际通行做法特别是大国经济发展的重要经验，还是我国完善分税制改革的关键所在和加快经济发展方式转变的大势所趋。

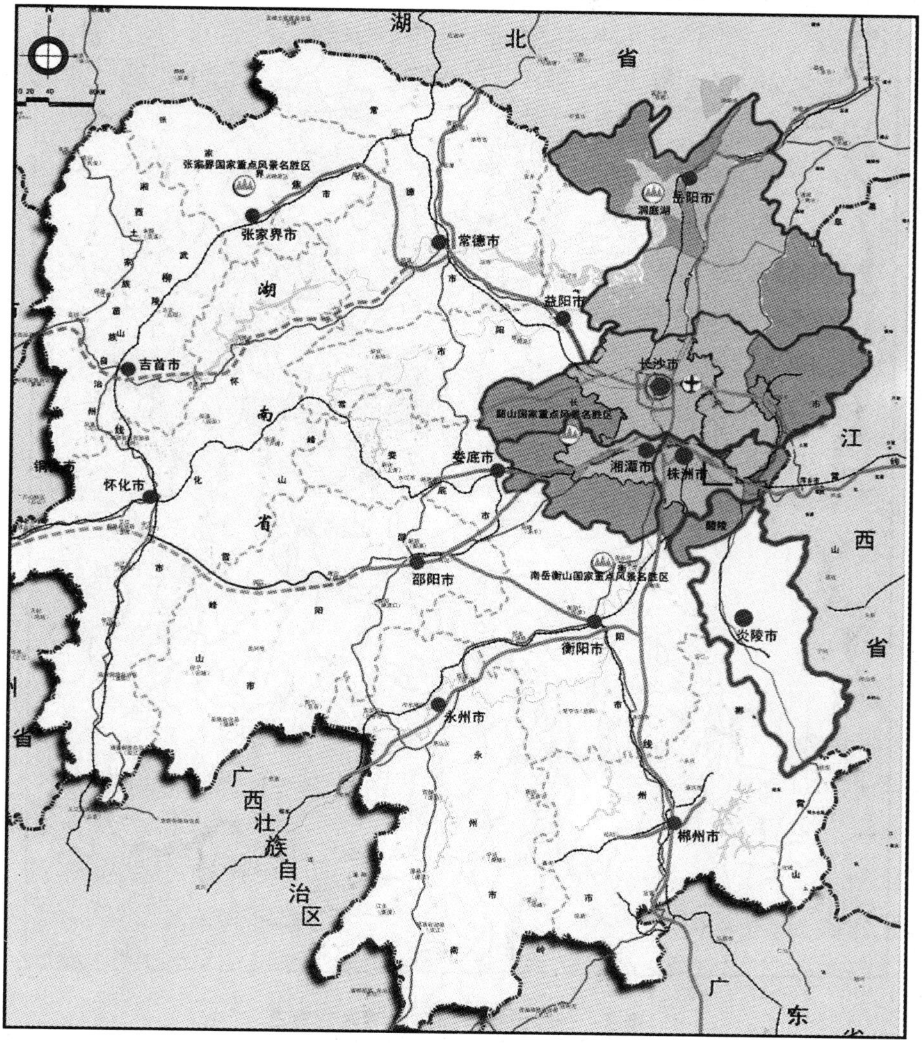

图2　长沙大都市财政经济区方案二

说明：在方案一的基础上增设地市级的炎陵市并在地图上标识。

基于城市主体功能区空间布局和生态环境保护的要求，将长沙大都市外城区中的炎陵、茶陵、攸县三县共7200平方公里的生态功能区，组建为地市级的炎陵市，建成湖南省东部集传统文化、红色旅游和自然景观于一体的又一个“张家界”。

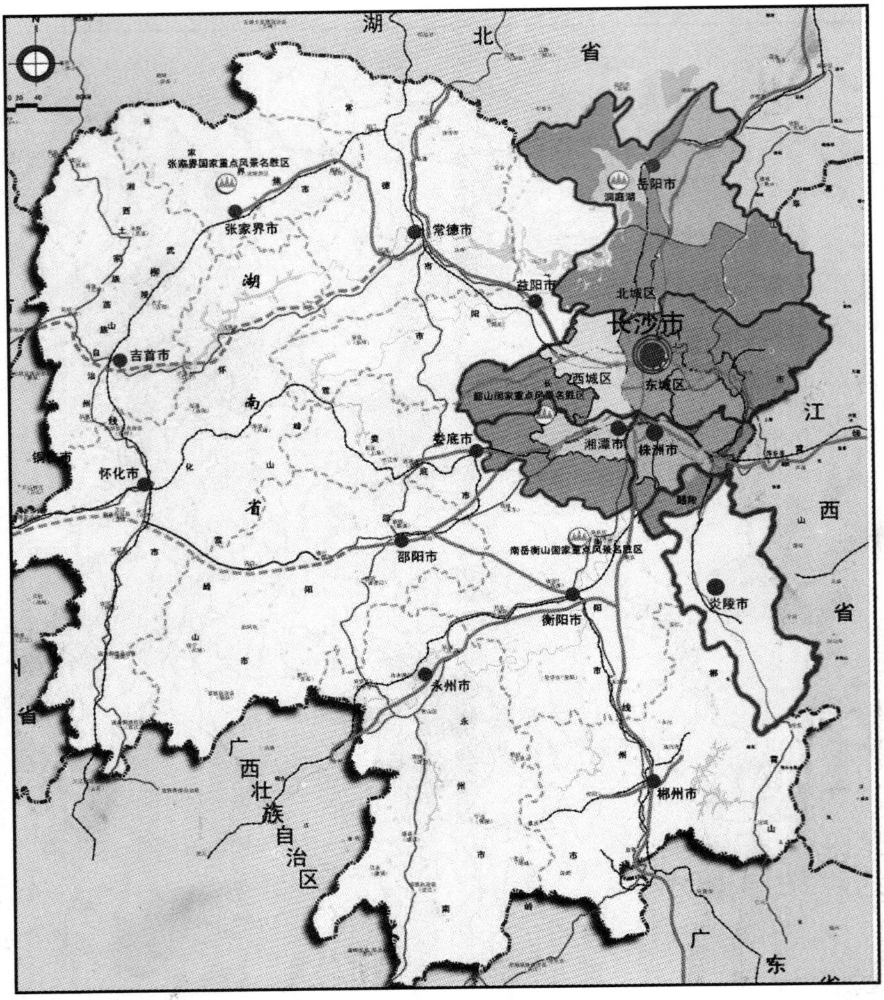

图3　长沙大都市财政经济区方案三

说明：将长沙大都市升格为湖南省属副省级特大中心城市。

在组建长沙大都市特大省会城市财政经济区的同时，相应提高其行政执行力。在方案一、方案二的基础上增设长沙东城区（包括现芙蓉区、天心区、雨花区和长沙县、浏阳市等五县市区）、西城区（包括现岳麓区、望城区和宁乡县等三县市区）、城北区（包括现开福区、望城区河东五镇和湘阴、汨罗二县等四县市区）等三个地市级的城市区，使湖南的行政区划由现14个市州增加到一个副省级城市、18个市州，这与其7000万人口、21万多平方公里的管理规模较相适应。

组建长沙大都市特大省会城市，其区域经济利益一体化与城乡统筹协调发展所带来的巨大品牌效应、投资拉动和消费扩张效应，空间结构优化对“四化两型”建设的强大推力和关键性作用和意义，都是怎么说也不为过的！即使从提高行政执行力而言，至少可增加4个副省级职数，这与全国同类型人口经济大省相比也是最基本的现实要求。

三　组建长沙大都市特大省会城市的积极效应

按以上方案组建长沙大都市特大省会城市，对湖南省推进“四化两型”建设，加快转变经济发展方式，加快崛起和实现富民强省，都将具有十分重要的促进作用与积极效应。

（一）城市功能与发展潜力的拓展效应

城市功能是由城市的各种结构性因素决定的城市的机能或能力，是城市在一定区域范围内发挥政治、经济、文化、社会活动的能力。由于长株潭城市群缺乏一个具有足够辐射带动力的特大中心城市的依托，在城市功能和产业布局方面各自独立，从而导致城市功能重叠，产业布局雷同，各功能区之间相互干扰，这样既影响产业聚集和发展，又影响人民群众文化和社会活动能力的正常发挥。为什么湖南省货物和服务净流出呈负值且经济增长越快负值越大即拉动外省增长贡献越多？主要就是缺乏城市群功能强大的中心城市的依托。而组建长沙大都市，把湘江与长江相交的大河口地带岳阳置入特大中心城市之内，增加进了洞庭湖和160公里的长江岸线等大进出、大水流的大环境容量地区。这样，湖南省中心城市发展将能容纳所有具有市场需求的产业，其发展功能与潜力将得以充分拓展，十分有利于实现城市功能分区和合理布局。比如乙烯生产，按工业化国家和地区人均消费30公斤的水准，湖南可建设2套120万吨规模效益的乙烯装置，但由于长株潭没有合适的地方摆石化工业，虽有强烈市场需求与发展冲动，但是湖南省至今仍是个无乙烯生产省份；组建长沙大都市则可顺势而为在长江岸线一带深水港区，直接对外招商引资，吸引境内外大的石化企业来此兴办实业，仅此一项就可带动全省新增GDP 3000亿元、税收300亿元以上。同样，湖南省特大中心城市的发展功能与潜力得以增强，像洞庭湖城陵矶建闸、长江选址论证已久的核电、李瑞环在湖南说的“高筑堤、深挖泥”之再造湖南水网交通等一大批项目，都将形成加快开发与建设的倒逼机制，带来加快湖南崛起与富民强省的巨大成效。

（二）加快经济发展方式转变的带动效应

一是带动消费提升。湖南省城市居民消费约为农村居民的3.2倍，像长沙这类大城市人口消费力相当于农村人口的7倍多，因此转变发展方式以消费拉动为动力，关键在于转化农民工增加城镇人口特别是特大城市人口；而组建长沙大都市，将从大规模聚集特大城市人口和大面积提升消费水平的数量与质量两个方面，在普惠性改善民生的同时促使全省消费力跃上新台阶。二是带动投资聚集。城市区域过于狭小，极易造成投资拥挤，并造成低效率和对生态环境的破坏。组建长沙大都市，形成中心城区投资密集区与周边城市投资协调区及外围投资呼应区。这种圈层投资结构十分有利于投资聚集和永续发展，能够发挥最大投资规模效益。三是带动提高效益。长沙大都市的组建与发展，势必形成特大城市人口、产业集聚与经济社会的高度集约化，实现中心组团和其他各组团之间的产业互补和产业链的形成，实现不同类型、不同规模城市之间、城乡之间的资源共享和优势互补，从而取得经济发展的集聚效应、辐射效应、联动效应和巨城品牌效应，相应带来远高出企业、行业、城市等三大规模效益之上的巨大空间规模的宏观效益。四是带动技术与管理创新。组建长沙大都市，无疑提供了技术合作新的天地与平台，更有利于推进科技进步和创新。同时，长沙大都市以构建统一的财政经济区为依托，旨在发挥财政“配置、分配和调节”的全职能杠杆作用，这种政府财政的重大管理创新必将带来巨大宏观效益和深远的积极影响。五是带动服务业大发展。服务业作为转方式、调结构的发展重点，长沙大都市的组建与长株潭城市群新的经济增长极的形成，必将为之带来快速发展的黄金时期。除特大城市与城市群发展本身所创造的机遇外，还将促成建设一个集传统文化、红色旅游和自然景观于一体的炎陵市新的旅游区。这样，加减乘除办法全方位使用，服务业搞上去了，优化了产业结构，大规模增加了就业，经济总量大了，单位能耗、物质消耗也会相应降下去。

（三）推进“两型社会”建设综合配套改革的创新效应

按照综改区批示精神，如何在重点领域和关键环节改革突破？怎样走出发展

新路？这从长株潭城市群综改区实践看，推进“两型社会”建设改革，其最大障碍就是由于行政利益分割的刚性与博弈，从而导致的产业布局趋同、生产分散化严重、主导产业链短、环境污染严重、生态恶化等问题。而组建长沙大都市，实行统一规划与资源配置，为产业集聚达到规模效应创造条件，让制造企业在转移的过程中实现新生产技术的应用和环境保护，真正实现产业布局的合理优化和资源集约利用，实质上就是按党的十七大精神走中国特色城镇化道路，基于长株潭城市群缺乏特大城市依托、湖南崛起缺乏特大城市支撑的严重困扰与发展所需，走出一条有别于传统模式的工业化、城市化发展新路。特别是长沙大都市以构建统一的财政经济区为依托，把跨行政区财政横向转移支付作为协调城乡区域关系、做大做强省会特大城市新的体制机制，这无疑是长株潭“两型社会”综改区在重点领域、关键环节上改革的重大突破。这一重大改革既是结合湖南省直管县财政体制改革，在夯实县域经济基础的同时做大做强特大城市与培育城市群新的经济增长极的当务之急，也是推进湖南省城乡区域经济协调发展并实现基本公共服务均等化的必然要求；而且又是国际通行做法特别是大国经济发展的重要经验，还是我国完善分税制改革的关键所在和加快经济发展方式转变的大势所趋，因而势必对推动全国体制改革、实现科学发展与社会和谐起到应有的示范和带动作用。

（四）经济结构与空间布局的调整优化效应

长期以来，由于长株潭内的各个城市属于不同的财政利益体，重复建设、盲目投资、相互污染等无序竞争愈演愈烈。比如，一个汽车厂家在湘潭办个厂，又到长沙办个厂，还到株洲办个厂，这样“一女嫁三郎”，把优惠政策和地方的行政性资源耗尽，企业规模本来就不大，力量又过于分散，因而极不利于引导企业做大做强和产业的集聚发展。组建长沙大都市，其主城区即长沙中心城市为统一的财政经济区，外城区为城乡统筹的基本公共服务均等区，区域一体化将十分有利于空间结构合理布局，相应带来经济结构的调整与优化。而且长沙大都市的主城区即长沙中心城市，从地理区位上看可谓是湘江大河湾连接长江大河口地带中间夹着半个洞庭湖的呈北斗星状的一座“吉祥之城”。按其主体功能区分布，其长株潭城区约4500平方公里的斗状中心城区，即铜官电厂至湘阴界线以南可作为行政、科教、金融、服务、商住、人口与企业总部等集中区，主要布局机械、电子、医药、先进装备、新材料、新能源等制造业、高新技术产业、物联网经济、文化产业与服务业等冷处理产业与绿色经济；铜官电厂至湘阴界线以北湘阴、汨罗滨湖示范区即洞庭湖曹溪港一带，可依托国家级循环工业园发展有色冶炼、钢铁、非金属矿产品加工等，重点布局热处理产业与循环经济；跨洞庭湖的岳阳城陵矶示范区长江岸线一带则布局发展大进出、大水耗的大化工、核电等能源产业，则其功能布局与空间结构完全符合湖南实际和科学发展观的要求。

（五）湘江流域与洞庭湖生态修复的环保效应

湘江流域治理，关键在于解决重金属和化工企业的污染源问题。一些冶炼与化工企业摆到清水塘与竹埠港等长株潭城市区，一是由于在该城区内没有更合适的大环境容量区，可谓是不得已而为之；二是由于本省内虽有长江岸线深水港区，但并不属于同一个财政利益体，可谓是肥水不落外人田而强为之。组建长沙大都市统一的财政经济区，既能解决环境容量问题又能解决利益分割问题，从而为根治湘江与洞庭湖生态修复创造必要的前提条件。例如，现清水塘的土地已做变性处理，按交通构局将为中心城市的中心枢纽区，按根治重金属污染也只能由建筑物加绿地全覆盖，一句话最适宜也只能搞商住楼。现在，根治湘江的规划已批准实施，彻底治理好其重金属污染源已是背水一战，如果不能打破现有的财政利益格局，甚至将清水塘的冶炼企业搬至环境容量更小的茶陵、攸县一带湘江支流，则将造成更大的环境灾难和民生问题。而组建长沙大都市，形成包括省内163公里长江岸线地区在内的统一的财政经济区，就可将之搬迁到湘阴洞庭湖区与岳阳长江岸线等环境容量大的地方，从而真正把湘江建成“东方的莱茵河”，甚至可以像首钢搬迁到曹妃甸建设新型工业化基地和滨海生态城市群一样，建成长沙大都市“两型”产业新的重化工业基地与生态卫星城。

（六）新型城市化与化解“三农”问题的促进效应

目前，“三农”问题已严重阻碍我国城市化与城乡消费力的提升，相应带来增长对出口与投资的依赖症与地区差距拉大等诸多经济社会问题，而该问题的症结则在农民工，其深层原因又是城市财政体制分割的利益刚性所致。通过构建统一的财政经济区来组建长沙大都市，其依托特大中心城市形成辐射作用大的城市群，实质上就是推进区域都市化、都市区域化和就近、就地城市化；同时，在长沙大都市实行“存量基数不动，增量因素人均”财政分配方式，存量基数不动

有利于优势地区优先发展，“增量因素人均”则鼓励和刺激中心城市更多吸纳人口和集聚产业。这样，势必形成长株潭城市群新的经济增长极对其间农村地区的全覆盖，约有2/3的农民将就近进入城市，由农民转化为新一代市民；另有1/3左右的农民集约化经营其收益也将大大提高，加之其虽居农村但也享有了城市设施条件与生活水准，按国际惯例统计标准即为城镇人口。由此看来，组建长沙大都市的新型城市化过程，将从根本上解决“三农”问题，并形成统筹城乡区域经济协调发展十分有利的新格局。

B.29

环长株潭城市群发展策略探讨

朱 翔　徐 美　吴智琴　谭 璟　胡清波　向 兰　杨华旗*

一　基本思路

我国区域经济的发展，逐步由行政区发展战略，演变为中心城市辐射带动发展战略。2005 年以来，国家相继推出上海浦东、天津滨海、成都、重庆、武汉、长株潭、辽中南、山东半岛、环鄱阳湖、皖江、中原、西咸、北部湾、海西等一系列先行先试区域。在国际金融危机的背景下，长三角、珠三角、环渤海等经济区面临着全面的产业升级。城市群现已成为国家空间发展战略的重点。

城市群的发展，要走生产发展、生活富裕、生态良好的文明发展道路，成为深化改革、区域创新、先进制造和现代服务的基地。城市群一体化的建设，应侧重于基础设施、产业布局、基本公共服务、城乡规划和环境保护等方面。

城市群空间结构优化提升的要点是：城市群要素的空间合理配置；消除不合理的行政壁垒和条块分割；大中小城市和小城镇协调发展；中心城市、边界城市、特色城市协调发展；集中与分散相结合，低密度空间与高密度空间相协调；由单中心向多中心、再向网络化和一体化演进；协调城市群内部的利益关系。

就城市群的产业布局来看，要变集中式布局为集中与分散相结合的生态型弹性布局；以信息化为支撑，创新驱动与智慧拓展；注重经济空间、社会空间、文

* 朱翔，湖南省政府参事，湖南师范大学教授、博士生导师；徐美、吴智琴、谭璟、胡清波、向兰、杨华旗，湖南师范大学。

化空间、生态空间的包容性成长；对城市群产业进行优化整合，培育高效益的产业链和产业集群；构建高效能的交通运输网络体系。

重点搞好绿色空间规划和生态人居建设，构建完善的基础设施和公共服务设施，努力提升当地居民的幸福指数。努力推进城市群的体制机制创新，对行政区划和管理体制进行优化调整，共建共同市场、排污权交易市场和碳交易市场。规划要反过来做，确定生态环境阈限和污染物排放总量。

鉴于上述，环长株潭城市群应注重以下方面：弹性发展，为未来发展留有余地；积极倡导包容性发展，构建紧凑合理的空间结构；“两型”、“低碳”发展，走生态、环保、宜居之路；“反规划”指导，建立城市群生态安全格局；区域、城乡统筹协调，走一体化建设之路。

二　产业发展

环长株潭城市群包括长沙、株洲、湘潭、岳阳、益阳、常德、娄底、衡阳8个地级市、12个县级市、27个县和617建制镇。该城市群土地面积9.65万平方公里，占全省的45.7%；2010年常住人口4008.16万，占全省的61.0%；地区生产总值12558.81亿元，占全省的78.3%；人均地区生产总值31843元；全社会固定资产投资8266.05亿元，占全省的84.2%；房地产开发投资1191.87亿元，占全省的81.1%；城镇居民人均可支配收入18933元，农村居民人均纯收入6810元。从2010年各城市地区生产总值来看，长沙4547.06亿元，株洲1275.48亿元，湘潭894.01亿元，岳阳1539.36亿元，常德1491.57亿元，益阳712.28亿元，娄底678.71亿元，衡阳1420.34亿元。环长株潭城市群现已进入国家重点建设的城市群行列，长株潭“两型社会”建设也步入由点扩面、核心区与辐射圈联动发展的新阶段。

环长株潭城市群具有如下特点：是湖南经济社会发展水平较高的地区；是湖南文化底蕴深厚的地区；经济区位相对优越，交通运输较为方便；农业生产条件良好，矿产资源较为丰富；城镇分布密度较高，主要城镇沿京广铁路、湘黔铁路和石长铁路分布。环长株潭城市群向北可直接联系武汉城市圈，向南可紧密联系华南经济圈，向东可积极呼应长江三角洲。

以“两型”为导向，创新驱动，统筹协调，错位发展，互动共赢。大力发展“两型”产业，积极培育战略性新兴产业，运用现代科技改造传统产业，抓紧淘汰高消耗、高排放、高污染、低效益的传统产业，优先发展绿色经济、循环经济和高技术产业。引导项目向优势区域集聚，引导项目向循环园区集中，狠抓重点项目，培育龙头企业，创立名牌产品，壮大产业集群，构建生产要素互补、上下游产业配套、横向成群、纵向成链，集聚化、集约化、集群化的产业发展格局。

该城市群产业结构的提升，主要是在国民经济中适度提高第二、第三产业的比重，在工业中率先提高先进制造业和高新技术产业的比重，在第三产业中努力提高信息、金融、旅游、物流等现代服务部门的比重。从 8 个城市的产业定位来看，可分为 3 个层次。长沙产业层次最高，可优先发展高新技术产业，诸如电子信息、新材料、先进制造、生物医药等，着重培养其主导职能。株洲、湘潭产业层次较高，可侧重发展钢铁、有色、机电、铁路机车、汽车、硬质合金、食品、成衣等部门，着重培养其产业带动功能。外围的岳阳、益阳、常德、娄底、衡阳 5 市必须因地制宜，各有侧重，优先发展优势产业和特色部门，并加强与长株潭 3 市的协作联系。

在城市群建设的过程中，8 个城市不必构建完整的产业体系，不要贪大求全，不要盲目攀比，更不要搞“一刀切”。应当明确各自的比较优势，因地制宜，突出特色，错位发展。根据 8 个城市的具体情况，其突破口选择如下：长沙——高新技术产业和高层次第三产业；株洲——电力机车、新材料、生物制药，以铁路枢纽为依托的现代物流；湘潭——钢铁、汽车、电机、纺织，以韶山为核心的文化旅游业；岳阳——石化、造纸、火电、农产品深加工，以岳阳楼、洞庭湖为核心的旅游业；益阳——机械、纺织、化学、农产品深加工，洞庭湖观光旅游业；常德——卷烟、食品、纺织、机械，辐射湘西北及周边地区的现代物流；娄底——钢铁、化工、建材、机械和现代物流；衡阳——机械、电工、化学、电子、轻纺，以衡山为核心的旅游业。

结合环长株潭城市群实际，搞好大旅游综合开发。可集中力量做好湖湘文化、红色文化、洞庭湖水景文化等旅游主题。工作重点包括：确定发展框架，明确开发方向，采取得力措施，吸引多方投资主体进入；结合城市规划建设，突出湖湘文化主题，注重提升城市群旅游的文化含量；结合当地实际情况，建设一批历史文化名镇，发展文化旅游业；搞好湖湘文化旅游产品的市场营销；积极开发

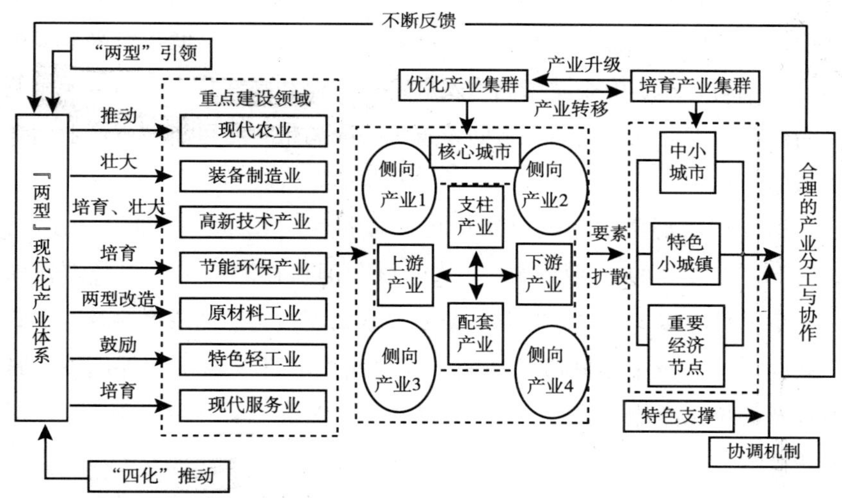

图 1　环长株潭城市群产业发展模式

工业旅游、"湘菜美食"旅游和旅游纪念品；结合新农村建设，搞好农业生态休闲旅游的开发；结合滨水区改造，搞好观光休闲旅游的开发；建设高水平的旅游电子信息服务平台；与周边地区重点旅游线路协调配合，强调优势互补，打造主题新颖、内涵丰富、特色鲜明的黄金旅游圈。

湖南历史悠久，文化底蕴深厚，应把文化产业作为城市群建设的一个重要方面。以长沙市为核心，大力发展影视、演艺、出版、报业、动漫、会展等部门，并带动整个城市群文化产业的发展。其余 7 个中心城市可根据自身实际，侧重发展各自的优势部门，比如节庆、宗教、会展、民俗等。与新型工业化相呼应，抓紧培育时代特色鲜明、商业内涵丰富的企业文化。与城市化相呼应，保护城市历史文化遗产，尤其是古街区和古建筑，营造城市的特色文化。

三　空间布局

环长株潭城市群的发展形态是：点、线、面相结合，其中农田、森林、水面为面状，交通干线为线状，工业企业为点状，城市为岛状。主要城市之间隔以广阔的农田、森林和水面，其间拥有现代化的交通运输联系、信息网络联系和金融贸易联系。促进城市生态环境向绿化、净化、美化的方向转变。可采取集中与分散相结合的布局方式，中心城区侧重发展第三产业和高新技术，边缘城镇侧重发展加工制造业，工业区与生活区之间设置生态隔离带，尽可能减少产业活动对于居民生活的干扰。

环长株潭城市群的空间网络结构可以概括为“12345”，即“一核、两圈、三轴、四带、五心”的空间格局。①“一核”即长株潭都市区极核。长株潭都市区是一个由长株潭3市城区和若干紧密关联的周边组团构成的多核组团式中心城市，共同承担省域中心城市的功能。②“两圈”即紧密层和外围圈。紧密圈即前面论及的长株潭都市圈，以长株潭三市城区为起点，高速公路半个小时所能到达的城镇为边界，包括宁乡、浏阳、湘阴、韶山、醴陵和湘乡等城镇，应将其纳入到长株潭紧密层的卫星城镇来发展。外围圈由岳阳、常德、益阳、娄底和衡阳5个地级市构成。③“三轴”即沿京广铁路（京珠高速、107国道、武广高铁以及湘江生态经济带）、湘黔铁路（上瑞高速）和石长铁路（长常高速、319国道）一纵两横的三条城镇发展轴线。④“四带”：一是长—岳功能带；二是长—益—常功能带；三是长—娄功能带；四是长—衡功能带。⑤“五心”：以岳阳、常德、益阳、娄底、衡阳五城市为中心的外围城镇群，在做强外围5个地区中心城市的同时，逐步推进以岳阳、常德、益阳、娄底、衡阳为中心城镇群协调发展。

环长株潭城市群拥有承东启西、连南接北的区位优势。铁路干线如京广线、湘黔线；公路干线如106、107、207、319、320等国道，京珠、上瑞、衡昆、长潭西、长常、常张、常浏等高速公路；水运以洞庭湖为核心，以湘、资、沅、澧四水为干线，向东、南、西三面辐射；航空以长沙黄花机场为核心。建立高效率、生态型的现代交通网络，促进公路、铁路、水运、航空等运输方式的高效衔接，通过增长极与开发轴带动整个城市群的发展。充分发挥岳阳、常德等城市的门户功能，以及株洲、衡阳等城市的枢纽作用，加强与武汉城市圈、成渝城市带、珠三角、长三角的发展联系。在加强轨道、公路网络建设的同时，深入挖掘水运、港口和航空的潜力，构筑具有“两型”特色的快速便捷、高效安全、低耗环保的现代化交通网络。

在环长株潭城市群内部，彼此相连以城际铁路为主。重点项目包括：①横贯

洞庭湖区北部的铁路，把岳阳与常德连接起来。②连接益阳—娄底—衡阳的铁路，其中益阳—娄底段为洛湛铁路的一部分。③湘东铁路，连接岳阳—平江—浏阳—醴陵—攸县—茶陵—安仁—耒阳，对于湖南东线开发具有重要意义。④武广快速铁路，在岳阳、汨罗、长沙、株洲、衡山、衡阳、耒阳、郴州设有车站，可抓紧搞好配套建设，并加强与其他运输方式的衔接。⑤上海—昆明高速铁路，基本上与浙赣线—湘黔线平行，拟在易家湾附近与武广高铁交汇，可显著加强城市群的东西向联系。⑥尽快修建长株潭轨道交通系统。该系统分为三市市际线网与市内线网两大部分。⑦建设好长沙市地铁系统，共包括6条线路，近期集中力量建设好1号线和2号线。

四　生态环境保护

环长株潭城市群涉及湘、资、沅、澧四水流域和洞庭湖区，实际上可作为一个相对开放的生态环境空间系统。该城市群的环境保护，要充分考虑到上风向与下风向、河流上游与下游的关系，反对以邻为壑和转嫁污染。工作重点包括：①全面减少污染物排放总量，重点监控COD、SO_2、镉、砷的排放。②全面提高达标率，到2015年，主城区生活垃圾无害化处理率和污水集中处理率分别达到100%和90%。③对拟上马的项目实行严格的环境评价，全面贯彻执行环境准入制度，从严控制制浆、制革、印染、农药、小水泥以及镉、汞、铅、砷等重金属污染的项目，长株潭3市市区则要严格禁止上马此类项目。④城市群绿心和生态绿地实行严格的规划控制和生态保护。⑤建立水质断面监控制度，下游污染，上游扣分。在湘江、资水枯水期，污染严重的工业企业必须限产或者停产。⑥采取得力措施，严格保护东洞庭湖、南洞庭湖和西洞庭湖3片国际重要湿地。⑦根据当地的实际情况，尤其是考虑到生态脆弱程度，进一步划分出自然保护区和禁止开发区，努力减少经济活动对于环境生态的不利影响。⑧建立生态补偿机制，一部分地区可划为生态保护区，省、市两级政府采取专门政策予以补偿。

环长株潭城市群拥有丘陵与盆地交错、田园与山水交织的生态优势，丘陵、河流、湖泊、农田、森林兼而有之。城市群内部初步形成以“一心”（长株潭生态绿心）、“一脉”（湘江）、“一肾”（洞庭湖）为骨架，生态核心、生态斑块、生态走廊兼备的空间格局。依托山水相连、绿色相间的丘陵地貌，注重依山就水，推进重要水源区、自然保护区、森林公园、生态隔离带、湿地等生态区域的保护，加强带状绿地等生态廊道建设。以涵养性开发为主线，采用圈层式、组团网络化、生态耦合方式，构建“一心两带四屏、一湖四水”的多廊道、多斑块的生态网络空间布局。

长株潭生态绿心建设。城市群绿心地处长沙、株洲、湘潭三市交界处，当地拥有石燕湖、昭山等自然保护区和风景名胜区，具有很高的生态价值。应充分发挥“绿心”的生态功能，构建“斑—廊—基”绿地景观格局，遏制长株潭市区“摊大饼”式的无序扩张。

交通景观廊道建设。纵向廊带沿京广线、京港澳高速、107 国道、武广高铁展布，横向廊带沿湘黔线、上瑞高速、320 国道展布，具备生态环保、调节气候、减轻污染等功能。

“四水”生态蓝带建设。湘、资、沅、澧水四水生态廊道，起着保护沿岸生态、改善人居环境等重要功能。重视保护沿岸丘陵、农田、湿地，按群落原理构建乔、灌、草相结合的滨河绿带。

“四屏”生态斑块建设。以城市群内壶瓶山、桃源洞、乌云界、南岳衡山四大国家级森林保护区为中心，增强森林景观涵养水源、保持水土、吸收污染物、保护生物多样性等功能。

“一湖”洞庭湖湿地建设。洞庭湖湿地面积大，生物多样性丰富，调洪蓄水功能强。但由于盲目围垦、泥沙淤积和江湖关系变迁的影响，洞庭湖面临河湖淤积、湖容萎缩、内渍内涝等问题，湿地调蓄功能正在衰退。应把洞庭湖湿地的保护提升到战略高度，优化水环境，建立完善的湖区保护林体系，保持水土，禁止围垦，有计划地退田还湖；改良排灌体系，提高防洪防涝防渍能力，同时加强生物多样性的保护，提升洞庭湖的生态价值。

城市承载力是指城市的资源禀赋、生态环境、基础设施、就业岗位、公共服务等对城市人口与经济社会活动的承载能力。城市承载力具有综合性、复杂性、开放性和动态性的特点。结合区域承载力，选取人口总量、建设用地和占用耕地总量、机动车拥有总量、COD 和氨氮、SO_2、重金属排放总量、工业烟粉尘排放量为主要指标，确定其在 2015 年、2020 年和 2030 年的指标值上限，作为城市群承载力的控制上限（见表 1）。

表1　环长株潭城市群承载力上限

年份	2010	2015	2020	2030
人口（万人）	4008.16	4155.73	4292.58	4567.57
耕地（万公顷）	237.99	237.45	236.83	235.47
建设用地（万公顷）	96.48	101.24	105.33	113.46
建设用地占用耕地（万公顷）	—	0.30	0.69	1.18
机动车总量（万辆）	435.12	717.95	1076.93	1507.70
SO_2 排放量（万吨）	50.53	45.65	41.54	32.82
COD 排放量（万吨）	48.30	43.47	39.13	30.91
氨氮排放量（万吨）	4.52	3.16	2.22	1.09
工业烟尘排放量（万吨）	18.20	10.86	6.52	1.96
工业粉尘排放量（万吨）	26.02	15.61	9.36	3.37
汞（吨）	0.41	0.32	0.24	0.12
镉（吨）	10.43	7.83	5.87	2.88
铬（吨）	3.83	2.87	2.15	1.05
铅（吨）	25.60	19.80	14.85	7.43
砷（吨）	44.16	33.12	24.84	12.16

五　城市群网络建设

环长株潭城市群的规划建设，要坚持“两型”引领“四化”，“四化”推动“两型”，以长沙、株洲、湘潭3市为核心区，增强其辐射带动能力，以岳阳、益阳、常德、娄底、衡阳5市为拓展面，并充分发挥地缘优势，推进与长三角、珠三角、武汉经济圈的对接与合作，在更大范围内优化资源配置。环长株潭城市群采取强心、布网、耦合的发展模式，推进8市基础共建、资源共享、产业共聚、生态共保、优势共创，建立高效能、开放型、具有国际品质的现代化生态城市群。

强心。长株潭三市作为环长株潭城市群的核心，关键在于“强心”，重点培育长沙、株洲、湘潭三个中心城市，扩容提质，将其打造成强有力的增长极，进而辐射带动周边区域的发展。岳阳、益阳、常德、娄底、衡阳5个中心城市也要做大做强，带动所在地区和周边城镇的发展。

布网。环长株潭城市群需要构筑高效率的交通运输网络，推进城市间的合理分工与协作交流，进而构建功能清晰、等级分明的城乡网络体系。建设点圈轴联动的产业分工网络、空间布局网络、城乡体系网络、生态环保网络，将本城市群建设成以特大城市为中心、城市分工合理、产业布局科学的生态经济综合体。

耦合。通过资源、产业、功能、空间、管理等城市资源的有效整合，在城市群内部形成合理有序的圈层网络结构，以及相互依存、相互制约的产业空间布局。依托快速便捷的交通运输网络，加强人口、资金、信息、科技、创新等生产要素的快速空间流动和高强度交互作用，进而促进城市群与周边经济圈的耦合发展，培育城市群的产业链、产业集群和特色功能板块。

环长株潭城市群位于我国中部枢纽位置，应重点加强与武汉城市圈、成渝、珠三角和长三角的发展联系，充分依托长江，形成开放开发的新态势。①将武汉城市圈与长株潭城市群沿京广线共同建设成城市连绵带。武汉城市圈产业发达，科技水平高，与长株潭城市群互补性强，应加强这两大城市群的发展联系。②成渝经济圈是我国西部重要的能源基地、重型装备制造基地、国防工业基地。长株潭与其联袂合作，发展前景十分广阔。抓紧修建长沙—重庆铁路和常德—安康铁路，将常德建设成向西联动成渝经济圈的桥头堡。③依托京广线、武广高铁和京港澳高速，扩大与珠江三角洲的联系交流，积极承接产业转移，重点承接电子信息、生物医药、新材料、先进制造、节能环保等产业部门。④向东联动长三角经济圈，加强与长三角的经济、技术合作。重点建设好岳阳城陵矶——松杨湖港口工业区。

在城乡统筹方面。本城市群拟构建“中心城市—次中心城市——般城市—重点镇—普通建制镇”的五级城镇体系结构，建设以中心城市为龙头、次中心城市为支柱、一般城市和重点镇为基础、普通镇为支撑的城镇网络体系，逐步形成规模层次清晰、职能分工明确、空间布局合理的城镇体系结构，以城带乡，带动周边地区加速发展（见表2）。

表2　长株潭城市群城镇体系建设

体系结构	城镇名称
一级中心城市	长沙市
二级中心城市	株洲市、湘潭市、岳阳市、常德市、益阳市、衡阳市、娄底市
次中心城市	长沙县、宁乡县、浏阳市、醴陵市、攸县县、湘潭县、湘乡市、汨罗市、华容县、湘阴县、沅江市、桃江县、澧县县、桃源县、耒阳市、衡阳县、冷水江市、涟源市
一般城市	株洲县、茶陵县、炎陵县、韶山市、临湘市、岳阳县、平江县、南县、安化县、津市市、临澧县、汉寿县、石市县、安乡县、常宁市、衡东县、衡山县、衡南县、祁东县、新化县、双峰县
重点城镇	黄兴、江背、大瑶、永安、玉潭、花明楼、双凫铺、高塘岭、丁字、白兔潭、茶陵城关、霞阳、攸县城关、皇图岭、易俗河、花石、棋梓、韶山乡、松柏、三塘、西渡、衡东城关、新塘、开云、洪桥、白地市、长乐、华容城关、羊楼司、汉昌、文星、荣家湾、新墙、蒿子港、安乡城关、汉寿城关、澧阳、澧县城关、合口、楚江、新关、漳江、陬市、东坪、梅城、南洲、茅草街、桃花江、灰山港、南大膳、七星街、永丰、三塘铺、上梅
普通建制镇	除重点城镇以外的建制镇

明确中心城市功能定位，实现优势资源合理整合与优化配置，加强岳阳、益阳、常德、衡阳、娄底五市与长株潭的有序对接，加快中心城区建设步伐，提升中心城市对周围地区的辐射带动作用。次中心城市应突出自身优势和地方特色，加强与中心城市交流，承担中心城市一部分功能。一般城市和重点镇应强调产业集中发展，彰显优势与特色，加强与中心城市的联系，延长产业链，发展深加工，增加居民收入。普通建制镇与农村联系密切，应着重发展为农村服务的产业类型。与此同时，构建城乡统筹的交通物流网络体系、基础设施和公共服务设施体系。

B.30

关于开凿郴资桂运河与郴州构建生态型山水城市的设想

郭辉东*

“船到郴州止，马到郴州死，人到郴州打摆子”。这句顺口溜已流传千百年。未来的岁月，大船能不能在郴州航行？能！回答是肯定的。郴州独特的地势地貌和丰富的水资源条件，具备构建中国乃至世界独特山水城市的生态条件。在中共湖南省委“迎接党代会，迈向新征程”问政于民问需于民问计于民活动中，笔者应约发出了“关于开凿湘资沅运河的建议——兼谈三湘四水能够形成新的水系图和航运网”，引起了强烈反响。红网网友“无道飞车”、郴州市人民医院副院长曹文声发出“郭辉东专家，家乡人民请你向有关部门建议开凿东郴（东江至郴州）运河”的呼吁。说实话，郴州能不能开凿运河？此前笔者没想过。初步寻思后，觉得几乎是不可能的。经过反复查找相关信息并借鉴古今中外打造水环境和营造生态城市的经验，运用多种知识进行创造性组合，理想而又可行的方案有了。春节前后笔者又两次到郴州市区、永兴和东江水库实地考察，结论是原有设想基本可行，只要利用好雨洪水资源和从东江水库引入适当的水量，就能使郴资桂运河的水流起来、动起来、美起来，郴州能够成为中国乃至世界最具特色的生态型山水城市。

一　重新认识郴州

郴州东边有东江水库，西边有欧阳海水库，南边高山有多座水库，从东到西有多条纵向河流，独特的地势地貌和丰富的水资源，具备构建中国乃至世界最具

* 郭辉东，湖南省政府原参事，省政府经济研究信息中心原巡视员、研究员，长江技术经济学会常务理事，洞庭湖可持续发展研究会副理事长。

特色生态型山水城市的自然地理条件。

（1）郴州的风是怎样吹的？郴州的水是如何流的？郴州的山岭是怎样生的？郴州的草木是如何长的？

古人云："地理之道，山水而已"。郴州是湖南的南大门，土地总面积19388平方公里，位于南岭山脉中段与罗霄山脉南段交汇地带，地处湘江赣江珠江三大水系结合部，属亚热带季风湿润气候。岭南岭北温差较大，岭北柳树刚发芽，岭南绿叶已满枝。资兴与桂东交界的八面山主峰海拔2042米，苏仙区狮子口1914米；最低点为北部永兴塘门口西河出口处，海拔93米。骑田岭是湘江与珠江水系的分水之脊，北湖区二尖峰1654米，岭北为湘江水系，岭南为珠江水系。岭北溪河17条，西河、同心河、郴江、东江向北由塘门口入耒水，在衡阳市茶山坳汇入湘江；岭南溪河7条，章溪水、田头水、罗家水南入珠江。独特的地理位置形成了"郴州之水天上来地面流"的基本特征，山川倒"U"形的构造，使"南风难进北风易进"和雨水很容易从陡坡倒"U"形底部流走，暴雨之时易发洪灾，无雨少雨之时多发旱灾。

在100万～300万年前，郴州属华夏古陆沉积区范围，三迭纪时境内仍处于浅海环境，侏罗纪时境内为海陆交替及湖泊环境，白垩纪时境内为陆相环境。燕山运动造成的大断裂形成"永兴茶陵盆地"，永兴湘阴渡白露罐正断裂、龙王岭西北坡逆断裂、龙王岭东麓正断裂、塘门口安陵—城郊观前正断裂，构造了永兴至郴州闭环水环境内的便江塘门出水口。郴州境内地质构造错综复杂，岩石以花岗岩、石灰岩、丹霞岩、变质岩为主，谷歌卫星地图可清晰地看到这一地形奇观。郴州地形以山地丘陵为主，除旧城区、白露塘新区较大外，良田、栖凤渡、华塘、万华岩、石盖塘、许家洞、马头岭等，一般为3～5平方公里，难以寻找到20平方公里以上的发展空间。境内群峦起伏，山奇水秀，万木葱郁，"四面青山绿翠屏，山川之秀甲楚南"，有被誉为"天下第十八福地"的苏仙岭，有以"天下第十八福泉"著称的圆泉，有因中国女排训练基地而闻名中外的北湖，还有数千年滋养郴州人的桔井。郴州自古以来林木生长良好，但岩石裸露的山地难以长出成片大树，也少有草甸地，不能长出"风吹草低见牛羊"的牧草。上述种种原因，导致了"船到郴州止，马到郴州死"。

（2）区域发展与规划理论研究表明：内陆城市一般沿主要经济流向和重要交通干线发展，特大城市的直接辐射半径一般为300公里，在两个特大城市直接辐射的空白地带，将会崛起一座新的大城市。位于广州与长株潭之间的郴州有可能发展成为 100 万人口的大城市，但在交通大动脉上应形成“十”字形综合交通枢纽，同时要创建旱涝无忧的宜居宜业环境。

郴州位居京港交通干线之上，南距广州 370 公里，北距长沙 300 公里，属于南北两座特大城市直接辐射带动范围之内，从区位条件看有可能发展成为 100 万人口的大城市。郴州城市总体规划的长远设想，应当沿郴资桂大道分别向东往资兴、向西往桂阳两翼扩展，南以宜章为天门（也称气口）、北以永兴为地户（也称水口），构建大郴州城镇群一体化的城镇空间格局。2030 年中心城区人口规模将达到 85 万人，若加上南北向的宜章、永兴两座卫星城市，人口能达 100 万以上。在这一格局中，单凭纵向交通干线连通是很难成为大城市的，若再以水路与水网连通，必能水到渠成。

从郴州交通状况看，主要铁路公路干线已经和将要形成“八纵五横”的格局，纵向有京广铁路、京港高速铁路、京珠高速公路、京珠高速公路复线、107 国道、106 国道、岳阳至汝城高速公路、安仁至乐昌公路；横向有厦蓉高速铁路、郴资桂嘉高等级公路、省道 323 ~ 212、省道 322、省道 324。2010 年 9 月 25 日，笔者与朱翔、李松龄、石建农等 4 位省政府参事在郴州调研时提出：“郴州应该从南北纵向型交通变成十字交叉型交通，要改变郴州无东西向铁路的历史，建议加快桂林—郴州—赣州铁路建设。”此建议若能变成现实，郴州就能成为昆明至台湾高速铁路的连接点，把郴州与赣南、闽西、台湾、永州、桂林以及东南亚便捷地连接起来。大郴州的形象应当是：湖南最开放城市、湘粤赣省际区域中心城市、国家园林城市、中国最具吸引力旅游城市、世界最具特色生态型山水城市。

（3）郴州东边有东江水库，西边有欧阳海水库，从东到西有东江、郴江、同心河、西河等多条河流。东江（永兴境内称便江或耒水）与西河像张开的双臂把郴州抱在怀中，但却处于“有纵无横”的自然状态，没有网格状态的河湖将水储存下来。郴州不缺水，但很长一段时间郴州的水却白白地流掉了。

郴州独特的地势地貌和丰富的水资源，具备构建中国乃至世界最具特色山水城市的自然地理条件。东江水库正常蓄水位 285 米，相应库容 81.2 亿立方米；小东江水库正常蓄水位 148 米，库容 1054 万立方米，已形成水深 6 米、面积 500 公顷的人工湖；欧阳海水库最高蓄水位 130 米，相应库容 4.24 亿立方米。郴州

市南边高山之上有山河、高峰、仙岭、四清等多座水库，其中高峰水库正常蓄水位662.5米，库容1200万立方米；山河水库是郴州市城区人民的饮用水源，库容2020万立方米。北边的永兴一级电站蓄水位107.46米，二级电站蓄水位96米，二级电站位于西河流入耒水的入口处之下，已形成一个能够关闭东江、西河出水口的一道闸门。从上述水利工程正常蓄水位可以看出，郴州境内已形成若干个水平面。包括：塘门口96米、永兴一级电站107米、欧阳海水库130米、小东江水库148米、东江水库285米（死水位237米）、高峰水库662.5米。

只要顺应自然而又能动地改造自然，巧妙而又科学地利用独特地势地貌和丰富水资源，沿郴资桂大道开凿一条运河，就能把东江与西河连通起来，同时在不同水平面开凿两条横向的小运河，就能在永兴塘门口以上形成一个纵横相连、江湖相通的闭环水网，进而把郴州打造成中国乃至世界最具特色的生态型山水城市。

二　重新设计郴州

利用龙潭峡谷与山河水库储集天然降水，在适当位置建造两至三座抽水蓄能电站，开凿郴资桂运河连接东江与西河，市区低洼地带可深挖一批湖泊，能够在永兴塘门口至资兴与郴州市区形成一个闭环的水网。

郴州市区年均降水量1466毫米，境内5公里以上或流域面积10平方公里以上的溪河319条，每年分别为湘江、赣江、珠江水系提供约97.45亿立方米、23.95亿立方米和6.48亿立方米的水资源。郴州水资源丰富，市发改委主任向罗生在文章中把郴州称为“华南水塔”。郴州3～6月降水量占全年的51.7%，5～8月份发生暴雨洪水的几率占全年的80%以上。郴州降水量最少的月份主要集中在11月、12月、1月、2月的120天之内，这段时间郴江流量常常不足1立方米/秒，甚至断流。为了保证郴江在枯水期有最基本的生态用水和景观用水，必须保证郴江有3～5立方米/秒流量的清洁水流，共需提供3100万～5200万立方米的水量，也就是说郴州市区生态用水和景观用水的总量需5000万立方米。目前，郴州市供水是从小东江水库引水，提升电力成本2010年为0.45元/立方米。如果市区人口达100万人，日供水量为80万立方米。郴州市上游现有山谷水库储水量9100万立方米，已计划修建的山谷水库储水量5400万立方米。要满足市区人口饮用水以及生态用水、景观用水的需要，除就地挖潜和节约用水外，今后还必须加大从东江水库的引水量。

郴州市水量虽多但无较深较大的河流，虽有多条南北纵向河流，却没有连接东西的纵向河流和能储水的较大湖泊，更无法形成纵横相连的水网。重新设计郴州和大手笔构建郴州水环境，就应有前瞻性的思维、现代化的水准、区域性的特色、可操作性的方案。可供选择的方案有：从东江水库大垅开凿隧洞引水至龙潭峡调节水库并储集天然降水，在五盖山与王仙岭适当位置修建两至三座抽水蓄能电站，沿郴资桂大道开凿郴资桂运河连接东江与西河，市区低洼地带深挖一批湖泊，就能在永兴塘门口至资兴与郴州市区形成一个闭环的水网。

现代世界是网络的世界，水网是所有网络的基础之一。有水就有春天，有水就有绿色，有水沙漠也能变绿洲。开凿郴资桂运河与构建独具特色的郴州水环境有以下六项工程。

1. 工程之一：开凿连接东江至西河的郴资桂运河

以小东江水库 145 米处为引水起点，自东向西沿郴资桂大道开凿一条人工河道，西河的受水点可选在华塘镇同和乡，全长 60 多公里。同和乡大回湾西河出境处海拔 135.2 米，是郴州市区最低点。郴资桂运河东段应在郴资桂大道南边，西段应在万华岩溶洞以北的郴资桂大道北边。郴资桂运河延长线连接春陵水及欧阳海水库时，应注意东西两头接点的海拔高度，过低则有可能使东边的水过多地流到西边，最佳选择是桂阳县境内的运河以春陵水作为水源，桂阳县城新区可向北靠近欧阳海水库。

2. 工程之二：在五盖山北部峡谷扩建龙潭峡水库

五盖山之于郴州如同玉龙雪山之于丽江。五盖山与王仙岭由东到西有山河、石河、东河、草水等 4 条河流，山河水库已修建，龙潭峡谷具备扩建水库的天然条件。这些水库水的主要来源是储集天然降水，也可调蓄从东江水库引入的水源。这些水库的作用有三个：一是给郴资桂运河供给部分水源；二是为抽水蓄能电站低位水库储水；三是给郴资桂运河南侧拟建的人工瀑布和喷泉供水。

3. 工程之三：在东江水库大坝西侧的五盖山适当位置修建两至三座抽水蓄能电站

抽水蓄能电站工作原理是在电力低谷负荷时，用大功率抽水机将低位水库的水抽到 300 米以上的高位水库储存起来。用电高峰时，开启高位水库闸门，将水

放到低位水库带动发电机发电，将势能转化为电能。抽水蓄能电站是高效低耗的绿色工程，能改善水火电运行工况，节省煤炭，减少污染。水是一种可循环利用的资源，一定量的水，只要不被消耗或严重污染，可以多个环节无限次使用。低位水库的水可以抽到高位水库储存起来，反复循环使用。抽水蓄能电站是一个大的蓄电池，每次能量转变过程的能量消耗仅20%。长沙市黑麋峰抽水蓄能电站上下水库相距930米，利用落差约300米，上库容量505万立方米，下库容量497万立方米，装机规模120万千瓦，年发电量3.6亿千瓦时，工程动态总投资34.0亿元。从地势和水资源量看，郴州建抽水蓄能电站的条件比长沙好得多，发电用水量、利用落差与发电规模都优于长沙。在东江水库大坝西侧的五盖山适当位置修建两至三座抽水蓄能电站，低位水库只需扩建龙潭峡水库一个，高峰水库可作为高位水库使用，柿竹园采空区可修造一个面积30～50公顷的湖泊，相应地还需修建上下位水库与之配套，可以成为一举多得的创新工程，还能为郴州旅游增添令人向往的现代景点。

4. 工程之四：疏浚扩展西河并在东江与西河之间开凿两条小运河

①疏浚扩展西河。西河全长136公里，流经桂阳、北湖区和永兴，在永兴与耒阳交界处塘门口入耒水，西河在供水、航运和打造优美水环境等方面能够发挥大的作用。湘江9级梯级电站建成后，1000吨级轮船可直航衡阳。耒水与东江航道势必扩展，西河航道一期工程应按三级航道的标准建设，使1000吨级轮船直航郴州的港口。二、三级航道水深要求是3.5～4.0米与3.0～2.6米，随着我国水运事业的发展，耒水有可能打造成二级航道，郴州有可能通行2000吨级轮船。为了使西江河道在塘门口能够发挥多功能作用，应当选择适当位置建造垂直升船机、泄洪道、排沙孔道和鱼道。②永碧运河。永兴境内的西河湘阴渡至便江碧塘需开凿一条运河，长约8公里。③西河荷叶坪至郴江铜坑湖运河，向东连接长冲铺、许家洞至瓦窑坪与东江相连，长约8公里。

5. 工程之五：在一些低洼地带开挖若干个调蓄水资源的湖泊

要改变郴州山川倒“U”形不能储水的现状，就应当把“U”形顺过来，开挖一些湖泊作为盛水的“坛子”和“缸子”，并使河湖相通。郴州已制订了“10湖方案”，居西河与郴江连接线中间的铜坑湖已列其中，还可供选择开挖湖泊的地点有：①同和乡。此处系拟开凿的郴资桂运河与西河的交叉连接点，向西可连春陵水及欧阳海水库，在此可设立郴州西航运码头。②瓦窑坪。此处系东江与郴江连接线的交汇点，在此可设立郴州东航运码头。③神合塘。此处居五盖山出水口，可筑堰并挖一个瀑布受水池，以便造就大型喷泉和人工瀑布。④白露大道与郴资桂大道、西河东路围合的区域可修建一个60公顷的白露湖。⑤栖凤渡。⑥湘阴渡。

6. 工程之六：郴资桂运河东段能打造成丰富多彩的人工瀑布景观

瀑布是指水从悬崖或陡坡上倾泻下来而形成的水体景观，瀑布以其由山水有机结合的特点，成为极富吸引力的自然景观。随着园林事业和旅游业的蓬勃发展，人工瀑布景观已成为人们喜闻乐见的水景形式。依据水的可塑性，巧妙利用五盖山与王仙岭流下的水建成堰顶蓄水池，在拟开凿的郴资桂运河东段南侧打造绚丽多姿的瀑布和喷泉，能够创造丰富多彩的瀑布景观。

三 重新打扮郴州

借鉴古今中外开凿运河与打造水环境的成功经验，治山治水与城乡建设相结合，能够把郴州市打造成中国乃至世界最优美的令人向往的山水福城。

（1）树立科学发展观，坚持走以人为本的可持续发展道路，推动郴州市走上生产发展、生活富裕、生态良好的文明发展道路。

未来的郴州，应当因林而兴，因水而美，使水流起来、动起来、美起来，水在城中，山环水转，山清水秀，水清船行。郴州市的水环境建设，应当树立科学发展观，坚持走以人为本的可持续发展道路，推动郴州市走上生产发展、生活富裕、生态良好的文明发展道路。着眼于城市建设与生态环境共同发展，高起点规划，高标准建设，高水平经营，形成空间结构融为一体、基础设施配套共享、生态环境相互融洽、环境面貌各具特色的新格局。人有人行道，水有水行道，这是自然法则。要建立比较完善的防洪体系和水资源综合利用体系，既要加强滞洪区安全建设，把雨洪水作为资源，给洪水找好归宿；又要加强水源保护区环境保护和生态补偿机制建设，并注意防治有色金属矿山和冶炼企业的重金属污染；还要用好中水（经过城市污水处理后达到国家规定水质标准的再生水）这个城市第二水源。

（2）开凿郴资桂运河与郴州构建独具特色的水环境，地形地质条件是允许的，水资源条件是具备的，施工技术是成熟的。若能开凿和构建成功，必能成为

造福子孙后代的德政工程。

运河是人工开凿的航道渠道，中国最早的运河是距今2500年前开凿的沟通长江与汉水的扬水。埃及、巴比伦、希腊、罗马在公元前都开挖过一些运河。18世纪下半叶至20世纪上半叶，世界上开挖了一些著名的运河。我国现代最大的运河是长江荆州至汉江高石碑的引江济汉工程，总投资61.69亿元，全长67.23公里，渠道底宽60米，航道水深5~6米，可通行1000吨级船舶，预计2014年建成。湖南省目前拟修的是湘桂运河东线，自湘江苹岛经潇水、恭城河至广西平乐入桂江，全长332公里，其中开挖人工运河42公里，按三级航道标准开发建设。

开凿运河的路线选择应合理利用原有河流与水库，统筹兼顾供水、灌溉、防洪、航运、水力发电等方面的利益，对堤坝修筑、河道疏浚、岸线整治进行综合治理与开发。从目前掌握的相关资料看，开凿郴资桂运河与构建郴州独具特色的水环境，地质地形条件是允许的，水资源条件是具备的，施工技术是成熟的。若能开凿成功，对于调剂水资源，发展水上运输，构建旱涝无忧的水环境是有益的，必能成为造福子孙后代的德政工程。

（3）借鉴古今中外打造水环境的成功经验，治山治水与城乡建设相结合，能够把郴州市打造成中国乃至世界最优美的令人向往的山水福城。

中国在20世纪50年代提出“城乡园林化、绿化”的对策之后，又于1993年2月召开了中国“山水城市讨论会”，钱学森先生指出，21世纪的中国应该是集城市森林为一体的“山水城市”。著名建筑学家和城市规划学家吴良镛先生研究中国传统城市与山林水网密切结合的特点之后指出：“中国城市把山水作为城市构图要素是中国传统‘天人合一’的哲学观，重视山水构图和城市选址布局的‘风水说’等理论有关”。

我国古代先贤在城郭选址和创建宜居宜业环境方面有很多成功的范例。《管子·乘马篇》说：“凡立国都，非于大山之下，必于广川之上。高毋近旱，而用水足，下毋近水，而沟防省。因天材，就地利，故城郭不必中规矩，道路不必中准绳。”构建人水和谐的优美水环境，要学习北京、苏州、赣州、柳州、青岛等城市建设与美化城市水环境的经验，学习江苏、浙江疏浚和开发利用江河的经验，学习长株潭建设湘江风光带以及丽江、凤凰、永兴建设山水城市的经验，根据郴州的资源禀赋、现实基础和发展取向，郴州市应继续以国家级园林城市为目标，治山治水与城乡建设相结合，利用河流水系与绿化带构建蓝脉绿网城市绿化体系，把郴州市打造成中国乃至世界最优美的令人向往的山水福城。建筑是凝固的音乐，郴州市城乡建筑应当形成自己的个性特色，强制实行新建民用建筑节能65%设计标准。

四　本设想的创新点及与其他方案的比较分析

对于开凿运河从东江水库引水和营造郴州市水环境的问题，已经引起各方的关注。加强城区生态水环境建设，中心城区建设十山十湖，构建河湖互补城市水网，构建蓝脉绿网城市绿化体系等已列入郴州市城市建设规划。苏仙湖、爱莲湖、王仙湖、石榴湾郊野公园等水景工程已开工兴建。周江、曹诗国等人发表的《关于郴州中心城区水景规划建设的思考》，对从东江水库引水进入中心城区提了四个方案，本设想与该方案相比较有诸多创新和不同。

1. 本设想的创新点

（1）运用多种知识进行创造性组合，按照生态文明时代的要求，提出了把郴州市营造成中国乃至世界独具特色的生态型山水城市的理念和整套方案。

（2）提出了开凿郴资桂运河与郴州构建独具特色水环境的总体设想，该运河能够用流动的水把东江水库与欧阳海水库以及郴州与资兴、桂阳连接起来。

（3）提出了在永兴塘门口以上把东江与西河连通起来，构建多水平面纵横相连、江湖相通的闭环水网的可行方案，其中荷叶坪、瓦窑坪以北的河流争取创造条件通行1000吨级轮船。

（4）提出了在东江水库大坝西侧的五盖山与王仙岭适当位置修建两至三座抽水蓄能电站的设想，这一新兴绿色能源工程可以储集天然降水世世代代永续利用。

（5）提出了在郴资桂运河东段南侧巧妙利用五盖山与王仙岭流下的水建成堰顶蓄水池打造绚丽多姿的瀑布和喷泉的设想，能够营造极富吸引力的自然景观。

（6）提出了利用雨洪水资源和开挖一批湖泊储集雨洪水的方案，有助于解决郴州市城区缺水问题，也有利于构建防洪体系与河湖互补城市水网。

2. 从东江水库引水路线及引水方案与其他方案的异同比较

（1）本设想推荐的引水路线及引水方案是：一是郴州城区饮用水继续从小东江水库引水；二是郴资桂运河从小东江水库海拔145米处引水，沿郴资桂大道至西河海拔135米的同和乡；三是从东江水库大垅打隧洞引水经渡槽或明渠引至龙潭峡水库调节后流至郴资桂运河，如果利用雨洪水和中水能够解决河道生态用水及市区水景观水资源短缺问题，运河水源则不必从东江水库引入。

（2）周江、曹诗国等人提出的从东江引水方案有四个，均以观山洞新建蓄水调配水库作为调节枢纽，受水点都是到海拔160米及正常蓄水位166米的王仙湖。方案一是从东江湖的猴古山或大垅打隧洞引水至柿竹园，然后通过渡槽和水渠引至观山洞新建蓄水调配水库，再通过王仙岭盘山水渠引至王仙湖，2011年估算投资总额约7亿元；方案二是从东江湖大坝通过盘山水渠、渡槽引水至观山洞水库，再引至王仙湖，估算投资总额约4亿元；方案三是从东江湖大坝处通过虹吸引水，沿郴资大道埋设压力管输送至观山洞水库，再引至王仙湖，估算投资总额约10亿元；方案四是从小东江引水，通过逐级加压，沿塘溪大道经渡槽、盘山水渠提升至观山洞水库，再引至王仙湖，估算投资总额约6亿元。

（3）本设想与周江、曹诗国等人的东江引水方案异同比较。一是都主张从东江水库或小东江水库引水；二是引水路线略有不同；三是中间调节枢纽不同；四是受水点不同。

五　按照生态文明时代的要求，把郴州市营造成中国乃至世界独具特色的生态型山水城市

1. 生态型城市必须实现自然生态系统与经济社会系统的平衡和可持续发展

人类社会正在跨入崭新的生态文明时代，走生态文明之路，是当今世界的大趋势。“顺自然生态规律者兴，逆自然生态规律者亡”。这是人类社会发展的一条铁的定律，古今中外概莫能外。工业文明的根本缺陷在于它完全忽视自然资源和自然环境的再生能力。生态文明以人与自然、人与人、人与社会和谐共生为宗旨，生态文明是人类对农业文明特别是对工业文明形态进行深刻反思的成果，是人类文明发展理念、道路和模式的重大进步。

城市化是“人类生产与生活方式由农村型向城市型转化的历史过程，主要

表现为农村人口转化为城市人口以及城市不断发展完善的历史过程”，城市化是对人类社会产生最大影响的社会过程之一。有调查报告表明，城市面积虽然只占陆地面积的2%，但城市排出的二氧化碳占总排放量的78%，城市人口消耗了生活用水的60%和能源的75%，城市排出了世界污染物的75%。如果这种趋势继续发展，到2035年我们将需要两个地球来维持人类的生活方式。根据国际城市化的规律和经验，当人口城市化水平超过30%以后，城市化进程会进入加速发展时期，也是人类复合生态系统各种矛盾最容易激化、资源环境压力最突出的时期。因此，在生态文明的背景下加强生态型城市建设尤为重要，生态型城市必须促进人类社会的资源节约环境友好，必须实现自然生态系统与经济社会系统的平衡和可持续发展。郴州市2011年11月常住人口为4581778人，2012年人口控制数为507.8万。郴州市2009年的城市化水平是42.36%，2030年将达到65%左右。谋划郴州发展大计，一定要站在生态文明的高度，正确处理天然自然与人工自然的关系，以科学发展观为指导，坚持走以人为本的可持续发展道路，推动全社会走上生产发展、生活富裕、生态良好的文明发展道路。

2. 以人类复合生态系统理论为指导，转变经济发展方式，倡导适度消费生活方式，推进郴州市生态型城市建设

人类复合生态系统又称社会—经济—自然复合生态系统，是人类社会与自然环境构成的多级复合生态系统。我国著名生态学家马世骏和王如松描述的社会—经济—自然复合生态系统是由自然子系统、经济子系统、社会子系统组成。推进郴州市生态型城市建设，就要按照统筹城乡、布局合理的原则，以人类复合生态系统理论为指导，转变经济发展方式，倡导适度消费生活方式，坚持以宜居宜业为方向，在强化城市产业支撑的同时，规范城市开发秩序，完善市政公共设施，增加公共产品供给，加强绿地保护，改善城市管理，不断提高城市综合承载能力。

生态系统的变化是一个不断演化的过程。水是万物之源，土地是财富之母。土可发千祥，地能生万物。在一定的条件下，水土木三者的交替作用，可以使荒滩变良田，陆地变大湖，沙漠变绿洲。郴州水多但缺水，石多但缺土，自古以来是林邑但林木不丰。如何正确认识水土木的生克关系和如何治水用土兴木，对郴州营造山水城市具有现实意义。在开凿运河、整治河道、采挖河砂、营造湖泊、深挖地基之时，只要科学把握水土木生克关系，就能使智慧之花结出丰硕之果，

也能造就众多亿万富翁。比如：如果有计划地在修造山谷水库时多采石，在开挖湖泊时多取土石，深挖地基与整治河道时分类利用好土壤砂石，再设法从洞庭湖区采运大量淤泥到郴州改良土质，挖出一方土或掘出一方石，就能多装一方水；有了五六寸厚的沃土，就能季季年年长出庄稼，世世代代造福子孙。

3. 遵循积极慎重的方针，总体设计，全面配套，分步实施，循序渐进

空间上妥善处理好协调性与同步性的矛盾，时间上妥善处理好阶段性与连续性的矛盾，郴州市一定能够打造成人水和谐的宜居宜业宜游的生态型山水城市。

郴州市水环境建设和生态型城市建设，应当遵循积极慎重的方针，总体设计，全面配套，分步实施，循序渐进。空间上妥善处理好协调性与同步性的矛盾，时间上妥善处理好阶段性与连续性的矛盾。在一个时期内，只能是有限目标，重点突破。在发展速度上，只能量力而行，稳步前进。建议郴州市委、市政府对开凿郴资桂运河与郴州构建生态型山水城市引起必要的重视，及早组织力量进行勘测、规划、设计，争取上级有关部门支持，尽早把这一美好构想变成现实。

歌德有句名言："巨匠在限制中创造。"当今的郴州，是一个大有作为的好地方，以有为之人，逢有为之时，据有为之地，家乡的父老乡亲和有所作为的父母官一定会创造出超迈前古的业绩。

B.31
长沙市“两型”消费模式构建研究

国家统计局湖南调查总队课题组*

“长株潭”作为“两型社会”改革试验区，肩负使命，砥砺前行，已走过了三年多的发展历程。在制定“两型”规划、推广“两型”技术、使用“两型”产品、开发“两型”能源、形成“两型”示范方面，取得了一系列阶段性成果。可以说，“两型社会”建设与发展，已经有了一个坚实的基础，站在了一个崭新的历史起点上。长沙市“两型”消费模式构建是长沙市“两型社会”建设的重要组成部分，有利于资源节约和生态环境保护，有利于长沙市经济发展方式的转变，有利于和谐社会建设，具有重要而现实的意义。

一 “两型”消费模式的内涵和构成要素

（一）“两型”消费模式的内涵

消费模式是人们消费关系和行为规范的综合表现，表现为人们的消费理念、消费方式、消费水平和消费结构。广义的消费包括生产消费和生活消费两方面，而狭义的消费则仅仅是指生活消费。人们通常所说的消费一般是指狭义的消费，即生活消费。这既是消费学科的研究对象，也是本文所要研究的消费范围。

随着经济社会的发展，人类活动对自然资源和生态环境的影响日益加深，资源和环境问题成为影响人类生存和发展的重大问题。2005 年，中国共产党第十六届五中全会第一次提出“两型社会”建设战略，明确提出要加快建设资源节约型、环境友好型社会，促进经济发展与人口、资源、环境相协调。党的十七大

* 课题组负责人：程子林，国家统计局湖南调查总队队长；课题组成员：刘顺国、梁己香、彭建霞、彭兵、曾勇、方志红、李炜鸿、汪涛，国家统计局湖南调查总队。

报告再次强调要加强能源资源节约和生态环境保护，并指出“坚持节约资源和保护环境的基本国策，关系人民群众切身利益和中华民族生存发展。必须把建设资源节约型、环境友好型社会放在工业化、现代化发展战略的突出位置”。

2007 年 12 月，国家正式批准了武汉城市圈和长株潭城市群为“两型社会”建设综合配套改革试验区，开始了“两型社会”建设的探索之路。基于“两型社会”建设要求和长沙目前消费现状，我们将“两型”消费模式定义为：从满足人类生活需要出发，以有益健康和保护生态环境为基本内涵，符合人的健康、资源节约和环境保护标准的各种消费理念、消费行为和消费方式的统称，是一种可持续的、符合现代生态文明的理性消费模式。

（二）“两型”消费模式的构成要素

资源节约与环境友好是构建“两型”消费模式的主要原则。因此，研究“两型”消费模式，应围绕消费者、资源和环境三个要素展开。

1. 消费者

消费者，包括政府、企业和居民。消费者是消费的主体，也是“两型”消费模式构建的主体。一方面消费者作为消费主体，具有消费决策权，其消费理念、消费行为给资源和环境带来了直接和间接影响，同时也是这些直接和间接影响的最终承受者；另一方面消费的最终目的是满足人的需要，而可持续消费也无一例外，其最终目的也是满足人的需要。因此，消费者是“两型”消费模式构成要素中的核心要素，满足消费者的合理的消费需求是构建“两型”消费模式的主要目的。

2. 资源

资源是被消费的对象，是进行消费的物质基础。资源分可再生资源和不可再生资源，但所有的资源都具有有限性。因此，在传统的直线型的消费模式下，随着消费需求和消费水平增长，必将带来资源的枯竭。为避免这一现象的发生，消费模式必须要由单向线性向循环方向转变，也就是说在消费过程中，要按照生态规律和技术规律，通过“消费品—消费—废弃物—再生资源—再生产品”的消费模式，使资源达到最有效的利用。这种利用体现在两方面，一是消费过程的输入利用最大化；二是输出利用最大化。由此可见，关注资源的可持续性、侧重于合理消费路径的选择以及实现，是实现“两型”消费模式的路径与方式。

3. 环境

这里所说的环境是指自然生态环境。人类的消费活动对自然生态环境存在着改造和破坏的效应，自然生态环境对人类消费也存在着约束的作用。尽管在前面提到循环消费对“两型”消费模式构建的重要作用，但并非所有物品都可以循环使用，有些物品在使用中将发生各种反应，使其失去原有的使用性能，如汽车尾气造成大气污染，其物理化学过程是不可逆的。因此，在这些物品不可循环使用、消费过程中不可再次输入的情况下，对它们的消费关注点应集中于其输出给环境带来的影响，即所产生的废物和污染物最少、对环境的负面影响最小。

二　构建“两型”消费模式面临的困难和问题

当前，构建长沙市“两型”消费模式还面临着一些困难和问题。主要有以下几方面：一是“两型”消费意识还不够强。不管是政府还是企业和居民，都存在着“两型”消费意识不够强的问题，重生产轻消费现象较普遍，奢侈消费、铺张消费等非理性消费较普遍，消费污染较严重，绿色消费、健康消费、节约消费理念还有待建立和普及。二是“两型”消费的法制环境还有待完善。关于构建“两型”消费模式的政府规划还有待建立，相关的法律和制度还有待建立或完善。虽然政府大力倡导绿色消费，却缺乏灵活的激励机制去激发人们主动生产、选择、购买绿色产品。此外，在相关法律法规的执行过程中也存在着问题。如资源性产品价格过低、违规排放成本过低、污染处罚力度不够、假冒绿色产品的打击力度不够等。三是“两型”产品（服务）研发力度不够，种类和数量较少，价格昂贵。当前，由于人们的“两型”消费理念还不高，相应的政策法规和激励机制不够健全，企业研发“两型”产品（服务）的力度还不够大，一些领域还处于初步探索的阶段，“两型”产品及服务的种类和数量还不够多，人们选购“两型”产品及服务的空间有限。如食品领域，市场上不施农药、化肥的有机绿色蔬菜和水果较少，且价格昂贵。甚至市场上还存在为数不少的质量不合格食品、添加了有害添加剂的有毒食品、过期食品，引发食品安全事故。如交通领域，市场上低碳环保的新能源汽车比例很少，价格更是比普遍汽车高得多。四是“两型”消费的配套基础设施较少。如分类回收垃圾箱还不够普及，废旧电池、废旧药品的回收设施较少见。

三 “两型”消费模式的构建

“两型社会”建设的参与主体主要为政府、企业和居民，它们同时又都是消费者。我们在定义“两型”消费模式构建单位时，基于这三类主体和消费模式的影响因素、长沙市现行消费模式，并考虑长沙市社会组织体系和公众生活的实际，将政府（含提供公共服务的事业组织）、社区、企业（含营利性的事业组织）和居民（含居民个人及居民家庭）作为构建单位，分别进行详述。

（一）政府“两型”消费模式的构建

1. 政府对“两型”消费模式构建的影响分析

消费模式受到生产力、消费体制、产业结构、消费理念和居民收入等多方面因素影响。政府部门通过法律、行政和经济等宏观调控手段，通过改善影响消费模式的因素，从而影响消费模式的构建。一是通过制定法律法规和政策鼓励和扶持“两型”技术的创新、使用和推广。二是通过优化产业结构，鼓励和扶持“两型”产业发展。三是通过教育宣传，促使公众形成“两型”消费理念。四是通过增加居民收入，增强“两型”消费能力。五是通过推行绿色采购和绿色办公，直接促进“两型”消费。

2. 政府“两型”消费模式的构建途径

政府不仅是构建“两型”消费模式的主体，而且是引导者和管理者。“两型”消费模式的构建需要政府机关各部门的参与和管理。我们认为政府“两型”消费模式构建应注重以下几方面。

一是提高认识，高度重视“两型”消费模式创建。各级政府应高度重视消费模式的建设。一方面成立管理“两型”消费模式创建的专门机构，创新政府考核机制，将消费模式创建活动的考核引入干部考核体系中；另一方面要明确政府各部门在“两型”消费模式创建中的责任，提高政府部门对“两型”消费模式的认识。

二是加强“两型”制度建设，推动“两型”消费模式构建。制度是人类行为规范普遍化的表现，政府作为规章制度的主要制定者，应积极展开绿色消费的制度建设，营造良好的“两型”消费环境。主要可以从以下几方面着手：首先，建立健全法律、法规，加大执行力度。政府应该加大绿色消费、环保方面的立法，为实现“两型”消费营造一个适宜的法律环境。如质检、工商、食品和环保监督等部门需建立和完善有关消费品的生产与销售的法规与标准，加强其环保与消费者权力的内容，发改委、财政、国土和环保等部门要加强对产业政策，资源利用政策的制定；税务部门可以考虑针对不同消费水准的区别征税和对奢侈品的消费征收高税；等等。同时必须加强执法，各级政府的工商管理、技术监督、卫生防疫等部门应协同作战，建立有效的监管程序，加大执法力度，以确保全社会的“两型”消费有序进行，为社会营造一个安全、健康、舒适、环保的消费环境。其次，通过行政和经济手段引导社会资金投入发展环保产业和“两型”产品。环保产业在中国尚属新兴产业，所占市场比例很小，需要政府采取对策积极扶持发展。政府应大力宣传，多方筹集资金，增大对环保产业和城市环保基础设施的投资力度，同时，通过政策和经济等手段培育有助于环保产业成长的市场条件，引导企业加快技术进步，向环保产业的方向转移。最后，进行制度创新，需要创新政府职能，解决现代市场经济条件下政府职能缺位与越位问题。环保制度创新，环保部门要出台实施污染许可制度、垃圾回收制度等；国土资源部门要创新资源开采制度，主要是实施资源补偿费制度；统计部门要创新 GDP 核算制度，实施绿色核算，把资源消耗和环境污染纳入经济发展的成本。此外，人事部门要创新干部考核制度并且把环境保护和资源的节约作为干部考核的重要内容，从政府的宏观层面保证“两型”生产和“两型”消费的实施。

三是积极开展宣传教育，使“两型”消费观念深入人心。由成立专门的“两型”消费模式创建的机构牵头，积极开展宣传教育和创建评比活动，营造良好的“两型”消费氛围，引导公众的绿色消费行为。对于公众的宣传和教育可以从以下几个角度着手：首先，借助不同的载体加强“两型”消费教育。这些载体包括家庭、单位、社区、学校、宾馆、医院、公交等，通过加强绿色家庭、绿色单位、绿色社区、绿色学校、绿色宾馆、绿色公交等的创建力度，进一步普及市民绿色消费意识。其次，针对不同群体开展有针对性的宣传教育。从性别来看，要特别强调对女性尤其是妇女的教育。女性在教育儿童、改变日常消费方式方面起着他人不能替代的作用，因此重视加强对女性进行“两型”消费教育所带来的社会效果会更明显。从社会群体来看，如针对公务员群体，要特别强调机关环保节约意识，以减少公费开支、减少公款吃喝等不良现象；针对中等收入群

体，要大力宣传“两型”消费时尚，鼓励“绿色住宅”、“绿色汽车”等既环保又高档的时尚消费，发挥其引导社会消费的功能。

四是实行绿色办公，垂范实践“两型”消费。政府部门是社会上最大的一个单位，其运行对社会和环境的影响巨大。政府绿色办公（政府自身的绿色消费构建）主要从三方面考虑：能源的有效利用、水资源的有效利用、废气物的削减和管理。对于政府各部门绿色办公的进展情况，可以由审计部门和统计部门联合考核。

五是完善政府绿色采购制度，引导“两型”消费。政府的绿色采购实质上是实现公共利益的主要手段之一，政府采购办公室则是政府集中采购的管理部门。可以通过以下三种方式来完善绿色采购制度。首先，要确立绿色采购的基本理念。在完善政府采购制度时，应当把保护环境的绿色采购理念作为政府采购的基本原则加以明确，并与其他的政府采购功能放在同等重要的地位。应制定具体的绿色采购制度，包括绿色产品服务的认定标准、认定机构、产品服务清单等。其次，要建立绿色信息披露制度。政府采购应当具有相当的透明度。政府部门编制的绿色采购清单是“两型”采购的依据。政府采购部门应该全面掌握绿色产品服务的供应情况，建立权威的资料信息系统，动态地调整绿色产品与服务的标准范围，帮助采购者及时有效地进行选择，为经营者与政府采购部门提供便捷的交易平台；同时，还必须建立涵盖政府采购信息、采购程序、招投标结果、监督结果、质疑投诉结果在内的政府采购信息披露制度。最后，要完善政府绿色采购监督制度。为了保证政府机关在采购过程中确实考虑了环境保护的需要，必须建立明确的执法监督机制，明确相应的法律责任。政府采购法规定了投诉质疑程序，但对于监管的具体机构不明，职责不清，救济不力，这就大大降低了绿色采购制度的效力。因此，应当从体制、手段、范围、力度等方面加强建设，例如设立专门的监督机构，明确其职权和其监督的范围，明确其不作为的法律责任，加强社会监督等。

六是加强基础建设，为“两型”消费提供条件。政府加强“两型”消费基础设施建设，可以为“两型”消费提供条件，营造氛围。政府加强“两型”消费基础设施建设主要通过财政的手段增加符合“两型”消费要求公共产品的供给，有效地改善“两型”消费的环境。这就要求财政部门增加专项的财政预算用于改善“两型”消费的环境的基础建设。

基础设施环境是影响消费结构升级的一个重要因素，加强城市绿化、环卫设施、污水处理、垃圾发电等方面的公共产品供给可以改善“两型”消费的社会硬环境，在一定程度上促进“两型”消费模式的形成。在改善硬环境的同时，还要注重软环境的建设。提高消费的文化环境对于提高居民消费结构有着深远的影响。“两型”消费需要良好的文化环境，同时文化艺术方面的消费也属于“两型”消费的范畴。加强教育、科学、文化设施等方面公共产品的供给，比如建设并开放图书馆、博物馆、文化馆、影剧院等可以明显改善消费的文化环境，提高居民的生活质量。

（二）社区“两型”消费模式的构建

1. 社区对“两型”消费模式构建的影响分析

社区是与人民群众生活息息相关的基层组织，人的各种社会活动包括消费行为总是在特定社区中进行的。社区的空间功能，为消费者提供生活环境和消费环境，人们消费所需要的各种消费对象和条件大都是要由其所在社区来提供。

“两型”消费模式的构建，表象是一种个体行为，实际上在目前是一种深刻的社会变革。社区作为社会的基本构成单位，社会的变革必先从社区变革开始。

社区一般有着较为健全的组织体系、完善的管理制度、较强的协调能力、长期管理社区建设的工作人员和经验，对本区域的状况和发展非常熟悉。社区的传播功能，可以通过社区学校、社区内的宣传媒介，对“两型”消费起到宣传、推广、教育作用。社区的组织功能，可以广泛地发动居民积极参与实践活动。社区作为基层政府派出机构，有经常性的货物、服务和工程等政府消费项目，也属于消费者范畴。在构建“两型”消费模式过程中，既要履行管理组织职能，又要规范自身的消费行为。如果社区倾向于消费绿色产品，将对社区内的群体产生积极的行为导向，是对构建“两型”消费模式的有力支撑。

本研究主要是立足于长沙市，因此主要是探讨城市社区的“两型”消费模式的构建。我们认为随着长沙市城乡一体化发展的不断推进和社会主义新农村建设的加快，长沙市农村社区（村庄）的“两型”消费模式构建可参照城市社区“两型”消费模式构建的方法来实现。

2. 社区“两型”消费模式的构建思路

一是培育“两型”消费观念。构建“两型”消费是一场社会变革，是消费观念、消费方式乃至生存方式的革命，是一种价值观念的更新，因此，需要花大

力气开展宣传教育，引导公众成为“两型”消费的积极参与者。首先，可以参照上海经验，在各个社区普遍建立社区学校。除了丰富社区居民闲暇生活和普及一般科学知识外，还可以开设节能环保课程，组织学习家庭节能技巧，选用节能型电器，将节能、降耗、减排等领域的最新技术、最新成果、最新知识，通过社区学校普及到社区居民，树立科学合理的消费结构方式，加快形成“两型”消费模式。其次，积极利用社区内的大众传媒传递“两型”消费信息，发挥环保教育的功能，通过引导居民选择绿色产品，推广重复利用，鼓励居民选择与环境友好的生活方式来创造一种绿色生活的道德氛围，增强人们的环境意识和文明素养。最后，开展绿色实践活动，建立节约环保激励机制。例如可以设定“节能环保活动日”，开展“爱绿护绿、美化家园”的公益活动；开展拒绝“白色污染”，自觉回收废电池活动；组织开展“环保企业”、“两型家庭”等评选活动。通过经常性的实践活动和宣传报道，通过典型引路增强社区居民责任感和节约环保意识，形成人人节能、家家环保的良好社会氛围。“两型”消费是要唤起人们对自然的感情和关怀地球、关心未来的责任感，形成全社会重视环境保护，人人参与环保，选择“两型”生活，共建绿色家园的风尚。

二是加强社区基础建设。社区的基础建设包括社区绿化、垃圾分类、污水处理、节能和新能源利用等硬件设施。社区基础建设应当遵循资源节约和环保原则，兼顾社区居民的物质和精神需要。首先，要以改善社区环境、提高居民环保意识为宗旨，动员社区内企事业单位、组织和社区居民参与社区的基础建设，因地制宜规划建筑布局，大力进行社区绿化，广泛使用节能照明灯具、节水龙头等，建设布局合理、清洁优美、节能环保的社区，创造一个优美的生态环境。

从目前来讲，在社区建好、用好垃圾分类处置系统显得非常迫切。在社区合理设置绿色回收站，设置垃圾分类箱，按照可回收垃圾、厨余垃圾、有害垃圾和其他垃圾进行分类，将可回收垃圾卖给绿色回收站；将电池、废用电器等有害垃圾投入专门处理的回收箱，经特殊安全处理达到无害标准；厨余垃圾经生物技术就地处理；其他垃圾经卫生填埋有效减少污染。同时，要采取有效方式，向居民宣传垃圾分类的相关知识，使其正确地辨识各种可回收垃圾、有害垃圾等，进行分别投放。

三是完善社区管理机制。本着共享共建的原则，动员社会各界在人力、物力、财力等方面对社区“两型”消费模式的构建给予支持。在社区应该成立有关社区部门、社区环保组织（居民代表）和资源回收企业组成的“两型”消费管理机构，成员要各尽其责、相互支持，充分发挥其整合力量，推进社区的“两型”消费模式构建。明确相关政府部门的职责，精神文明办主管社区总体环境文明建设，城管局要确保社区垃圾日产日清，做到社区环境干净，环保局负责社区环保和污染控制事务，向社区开展环保知识的宣传，提高居民的环保意识，推广使用环保节能产品，杜绝社区内污染物超标排放和污染事故发生，实现社区内无油烟噪声扰民；水务局负责宣传节约用水，确保社区下水管网通畅，无污水漫溢；科技局负责开展节能减排宣传教育活动，指导居民开展科技创新，推动全民节能减排行动；文体局负责将社会文化资源与社区文化资源整合，推进“送电影、送图书、送戏”进社区，推广全民健身；街道办事处和居委会负责有关社区环境的行政性事务，物业公司从事有关物业事务方面的管理；等等。

同时，社区要严格执行环境保护法规，完善消费者权益保护体系，把环境作为消费者权益的一项内容，配合有关部门对能耗过高、环境污染严重的企业应坚决加以取缔或限制。另外，社区可以会同有关部门制定一些强制性的规章制度，强化居民的“两型”消费意识，并在消费行为中真正实践，使“两型”消费成为人们的价值观念与生活方式。

四是推广绿色节能建筑。将绿化融入社区建筑设计中，真正体现人与自然和谐共生的关系，使社区居民最大限度地进入绿地，接近自然。在建筑设计中，社区应作为监督者参与进来，督促新建建筑采用节地、节水、节能等先进技术。

值得一提的是，长沙市开福区绿色低碳社区太阳星城的建设很有借鉴性。该社区定位为“以绿色居住为导向的国际化大社区”，绿化用地占50%以上。其建设目标是建造成一个真正的与自然环境友好和谐、低碳排放、最宜居住的绿色低碳社区。主要表现为：①实现长久地保护多样化的天然植被及其“碳汇”功能，最大限度地利用原地域对水和空气的自然净化功能，维护和谐的自然生态系统，实现天然植被和水资源合理综合利用，降低能耗和碳排放，维持洁净的社区环境。②实现对采用新技术和新型设备的最大适应性和弹性，针对新型能源设备、设施投入实施有前瞻性的动态规划。③大面积地选用低碳、可循环再生、本地出产的低碳建筑装饰材料和原材料，在整个项目的续存期内提高循环用水、循环用材的比例，实现废物排放以及碳排放的最小化。[①]

---

① 深圳媒体称“太阳星城”为全国首个“低碳社区”（2009年）。

五是推行社区政府消费“两型”化。社区政府消费是社区消费的重要组成部分。社区政府在消费时，应倾向于消费绿色产品，推行绿色办公，为公众提供绿色节能的公用设施和服务，使社区政府自身符合“两型”消费的要求，这种行为也会对社会公众心理产生积极影响。

（三）企业“两型”消费模式的构建

1. 企业对“两型”消费模式构建的影响分析

企业是市场经济活动的主要参加者。市场经济活动的顺利进行离不开企业的生产和销售活动，离开了企业的生产和销售活动，市场就成了无源之水，无本之木。“两型”消费也是市场经济活动中的一个环节，因此，企业的生产和经营活动是“两型”消费模式构建的基础。首先，企业是社会生产和流通的直接承担者。“两型”（绿色）技术和产品的研发、生产和流通，绿色服务的提供都是由企业来完成，为构建“两型”消费模式提供技术标准和物质基础。其次，企业在生产、管理中，也存在着对“两型”技术和“两型”产品（服务）的使用和推广，是实践“两型”消费、构建“两型”消费模式的主体。再次，企业在管理和营销中，对“两型”消费理念和“两型”消费生活方式的建立有着重要的推动作用。

总之，企业在构建“两型”消费模式中有着树立和推广“两型”消费理念，研发、生产和提供“两型”产品（服务），率先使用“两型”产品和“两型”技术，营销推广“两型”产品和服务的功能，是构建“两型”消费模式的主体和基础。

2. 企业“两型”消费模式的构建思路

一是树立“两型”消费理念，培育企业绿色文化。当前，“两型”消费、绿色经济、绿色发展是时代发展的潮流，是人类社会可持续发展的必然要求，企业承担环保义务、推行“两型”消费、发展绿色经济是其义不容辞的职责，如果企业仍然无法摆脱“外部不经济性”的束缚，不能控制自身对环境的污染和破坏，将与时代发展相悖。因此，要构建“两型”消费模式，企业首先要转变自身观念，根据科学发展观的要求，适时适地地调整企业发展战略和企业管理方式，树立全新的“两型”发展和“两型”消费理念，培育企业绿色文化。

二是加强绿色管理，构建“两型”发展环境。企业绿色管理包括绿色管理制度的建立和绿色办公的管理。首先，要建立企业“两型”消费、绿色生产的管理制度，积极采用环境标志，认真贯彻执行国际环境公约、ISO14000国际环境管理体系系列标准和绿色标志制度。其次，大力推行绿色办公。在办公管理上积极采用绿色技术和绿色产品，如节能环保的办公设备的采购和使用，节能环保的交通运输设备的采购和使用。同时，在办公管理过程中尽量注意节水、节电、节约纸张等办公用品，注意空调、电脑等办公设备的规范管理和使用。再次，在生产经营过程中，注重资源的节约和环境的保护，尽量使用节能环保的生产设备和技术，大力采取节能减排措施，尽量做到废弃物的达标排放和垃圾的无害化处理。

三是研发“两型”技术，加快“两型”产品及服务创新。企业应以建设“两型社会”为目标，以市场为导向，大力研发绿色技术和产品，加大绿色生产，扩大绿色产品的生产比重和市场占有率，努力为消费者提供数量众多、质量可靠的绿色产品或服务。为此，应做到：在选择生产何种产品及应用何种技术时，必须考虑尽量减少对环境的不利影响；产品在生产过程中要考虑安全性，产品在消费中要考虑降低对环境的负面影响；设计和生产产品时，要尽量降低原材料消耗，并减少对环境的不利影响；产品质量要过硬，要确保消费者的使用安全或有益于促进消费者的身心健康。

四是开展“两型”营销，推广“两型”生活方式。企业的“两型”营销主要包括“两型”包装、“两型”价格、“两型”促销等方面。首先，企业的产品包装要符合绿色、环保的标准。其次，产品的定价要树立“环境有偿使用”的新观念，注意“两型”产品在消费者心目中的形象，利用人们求新、求异、崇尚自然的心理来定价。同时价格要合理适中，不能过高，要让多数消费者有能力消费“两型”产品。“两型”促销主要是在广告宣传时要推广“两型”消费理念，推销“两型”产品、“两型”技术和“两型”服务，在公众中树立良好的“两型”企业形象，与环保部门保持良好关系，寻求支持，并积极参与各种与环保有关的“两型”公益活动，以扩大企业绿色文化的影响。

（四）居民“两型”消费模式的构建

1. 居民对“两型”消费模式构建的影响分析

居民及其家庭是可持续消费行为的主体之一。生产的目的最终是为了满足人民生存和发展的需要。居民消费是社会最终消费，是社会消费最重要的组成部

分。这决定了其必将在“两型”消费模式构建中的巨大作用。

从消费总量上看，居民消费是社会消费总量的最大构成部分，“两型”居民消费模式构建的成败直接影响到“两型”消费模式构建的成败。

从消费主体上看，人不仅是生产方式中最活跃的因素，也是消费方式中最活跃的因素。居民消费理念和行为不仅影响居民消费，也影响政府消费和企业消费。可以说，“两型”居民消费是“两型”消费的基础。

2. 居民“两型”消费模式的构建思路

一是提高居民收入水平。增加收入，是提高居民消费水平的主要途径。收入决定消费，只有居民家庭的收入水平提高了，居民家庭的消费水平才可能提高。否则，提高消费水平只能是无源之水，不能持续。

提高居民收入水平，重点是要提高低收入群体的收入水平。“两型”消费模式的构建，需要人人都参与进来。要实现“两型”消费，居民家庭必须有足够的购买能力。在这一方面，低收入居民家庭仍存在很大的困难。要通过技能培训、财政补贴、就业推荐等多种形式提高低收入居民家庭的收入水平。

二是强化居民“两型”消费意识。促进“两型”消费，建设“两型社会”，必须在人们心中逐步树立起“两型”消费意识。让人们都认可低碳、环保、节约的“两型”消费理念。只有每个公民都自觉地把居民消费对资源和环境的影响放在维护人类共同生活家园的高度，从我做起，从每个消费行为做起，时刻关注环境，时刻关注资源，把低碳、环保、节约有机地结合在一起，才能真正推动“两型”居民消费模式的构建，才能真正建设好“两型社会”。“两型”居民消费模式也就有了一个具体的抓手和衡量指标。

三是打造“两型”消费居民家庭，培养“两型”消费者。在构建“两型”居民消费模式的过程中，消费者要不断学习有关“两型”消费和“两型”消费产品的知识，正确理解“两型”消费的内涵，认识“两型”消费是以可持续消费为主旨，其消费方式和消费行为符合人的环保、低碳和节约标准，认识到“两型”居民消费不仅有利于人民生活水平的提高，还有利于保护生态环境和资源，使人的生活消费与资源和环境相协调。

消费者要主动提高“两型”消费意识，打破对“两型”消费的错误认识，学会对“两型”消费模式的辨别能力，树立“两型”消费观念，追求“两型”消费时尚，主动选择“两型”居民消费模式。

政府应着力打造“两型”消费居民家庭，培养“两型”消费者，要树立标杆，表彰典型，要大力发动宣传教育，使家家以“两型”居民消费为荣，人人以“两型”消费者为荣。

四是培育“两型”消费市场。政府和企业要全力扩大“两型”消费品的生产，逐步降低其价格，培育拓宽“两型”消费市场。首先，政府要通过税收、金融、财政和政府采购等优惠政策大力扶持企业生产“两型”消费品。其次，要让消费者和消费家庭感觉到“两型”居民消费行为能极大地防止环境污染和生态破坏，能极大地节约资源，为子孙后代留下财富；唤醒他们的生态道德理念，树立他们的社会责任意识，使消费者和消费家庭愿意支付较高的价格进行“两型”居民消费。最后，企业应通过加强管理，提高生产效率，运用新技术降低生产成本。产品要更注重实际，包装要力求简化实用，并采取适当定价的政策，让消费者更容易接受。

五是营造“两型”消费环境。要充分利用广播电视、报纸杂志、广告和网络媒体开展“两型”居民消费知识的宣传，举办“两型”消费产品的展销会、推介会，扩大“两型”消费品和消费者的接触面，让消费者对“两型”消费拥有更多的知情权。

要通过持续不断的低碳、环保、节约等“两型”消费知识的宣传介绍，不断坚定消费者购买“两型”消费品的信心，并以实际消费行为影响和带动其他消费者，促使他们实现从“非两型”消费模式到“两型”消费模式的转换。

B.32

“两型”社区建设典型模式研究

——以咸嘉湖和望月湖社区为例

雷国珍　朱雄君　李美玲*

一　概念界定

社区就是一定数量的人类群体、基于一定的地理区域，通过社会互动而形成比较紧密的社会联系的社会共同体。我国目前所称的社区在城市一般指街道、居委会，在农村则指乡、镇或自然村。鉴于本文是以岳麓区咸嘉湖街道和望月湖街道为研究对象，且两地在“两型”社区建设过程中，是以街道为基本单位进行全盘规划与建设，因此，本文的“社区”概念指的是城市地区街道层次的“社区”。其概念在文中的具体层次上也是对居委会的习惯性称呼。

“两型”社区作为当前政界和民间的一个热点话题，作为一个在两湖地区积极探索的实践过程，同样也受到学界各方的关注。然而，对“两型”社区的概念界定却往往被认为是理所当然的事情而被忽视，对“两型”社区与“两型社会”的内在联系也鲜有人问津。毫无疑问，社区——“人们基于一定空间场域通过互动而形成的比较紧密的社会联系共同体”这一概念已经得到政界、学界和社会的广泛认同，“两型社会”——“资源节约型社会、环境友好型社会”作为发端于政界的官方提法也得到了社会各界的认可。“两型”社区作为“两型社会”概念的一个变体，正是“两型社会”落实到社区的具体体现，可以说，正如“和谐社会”建设中的“和谐社区”建设一样，“两型”社区是“两型社会”建设中不可或缺的组成部分，它以“两型社会”作为建设目标和方向指引，是

* 雷国珍，湖南省委党校、湖南行政学院副校长、教授、博士生导师；朱雄君，湖南省委党校、湖南行政学院博士，团校副校长；李美玲，湖南省委党校、湖南行政学院党史教研部副主任，副教授、博士。

包含了“两型社会”具体内涵的一种社区形态。因此，“两型”社区可以定义为“资源节约型社区、环境友好型社区”，以“两型社会”的内容为参照，“两型”社区的具体内容应该包括：节约型经济、节约型产业、节约型技术、节约型生活方式和消费方式，循环型经济、环境友好型产业、环境友好型技术、环境友好型生活方式和消费方式。社区作为人们生活与消费的主要场所，“两型”社区更加突出的内容是“节约型、环境友好型”的生活方式和消费方式。

新建的咸嘉湖社区与老城区的望月湖社区是当代中国城市社区建设的两种典型模式，对两地的“两型”社区建设情况进行调查、总结和理论提炼具有代表意义。

咸嘉湖社区位于长沙市岳麓区中心地段，北靠岳麓大道，东接金星大道，南临枫林路，西靠319国道与望城坡街道交接，总面积4平方公里，常住人口3.5万人，辖1村5居委会，1个党总支，16个党支部，直管党员476人，驻街单位60多个。咸嘉湖社区原本是长沙市岳麓区的一个市郊农村，是在20世纪90年代随着城市化的进程而并入长沙市区的，在进行了城中村的改造之后新建立的一个城市社区，因此又名咸嘉新村。其居民以原住村民为主，并吸收了大量的外来移民，是一个典型的新建社区。

望月湖社区位于麓山脚下、湘江之滨，占地面积1.57平方公里，辖湖东、湖中、溁湾镇、窑坡山、荣龙、岳龙、荣华、湘陵、中南村9个居委会，人口3.4万人，是一个核心区。与咸嘉湖街道相反，望月湖街道是长沙市的一片老城区，它在20世纪八九十年代就已经因为精神文明建设而享誉全国，是一个典型的城市老社区。

通过对3年来两个社区“两型”社区建设的情况进行回顾和总结，试图对其成功经验进行综合梳理归纳，提炼出具有典型意义的“两型”社区建设“长沙模式”。

二 “两型”社区建设的实践探索

咸嘉湖和望月湖街道坚持以人为本、服务居民的宗旨，按照统筹规划、分步实施，因地制宜、分类指导，政府主导、社会参与的方针，广泛动员人力、物力、财力投入“两型”社区建设，其主要做法包括以下几方面。

1. 营造绿色生态环境

党的十七大报告指出："要建设生态文明，基本形成节约能源资源和保护生态环境的产业结构、增长方式、消费模式。"生态文明是人类文明的一种形式，它强调人与自然环境的相互依存、相互促进、共处共融，强调人类在改造自然的同时必须尊重和爱护自然。据此，咸嘉湖和望月湖将创建生态文明，营造绿色生态环境作为"两型"社区建设的一个重要内容。

一是积极搞好社区绿化工程。社区大力倡导居民爱绿、种绿，组织居民参加义务植树活动。2009 年，溁湾镇社区对红泥山、杜家塘、木渔山路等泥巴路进行了修建硬化，在社区新建了六个花坛，并提倡居民在屋顶、阳台种植花草。

二是改造居民生活设施。在社区建设过程中，居民生活基础设施是影响社区整体环境，尤其是空气质量的重要因素，因此，在"两型"社区建设过程中，咸嘉湖和望月湖街道将改造居民基础生活设施作为提升社区环境的一个重要举措。2009 年，荷叶塘社区的卫技新村小区花费 300 余万元对辖区内的 830 户居民家的抽油烟机和天然气管道、地下车库进行改造。溁湾镇社区基于社区地段复杂，学校、液化气站、网吧、茶室、休闲娱乐场所较多的状况，社区综合治理专职干部与户籍工作者每月一起对这些重点场所进行一次安全检查和排查，对存在灭火器过期、电路老化、消防通道不畅的单位和门店限期进行整改，给流动人口集中的楼栋发放了防火、防盗温馨提示宣传单，有安全隐患地段做好公示牌，同时，社区还出资给每栋配备了灭火器、安装了楼道灯。在咸嘉新村，社区则斥资 100 万对咸嘉花园的天然气管道进行了置换。

三是开展节能环保主题活动。为凝聚居民的力量共同营造社区绿色生态环境，咸嘉湖和望月湖街道均举办了形式多样的环保主题活动。岳龙社区动员辖区单位、学校、居民成立绿色志愿者服务队伍，开展绿地、花坛、树木等绿色植物认养活动，有半数以上的家庭参与了绿色文明活动，辖区植物认养率达 80% 以上。2009 年 3 月 12 日，咸嘉新村社区组织党员群众开展了"两型社区我先行，党群连心促和谐"义务植树活动，倡导绿色环保，号召广大居民群众投身"两型"社区建设。此外，街道和社区还加强了对户外广告和楼道牛皮癣的清理力度，加强了对辖区内摊担、夜市的整治和清理，并对社区宠物饲养等问题进行了严格规定，为社区群众营造了一个健康有序的生活环境。

2. 倡导"两型"生活方式

建设"两型"社区，需要着力倡导和培育居民节约、文明、适度、合理、环保的消费理念和生活理念，使居民自觉认同"两型"的要求，并将其内化为自觉行动。据此，咸嘉湖街道和望月湖街道积极倡导"两型"生活方式。

一是倡导节能环保的生活方式。咸嘉湖街道和望月湖街道社区支居两委在居民中广泛征集推广符合资源节约和环境保护的生活小窍门、金点子。荷叶塘社区和咸嘉新村社区提倡居民买菜时拎布袋子、菜篮子，尽量不使用一次性碗筷、食品袋等，要求居民严格控制白色污染和资源浪费，尽量选购绿色环保的家庭日常用品和电器，如无磷洗涤剂、环保电池等；自觉节约水、电、油、气等资源，提倡使用天然气等清洁能源。岳龙社区鼓励居民使用太阳能热水器，采用节能灯、节水龙头。咸嘉湖街道社区则通过向居民免费赠送环保宣传袋、举办"两型社区我先行、文明和谐伴成长"社区易物志愿活动和在社区设立分类垃圾箱等方式，引导居民形成节能环保的生活方式。社区大力提倡绿色出行，倡导有私车的家庭每周少开一次车，出门尽量选乘公共交通工具和自行车。此外，为了节水节电，社区还在居民中推广全新纳米洗车技术。

二是倡导节能环保的工作方式。除居民生活区外，咸嘉湖街道和望月湖街道社区居委会在工作中同样大力倡导节约资源和保护环境的良好习惯，提倡办公室实行无纸化办公，推广电子政务，尽量减少纸张的浪费。咸嘉湖街道还专门制定了《"绿色机关"宣传手册》，该手册对办公室的饮水机、电脑、打印机、纸张、照明、用水等诸多细节问题都从环保节约的角度作了详细规定，旨在"推进绿色办公，促进资源节约"。

三是树立节能环保典型。典型往往是某项工作和某项事业中的先行者、探索者或成功者，具有强大的感染力和号召力，因此，树典型向来是我们党和国家的一种重要工作方法，该方法同样被咸嘉湖和望月湖街道建设"两型"社区时采用。荷叶塘社区和岳龙社区积极总结提炼"两型"社区创建的成果和经验，宣传和表彰绿色环保门栋、家庭社区节能减排行动中的好做法、好经验、好典型，并让绿色环保门栋、家庭文明的先进代表在各社区进行经验交流，以指导社区居民树立绿色环保、节能减排科学观念，将循环经济理念贯穿于社区各项管理工作中，在社区营造浓厚的"学先进、比先进和赶先进"的氛围。2010 年 6 月，银谷国际社区为每户居民建立起了"绿色消费档案"，居民每户的种树数和花草

数、每月用电量和用水量均记录在档案中，依据统一标准评选出环保家庭，并在社区进行宣传推广。

3. 推广使用“两型”材料

在新的环境和条件下建设“两型”社区，并不是简单的“节衣缩食”，而是要运用现代科学技术、设施、方法和措施来实现资源节约和环境保护，对居民家庭生活设施和社区基础设施进行合理规划和改造，这就使得“两型”材料的使用成为必要。深谙这一道理，咸嘉湖街道和望月湖街道将“两型”材料的推广使用作为“两型”社区建设的一项重要工作来抓。

一是推广使用太阳能节能灯。2008 年，咸嘉新村社区委员会与湖南海狮电器有限公司共同着手研发太阳能照明系列产品，投入 50 万元先后共安装了 150 余盏太阳能环保节能灯。继咸嘉新村后，太阳能节能灯在荷叶塘社区和白鹤嘴社区也得到了推广。

二是倡导建设节能环保型住宅。荷叶塘社区积极与辖区开发楼盘项目方沟通，推进节能型住宅建设。经协商，辖区内的“咸嘉官邸”、“西城龙庭”等高档住宅小区均采用保温材料建筑外墙，窗户和玻璃采用的也都是隔热和隔音材料，住宅冬暖夏凉，室内温度的稳定性和舒适性大大提高。

三是积极规划中水回用。我们调查期间，咸嘉新村正携手湖南金洲环保科技有限公司，计划投资 300 万元启动“社区生活污水净化回用”项目，按照计划，社区将建设一个将社区部分生活污水净化并回用于社区景观水补充、绿化浇灌、道路冲洗等的减排节水系统。

四是留地集中安置失地农民。我国土地资源虽然总量丰富，但是人均占有量小，而且各类土地所占的比例不尽合理，后备土地资源严重不足，当前，各地都在探索科学合理利用土地的有效模式。为了节约利用土地资源，咸嘉新村改传统的“一地一基”的安置模式为“集中安置、建高层”的模式，对失地农民进行集中安置。

4. 完善“两型”社区服务体系

完善的社区服务体系是“两型”社区建设的重要标准，也是提高居民生活质量、扩大就业、化解社会矛盾、维护基层社会稳定的重要民生工程。在“两型”社区建设中，完善服务体系的主要内容就是要建立起一种服务于“两型”社区建设的保障体系，通过它可以使居民的“两型”生活方式得到顺利实现。

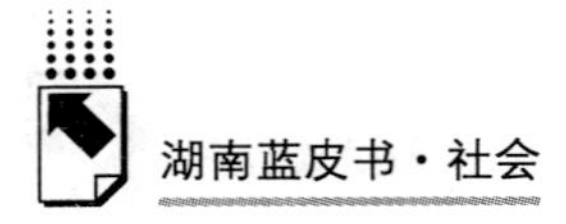

在完善社区服务体系方面，咸嘉湖和望月湖所属社区均进行了积极探索。

一是完善社区服务平台。在溁湾镇社区新建的540平方米的办公楼内设有党员服务、综治司法、城管爱卫、环境保护、计生服务、民政、低保、社保服务、住房保障、残疾人协会等服务平台，对居民进行一站式服务。社区还配有党员远程教育中心、人民调解室、人口学校、家长学校、绿色网吧、阅览室、老年人活动室、残疾人活动室等一系列的服务设施。岳龙社区成立了社区居家养老服务中心，以实现老年人老有所养、老有所乐、老有所为的目标。咸嘉湖街道的每个社区都建立了“雷锋超市”和“道德银行”，帮助弱势群体，鼓励有爱心的居民和企业家参与爱心事业。经过长期发展，社区形成了较为完善的帮扶弱势群体的体制机制。

二是努力扩大居民就业。岳龙社区经常安排工作人员到居民家中走访，了解居民群众的实际困难及最新动态，组织志愿者配合工作人员一起到有困难的居民家中做些力所能及的事，并通过网络对下岗失业人员和低保金的发放实行动态管理。

三是积极维护社区治安。社区治安是居民十分关心的问题，也是衡量一个社区是否和谐的重要指标之一。为了保障社区安全，望月湖街道岳龙社区组织社区党员、低保人员参加义务巡逻队，并每月组织培训，听取社区民警对社区治安情况的通报，警民互动，建立起强大的治安网络。咸嘉湖街道在每个社区都装备了视频监控系统，对社区进行24小时实时监控，组织党员、离退休人员和志愿者组成社区治安联防队，并于年终在各社区之间进行治安综合评比，社区治安状况明显改观。

5. 发展繁荣“两型”文化

文化软实力是国家的核心因素。党的十七大提出，要提高国家文化软实力，使社会文化生活更加丰富多彩，使人民精神风貌更加奋发向上。咸嘉湖街道和望月湖街道紧紧围绕“资源节约”和“环境保护”两大主题，充分发挥文化软实力在社会发展过程中的特殊地位和作用，着重铸造社区“两型”文化，为“两型”社区建设提供精神动力。

一是引导形成节能环保的社区文化。为提高居民的文化素养，咸嘉湖街道社区先后举办了“节水节电从我做起”手抄报评选、“树木认领”、“环保之星在行动”节能环保手工制作、“广场文化”、“夜市文化”等活动，并组建了“失地农民合唱队”。为在社区引导形成节能环保的文化，岳龙社区也开展了形式多样的

活动，包括：积极发动居民开展“讲科学生活，建文明社区”、“爱生态、别陋习、强素质、树新风”为主题的文明创建活动；组织社区居民开展“什么是‘两型’社区的标准，我为‘两型’社区创建工作做什么”的大讨论；以“绿色·环保”为主题，开展丰富多彩的文体娱乐活动等。

二是构建节能环保的办公文化。在咸嘉湖街道和望月湖街道，街道和社区办公场所是社区宣传营造“两型”社区文化的重要场所。进入办公场所，细心的人们定会发现，在空调、电脑等耗电的办公设备及洗漱间等公共场所均贴有设计精美的“温馨提示”。同时，街道社区还注意完善节能督查考评制度，严惩浪费现象。

三是建立健全节能环保制度。各项制度的建立和健全是“两型”社区文化建设不可或缺的一部分。岳龙区支居两委以充分调研获得的资料为依据，以召开居民听证会等方式，在居民充分参与的前提下，相继制定了环保节能制度、环保明星评选制度、节能环保承诺书等一系列制度和规定，为“两型”社区建设提供了制度依据和保障。

三　“两型”社区建设的主要成效

通过积极探索和实践，咸嘉湖和望月湖街道“两型”社区建设初见成效，社区环境得到优化，居民节能环保意识和习惯逐渐形成，节能环保也初显成效。

1. 居民节能环保意识和习惯逐渐形成

通过多样化的宣传和活动的开展，咸嘉湖和望月湖街道社区形成了良好的文明氛围，社区居民环保节能意识有了大幅度提高，原有的社区精神文明建设的内涵得到进一步丰富和深化，大多数居民都懂得了环保和节能的重要性以及怎样才能做到人与环境的和谐相处。有很多居民不仅懂得了节约用水、用电、用气，不使用一次性筷子，而且很少用塑料袋，许多居民都在用社区换置的环保袋和自备的布袋子买菜；有的居民把废旧电池集中存放在指定的地点，没有随意乱扔；有的家庭用淘米水、洗菜水浇花等，一个个生活细节凸显当前节能减耗的文化正逐步渗透到居民生活的每一个环节中。受“两型”文化的熏陶，许多居民，甚至是中小学生都大大提高了节能环保的责任意识，并积极投入“两型”社区的创建活动中，成为“两型”社区建设的主力军。

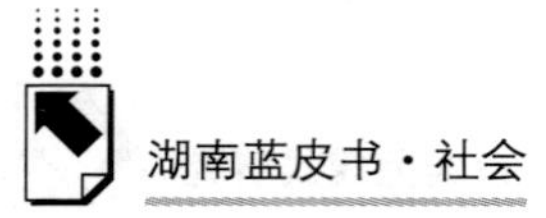

2. 社区环境得到进一步优化

“两型”社区建设活动在营造社区环境方面也是成功的。

一是社区的自然环境得到了明显改善，社区绿化面积得到充分利用，社区空气质量不断提高。自建成伊始，咸嘉新村就以其出色的社区绿化工程吸引了一批又一批购房者，2010 年 1 月，咸嘉新村被评为长沙市“十佳绿化小区”。在跃龙社区，据统计，截至 2009 年 4 月 26 日，社区的绿化面积达到 14.8 万平方米，绿化覆盖率达到 48%，人均绿地面积超过 3 平方米。

二是社区的人文环境得到有效提升，与开展创建活动之前相比，社区破坏环境的行为和现象明显减少，过去有很多居民习惯于随地吐痰、随手扔垃圾，自创建活动开展后，小区内再也看不到白色垃圾，随处可听见、看见保护环境的声音和行为，小区到处可见绿草、鲜花，一片生机盎然的景象。

三是大大提升了社区的服务质量和水平。在岳龙社区，经社区居委会积极安排，仅 2009 年，全社区就新增就业岗位、安置就业困难对象、安置下岗失业人员 59 人，实现就业援助 2 人，免费职业介绍 125 人次，部分困难居民的生活得到了有效改善。而社区为居民提供的党员服务、综治司法、城管爱卫、计生服务、民政、低保、社保服务、残疾人协会、绿色网吧、阅览室、老年人活动室等服务平台，在为居民提供了各种休闲娱乐场所的同时，也方便和丰富了居民的日常生活。

3. 节能环保初显成效

“两型”社区建设活动开展后，社区和居民想出了许多节能环保的措施和方法，至今，这些方法的成效已经初步显现出来。在节水方面，社区提倡的纳米洗车技术洗好一辆车最快仅需 5 分钟左右的时间，且洗一辆车耗水只有 3 升左右，比传统洗车法节水 90% 以上。又如咸嘉新村的中水回用项目，据估算，项目投入使用后，每年可减少污水排放 10.95 万立方米，减少污染物排放量 30.66 吨，节约自来水 7.665 万立方米，节约水费 63622 元。在节电方面，以咸嘉新村的太阳能节能灯为例。该节能灯不仅具有安装维护简便，无须铺设线路，可避免电路老化、电压不稳等安全隐患的优点，同时 150 余盏太阳能节能灯年均可节约 7 万余千瓦时电能，相当于 24.5 吨标准煤。又如办公室倡导节能环保的办公方式后，全年水、电开支同比下降 5%。在节约土地方面，咸嘉新村社区采用的留地集中安置模式，用 200 多亩土地安置了全村 600 多户安置户，直接节约用地 400 多

亩，再用这些土地建成商品房，又可以提高社区的收入。此外，两街道积极倡导的环保型住宅在保证相同的室内热环境指标的前提下，还可以直接节约30%左右的空调能耗。

4. 居民自治功能得到加强

居民是“两型”社区建设的受益者，也是“两型”社区建设的一大主体，居民的积极参与，既是“两型”社区建设的一个重要内容，也是“两型”社区建设成功的重要保证。在“两型”社区的创建工作中，咸嘉湖和望月湖街道从实现和维护居民利益出发，在制定相关制度和规定的过程中，坚持“以人为本”，注意调动居民参与的积极性，集中民智民力，通过召开听证会让居民自己制定创建标准和措施、自己决定生活方式，充分发挥居民在社区建设过程中的自治功能，其结果，大大增强了社区工作的凝聚力，提高了社区工作的水平和服务质量，使社区工作形成了一种良性循环。

四　“两型”社区建设的基本经验

历时3年，咸嘉湖和望月湖街道社区在“两型”社区建设方面既取得了可喜的成绩，也积累了宝贵的经验。具体说来，这些经验又可归纳为以下几方面。

1. 建设目标明确具体

咸嘉湖和望月湖街道以科学发展观为指导，遵循中央和省市建设“两型社会”的精神和要求，率先在全市提出了建设“两型”社区的目标，在这一大的框架下，积极开展了“两型”社区建设的实践。为实现“两型”社区目标，街道和社区始终坚持“以人为本”的宗旨，以所在社区的实际情况为依据，将“两型”社区这一总的目标又具体化为“环境友好”和“资源节约”，并从经济发展方式、高新技术应用、“两型”文化引领，居民、学生、企业的生产、生活、工作、娱乐休闲等方面进行了多维度、多层次的探索和实践。整个过程始终服从和服务于“两型”社区的目标，具体措施符合社区实际情况。可以说，具体明确的“两型”社区目标的确立成为咸嘉湖和望月湖街道“两型”社区建设取得诸多成就的基础和前提。

2. 建设主体多方联动

咸嘉湖和望月湖街道社区在建设“两型”社区的过程中，充分整合资源，汇聚力量，构建起了政府主导、居民参与、社区组织协调、企业积极配合，齐心协力构建“两型”社区建设的高效模式。政府方面，继中央发出建设“两型社会”的号召，并将湖南长株潭列为“两型社会”综合配套改革实验区后，湖南省委及时制定了相关政策和法规，市委也立即行动，将大河西规划为先导区，岳麓区委、区政府则召开专门会议，适时提出建设“两型”社区的规划，并将“两型”社区的建设情况作为政绩考核的一个重要指标。各级政府充分履行了领导职能。社区方面，社区支居两委充分领会中央和省市区精神，以提高居民节能环保意识为基点，以改造社区环境和提高资源利用率为重点，以协调各方力量为媒介，开展了各种各样的活动，筹划建成了各项节能环保项目，其组织协调作用得到集中体现。居民方面，一方面广大群众以多元的参与方式，如居家、出行、工作、听证会等积极参与、支持“两型”社区建设，自觉规范自己的行为和生活方式；另一方面，社区党员和志愿者还充分发挥先锋模范作用，成为社区节能环保的典型。而老年人协会及各种协会、组织的成立，则进一步促进了“两型”社区的建设。企业方面，政府和社区居委会的协调沟通工作使企业能够自觉将自身的经济效益和社会效益有效结合，为“两型”社区建设添砖加瓦。如节能型住宅、太阳能节能灯、垃圾回收、中水回用等项目的论证、建成都是企业将自身的经济效益和社会效益有效结合的成果。

3. 建设路径切实可行

在咸嘉湖和望月湖街道开展的“两型”社区建设中，通过多方努力和相互协调，形成了适合自身的建设路径，这条路径具有如下特征。

一是长期规划。咸嘉湖和望月湖社区坚持用发展的观点看问题，将“两型”社区建设当成社区建设的一项长期性工作来抓，将社区建设的长期规划与分期目标相结合，注重统筹和阶段性成果的总结，符合科学发展观的要求。

二是分类指导。就建成历史而言，咸嘉湖是岳麓区的新社区，而望月湖则是岳麓区的老社区，两个街道在“两型”社区建设过程中具有很强的代表性。基于街道和社区的具体情况，在具体建设过程中，各社区也没有拘泥于同一模式，在总的指导思想不变的前提下，采取了“因地制宜、分类指导”的原则，对新社区和老社区，以及同一街道内的不同社区采取了各自不同的方法和措施。

三是分步实施。“两型”社区建设是一项长期性的工作，也是一项涵盖政治、经济、文化、社会等诸多领域的系统性工程，它的建成并非一朝一夕所能及

的，因此，在建设过程中，两街道社区采取了分步实施的形式，以“两型”社区建设为总目标，分别制定了各阶段的分步实施计划，更具有执行性。

四是不断创新。创新是咸嘉湖和望月湖街道社区“两型”社区建设的根本，也是他们成功的秘籍。这种创新不仅体现在环保节能技术、中水回用等技术，以及多样化宣传方式和主题活动的采用和开展上，更体现在开展“两型”社区建设的组织机制和思想观念与具体实施上。

4. 建设措施科学有效

为确保“两型”社区建设取得实效，咸嘉湖和望月湖街道社区坚持以组织为抓手、以基础建设为重点、以宣传教育为引导，注重日常活动参与，出台了一系列科学有效的建设举措，具体可归纳成如下几方面。

一是健全完善领导机制。创建活动全面铺开后，岳麓区和两街道分别成立了专门的领导机构，各个社区，如荷叶塘、岳龙、咸嘉新村等社区先后专门成立了由社区支居两委书记、主任等成员组成的领导小组，制订了详尽的实施方案和科学的考评机制，为“两型”社区创建工作提供指导。

二是规划基础设施的改造。大到社区楼盘材料的使用、周边环境的整顿和治理，小到居民楼抽油烟机和地下车库的改造、社区花坛的增设，为达成“两型”目标，咸嘉湖和望月湖社区在社区基础设施建设和规划方面投入了大量的精力。

三是突出宣传教育。创建活动开展以来，各社区以橱窗、黑板报、横幅、手抄报、楼道、文化窗等为媒介，以文化夜市、各项评比、学生夏令营等活动为载体，组织居民开展各种各样的宣传活动，不仅提升了居民的环保节能意识，也提升了小区的文化氛围。

四是注重日常活动的开展。咸嘉湖和望月湖街道社区以创新性思维为指导，以“两型”社区创建活动融入居民家庭生活和社区工作场所为目标，在日常的生活和工作中开展了各种各样的活动，以期通过潜移默化的影响达到“两型”的要求，开辟了一条“两型”社区建设的创新型路径。

五　“两型”社区建设的典型模式

通过上述对调查个案的分析，我们已经对咸嘉湖和望月湖社区的“两型”社区建设情况、做法、经验与成就有了一个比较全面的了解，到此为止，两个不

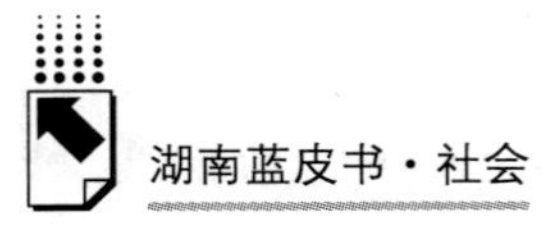

同的典型模式已经跃然纸上。

1. 咸嘉湖社区——新区塑造模式

咸嘉湖社区作为新建的社区，在社区建设的起始阶段就已经具有“两型”社区的意蕴。一方面在原住村民的安置上，并不是采用许多地方惯用的“一地一基”、让居民自己建楼房的模式，而是采取由社区统一规划，统一改造建设，建立高层楼宅的集中改造模式；另一方面在社区基础建设上注重社区的环境保护和社区绿化，致力于建造长沙市环境优美的高品位宜居社区。咸嘉湖社区在21世纪初的时候就因为其别具一格的社区建设模式而受到各级政府和社会各界的好评。2003年10月胡锦涛总书记在长沙考察时就视察了咸嘉湖社区，并给予了“咸嘉农民安置模式好、居民安居乐业好、社区生活环境好、文化氛围浓”的高度评价。在2008年启动“两型”社区建设以来，社区首先是从基础设施的改造和硬件建设入手，连续推动了基础建设几个大的项目：例如太阳能环保节能灯具项目、生活污水净化回用项目、岳麓1号楼盘的节能住宅项目、居民住宅抽油烟机改造项目等。在推动基础设施工程的同时开展各种“两型”社区建设活动，例如“两型”机关建设、“两型”社区建设系列文化宣传活动等。正因为咸嘉湖社区在建造的初期就注重将“两型”理念贯穿在建设的过程中，充分利用了新建社区可塑性强的先天优势，才能够取得今天的突出成就。可以说，咸嘉湖社区“两型”社区建设遵循的是从建设规划与基础设施抓起到文化宣传引领这样一条由外到内的实践路径，我们从咸嘉湖社区看到了当代社区建设的一种典型模式——新区塑造模式。

2. 望月湖社区——老区改造模式

与咸嘉湖社区不同，望月湖社区在20世纪90年代已经因为其突出的道德文明建设成效而享誉全国，是一个典型的老社区，整个社区的基础设施在20世纪已经定型，包括住宅、街道、下水道等基础设施都难以进行大面积的改造。作为一个老社区，望月湖社区不可能采用咸嘉湖的建设模式，在社区建设规划和基础设施改造上下多大工夫，因此，在“两型”社区创建过程中，望月湖采取的是另一条建设路径。作为一个全国道德文明创建示范区，望月湖根据自身的特色，充分发挥社区文化氛围浓厚的传统社区优势，将社区建设的重点放在文化宣传、活动引领，提高居民环保意识、节能意识，促进居民“两型”生活方式与消费方式的养成方面，在社区开展了类型各异、丰富多彩的创建活动。例如：“两型

生活”为主题的文明创建活动；“两型”社区创建大讨论活动；“两型”社区主题的文化娱乐活动；绿色志愿者服务活动；绿色植物认养活动；社区“一站式”服务活动；等等。与此同时，宣传鼓励居民使用太阳能热水器、节能灯、节水龙头、生活用水重复使用等环保行为，向居民免费提供节能灯管、可重复使用购物袋，倡导尽量不使用一次性碗筷、食品袋，实行垃圾分类回收等。其活动的覆盖对象范围涵盖了社区各个单位、学校和居委会，包括各个年龄层次、各种类型的居民都参与到了“两型”社区建设的创建活动中。可以说，望月湖社区在“两型”社区建设的过程中扬长避短，充分发挥文化的引领作用，在强内功上下工夫，遵循的是一条从文化宣传引领抓起，提升居民“两型”意识，养成“两型”生活方式与消费方式的一条由内到外的建设路径，我们从望月湖社区看到当代社区建设的另一种典型模式——老区改造模式。

六　余论

“两型”社区建设在湖北湖南两地已经先行先试，两地在社区建设过程中取得的成效与经验将随着试点成果的进一步推广而放大到全国各个地区。与此同时，全国各地的社区创建也正在如火如荼地进行，其中也不乏具有“两型”理念的社区建设。可以说，湖南长沙地区的“两型”社区建设的地方经验与典型模式将与湖北地区以及全国其他地区的“两型”社区建设相互辉映，共同勾画出当代中国社区建设的美好蓝图。

本文的研究基于长沙市两个试点社区的实践探索，在回顾其探索历程，反思其初步成就的基础上，对其成功经验进行了归纳总结，提炼出了两种在我国社区建设中具有典型意义的建设模式。尽管这是一次个案研究的粗浅尝试，但却是对望月湖、咸嘉湖两个“两型”社区探索实践的客观再现，也正是长沙市“两型”社区建设整个画面的一个缩略图。两个个案的社区建设是在“两型社会”建设这一宏大背景之下中国最底层的生动实践，从而本文的研究兼具理论与实践的双重意义。

当然，个案研究的代表性与普适性是学术界一直争论的问题，本研究的目的并不在于将研究结论推广到全省乃至全国，仅仅在于将其中的基本经验进行总结，典型模式进行提炼，以为当代的“两型”社区建设提供具有建设意义的参考价值。而且，本文的研究案例具有当代中国社区的典型特征：一个是城市化进程中的新建社区，另一个是城市中的老牌社区。因此，在某种程度上，两个个案的经验和模式应该具有一定的理论上的典型意义和具体实践的参考价值。当然，各地的“两型”社区建设还必须从自身实际出发，因地制宜地走出一条具有地方特色的建设模式和具体路径。

此外，两个个案的“两型”社区建设也并非没有瑕疵与问题，在其建设的具体过程中也遇到各种困难与阻碍，包括投入资金保障问题、高新技术的引入问题、人才问题、体制机制不顺畅的问题等，这些都有待我们的进一步探讨与研究。

B.33

基于“两型社会”视角的社区发展研究

乔海曙　谢璐芳*

一　引言

为应对一系列资源、环境问题，我国提出并推行“两型社会”战略，并在“十二五”规划中以6章的篇幅专门阐述“资源节约与环境友好型社会”的建设，由此，“两型社会”成为我国继计划生育、国土保护、环境保护后的第四项基本国策。作为连接城市与居民的桥梁，社区既是城市的基本构成单元，也是人们生活方式和价值观念形成的平台，在“两型社会”建设中发挥着重要和基础的作用，是破解城市病问题的重要手段。

自“两型社会”概念提出后，湖南、湖北、浙江等地陆续开展“两型”建设，并将内涵延伸至“两型”社区建设。为此，各地出台了一系列“两型”社区工作规划和考核标准，形成了一批“两型社会”建设示范社区，如武汉市江汉社区、长沙市咸嘉湖社区。国家也出台了《国家级“绿色社区”评分标准及考核方式》、《全国和谐社区建设示范社区评分表》等与“两型”社区相关的考核标准，但尚无直接对它考核的国家标准。

学术界对“两型”社区的研究主要集中在它的定位和服务体系建设方面。刘志海（2009）认为“两型”社区建设要坚持以人为本、服务居民，统筹规划、分步实施，因地制宜、分类指导，政府主导、社会参与的原则；并提出了社区建设的“四个一”工程，即建设一批“两型”生活设施、倡导一种“两型”生活方式、完善一个“两型”社区服务体系、形成一套“两型”社区长效工作机制。

---

* 乔海曙，湖南省两型社会重点研究基地常务副主任、湖南大学两型研究院常务副院长、“985工程”两型社会创新基地负责人，教授、博士后、博士生导师；谢璐芳，湖南大学两型社会研究院。

而张楚文（2009）认为公平和可持续的经济发展、中华优秀文化的保留和倡导也是“两型”社区建设的必修课程。姚茂华、舒晓虎（2010）在以往理论的基础上指出“两型”社区建设应以培育“两型”生活方式为核心，以提升居民生活质量为根本目的。然而，雷国珍等（2011）认为除生活方式外，消费方式也是“两型”社区建设的重要内容。此外，也有学者对国内外社区建设的成功经验进行了总结，对“两型”社区建设有一定的指导意义。李波、苗薇薇（2009）在分析美国、英国等发达国家社区建设模式的基础上，提出了合理规划社区建设、推进社区自治、发展社区非营利组织、加强社区制度建设等社区建设建议。雷国珍等（2011）对长沙市两个社区进行了实地调研，并归纳总结出具有典型意义的社区建设模式，即新区塑造模式、老区改造模式，对推进社区的“两型”建设具有借鉴意义。

现有理论主要探讨了“两型”社区的内涵、建设路径及国内外优秀社区的成功经验提炼方面，但对“两型”社区的衡量标准研究不足，实践缺乏理论的正确引导，容易陷入埋头苦干却不知“两型”为何物的窘境。因此，为“两型”社区描绘蓝图、制定衡量标准迫在眉睫。

二　社区：城市居民的“后花园”

（一）社区是人的发展的载体

党的十六届三中全会提出了科学发展观的概念，并将“以人为本”作为其核心内容。以人为本是万事万物的开端，也是我们的行事准则。因此，人的发展是最根本的发展，是经济社会发展的最终目的。精神生活的发展是人的发展中极其重要的一方面，可以表征人的发展，两者有相似的发展轨迹，即一条由自发走向自觉迈向自由的道路。在物质匮乏时期，人们疲于物质生活的奔波，精神生活是盲目、自发的；随着物质生活的日益丰富，人们对精神资源的需求增加，精神生活走向自觉发展的道路；在共产主义社会，每一个人都将实现全面而自由的发展，精神生活进入自由发展的轨道。我国物质资源已有一定积累，但精神生活由于长期被压抑而处于资源告急状态。目前，我们的主要任务是将精神生活的发展从人的发展的边缘拉回中心位置。

人的本质是各种社会关系的总和，人只有在社会中才能存在和发展。因此，作为社会的基本构成单位，社区承载着有共同成员的人群在一定地域内发生的社会活动和社会关系，是人类生活最根本的表现形式。它不仅要为人们提供优美的居住环境，而且要提供丰富的精神资源，助推精神生活的发展从边缘走向中心。因此，社区是人们物质生活和精神生活发展的载体，是人类发展的“后花园”。

（二）社区是城市居民归属感与安全感的源头

人的社会属性决定了人类的群居生活方式，也间接地表明每个人都存在希望归属于某一群体，从中获得归属感与安全感的心理。然而，大部分城市居民在由“单位人”向“社会人”转变的过程中失去了对原单位的依靠，归属感与安全感顿失。在计划经济体制下，城市居民都归属于某一工作单位，是“单位人”。单位不仅是居民的物质生活场所，也是精神生活的载体。随着计划经济体制的逐步解体和市场经济体制的进一步确立，单位体制被瓦解，“单位人”逐步向“社会人”转变。在这一过程中，大部分城市居民原来的群居生活方式被打破，心理产生强烈的孤独感和寂寞感。为安抚居民的心灵，社区应运而生，承担起原计划经济体制下工作单位的职能，扮演人们生活场所和精神家园的角色。因此，居民归属感与安全感的重塑成为社区建设的重要工作。

三　社区的“两型”化：应对“城市病”的良方

（一）社区是破解“城市病”的最佳平台

城市化是社会生产力发展到一定历史阶段的必然产物，20 世纪 90 年代以来，我国进入城市化快速发展时期，年城市化增长水平超过 1%，2008 年达到 46.1%，预计 2020 年将达到 60%。城市化的发展，一方面推动了经济社会的快速发展；另一方面却引发了诸多社会问题，即“城市病”。所谓城市病，是指因人口过于向城市集中而引起的一系列社会问题。它主要体现在人口膨胀、资源短缺、环境污染、交通拥堵等几方面。而城市化进程中老社区和新社区的衔接问题、社区内人情淡薄问题是城市病的社区表现形式。这几方面的问题最终都归结为人的问题。人口涌向大城市，大都是受人们自身价值观念的驱使，若改变这一观念，既可以解决人口膨胀问题，又可一定程度上缓解资源短缺、环境污染、交通拥堵问题。而且，资源、环境、交通方面的问题可以通过人们行为的转变得到一定的缓解。社区作为城市居民的“后花园”，是人们价值观念形成的平台，对人的行为产生直接的影响。以社区为平台，通过社区宣传、教育等方式从源头上杜绝资源浪费、环境污染，形成绿色出行意识。

（二）“两型”是破解“城市病”的有效手段

社区在“两型”建设中，宣传、推广资源节约、环境友好理念，倡导城市居民形成适度、文明、可持续的消费方式。这一方面将影响居民的日常生活方式，从社区层面破解“城市病”问题。“两型”建设过程中向老社区居民宣传节水、节电、节能知识，帮助他们节约资源，开展环保宣传活动，培养居民的环保意识；督促新社区尽快完善基础设施。另一方面，居民价值观念的改变进而引起行为方式的改变，将对整个社会的生产、流通、消费产生重要影响，资源消耗、环境污染、交通拥堵等城市病问题将从源头上得到重视和解决。此外，“两型社会”建设要求经济发展与人口、资源、环境相协调，“关爱人、凝聚人”是“两型”建设的题中应有之义。因此，社区在“两型”建设过程中可通过开展志愿服务等体现人文关怀、有益居民互动的活动培养邻里间的感情和居民对社区的归属感。

四　“两型”社区的定位与发展思路

（一）“两型”社区的定位

近年来，为应对粗犷式经济发展带来的众多生态和社会问题，全国各地兴起了绿色、低碳、文明等各类社区的创建活动，“两型”社区与它们既有区别又有联系。绿色社区侧重于社区周边环境和硬件设施的无毒、无害、无污染，以及人与社区环境之间的和谐共生，落脚点是以社区环保促进居民的身心健康。“两型”社区的创建工作与绿色社区既有交叉点，又有创新之处。在“两型”社区中，资源节约与环境友好并重，居民的资源节约行为和意识也是建设过程中不可或缺的内容。绿色社区建设是对传统社区进行大换血，而“两型”社区着重强

调在社区已有设施的基础上向资源节约、环境友好靠近，更加尊重社区的历史，可操作性更强。“两型”社区与低碳社区一定程度上是包含与被包含的关系。低碳社区着重强调利用低碳技术或绿化措施将社区内所产生的碳排放降到最低；“两型”关注社区水、电、能等资源的节约与合理利用，以及社区污染源的有效控制，而碳排放只是社区生活污染源之一。文明社区是“两型”社区的高级形式，它不仅要求节约资源、保护环境，还要求居民整体素质高、精神文化生活丰富，社区公共服务优质，居民自治等。它们是和谐社会建设过程中一前一后的两个阶段。

根据“两型”社区与绿色、低碳、文明社区的对比分析，可将“两型”社区理解为居民在日常生活中贯彻资源节约、环境友好的基本要求，它的核心在于推动“两型”生活方式的形成，最终目的是提高居民的生活质量和素质，途径是优化社区环境、完善社区服务、保障社区治安，基本原则是以人为本、注重人文关怀。

（二）“两型”社区的发展思路

根据上文的理论分析，“两型”社区应该由四幅画面组成，即居民低碳生活，对居民而言，低碳生活主要体现在低碳消费方面，包括低排消费、经济消费、安全消费、可持续消费等；社区环境整洁，主要表现在环境优美、整洁有序、空气清新、适合人居等方面；社区服务完善，是指居民的日常需求在社区内部可以得到满足，包括针对弱势群体的公益服务和针对非弱势群体的商业服务；生活和谐安康，主要体现在社区“两型”建设中关注居民的内心感受，想居民之所想，社区呈现为一幅人居环境怡然自乐、邻里和睦、安居乐业的“两型”画面。

“两型”社区建设是“两型”城市建设的拓展，是大框架下的精细描绘，属于“两型社会”微观层面的建设。在制定“两型”社区衡量标准时，需考虑以下几方面的问题。其一，“两型”社区不等于完美社区。“两型”社区只是文明社区的早期形式，是和谐社会建设的前奏，在建设过程中应该着重凸显资源节约、环境友好，不能眉毛胡子一把抓。其二，“两型”社区注重人文关怀。以人为本、关注民生是“两型”社区标准构建的基本原则。其三，“两型”社区突出自身个性。社区的“两型”标准应该具有针对性，体现社区的独特性，不能成为放之四海而皆准的规范。其四，“两型”社区体现低碳理念。随着全球气候的持续恶化，发展低碳经济、倡导低碳生活已成为国际潮流，“两型社会”应紧跟时代潮流。而且，低碳社区一定程度上是“两型”社区的子集，倡导低碳是“两型”的内在要求。

五　“两型”社区的衡量标准

社区是城市的细胞，而家庭又是社区的分化，因此，“两型”社区标准不仅要在“两型”城市标准的总体框架下搭建，而且要与“两型”家庭标准契合。另外，具体指标选取过程中应考虑社区是否可以改变或改善这一现状，也即指标的可控性问题。

（一）“两型”社区指标设计原则

第一，细化定性指标，简化定量指标。定性指标从宏观层面描述“两型”社区的总体概况，属感性、主观的软指标；定量指标从微观层面对社区进行精细刻画，是理性、客观的硬指标。根据“注重人文关怀”的设计思路，标准体系应突出软指标、弱化硬指标，也即细化定性、简化定量。第二，约束性指标与参考性指标相结合。在指标性质上，分约束性指标和参考性指标，从而达到既把握全局又主次分明的目的。约束性指标是指“两型”社区建设过程中一定要达到的硬性指标，而参考性指标是约束性指标的有力补充。一般情况下，约束性指标不宜过多，以便操作和推广。第三，确保指标体系的可操作性。为此，需做好三方面的工作：指标数量不宜过多、指标标准值多设置门槛值、指标名称需通俗易懂。第四，指标应贴近基层实况。指标设置意在体现社区的本质特征，以社区的实际情况为依托，一些看似“豪华”但与基层情况不相符的指标不在考虑范围之内。

（二）“两型”社区指标的选择及解释

根据“两型”社区蓝图和设计思路，标准体系由定性和定量两个指标体系构成，二者分别设置了资源节约、环境友好、社会和谐三个一级指标，具体情况如表1、表2所示。

表 1 "两型"社区建设定性指标体系

指标类型	指标名称	考核依据	衡量标准	备注
资源节约	1. 低碳生活方式推广度	宣传节水、节电、节能知识	有	全部达到为合格
		宣传绿色低污染的低碳生活方式		
	2. 新能源技术应用	公共区域采用太阳能供电	是	达到为合格
	3. 节约用水	公共区域全部安装感应式节水阀	是	全部达到为合格
		有生活污水资源化处理设备		
环境友好	4. 社区环境整洁	绿化程度高	是	达到三项(含)以上为合格
		垃圾分类收集处理		
		输电线、通信线等各线路划分美观		
		无露天烧烤等现象		
	5. 环保公众参与机制	定期发布环境公报、公告	有	全部达到为合格
		专门设备接收居民关于环境问题的反馈		
	6. 环保激励机制	定期组织具有"两型"家庭特色的评选活动	有	达到为合格
	7. 居民"两型"意识	自觉使用清洁能源	是	达到两项(含)以上为合格
		自觉使用环保型商品*		
		绿色出行		
社会和谐	8. 社区服务网络	文体类基础设施**	有	达到两项(含)以上为合格
		停车场等利民基础设施		
		便民基础设施***		
	9. 人文关怀	有固定的志愿者队伍	是	全部达到为合格
		幸福感较强		
	10. 社区治安	入室盗窃等刑事案件极少发生	是	达到两项(含)以上为合格
		灾害事故极少发生		
		打架斗殴等现象极少出现		

*环保型日常用品是指非一次的环保型商品，如可重复使用的菜篮子、布袋子。**文体类基础设施主要包括图书阅览室、文体活动室、健身活动场所、绿色网吧等。***便民基础设施主要是指便利店、菜市场、理发店、医疗站等满足居民日常生活需要的设施。

表 2 "两型"社区建设定量指标体系

指标类型		指标名称	基准值	说明
资源节约	资源消耗	1. 室温控制	夏天:≥26°C 冬天:≤20°C	约束性指标
		2. LED 灯普及率	住户:≥60% 公共区域:100%	
	资源综合利用	3. 节能空调使用比例	≥50%	参考性指标
		4. 废弃电器电子产品回收处理点	≥1 个	

续表

指标类型		指标名称	基准值	说　明
环境友好	生态环境	5. 绿化率	≥38%	约束性指标
	民生环境	6. 居民对社区环境的满意率	≥90%	
	污染控制	7. 噪声控制	昼间:≤55dB 夜间:≤45dB	约束性指标
		8. 清洁能源普及率	≥95%	
		9. 油烟净化装置安置率	新餐饮单位:100% 已营业餐饮单位:≥80%	
		10. 保洁员	≥1 个	参考性指标
社会和谐	生活方式	11. "两型"家庭创建率	≥50%	约束性指标
	生活状态	12. 社区登记失业率	≤3.5%	参考性指标

对资源节约的考核注重从源头上解决问题，考核新技术在社区的应用。定性指标主要考核社区管理者的资源节约观念倡导力度，以及社区引入新技术节约资源的状况；定量指标从资源消耗和资源综合利用两个角度出发，考察居民及社区整体的资源节约行为。社区主要从居民的视觉和听觉方面考察环境建设问题。定性指标主要考察社区的绿化程度、垃圾分类情况、"全民参与"宗旨的践行状况，以及居民的环保素养等；定量指标从生态环境、民生环境和污染控制三个角度，分别考察了社区各类污染的防治情况和居民的内心感受。资源节约、环境友好是外在的"两型"，而社会和谐是内在的"两型"，内外兼修才能完整地构建"两型"美景。"两型"标准主要从社区服务、人文关怀、社区治安方面定性考察社会和谐情况；定量指标从居民的生活方式和生活状态两个角度设置考核。

（三）"两型"社区标准值的确定

1. 定性指标的衡量标准

在设计定性指标体系的过程中，每个二级指标下分别设置了若干条考核依据，以便全面、细致刻画"两型"社区的总体面貌。为确保指标体系在实施的过程中填表人能准确给出答案，衡量标准都为"是"、"有"等界限明了的词。考虑到要求"两型"社区每条考核依据都达标的规定过于苛刻，本定性指标体系规定：对每个二级指标而言，若只有一至两条考核依据则必须全部达标才算合格，有三条则要求至少有两项达标才算合格，而如果有四条考核标准的话，则至

少有三项达标才能算作合格。

2. 定量指标基准值的确定

定量指标基准值的来源有四个途径，其一，已有国家标准的标准值；其二，国家法律法规；其三，各地区已有“两型”社区建设标准；其四，代表地区的历史数据。基准值并不是单独根据某一种途径得来的数据而设定，而是在充分考虑代表地区的历史数据，以现实情况为依据，并参考其他各个渠道得来的数据，综合考虑后设置而成。

B.34

产业“两型”化途径研究

黄 滔*

刚刚闭幕的中共长沙市委第十二次党代会响亮地提出：在“十二五”期间，要全面落实省委“四化两型”战略部署，率先建成“两型”城市和实现全面小康。这一宏伟战略目标的提出，表明长沙正处在一个至关重要的发展阶段，美好的未来期待每位长沙市民用智慧去思考，用汗水去创造。

长沙作为全国仅有的“两型社会”试点省会城市之一，肩负着探索“两型”道路、展现“两型”成就的历史重任。据有关资料表明，我国耕地资源人均占有水平为世界平均水平的1/3，水资源为1/4，是全球13个人均贫水国之一，铁矿查明资源储量平均品位约为33%，品位大于48%的富铁矿仅占我国铁矿查明资源储量的1.9%。铁、铜、铝土矿人均占有量仅为世界平均水平的58%，居世界第53位，煤、油、天然气人均资源只及世界人均水平的55%、11%和4%，资源与能源供需形势十分严峻，一些关系到国民经济命脉的大宗矿产资源供需矛盾十分突出。据估计到2020年，在中国经济发展所需的45种矿产资源中，可以保证的只有24种，基本保证的只有2种，短缺的10种，严重短缺的9种。其中，石油、铜、铁、锰、铝、锌的进口依存度将分别为58%、82%、52%、38%、52%、69%，事实上，2010年我国石油进口依存量已达55.14%。但另一方面，我国能源利用总效率只有30%，单位GDP能耗为世界平均水平的2～3倍。温室气体排放量增长占世界的34%左右，许多水资源、耕地资源受到重金属污染，世界银行估计如若现状得不到控制，2020年中国由于二氧化碳与烟尘排放形成的空气污染造成的环境和健康损失将达到GDP总量的13%。这些严峻的数据表明，走“资源节约型、环境友好型”的科学发展道路，是我国在当前资源与环境形势下唯一可供选择的发展模式，建设“两型社会”，估计即将从武

* 黄滔，长沙市工业和信息化委员会党委委员、副主任，清华大学环境学院博士后。

汉城市圈、长株潭城市群试点上升为国家发展战略。

建设“两型社会”是个复杂系统工程，也是一次前无古人的大胆改革尝试，在如此大的人口基数和高速经济增长需求条件下，没有可供参考借鉴的经验。其千头万绪、纷繁芜杂常给人以“两型是个筐，什么都可以往里装”的空虚感受。但辩证法的观点告诉我们，凡事要抓重点，改革中，只有敢于突破重点、热点、难点、焦点，才可以取得事半功倍的示范效果。据统计，工业企业节约的能源占全社会节约能源的70%，工业用地占城乡新增用地总量的30%～40%，消耗的水资源约占30%，排放的化学需氧量（COD）占全社会排放总量的35%，排放的二氧化硫（SO_2）占86%，并产生大部分的重金属污染。因此，工业既是资源得以节约的依赖主体，又是污染减排的依赖主体，理所当然是“两型社会”建设的主体与排头兵，产业“两型”化，是“两型社会”建设改革亟须突破的重点与关键所在。

如何实现产业“两型”化，结合长沙近几年的改革实践，着眼于过去的落后产能、现在的传统产业、未来的新兴产业三个不同产业时空，建议主要从以下几个路径着手。

一　加快淘汰落后产能，为产业“两型”化扫清障碍

发展的过程本身就是一个除旧革新的过程，淘汰落后产能，是当前“调结构、转方式”的首要环节。多年粗放式发展造成当前在许多发展中地区仍普遍存在的“小水泥、小造纸、小电镀、小化纤、小冶炼”等十几种“规模小、高能耗、高污染”的落后产能，是产业“两型”化进程中的主要障碍。这些企业，对许多基层政府而言，仍是当地财源和就业承载地，其产品也十分有市场，因此，仅依靠市场手段来淘汰将是一个十分缓慢的过程，与当前十分严峻的资源环境形势不相容，必须辅之以行政手段和法律手段，实现部门协调机制和目标分解考核机制，强化环境保护监测制度和能耗限额标准检查制度。对未按期淘汰落后产能的企业，坚决执行排污许可、信贷管理、项目审批、土地审批、生产许可、工商登记、电力供应等限制措施。依据广东省经验，坚决执行差别性电价和惩罚性电价是最有效最便捷的手段。当然，淘汰落后产能也依然要处置好发展与稳定的关系，体现执政的艺术。在长沙，坪塘老工业基地的整体退出为产业“两型”

化扫除了一个重要障碍，树立了榜样，但3万吨以下的机立窑小水泥和散布边远乡镇的小电镀企业，仍是长沙市必须引起高度重视的艰巨任务。

落后永远是个相对的概念，因此，在当前工业园区土地供应特别紧张的情况下，还应引入“相对落后产能”的理念，防止一些在未来几年或十几年中将沦为落后产能的企业和生产线从国外或沿海发达地区“梯度转移”过来，比如美国“悍马”项目。在这一点上，许多内地城市政府是认识不足的，甚至已吃过大亏。2003年，某园区大力引进韩国HEG电子玻壳（CRT）项目（俗称大背投），仅过几年，就沦为停产的境地，原因很简单，“大背投”在电视显像管发展过程中，是一个“过渡性产品”，生命周期前后不过十几年，然而，由于没有充分的前瞻性的技术评估，几年前的“HEG速度”顷刻变为“夕阳工业”的样板。因此，在当前引进重大产业项目时，在广泛进行的“环评”、“能评”基础上，各地方政府、工业园区不妨进行认真的“技术评估”，评估其项目的技术先进性，特别是否有持续创新的能力，这点，是在推进产业“两型”化进程中常被忽视之处。

二　大力转变发展模式，为产业“两型”化提供方向

推进产业“两型”化工作，绝不是简单意义上的“节能减排”，或者说，实现“节能减排”只是产业“两型”化的主要目的，但不是途径与手段。根据发展经济学的雁行理论，对现有产业而言，实现产业的“绿色发展、创新发展、集聚发展、融合发展”，推进现有产业高端化与转型升级，才是产业“两型”化的路径选择。

1. 绿色发展模式

绿色发展是建立在生态环境容量和资源承载力的约束条件下，将环境保护作为可持续发展重要支柱的一种新型发展模式。根据欧美发展的经验表明，绿色发展的核心就是要实现经济增长和碳排放的“脱钩”。当前，长沙市推进“绿色发展”，正是契合了产业“两型”化的核心要求，亟待引起全面重视。当前“绿色发展”实施重点有以下几方面。

一是强化重点用能及减排单位的动态监督、激励约束机制。根据工信部公布的“十二五”期间工业节能减排四大约束性指标，明确2015年我国单位工业增

加值能耗、二氧化碳排放量和用水量分别要比“十一五”末降低18%、18%、30%，工业固体废物综合利用率要提高到72%左右，而长沙在“十一五”期间，工业节能工作在中部一路遥遥领先，全市工业万元增加值能耗下降61.2%，从2005年的1.3吨标准煤每万元下降到2010年的0.48吨标准煤每万元，下降幅度达61.2%，占全社会节能量的70%。这既体现了“十一五”期间工业节能的巨大成效，也使“十二五”期间工业节能目标实现的难度大幅增加。目前，省内500家万吨标煤能耗企业已实施用能企业报告制度，这500家企业能耗约占工业能耗的60%。据初步统计，长沙市5000吨标煤以上企业能耗约占全市工业能耗的60%，数量约200家，相对于2300家规模企业的数量，抓住这些重点用能单位的工业节能及减排，推进技改节能、管理节能和科技节能，就是抓住了“牛鼻子”。因此，长沙市亟须建立“市工业节能监测中心”及在线监测平台，并建立工业节能专项资金，形成工业节能管理激励制度，同时推广EMC（合同能源管理）、CDM（碳交易）等新方法，推动这些重点用能企业的节能工作。

二是要积极推动清洁生产工作。清洁生产是产业高端化、城市国际化的重要象征之一，也是产业“两型”化的重要手段。根据1997年联合国环境规划署定义，清洁生产（Cleaner Production）是指在工业生产的工艺、产品、服务中持续地应用整合且预防的环境策略，以增加生态效益和减少对于人类环境的危害和风险的行动。2003年我国即颁布了《清洁生产促进法》，2009年湖南人大也颁布了相应促进办法，但目前清洁生产还基本停留在对“两高一资”的企业强制性清洁生产审核方面。长沙市可按“两型社会”实验区“先行先试”的政策优势，在全国率先建立“长沙市清洁生产促进中心”，颁布“长沙市清洁生产标识制度”，促进全市所有规模以上企业主动开展“自愿性清洁生产审核”，使长沙市生产与创造产品均是“绿色产品”，促进长沙工业真正成为“绿色工业”。

三是要大力发展循环经济与再制造产业。循环经济是应对资源短缺的主要经济手段，地方政府应充分利用行政机制、市场机制、社会机制这三种治理机制和规划性政策、市场性政策和参与性政策三种政策工具，以“减量化、再利用、资源化”为原则，逐步实现“企业小循环”、“园区中循环”和“社会大循环”。长沙作为“工程机械之都”和“中国汽车产业第六大板块”，有着大量的再制造的基础与空间。实践证明，运用福世蓝技术修复原理（Remanufacture），对于磨损造成的金属修复成本低，能使机械部件用很少的成本、很快的速度“复旧如新”，极大地节约各种人力、物力资源。目前，浏阳制造园、宁乡经开区已获批国家级再制造试点基地，中联等一批企业获批国家再制造试点企业，为推动长沙市再制造产业发展奠定了较好基础。四是要深入推行“两型试点（示范）园区”的创建工作。“两型社会”建设，企业是重要主体，园区是重要载体。目前，长沙市已推出了国内首个系统化、有实施细则的“两型”创建标准，为企业和园区“两型”化标明了具体途径，此项工作应全面实施，让“两型社会”在企业、园区开花结果，可闻可看可仿。

2. 创新发展模式

众所周知，创新是民族进步的灵魂，无论是砸中牛顿的第一个“苹果”，还是被对创新近乎偏执狂的乔布斯咬了一口的第二个“苹果”，无不反映出创新对于一个企业、一个国家、一个时代的伟大意义。为深入落实科学发展观，党中央、国务院作出了建设“创新型国家”的重大战略决策。省委周强书记在2011年2月17日全省新型工业化会议上指出，在“十二五”期间必须实现全省工业由“要素驱动”向“创新驱动”转型。徐守盛省长在2011年8月召开的“湖南省工程机械产业座谈会”上一针见血地指出：湖南工程机械产业尽管取得令人瞩目的成就，但还没有从根本上改变粗放式发展模式，支撑高端产品发展的技术相对匮乏，创新能力还不足以承担起支持全行业技术升级的重任，一些关键零部件严重受制于人（见《中国工业报》9月22日B4版）。对此，他提出要瞄准薄弱环节和关键领域，不断增加研发投入，加大创新能力的建设，积极推进原始创新、集成创新和引进消化吸收再创新，真正由“规模增长型”向“核心能力增长型”转轨。据知识产权部门提供的数据表明，截至2011年6月，全市拥有有效发明专利5167件，其中全市企业拥有的有效发明专利为2943件，集中分布在290家企业，拥有发明专利的企业数只占全市规模企业的10%左右，若除开巨星建材公司（其总经理邱则有一人拥有1809件），全市规模以上企业平均只拥有专利不到0.5件。市知识产权局对1633家规模以上企业调查，1507家企业没有发明专利，占92.3%，没有任何专利的企业占84%，这些数据显示出长沙市企业自主创新能力仍不够强，抵抗风险的能力仍较薄弱。陈润儿书记在第十二次党代会上指出，必须把“创新发展贯穿于‘两型’城市和全面小康建设的各环节和全过程，向体制创新要活力，向科技创新要优势，向金融创新要资金，向管理创新要效益，加快建设国家创新型城市”，可见市委的态度十分坚决，把“创新

发展”作为长沙市“五大战略”之一写进了市委工作报告，路径十分清晰，目标十分明确，有待全市深入贯彻执行。应该看到，创新是个非线性渐近累积过程，也是一项系统工程。需要从创新意识、创新平台、创新人才、创新制度、创新项目及成果产权化、技术标准化等多个要素环节全面引导。对于一个资源匮乏的中部内陆城市，唯有创新，实现“长沙制造”向“长沙创造”转型，实现长沙的产业由“微笑曲线”的低端向两颊高端攀升，才有长远发展，这也是不争的事实与严峻的形势。当前，金融危机背景下中小企业面临融资难问题，但《经济日报》评论员文章一针见血地指出，破解中小企业融资难题，归根结底还是要落实到转型升级、提高创新发展核心竞争力上来。可以印证，对于那些真正有明显技术优势的中小企业，各种要素资源无论是面临什么“危机”都是一直向它们汇聚的。城市创新的主体是产业，产业技术创新的主体是企业（日本每万人中科研人员 61.7 人，50% 分布在企业生产一线）。当我们在产业领域深入全面落实“创建国家创新型城市”试点工作几年后会发现，长沙的产业若在“十一五”期间体现为“速度期”（工业增加值平均增速 19.7%），“规模期”（工业总产值已跃上 5000 亿元台阶，进入省会城市 7 强）的话，“十二五”期间将很有可能体现为“质量期”与“效益期”，实现“又好又快”的发展。

3. 集聚发展模式

当各种产业和经济活动在空间上集中和形成吸引经济活动向一定地区、一定组织推进的向心力，即产生经济学上的集聚效应。集聚发展将最大限度地发挥工业企业的规模、辐射、竞争、带动效应，实现土地、资源集约节约利用。显然，集聚发展模式十分有利于支撑“资源节约型、环境友好型”经济发展模式，产业的集聚必将有利于产业的“两型”化，加速产业集聚集群发展，是加速产业“两型”发展的主要途径和带动区域经济发展的重要方法。集聚发展模式，在长沙市应侧重体现在三方面。

一是产业集聚化。当前长沙市拥有天心、雨花环保、隆平高科、金霞、浏阳制造园、浏阳生物医药园、望城经开区、暮云工业园、金洲新区、铜官循环园等省、市级工业园及高新区、星沙经济区、宁乡经开区三个国家级工业园区，一批园区获得了国家级节能环保、新材料、再制造等基地试点政策。园区集中了 60% 以上的规模企业，产生了 60% 以上的规模工业产值，真正成为了产业发展的主要平台载体。园区内的基础设施配套、物流配送服务、产业配套合作、信息资源共享、污染集中治理、政府社会服务等方面要明显优于园区以外地区，因此，要在今后限制在园区外兴办企业，减少对农村耕地与生态干扰，引导向园区集聚。另外，按照发挥优势、差异竞争的原则，要科学制定和调整全市园区发展规划，实现链条式发展、科学化布局、有序化竞争、关联化集聚。要大胆利用扩容提质、兼并整合、飞地经济、委托管理、财税分享等方式，推进中小型都市园区跨行政区域合并、国家级园区做大做强。这其中，处理好园区管委会与区县工业局的关系，是不容忽视的问题，采取交叉任职、妥善分工的方法也许可减少职责重构等矛盾问题，推进园区外产业企业向园区集聚。

二是企业规模化。根据经济学边际成本递减规律，企业的规模化不但有利于形成企业规模经济效益，也有利于企业强化“节能减排”意识与能力的规模生态效益。到2010年底，长沙市百亿元产值以上企业有中联、三一、中烟3家（均超过400亿元）；50亿~100亿元产值企业3家（晟通科技、红太阳新能源、北汽福田）；10亿~50亿元产值企业24家，产值过亿元企业593家，规模以上（2000万元以上）企业2563家。总体来看，10亿元产值以上企业数量仍偏少，100亿~400亿元企业是断层，必须加快推进中小企业成长工程，选择符合产业发展导向、拥有自主知识产权或核心技术、具有高成长性和较高品牌知名度、较高市场占有率的中小企业进行重点培育，较好地实现“百亿企业、千亿集群”的目标。

三是土地集约化。当前，工业用地的供给矛盾十分突出，一方面确实是企业招商落地和扩规扩产需求；另一方面也存在一定的浪费用地、超前用地现象。2010年，长沙市工业园区已开发面积128平方公里、规模产值2799亿元，单位面积产出为21.87亿元/平方公里，在全国处于中等水平，仍有空间。必须改进横向扩张的惯性，推行鼓励标准厂房、标准用地的办法，引导纵向发展，向空中要土地，用“先行先试”的政策先机，大胆放开工业用地容积率、工业厂房绿化率、建筑密度等限制指标，严格缩紧对技术含量不高的、用地投资强度不达标的、项目分期延期建设造成“荒地”的项目供地，切实加强对在建项目用地利用状况的跟踪督查，促进工业用地的有序流转、有序退出、腾笼换鸟。

4. 融合发展模式

改革开放以来非均衡式发展打破了改革坚冰，主要解决了人与体制的矛盾；科学发展转变了粗放式发展模式力图解决人与自然的矛盾。当改革发展到深水

区，区域间不平衡、产业间不平衡、社会阶层不平衡、城乡间不平衡问题日益凸显，回归、均衡、融合成为经济与社会各种领域的一种新的潮流与期盼，科学发展在一定程度上将更多体现为融合发展模式，特别是对于产业来说，融合发展模式将给工业管理提供新的视野与方法。欧美近二十年的发展实践证明，世界上主要国家已出现了产业融合现象，产业之间的传统边界日趋模糊，甚至消失，这或许也是后工业化时代必然的现象。融合发展模式当前可重点关注信息化与工业化的融合，三次产业间的融合，城乡融合，产业、科技、金融的融合等领域。融合式发展模式有利于产业内部、产业间的各种资源与要素流动、整合和高效利用，从本质上促进产业“两型”化。首先，信息化与工业化的融合是当前一个主要潮流，国家成立工信部、地方成立工信委（局），意图很明显。当前，我国产业的信息化水平还很低，在产品研发设计、生产过程控制、经营管理、物流与供应链管理等方面广泛应用现代信息技术，加速实现设计自动化生产化、生产过程智能化、经营管理网络化，加速信息化与新型工业化的深入融合，建设“智慧产业”，推进产业信息化、信息产业化，将有利于实现“两化融合”促进“产业两型”的目的。长沙作为国家“三网融合试点城市”，更给这种融合式发展提供了有利契机。融合发展更需要我们关注的是三次产业间的融合。农业产业化的必经之路是规模化与工业化，当前，乡镇企业与乡镇企业局的概念逐步淡化就已经很好地说明了这种趋势。作为农业大省，如何利用工业化的手段，解决农民就业问题、解决农产品加工增值问题，一直是各方关注的重点，甚至，无土栽培蔬菜、花卉种植业的工业化生产已在许多国家屡见不鲜。另外，后工业化阶段产业结构将以“二三一”向“三二一”转变，其特点是服务业的迅速发展。在工业化社会，工业一方面创造价值与财富让人们产生对服务业的更广泛需求，另一方面工业本身也需要生产性服务业的发展来予以分工协助和支撑。实践证明，凡生产性服务业发达地区，工业主体经济也发展较好，反之同理，这即先进制造业与现代服务业双轮驱动融合发展的效应。第三产业发展较好的园区，在招工成本与吸引力较之欠发达地区有很明显区别。长沙市浏阳生物医药园的一些企业，就曾面临因服务业不配套面临招工难的问题。当前，工业园区出于招商引资考虑，工业出让地价与成本严重倒挂，造成许多园区负债很重，信用等级降低、融资能力下降，从融合式发展观点看，或许“跳出工业抓工业”是一条新路子。工业园区特别是都市工业园区可学习和借鉴新加坡裕廊工业园的做法，将工业用地与综合性开发用地比例可视情适当解禁（现原则上为7∶3），并大力发展工业地产，一方面促进第二、第三产业融合发展，提高产业承载功能与优化工作生活环境；另一方面可以以部分土地融资、发展第三产业解决财政危机。当然，仍要限制商业地产的开发比例，多开发用于生产性服务的工业地产为主。

为促进经济、科技、金融的融合，需大力推进产学研合作，促进科技成果转化，并依据科研成果和产业项目，多开发和利用仓单质押、知识产权质押、集合融资、产业链融资、集合融资、买方贷款、异地联合协作贷款、股权融资、上市融资、产业基金等融资方式。由于企业与银行基于体制不对称、信息不对称造成信用不对称的矛盾（银行看重对过去业绩的评价，而中小企业偿贷能力取决于未来的发展），政府如何穿针引线、创新思路、主动作为，促进产业与金融的深度融合，解决产业融资难问题将是当前必须面对的问题。

三　积极培育战略性新兴产业，为产业“两型”化提供动力

战略性新兴产业是以重大技术突破和重大发展需求为基础，对经济社会全局和长远发展具有重大引领带动作用，知识技术密集、物资资源消耗少、成长潜力大、综合效益好的产业，从定义上即可看出，战略性新兴产业是发展“两型”产业的首选。2010 年 9 月国务院审议通过了《国务院关于加快培育和发展战略性新兴产业的决定》，各地迅速跟进，长沙市也按“有基础、有优势、有市场”的“三有原则”，选定了高端制造、新材料、节能环保、新能源汽车、生物制药、文化创意等领域作为优先发展方向。

培育战略性新兴产业是“十二五”期间各级工业管理部门的主要职责，因为其前瞻性及战略性，必须以充分发挥政府的公共服务引导职能和激发市场配置资源的基础性作用相结合，让政府“看得见的手”与市场“无形之手”紧握，坚持抢占先机、重点突出、突出特色、全力引导方针，将有限的资源集中到某几个战略新兴产业甚至是某些重点产品的研发与制造之中，紧握拳头、收拢五指，迅速在激烈的区域竞争和国际化背景下形成当地优势与特色，再集聚带动与辐射相关产业链。若是泛泛而谈、等闲视之很有可能错过这一千帆竞发、时不我待的好时机。

培育战略性新兴产业，首先，必须深入研究现有产业的发展态势，紧扣需求结构调整方向和紧密跟踪国际国内新科技革命的轨迹，选准方向、做好规划、筛选项目，分析关键共性且尚薄弱的重点技术环节，按“有所为有所不为”的原则重拳出击。其次，地方政府应加紧出台集财税、金融、招商、投资、土地等一揽子引导扶持政策，引导市场资源向战略性新兴产业汇聚。这在当前国际金融危机日益加深、国际产业分工重新洗牌的背景下，如何选准、如何支持战略性新兴产业，对地方政府的眼光与胆识均是一次考量。再次，发展战略性新兴产业关键在人才，特别是高端人才领军人物与关键紧缺型人才的引进与使用。有的产业，诸如生物制药，一个新药的开发时间周期与成本往往不是一个地方政府所愿意接受的。但这次全球性金融危机，却给了我们机会，新兴市场巨大的潜力与祖国蓬勃发展的活力，若加上我们有效的宣传与真诚的招引，必将吸引大批海外华人科学家带成果归国创业。目前，国家、省、市陆续推出了“千人计划”、“百人计划”、“313 人才计划”，剑指海外高端，已起立竿见影之效，但在各地“求贤似渴”的竞争态势下力度还可加强。如江苏常州推出“领军型创业人才引进计划”，在国内外引起较大反响，该计划承诺，对领军型人才，政府提供 5000 万元以上的股权融资和 300 万元的创业资金支持，并给予 50 万元的一次性购房补贴、30 万元的落户奖励，及优惠提供创业场所、标准用地等，这对海外高端人才产生了较大的吸引力。长沙，作为一个中部城市，只有通过“两型社会”试点城市给予的“先行先试”政策，大胆进行制度创新，形成“政策洼地”、“人才洼地”，才可能真正实现省内率先、中部领先、全国争先，综合实力跨入大中城市“一方阵”、挺进省会城市“前五强”，率先建成“两型”城市和实现全面小康的战略目标。

B.35
湖南水资源危机与对策研究

袁建四*

水资源危机是指当水量或水质不能适应环境、生态或生活、生产等需水对象要求，并对需水对象的生存或发展造成威胁或破坏时的一种状态。湖南作为全国水资源大省和水利大省，水资源总量丰富，居全国第6位；人均水资源占有量2500立方米，为全国平均水平的1.16倍。但随着湖南省工业化、城镇化的迅速推进，水资源供需矛盾凸显，加快解决水资源危机已成为“四化两型”建设不可回避、迫在眉睫的重要任务。

一　湖南省水资源总量及分布简析

总体来说，湖南省水资源总量相对充足，供水水平也相对较高。全省水域总面积1.35万平方公里，多年平均降水量为1450毫米（居全国第7位），水能理论蕴藏量为1532万千瓦，可供开发利用的为1083万千瓦，现已建成水库13326座（居全国第1位）；全省多年平均水资源总量为1689亿立方米（居全国第6位），人均水资源占有量2500立方米（全国平均水平的1.16倍）。2010年，全省水资源总量1907亿立方米（见表1），比多年平均水平多12.9%。在多年平均水资源总量中，洞庭湖水系水资源总量为1620.4亿立方米。

从湖南省水资源地域分布情况看，四大水系中湘江水系水资源总量排第一，2010年水资源总量为794.4亿立方米，占全省的41.66%；其次为沅江水系，总量为447.5亿立方米，占全省的23.47%。14个市州水资源总量分布中最多为永州市，2010年水资源总量为217.1亿立方米，占全省的11.38%；其次为怀化市，

* 袁建四，湖南省人民政府经济研究信息中心社会发展研究处副处长。

表1　2007~2010年湖南省水资源分布

单位：亿立方米

年份	2007	2008	2009	2010
水资源总量	1426.5	1599.9	1400.5	1907
地表水资源量	1419.3	1593.1	1393.8	1899
地下水资源量	350.4	386.2	351.7	430
入境总水量	923.3	944.9	837.4	1048
出境水总量	2141	2321	2070	2869
蓄水工程蓄水总量	194.9	225.2	177.4	221.8

资料来源：《湖南省水资源公报》。

总量215.1亿立方米，占全省的11.28%；总量最小为湘潭市，仅为48.98亿立方米，仅占全省的2.57%；长沙市作为全省的经济大市，总量为108亿立方米，仅占全省的5.66%（见表2）。结合湖南省生产力布局分析，湘江流域是湖南省水资源丰富区，工业、城镇多密集在此流域，说明水资源的分布直接影响了工业和城镇的布局。但从行政区划的生产力布局来看，长沙、株洲、湘潭等城市水资源总量分布偏小，而永州、怀化、邵阳等水资源相对丰富，说明湖南省工业、城市的布局先天就存在与水资源不相匹配的矛盾。

从湖南省用水情况来看，全省现状供水能力为362.5亿立方米，各类供水设施供水量为334.92亿立方米。2010年全省用水总量325.2亿立方米，较上年增加2.9亿立方米，其中农业灌溉用水量较上年减少3.73亿立方米，降幅为1.9%，工业用水较上年增加6.2亿立方米，增幅为7.5%，其他各类用水量变化不大。全省用水消耗量139.6亿立方米，耗水率为42.9%，人均综合用水量495立方米，万元GDP、万元工业增加值用水量分别为204亿立方米、143亿立方米，其中，万元GDP用水比上年减少45亿立方米，万元工业增加值用水比上年减少30立方米（见表3）；水田实灌亩均用水量503立方米，比上年减少17立方米；城镇居民生活（不含公共用水）日用水量163升，较上年增加3升；农村居民生活（不含牲畜用水）日用水量112升，与上年基本持平。水资源开发利用率略有提高，为19.3%，其中湘、资、沅、澧四大河流分别为24.9%、17.2%、10.3%、11.7%。随着人口的增长，工农业生产的发展和人民生活水平提高，总需水量也将大为增加。

表2　2010年湖南省分区水资源量

单位：平方公里，亿立方米

类别	分区名称	面积	年降水量	地表水资源量	地下水资源量	重复计算量	水资源总量	产水系数
行政分区	长　沙	11819	200.3	107.9	21.54	21.48	108.0	0.54
	株　洲	11262	215.4	133.0	32.32	32.32	133.0	0.62
	湘　潭	5006	87.53	48.98	10.28	10.28	48.98	0.56
	衡　阳	15282	222.8	117.5	23.26	23.26	117.5	0.53
	邵　阳	20830	305.9	165.1	40.31	40.31	165.1	0.54
	岳　阳	14898	261.6	125.8	25.76	23.43	128.2	0.49
	常　德	18187	300.5	150.4	30.22	27.52	153.1	0.51
	张家界	9517	170.8	99.84	19.04	19.04	99.84	0.58
	益　阳	12325	223.3	116.5	19.62	17.50	118.6	0.53
	郴　州	19317	294.7	165.5	52.72	52.72	165.5	0.56
	永　州	22255	372.0	217.1	56.11	56.11	217.1	0.58
	怀　化	27561	408.9	215.1	52.54	52.54	215.1	0.53
	娄　底	8108	146.8	84.69	15.21	15.21	84.69	0.58
	湘　西	15462	262.3	151.9	31.03	31.03	151.9	0.58
洞庭湖水系	湘　江	85383	1407	794.4	193.4	193.4	794.4	0.56
	资　水	26738	440.3	253.1	50.59	50.59	253.1	0.57
	沅　江	51927	829.0	447.5	99.87	99.87	447.5	0.54
	澧　水	15505	260.0	151.4	28.90	28.90	151.4	0.58
	湖　区	16619	267.9	100.3	26.65	19.45	107.5	0.40
	其　他	8442	150.8	82.71	15.02	15.02	82.71	0.55
其他流域		7215	89.903	69.929	15.601	15.601	69.929	0.63
全　省		211829	3473	1899	430.0	422.8	1907	0.55

表3　湖南省水资源总量及主要用水指标情况

单位：亿立方米，立方米

年　份		2007	2008	2009	2010
水资源总量		1426.5	1599.9	1400.5	1907
用水量指标	总用水量	324.3	323.6	322.3	325.2
	农业用水	193.90	198.99	195.13	191.4
	工业用水	82.55	82.04	83.52	89.75
	居民生活用水	32.14	32.66	33.16	32.26
	城镇公共用水	6.49	6.59	7.06	8.48
	生态环境用水	3.21	3.35	3.46	3.20
	人均综合用水量	476	473	467	495
	万元GDP用水量	355	285	249	204
	万元工业增加值用水量	246	175	173	143

二　湖南省水资源危机存在的突出问题

结合湖南省经济社会发展，深入分析湖南省水资源问题，水危机突出表现在以下几方面。

1. 水资源供需矛盾尖锐，缺水问题尚未彻底解决

随着城镇化、工业化、农业现代化水平的提升，城市人口愈加密集，对水的需求大幅增加，加上工业和农业的快速发展，水资源供需矛盾突出表现为生产、生活缺水严重。一是城乡居民生活用水缺乏。全省仍存在干旱死角，湘西山区尤为突出，2000 年以来，农村因旱临时饮水困难人口年均 320 多万，长沙等沿江城市多次逼近取水临界点，华容县城 13 万人，枯水季节只能采取分时分区供水度日。整体来说，全省仍有 2100 万农村人口存在饮水不安全问题。洞庭湖区需要解决饮水安全的人口已达 350.3 万，接近全省缺水人口的四分之一；另据专家分析，如不采取有效措施，积极推进节水型社会建设，到 2020 年长株潭城市群水资源供需缺口将超过 20 亿立方米。二是工农业生产缺水。目前湖南省水利工程保障能力不强，农业灌溉闸高水低，农业灌溉的“最后一公里”问题十分突出，旱涝保收面积目前仅为 2100 万亩，湖区许多饮水涵闸无法满足取水要求，枯季无水可取，导致农作物改种甚至绝收，威胁粮食安全。一些耗水量大的企业自备水源，如华能岳阳电厂冷却水系统、岳阳纸厂取水系统，不能正常运行。湖区航道水运中断，船舶搁浅事故频发，货船无法进港装卸，转泊成本上升。

2. 区域性、季节性分布不均衡，水资源开发任务繁重

湖南地处亚热带，受季风影响，湖南省水资源时空分布不均衡。一是区域性不平衡。突出表现为区域水资源占有量和水资源利用开发不平衡。湖南省环长株潭城市群 2010 年人均水资源占有量为 2225.63 立方米，较全省人均水平低 274.37 立方米，经济发达地区水资源总量不多。从流域看，流域下游社会经济相对发达，除居民用水外，其他各项用水指标略低于上游区域。二是季节性缺水严重。湖南省水资源主要是依靠河流等地表水，径流丰枯相差 200 倍，水资源时段供需矛盾突出。据统计，4 ~ 9 月湖南省降水约占全年降水量的 70%，枯季降水量小。径流主要由降水补给，其时空分布规律与降水大体一致，汛期径流丰富，以 6 月份径流量最大，即使在汛期，也时常出现丰中有枯，年最小流量在汛期和非汛期均有出现，因此，水资源紧缺在汛期和非汛期均可能发生。加上多年来河道砂石资源大量开采，以及河道的冲刷，导致了河床变化，河势及水流流态改变，枯季同流量水位明显降低。

3. 水污染亟待控制，水质环境恶化

湖南省工业和城镇生活污水年排放总量从1998年的22.55亿吨增加到2010年的26亿吨，大量未经处理的污水直接排入水体，导致水功能区达标率仅有61.3%，流经城镇和工矿企业江段区域的水质较差。一是工农业用水污染严重。2010年，万元工业增加值用水量为143立方米，比上年下降了30立方米，全国为103立方米，是发达国家的2～3倍；工业污染源虽通过多年的防治，污染物排放量有较大削减，但仍处于较高水平：这与部分中小企业沿江而建，工业废水处理能力不足相关。加上农药化肥的滥用，家畜粪便的排泄等，以至于农村江段、支流河段水质污染突出，湖南省Ⅴ类及劣Ⅴ类水质评价河长比例居高难下，2010年全省监测评价河段中，Ⅴ类水质河长仍占了18.9%，比2009年高2.7%。二是城市生活污水和生活垃圾处理设施建设滞后。2010年全省生活垃圾无害化处理率为79%，污水排放量为421万立方米/日，污水处理能力只有316万立方米/日，污水处理率为75%。三是主要流域水质污染严重。如湘江干流两岸有293个排污口，年接纳污水7亿吨，流域内工业废水中汞、镉、铅、砷的排放量，分别占到全国排放总量的55.5%、37.9%、15.4%、35.4%。其中衡阳松柏河、株洲霞湾港等段重金属严重超标，水资源遭到严重破坏，水污染事件频繁发生。

4. 总体用水效率不高，用水浪费严重

湖南省用水总量在全国排第6位。2010年全省万元GDP用水量为204立方米，折合单方水可产生GDP为32.78元/立方米，比2009年少了7.22元/立方米，远低于2007年全国43元/立方米的平均水平。目前工业用水重复利用率也不到60%，农业灌溉水利用系数只有0.45左右，全省渠系水利用系数只有0.4～0.6，由此可见，湖南省用水效率较低，用水浪费严重。国家分配给湖南省“十二五”时期的用水总量控制指标是每年336亿立方米，2010年全省实际用水总量已达323亿立方米，剩下的空间只有13亿立方米。“十二五”期末，湖南省GDP预计增加到2.5万亿元，即使按水利发展规划要求，万元GDP用水量下降50%，也需要255亿立方米，考虑人口增加、城镇化率提高等情况，最多能维持

在国家确定的红线之内，用水效率亟待提高。

5. 水资源缺乏科学管理和优化配置

湖南省水资源管理缺乏统一、高效、协调的管理机制，上下游分割，左右岸分割，水中物分割，涉水事务管理体制上各自为政，各为其利，多龙治水。一是水资源管理机构不健全，水资源管理人员缺乏。目前全省仅有郴州苏仙区、岳阳华容县等少数几个县成立了水资源管理局这样的专门水资源管理机构，其余市、县包括省一级都没有专门的水资源管理机构；水资源管理人员缺乏，特别是水资源管理的专业人员。二是缺乏统筹性强的流域水资源综合规划。省、市、县各级曾经制定过一些区域性水资源规划，但由于衔接不够，规划之间时有脱节，也没有纳入社会经济发展规划和产业布局规划，规划整体性效果不强，而且在许多地方形同虚设。三是缺乏权威的水资源开发协调机制，水资源开发随意性大。从20世纪90年代开始，湖南省各地流行水电开发热，地方政府、交通部门、电力部门、民营投资商在湘江流域遍地开发，无序开发，流域水资源的开发价值大打折扣，调节能力不够。缺乏协调性强的水环境治理和生态建设工作机制，区域分割，部门分割，环保、水利、城建责权不明，不能形成合力。四是缺乏操作性强的生态补偿机制。如流域上游地区为保护水资源和水生态环境需要花费大量人力物力，经济发展也相应受到一定制约。而现行的财政管理体制下财政资金又不能在不同的行政区域之间调拨，水资源市场交易和生态补偿机制没有建立，因此在水资源保护上可能出现“穷在帮富”而“富不补穷”的局面，流域上游地区生态环境保护与建设缺乏动力。

三　缓解湖南省水危机的对策建议

要有效缓解湖南省水资源危机，提高水资源合理高效利用，应尽快树立正确的重水、护水、节水的道德价值观念，增强全社会水危、水紧、水耗认识的紧迫感和责任感，强化安全用水、为民用水、生态用水的思想，有力推进“两型社会”建设。

1. 着力加强水资源的科学管理

要改变“以需定供”的管理模式，减少经济发展对水资源量的消耗，追求健康的社会水循环，建立以流域水资源状况决定的水资源管理模式。一是强化规划管理。尽快出台湖南省水资源管理总体规划、湘江流域综合发展规划、洞庭湖流域治理规划、《湖南省水量分配管理办法》等，适时修订全省水利总体规划及各类专项规划，加强水资源管理常规化和制度化，科学实施水量分配，明晰水权。二是增强调控能力。进一步提高信息情报收集能力、科学调度能力、流域调控能力和指标管理能力，逐步将流域管理纳入法制化轨道，加快推进水务一体化管理，坚决守住用水总量控制、用水效率控制、水功能区限制纳污和严格水资源管理考核“四项制度”，探索建立水权交易、大中型水利工程融资、小型水利工程管护等长效机制。三是完善准入制度。进一步完善“水资源论证制度”、“取水许可制度”、“环境行为评价制度”、“三同时制度”和“建设项目环保审批制度”等，抓紧制定“水影响综合评价制度”和“农业面源污染控制制度”等，加强水资源和水环境容量资源利用准入的管理。四是加强科技支持。建立科学先进、实用高效的水危机防治方法体系、水资源危机动态监测与预警体系，通过利用计算机技术建立地理信息系统、管理信息系统、决策支持系统，利用遥感技术加强水体监测和预测预报，利用现代通信技术，增强水资源调度的灵活性。

2. 加快实施产业“两型”化、流域综合治理、节水型社会建设等重点工程

解决水危机问题，必须实施重点突破。从湖南省实际看，关键是抓好三大工程：一是着力推进产业“两型”化。重点是加快推进产业转型，大力发展新兴“两型”产业，着力推进传统产业“两型”化改造，提高“两型”产业比重，不断降低单位耗水量，从而促进水资源节约；大力推广循环经济发展模式，不断提高资源综合利用率，尤其是中水利用率，从而提高水的总体利用率；建立高耗水产业退出机制，对高耗水、重污染产业实行严格控制，尤其是对一些耗水高、污染重的小产业、小企业进行限期整改，整改不到位的限时退出，从而降低整个社会的水耗。二是着力推进流域综合治理。以“一湖四水”为重点，全面治理全省5341条5公里以上河流，把治水、治山、治矿结合起来，建立严密的监测体系和严格的执法体系，确保全省主要江河湖泊水功能区水质达标率提高到75%以上，饮用水源保护区水质达标率不低于98%。建立流域生态补偿机制和占用水域审批及补偿机制，积极开展排污权使用和交易、环境污染责任保险等试点，创新水环境建设和保护的模式。探索一条与新型城镇化紧密结合、利益共享的新机制，可通过试点带动全省水土流失综合治理，以及重要生态保护区、水源涵养区、江河源头区、湿地的保护和建设。抓紧建立湘江流域水环境生态补偿机制，

探索多元化补偿方式。三是着力推进节水型社会建设。建立促进全社会各行业节约用水、高效用水、合理用水体制机制，尤其是要加快建立健全以水权、水价、水市场为核心的促进节水的制度，形成以经济手段为主、政府宏观管理与市场机制相结合的水资源配置机制，最大限度地提高水资源的利用效率和效益。建立水资源使用权制度和排污权制度，建立用水权交易市场，实行用水权有偿转让；建立流域、区域两级排污权交易市场，实行排污权交易和合理补偿；充分发挥市场机制对水资源使用和水环境容量资源优化配置的促进作用。加快推进水价改革，充分发挥价格对水资源供求关系调整的杠杆作用，重点在农业领域建立以工补农水价政策，提高水工程非农业用水水价；建立最高限价下的用水户协商定价加水价风险补偿金的综合水价制度；改革计价方式，改一步制水价为两部制水价、超定额累进加价、丰枯季节或季节浮动水价，以促进节约用水。尽快制定科学合理的各类用水定额，为科学计价打好基础。

3. 突出加强基础设施建设

基础不牢，地动山摇。当前，湖南省尤其需要加强以下几方面的基础工作。一是加快水资源管理实时监控系统建设。水资源管理实时监控是对用水户进行在线监测，掌握用水户实时用水动态，最直接管理的有效手段。二是建立全省完整的水质监测网络。通过定期或不定期开展水质监测，提高水污染防治和突发污染事故处理能力。突出开展地下水水质水量的监测，充分发挥地下水水量相对稳定、受气候影响小、污染程度低等特征，应对干旱，解决饮水困难。加快第二水源工程建设。三是加快建立完整的护水体系。省里统一建设水污染防治网络。在饮用水源保护区范围内，不准新建、扩建排放废污水的建设项目，禁止设置排污口，同时依法搬迁或关停区域内的污染源。坚持“谁污染，谁付费，谁治理”的原则，建立污染者付费制度。此外，尽快建立水行政执法网络。要建立健全从市到县到乡的水资源管理执法网络，定期开展专项检查，确保水质优良。还要建立水环境净化网络。对水域进行疏浚清淤，提高水环境容量和水体自净能力，建设城市集中污水处理厂、居民小区污水处理设施，对城区排污管网进行改造，对倾倒垃圾和渣土的现象进行打击等。四是加强水利基础设施建设。重点加快推进洞庭湖治理、全面完成病险水库和病险水闸除险加固、加快四水流域防洪工程建设、加强农田水利建设等十大水利建设重点。同时进一步加强供水水网建设，城镇供水管网要加快完善、改造，降低供水损耗，覆盖需水范围；农村要加快实施

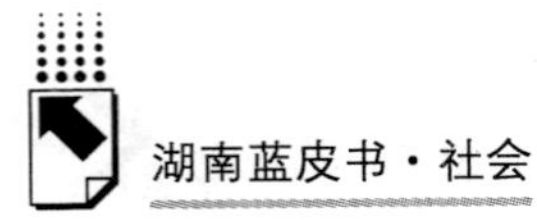

安全饮水工程，推广集中供水模式，逐步改善农村饮水条件。

4. 进一步加大投入

加大投入是解决水危机问题的关键。建立健全促进水资源开发、利用、管理、保护的长效稳定投入机制，是当前的重点，也是当前的难点。解决投入问题，核心是坚持“政府主导、市场补充、群众参与”的原则，关键是深化投融资体制改革。一是要充分发挥政府主导作用。将水资源开发、利用、保护的投入列为政府公共财政投入的重点，进一步强化水利建设基金和水资源费征收，落实土地出让收益和城市建设维护税切块投入，突出政府投入的公益性。积极争取中央加大对湖南省的投入，努力增加省、市、县等各级政府加大投入。二是大力拓宽社会融资渠道。对于有稳定回报预期的经营性项目或准经营性项目的经营性部分，要引入市场机制，引导社会资本以股份制、独资、合作、联营等方式，参与经营及管理。三是加大对群众的引导力度。按照“政府支持、民办公助”的原则，通过以奖代补、先建后补、民办公助等措施，充分发挥人民群众筹资筹劳兴建水利、保护水资源的积极性。

5. 进一步加强组织领导

各级党委、政府都要把水资源管理摆在更加突出的位置，从战略和全局的高度，深刻认识水资源科学管理开发的重要性和紧迫性，加强对水资源开发利用管理和保护的组织领导，及时研究解决水资源的突出问题，制定切实有效的政策措施。一是建立起高效协同的工作机制，各级党委、政府要设立高规格的领导小组，由主要领导挂帅，相关部门负责人为成员，全面负责该地区的水资源管理保护，加强统筹协调。二是建立目标责任制，每年将水资源开发、利用、管理、保护的任务分解到各级政府和各有关部门，签订目标责任书，明确任务、落实责任，并将各项任务和重大指标的完成情况纳入各政府绩效考核内容。同时建立督查考核和奖惩机制，一项一项抓考核，年底兑现奖惩。三是完善干部考核机制，建立科学的干部绩效体系，将环境质量评价指标、水资源使用效益和水环境状况等作为干部绩效考核的重要内容。四是加大水资源人才的培养和引进力度。各级政府要制定人才培养和引进规划，尽快建立一支综合素质高、业务能力强、工作作风硬的人才队伍。

B.36

钢铁工业 CO_2 减排技术创新研究

唐国豪*

2011 年 2~6 月，笔者有幸在台湾成功大学访问学习，并选择钢铁工业 CO_2 减排技术作为研究主题。本文分析了钢铁行业的减排措施及技术发展走势，考察了世界主要钢铁减排技术研发项目并对它们做出简要评价，最后针对中国大陆和台湾的钢铁生产现状，给出相应的技术发展建议。

一　钢铁工业的碳排放问题

过去几十年来，温室效应导致的全球变暖和海平面上升已是不容忽视的事实。而导致温室效应的元凶最主要为 CO_2 的排放。钢铁工业是工业排碳大户，未来几十年内，这一现状不会有太多改变。如果能在钢铁工业实现有效率的减排，将大大缓解全球减排压力。

过去 30 年来，世界钢铁工业得到了飞速发展。自 1980 年到 2010 年，世界钢产量成长了 200%（从 1980 年的不到 600Mt 到 2010 年已发展到 1300Mt）。除了由于 2008 年的金融危机所导致的钢铁产量的短期衰退外，目前就发展势头上来看，世界钢铁产量在未来一段时间内，仍会保持稳定增长的态势。根据世界钢铁协会估计，世界钢铁用量未来将基本保持接近 8% 的年增长率。其中，以发展中国家，如金砖四国（巴西、俄罗斯、中国、印度）的增长势头最为显著。值得一提的是，中国台湾地区 2010 年钢产量为 1964 万吨，人均用量几乎达到 1 吨。而中国大陆目前的钢铁总用量为 6 亿吨左右，人均不到 0.5 吨用量，潜力还很大。展望未来五年，世界钢铁产量将继续保持稳定增长的势头，而想依靠降低钢铁产量而减少碳排放的思路是行不通的。由于钢铁产量的持续增加已成为现

* 唐国豪，北京科技大学。

实，如何做到从生产技术上减排才是未来钢铁行业减排需要突破的重点。

钢铁工业的能耗占比和碳排放占比到底如何？只有将这些问题分析清楚，我们才能更加明白钢铁行业减碳的重要性。让我们首先考察世界主要钢铁生产地区的钢铁工业，占本国工业能耗比例的历史及现状。截至2005年，除了南亚以外，北美、欧洲、中国的钢铁工业占本国能耗已逾四分之一。相比于1981年的发展状况，其工业能耗占比在北美和欧洲都没有显著变化。由于北美和欧洲地区已高度发达，可以推断，这个比例在未来一段时间内不会有太多变化。而中国大陆自改革开放以后，整体工业有了飞速发展，钢铁能耗占比大大提高，其总量也超过了欧美地区。因此，若能在钢铁工业实现大范围节能，必将对全球节能做出巨大贡献。再从钢铁工业的碳排放占比，目前整个钢铁工业占世界各行业直接碳排放的比例高达27%，是比重最大的行业之一。由于未来一段时间内，钢产量将趋于平稳增长，因此若能对钢铁行业采取行之有效的减排措施，将大大缓解全球碳排放的压力。

钢铁工业到底有多少减排潜力？联合国政府间气候变化专门委员会（IPCC）有一个权威的估计：钢铁行业每年能减少2.3～4.5EJ（$1EJ = 10^{18}J$）的能量，220～360百万公吨的CO_2的排放量，节能潜力还有9%～18%。这样的潜力在主要的工业行业中名列第二，仅次于石化产业。相对于石化产业是必须燃烧石化燃料而不可避免要排放CO_2，钢铁工业在改变其能源使用结构和使用效率的环节上突破的潜力很大。而且IPCC的预测主要基于对现有技术的减排潜力的考虑，由于目前各国都在对超低碳的钢铁冶炼技术进行研发，所以未来几十年钢铁工业的碳减排还将有很大的改观。

钢铁工业的减碳潜力毋庸置疑，但是整个钢铁生产流程众多，只有找到最有效率的减碳生产环节，才能真正有效率地为钢铁工业节能减排。钢主要是由生铁制造（占比为61.8%），而从废钢和直接还原铁生产的钢占比不到40%。值得一提的是，废钢和直接还原铁的流程中很少产生大量CO_2，所以钢的生产产生CO_2的主要方式是对生铁的加工（而生铁制程本身就要产生大量CO_2）。

IPCC对钢铁生产流程减碳潜力的估计。其中，高炉的有效改善的减碳潜力是每年1.2～1.5EJ，CO_2减排量仅在这一环节中每年将达115～140百万公吨。高炉就是生产生铁，它的减排潜力几乎占到了整个钢铁生产流程的一半。由于，目前世界的废钢量还不足以满足所有的钢铁使用需求，可以预计在未来几十年

内，生铁的制造还将是整个钢铁生产的主要来源。因此，如何行之有效地改善生铁制造的流程，更进一步说，如何在高炉生产上实现减排和提高能源使用效率，将成为钢铁工业减排的技术重点。

二　钢铁工业减排现状分析

1. 过去几十年来钢铁工业节能减排的成效

过去30年来，北美、日本、欧洲地区钢铁工业的节能减排基本处于世界领先地位。事实上，北美、日本、欧洲的吨钢能耗2005年比1975年降低了50%。由于北美、日本、欧洲的钢铁生产技术先进，所以这一数据也可看做是整个钢铁行业在现有技术水平下能做到的一个最大的减排水平。

综合过去几十年来的发展状况，钢铁工业节能减排进展主要体现在以下三方面。

一是提高能源使用效率。从1975年到2005年，北美、欧洲和日本钢铁生产的能源使用效率不断提高。采取的措施不一而足，比如提高焦炭燃烧效率、更加合理的生产制度以及对生产机器更合理地运用等。不可否认，在提高能源使用效率方面，上述地区已经做到了最好，也适合世界其他发展中地区学习和效法。但是由于提高能源使用效率这一措施本身，在现有技术水平下已经达到了极限，将来的发展前景不大。

二是回收和废钢利用。由于钢铁本身是可回收材料，而且有一定的使用寿命。因此在一部分钢铁达到其使用寿命后可以回炉重新冶炼并开始下一个生命周期。而且，回收废钢的电炉生产技术其工艺本身不产生大量 CO_2，所以是非常环保的。因此特别是美国，其能有效回收国内大量废钢，它的吨钢碳排放量已经降到了1.5吨左右，大大低于世界平均水平2.2吨。但是目前，特别是对于发展中国家，废钢量很低，远不能满足钢铁需求，所以其减碳的潜力还有待时间的证明。

三是对生产钢铁的副产品的使用。由于钢铁生产环节中会产生大量副产品，比如 CO_2，如果任由其排放到大气中，会造成污染和温室效应。因此，如何有效地回收利用这些副产品也是过去几十年节能减排的重点。世界各国做得很好的是对于废渣的利用。钢铁制程中会产生大量的废渣，过去钢企总习惯将其废置不用，这不仅浪费了空间，还给环境造成了很大压力。但是近年来发现，废渣可以制成高强度水泥、铺路等功能已经“变废为宝”，还为钢铁企业增加了不菲的收入。由此可见，对副产品的回收利用很重要。只是这一环节目前也达到了极限，发展的空间有限。

总之，过去几十年钢铁行业在节能减碳方面做出了很大努力。其中，主要集中在节能环节上，即尽量提高现有技术的能源使用效率，最大化废料和副产品的回收、使用效率。这一系列的努力中，最值得一提的就是建立了钢铁可持续使用生命周期。过去几十年在节能减碳方面，钢铁企业已经建立了涉及整个钢铁使用周期的永续发展观念，传统的节能减排模式已经走到了尽头。要想在可循环的钢铁生产中走得更远，只有引入新技术。

2. 钢铁工业先进减排技术发展突破口

目前，全世界各大钢铁企业都开始了紧锣密鼓的新技术研发项目。这些新技术涵盖面非常广，并且带有一定的地域和文化特色。综合分析，可将这些减排新技术归为以下几类。

一是焦煤（Coal）。焦炭在高炉生产中是作为还原剂将铁矿石还原至铁。由于其良好的热化学性质，在未来的很长一段时间内，它作为这一还原剂还将长期使用，关键是如何保证在焦炭的使用过程中收集和储存 CO_2 废气。对焦炭使用的减排技术有些类似于石化产业，目前欧洲、日本等钢铁企业在这方面有长足的进步。

二是氢（Hydrogen）。氢能源作为还原剂，在还原铁矿石过程中仅产生水，不会有任何碳排放。可以说，用氢还原铁是非常环保的选择。目前，氢气的来源主要是从甲烷和一些自然气体的反应中得来，而它的使用也集中在传统的直接还原装置中。将来的发展方向是更广泛地获取氢源，如直接电解水等。然而其储存和收集技术涉及的安全和成本问题也是目前最大的瓶颈，其距大范围使用还有很长一段时间距离。

三是电（Electrons）。电能也可作为直接还原铁矿石的途径之一。目前可利用可电解的铁矿石和微生物进行操作。欧洲和美国主要对前者进行研发。用电直接还原铁本身也不产生任何碳排放。而且相比氢能，电能来源更广、更加安全和可控。但电能的来源，诸如火力发电等，无疑也会涉及 CO_2 排放。况且用电直接还原铁目前生产效率很低、成本极高。总的来说，这项新技术前景诱人，但研发的路途很艰辛。

四是生质（Biomass）。台湾最前沿的减排研发技术就是用生质碳来还原铁矿石。由于类似树木和芦荟等生质碳是属于整个碳排放循环圈的，所以它们的燃烧不会为全球造成额外的温室气体排放。并且因为亚热带和热带地区雨水很多、植被丰茂，这些地带发展生质碳还原铁技术很有前途。唯一要注意的是，这项技术所需的生质碳来源必须是可持续的。我们不能因为钢铁生产而滥砍森林，同时又得保证能向钢厂持续地提供大量生质碳。

五是碳捕捉和储藏技术（CCS，carbon capture and storage technology）。它是将钢铁生产过程中的 CO_2 避免排放到大气中最直接、最有效的措施之一。CCS 是将多余的 CO_2 储藏在容器和面积很大的地表深处（如废弃矿井等地），因此能有效避免将 CO_2 排放到大气中。作为一项新技术，CCS 已经独创一帜。其使用和推广面也是上述所有新技术中最广的。

三　世界各地钢铁工业减碳技术创新趋势

根据世界钢铁协会的数据，目前全球钢铁企业的减排新技术的研发项目已达到数百个，其中得到认证的技术已超过 100 个。对其中的主要项目进行对比，有助于我们更好地把握未来钢铁企业减排技术的突破口，甚至掌握未来钢铁生产的发展大势。

一是欧盟的 ULCOS 项目。该项目的全称为“Ultra - Low Carbon dioxide（CO_2）Steelmaking”，由来自 15 个国家的 48 家欧洲钢铁企业和组织参加。该项目的目标是在目前最好的节能排放基础上再将 CO_2 排放降低 50%。由于该项目是从 2004 年开始的，基本走在了全世界同期研发计划的前列，预计整个项目在未来 15 年到 20 年可以完成。而其涵盖面之广和投入力度之大，也使其他国家和地区望尘莫及。目前该项目中的新技术已基本成熟，可以说它们代表了整个钢铁减排新技术的发展趋势。

二是日本的 COURSE50 项目。2007 年 5 月，日本前首相安倍晋三宣布了该项目，拟通过节能技术来实现日本环境保护和经济发展的双重成就。其目标是发展先进技术来减少目前高炉冶炼中 30% 的 CO_2 排放。预计在 2030 年前建立完整的 CO_2 分离和储存技术，并且在 2050 年前实现大工业生产。在该计划中，CO_2 减排技术主要采取氢还原技术，其工艺流程被称为是环境友好型的。由于日本天然气储量有限，加上氢气很难大量获得，该技术还处于试验阶段。而在该计划中，CO_2 的捕捉、分离和储存，主要是通过化学吸收的手段，利用碱性溶液来分离高炉废气，以达到分离 CO 和 CO_2 的目的。目前技术的几大难点正在解决中，将来要做的就是实验出更加行之有效的 CO_2 储存技术和更广泛的工业推广。

三是韩国的 POSCO 项目。韩国 POSCO 公司在 2008 年至 2009 年之间就将其吨钢碳排放降低了 2.7%，其技术研发方向与日本和欧洲大体类似。其中，它的烧结预处理类似日本 COURSE50 计划；生质气体和氢气的使用综合了日本和欧盟的长处；而 CO_2 的分离、储存技术则是上述几个国家的共同点。韩国在节能减碳方面已经日趋成熟，并投入了相当的资金在节能减碳的新技术中。

四是美国的碳减排研究。由于使用了不同种类的清洁能源以及发展 CO_2 捕捉和分离技术，1990～2009 年，北美钢铁工业减少了 35% 的吨钢碳排放。目前，美国生产一吨钢的碳排放在全世界是最低的（不到 1.5 吨，世界平均水平是 2.2 吨）。相比欧盟 15 个国家 48 个组织参与的 ULCOS 计划，北美的新技术研究主要由顶尖学府承担。目前的新技术项目有麻省理工学院进行的 MOE 计划，即用融熔电解的方法生产铁，类似工业生产铝的方法。还有犹他大学牵头的 HFS 项目，其大体思路是用清洁的氢能还有天然气以及少量煤炭参与高炉冶炼，以减少高炉 CO_2 的排放。这个方向也是目前欧洲、日本、韩国在共同努力的。最后要提的是美国的 CO_2 的捕捉和分离技术（CCS）的研发，它由密苏里大学理工学院（MST）和哥伦比亚大学参与研发。

五是中国大陆和台湾地区的碳减排研究。中国大陆现在已经成为世界头号钢铁生产大国，其年产量占世界钢产量一半左右。而随着环境问题日渐影响中国大陆的可持续发展，如何减排也成了各大钢铁企业的首要任务之一。最近十年来，大陆钢铁企业在节能方面有了长足进步。诸如干熄焦技术，高炉煤气余压发电技术，转炉煤气回收技术，烧结余热回收技术，转炉低压饱和蒸汽发电技术等都为节能减排做出了很大贡献。但是正如澳大利亚和巴西的钢铁企业一样，现在大陆的钢企还在走欧美日曾经走过的节能老路。这条路确实能达到减碳的目的，但也有极限。只有投入新技术研发，才能挖掘更加可靠的减碳潜力。正是由于大陆目前钢产量位居世界第一，所以才比其他发展中国家更有减排的压力和责任。虽然目前各大钢铁企业，如宝钢和首钢，甚至连小一点的青钢都有新技术的研发投入，但是总体规模较小，还不能跟欧美日韩的大项目相提并论。我国台湾地区的

中钢也展开了技术投入，其生质碳冶炼技术日趋成熟，逐渐运用在生产中。生质碳冶炼技术适合台湾，因为这里的植被和雨水丰富，有稳定的碳源。至于更加先进的技术如欧美日韩正在做的，单从研发成本考虑，台湾还是有一定距离的。

综前所述，可以看到：第一，主要的钢铁生产强国（欧美日韩）都开始了各自的新技术研发项目，并且斥巨资揽人才。第二，目前这几个国家最普遍的钢铁研发技术焦点为：CO_2 捕捉和分离技术，氢气和天然气等清洁能源在炼铁环节的使用，直接还原铁（或用电解的方式）技术。除此之外，日本的新型炼焦技术和一些国家及地区大力发展的生质碳冶炼技术也值得关注。第三，欧洲的 ULCOS 项目是目前所有研发项目中投入时间最长（已逾 10 年）、涵盖面最广（从炼焦到炼钢）、参与国家和组织最多（15 个国家 48 个组织）的项目。其前景可观，技术推广的可行性较大（目前高炉顶气循环技术已经使用）。而日本的 COURSE50 计划仅次于 ULCOS（5 年的研发历程），在 CCS 和氢能源的使用方面也有自己独特的地方，技术推广的可行性也很高。第四，相比之下，韩国和美国的项目规模较小（韩国起步较晚，而美国一般由学府承办研究项目）、人力投入不及日本和欧洲（政府介入很少）。但是由于美韩日欧技术方向相同，所以总体差别不大。第五，其他国家和地区主要在节能方面进行努力，新技术投入研发还在起步阶段。

四　对台湾和大陆钢铁业的建议

从前面的分析可以看出，现在世界钢铁生产强国欧美日韩已经开始了各自的减排新技术的研发，并且取得了一定成就。

作为钢铁生产大国的中国大陆，其钢铁企业的研发格局还是各自为政，没有出现欧洲和日本那样庞大的研发项目。由于钢铁工业减碳技术的研发动辄需要上亿美元的资金，如果不能整合集体的力量，很难有明显的突破。对于还处在发展阶段的中国大陆，如果只是由每家钢铁企业各自开展新技术的研发，无疑有点“小打小闹”。只有在整合众多钢铁企业力量的基础上，才能有效降低每家企业的研发成本。因此，针对国际钢铁工业的减碳大势，大陆钢铁业应迅速整合行业研发实力，共同主导开发大型减排技术项目。只有大量的资金和人力投入，才能保证中国钢铁业在未来几十年里，实现更加清洁的和可持续的发展，才能不落后

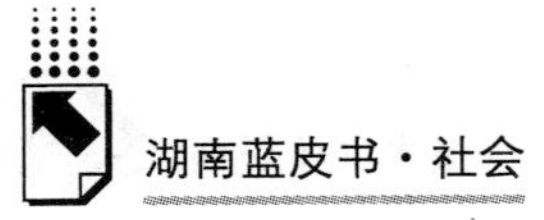

于世界钢铁减排技术更新的大潮。

台湾由于钢铁产量总量较小，其应用于减排的技术资金也相对较小。不过台湾的丰富植被，适合发展类似生质碳的新型冶炼技术，其减排前景相当可观。另外，生质碳冶炼技术只是众多减排技术的很小一块。诸如 CCS 和氢能炼铁以及直接还原铁的技术才是未来极有可能的主流。为了不落后于世界钢铁技术发展大势，并且发挥台湾的人才优势，与大陆合作开发新项目未尝不是一件既省成本又高效的事情。

总之，两岸间若能取长补短，吸取欧美日韩减排项目的经验，运用华人的智慧，共同开发属于自己的钢铁减排新技术，将来的发展空间和潜力难以估量。

实　践　篇

Case Reports

B.37 长沙大河西先导区“两型社会”建设的实践与启示

长沙大河西先导区管理委员会

大河西先导区于2008年6月成立以来，在长沙市委、市政府的领导下，紧紧围绕“为科学发展探索新路径、为湖南经济增添新动力、为长沙城市构建新格局”的核心任务和历史使命，在大河西地区先行先试，边干边试，“两型社会”建设取得了显著的阶段性成效。

一　为科学发展探索了新路径

三年来，先导区充分发挥改革试验区的优势，以科学的态度、创新的思维、探索的勇气、有力的举措，从制度层面和技术层面破解发展过程中存在的矛盾和困难，走出了一条有别于传统的具有生命力的可持续发展之路。

（一）实现了经济发展与环境优化的同步推进

在经济发展的过程中，高度珍惜河西不可多得的自然资源，在建设中保护，在保护中提升，大规模、高强度的建设，不仅没有破坏生态环境，而且使大河西先导区更加秀丽迷人。

1. 建立了科学的长效管理机制

三年来，先导区综合运用行政、法律、经济手段，全面建立以市场调控为基础、政府管理为主导的环境管理新机制。一是优化环保顶层设计。把规划作为保护环境的“先导”，率先实行“三规合一”，从一开始就立足全球视野，以世界先进城市为标杆，面向全球招标，编制了先导区空间发展战略规划，同时编制城市规划、土地利用总体规划和环境保护及建设规划，三大规划相互衔接融为一体，做到城市建设与环境建设同步、生态保护与产业提升同步，解决了规划和项目“两张皮”的问题。率先实行“反规划”，制定了《长沙大河西先导区基本生态控制线规划》，在1200平方公里的规划范围内，首先确定禁建区610平方公里，限建区150平方公里，再确定开发建设区380平方公里，保证了先导区城市建设用地、农业农村用地和生态涵养地各占1/3，近2/3的面积被规划为保护区域，合理布局了湿地、山林、基本农田保护区、水源涵养区、生态廊道和绿地等五大生态保护要素，从规划上确保了先导区生态系统不因经济发展、城市建设等因素而受到破坏，为建设“两型社会”提供了重要的生态环境基础。率先实施战略规划环评，2009年6月23日，国家环保部将大河西先导区空间发展战略规划列为全国首个“两型社会”综合配套规划环评试点项目和部省框架合作协议先行示范项目，并在全国率先试点，2010年8月先导区的“两型”发展实践通过国家环保部的严格考核，正式获得全国首份“两型通行证”，标志着先导区作为全国首个“两型社会”综合配套改革规划环评试点取得成功。二是关口前移严格准入。完善环境准入关，制订和发布了《先导区产业发展环境准入目录》、《先导区产业发展环境禁入目录》、《鼓励工业企业入园发展管理办法》、《招商引资环境管理办法》等一系列产业准入和禁入的制度，确保项目准入有章可循。坚持引进资源消耗少、环境污染小、经济效益高、发展前景好的产业项目，特别是战略性新兴产业和现代服务业，拒绝化工、冶炼等高能耗、高污染的产业项目，三年来，共拒批15个有污染隐患的产业项目。严把环保前置审批关，对每一个建设项目，严格把好土地规划环保、工业项目用地预审环保、环境影响评价、初步设计环保等四个关口，坚持环保审批不过关不开工，同时坚持污染防治设施与主体工程同时设计、同时施工、同时投入使用。三是环境资源市场配置。

在全国率先成立环境资源交易所，成为湖南省内首个环境资源可转让方和需求方交易的指定平台，并在先导区进行试点。交易所成立以来，对坪塘老工业基地产业退出削减的排污量进行测算和储备，对长沙造纸厂的 52 吨 COD、长沙新城热电厂的 200 吨 SO_2 以及交易所先前贮备的 61.39 吨 SO_2 进行了拍卖，并在坪塘老工业基地产业退出实施过程中对湖南省新生水泥厂等退出企业退出后削减的污染物进行了补偿。

2. 实施了系统的源头治本工程

一是实施先进治污技术。按照“生活污水生物处理，工业污水工程处理”的原理，投资 1.5 亿元建设洋湖再生水厂和打造梅溪湖人工湿地，采用人工湿地技术对生活污水和工业污水进行生化和深度处理，相对于常规的污水处理技术，既节约了 60% 的运营成本，又可使出水水质达到城市杂用水和景观回用水的标准，节约了水资源，充分体现了“两型”的理念。目前，洋湖再生水厂主体工程已完成，2 万吨污水处理系统 7 月份将通水运行；梅溪湖人工湿地下半年可投入使用。二是实施落后产能退出。采取政策引导、经济补偿和倒逼机制，仅用了不到两年时间就对坪塘老工业基地的 21 家污染企业实现了全面关闭退出，成为湘江治理史上力度最大、速度最快的一次战役，每年减少 CO_2、SO_2、污水、粉尘等排放量近 40 万吨，占长沙城区污染物排放量的 45%，对保护湘江母亲河和长沙的碧水蓝天产生了重大作用；三年来还对污染严重、存在地质和安全隐患的 56 家非煤矿山实行了关闭或整顿，并进行了生态修复。同时在先导区核心区范围内不再办理新的采矿权和探矿权许可，不再办理矿山扩界开采审批。三是实施污染面源治理。实施湘江流域及其支流重金属污染治理，三年来共完成湘江西岸、龙王港、靳江河、沩水河等重点流域 54 公里截污干管工程建设，采取河道清淤、垃圾清理、重点排污单位自建污水处理站、沿岸土地整理、退田还林等方式，对龙王港三环线以西流域两条支流雷锋河和云盖河、马桥河、沩水河、靳江河等进行了综合整治。此外，全面开展了大气污染治理，完成了近 41 家工业企业清洁能源改烧或集中供热。

3. 打造了亮丽的生态景观名片

大河西的生态环境建设，既有原生态的保护，更有能让人亲近融入、能展现城市亮丽容颜和高尚品质的生态景观建设，三年来先导区共建设生态景观工程 20 个，总投资近 65 亿元，已完成投资 50.8 亿元；有美不胜收的湿地公园：洋湖生态湿地公园总投资4亿元，总面积6000余亩，建成后将成为长沙乃至中部地区最大的生态湿地公园，一期工程（800亩）已实现竣工开园。宁乡金洲湖湿地公园总面积2.8万亩，于2010年2月启动建设，完成投资2.8亿元；核心工程金洲湖于2011年5月15日关闸蓄水，水面达到2800亩，蓄水量1000万立方米。梅溪湖湿地工程于2009年11月开工建设，完成投资5亿元，面积3000亩的湖泊已成功蓄水，望城境内2000亩的大泽湖湿地公园、5.7平方公里的团头湖湿地公园通过退田还湖，都已恢复昔日的生态景观。有绚丽多彩的城市公园：橘子洲景区投资15亿元，拆迁居民2600多户、企业51家，拆除建筑15万平方米，成为一座向全社会免费开放的景观公园；天马山景区（“两山一湖”）投资12.5亿元，拆迁1000户私房和8家单位，拆除建筑面积超过22万平方米，全面完成了提质改造和生态修复并竣工开园，景区规划用地全部为生态用地和公共配套设施用地，没有进行任何形式的商业性质开发，成为一个以“生态、休憩、文化、展示”为主题的生态公园；桃花岭山体公园面积4500亩，总投资2.96亿元，将对20座山坡进行生态修复和景观改造，2011年4月已开工，2013年12月底将实现竣工开园；梅岭公园面积396亩，总投资1002万元，2011年5月已开工，2013年12月竣工，将建设成为片区绿地廊道的重要组成部分；西湖文化园于2010年9月启动建设，项目建设总投资约30亿元，建成后将成为集旅游、市民休闲、文化、娱乐、体育、消费于一体的低碳中央游憩区，成为河西最大的开放型城市公园。

三年多来，大河西地区环境质量明显改善，河流断面水质大幅提高，龙王港、靳江河、马桥河、沩水河等支流断面水质从劣Ⅴ类提高到Ⅳ类，湘江主河道断面水质稳定达到Ⅲ类；空气优良率从87%提高到92.7%以上，同比增加5个百分点；城市污水处理率提高了20个百分点，达到95%；起步区农村垃圾无害化处理覆盖率和乡镇污水处理率达到100%；核心区落后产能淘汰率达到100%。

（二）实现了产业发展与资源节约的高度统一

先导区在产业快速扩张的同时，积极探索资源节约型的发展路径。在全国率先编制实施了10个方面共28项绿色建筑指标体系，其中有12项指标属全国首创；在全省率先推出了首个绿色建筑示范工程——“保利·麓谷林语”；在全省率先推广雨水回收利用、太阳能应用、中水回用、垃圾分类回收、地源热泵等绿

色示范技术。三年来，先导区地区生产总值综合能耗比2005年降低21%，低于全市1个百分点，低于全省3个百分点。

土地作为最重要的生产要素，在城市发展中具有基础性作用。三年来，先导区坚持把土地资源的节约作为重中之重，通过多措并举推进土地节约集约利用，共节约建设用地近2.6万亩。

1. 从制度上保障

出台《长沙市各主要地类控制指标》，在大河西先导区先行先试。确定了严格的城镇、农村、工业、交通、公用配套等五类建设用地项目的容积率、投资强度、建筑密度等控制指标。在道路建设中，在不降低通行能力的情况下，优化城市道路设计，用地规模一般采用公路建设微丘区中的低值或中值，例如枫林路路幅由46米降到36米，6.3公里路节约土地75亩，成为一条通行效率高、建设用地省的城市主干道，三年来城市道路建设共节约土地640余亩；在园区发展中，高效利用土地资源，大力提升集约水平，目前高新区麓谷园区建成区每平方公里生产总值突破44亿元，进入国内一流水平；在片区开发中，实行局部高密度开发，滨江金融商务区净开发容积率约2.38，建成后可容纳15万人；洋湖总部经济区净开发容积率1.6、建成后可容纳36.5万人；梅溪湖国际服务区净开发容积率约2.45，建成后可容纳32万人。相对于先导区成立前长沙市平均城市建设用地水平，三大片区节地率达到56%，节约建设用地近4万亩。

2. 从模式上探索

在新城建设实践中，先导区初步形成了农民市民化节地模式、农民高层公寓房安置节地模式、标准厂房高层厂房园区节地模式、新农村建设节地模式、城市道路节地模式等5种节地模式。农民市民化节地模式：先导区有50万农村人口，人均占用建设用地达到210平方米，远高于国家《村镇规划标准》规定的人均居民点用地面积150平方米的上限，而一个300万人的城市，人均建设用地只有40平方米，每转移一个农村人口，可节省170平方米建设用地，节地率达到81%。三年来，先导区在推进新型城市化中共转移农村人口近6万人，节约建设用地1.5万亩。如果将50万农村人口全部转移为城市居民，将节约建设用地13万亩。农民高层公寓房安置节地模式：在拆迁征地安置中，采取公寓式安置模式，将生活安置与生产安置分离、农民安置房与城市住宅并轨，统一建设高层住宅安置楼，集约利用生活安置用地，节约出来的大量土地用于解决农民生产经营问题。三年来先导区范围内已建公寓式安置房近120万平方米，共节地2000多亩。标准厂房高层厂房园区节地模式：为充分利用园区有限的土地资源，提高投入产出效率，在三个国家和省级开发园区中采取鼓励建设多层厂房和引进能在多层标准厂房生产的工业项目，严格审定工业项目的投资强度、建筑密度和建筑容积率，先导区范围内麓谷企业广场、信息产业园等新建高层厂房、标准厂房20万平方米，节约建设用地近5000亩。新农村建设节地模式：为增加有效耕地面积，通过归并零散地块、平整土地、改良土壤、加强道路沟渠等配套设施建设，分片有序地推进田水路林村的综合整治。三年来在关山村、光明村、金峙村、立马村、桐木村开展土地综合整治，共投资1.5亿元，完成土地整理40974亩，增加耕地4369亩、节约建设用地3361亩，其中：莲花万亩土地综合整治项目20000亩，新增耕地面积1080亩，新增建设用地置换指标1712亩；宁乡县关山村项目面积7410亩，新增耕地1000亩，新增建设用地置换指标400亩；望城县光明村项目面积6304亩，新增耕地206亩，新增建设用地置换指标30亩；金峙村项目面积6109亩，新增耕地1227亩，新增建设用地置换指标295亩。据测算，如果在先导区820平方公里的非开发建设区范围内全面实行农民集中居住和土地综合整治，可节约出建设用地8万亩以上。

3. 从改革上推进

积极推进征地制度改革，基本形成与市场经济体制相适应的土地管理体制。一是率先大规模推行新的征地补偿办法，按照《长沙市征地补偿实施办法》（第103号令）进行征地拆迁补偿，取消留地安置，全面实行“两转变一纳入”的安置模式，即“农村集体土地转为国有土地，农村村民转为城镇居民，被征地农民纳入城镇社保体系”，实现农民向市民的转变。三年来，洋湖垸、梅溪湖、滨江、岳麓山景区等重点片区共动迁土地6万亩，动迁人口2万户近6万人，拆迁农村房屋400万平方米，动迁人口全部得到妥善安置。二是强化土地市场管理，设立土地储备（交易）中心，对先导区所有用地进行统一征转、统一储备、统一安置补偿、统一供应，通过强化政府对土地一级市场的管理，为土地收储与土地一级开发整理提供了足够的资金保障。

（三）实现了城市发展与农村发展的统筹协调

坚持把城市建设和农村建设作为一个整体，统筹谋划，全面推进，城乡一体

化进程不断加快。一是城乡规划一体化。统一城乡规划编制，共编制了15个乡镇总体规划、90多个村庄规划，实现了乡镇规划全覆盖；统一编制村级国土综合规划，实现土地利用规划与城乡规划、产业发展规划、生态保护规划、土地整治规划的“全面对接”。通过编制村级规划，结合农村土地综合整治，优化了土地利用结构，大大提高了土地利用效率。如宁乡关山村全村494.03公顷土地，通过规划进村，不仅改善了村庄面貌，而且新增耕地128.42公顷，新增耕地率达25.99%，同时还节约建设用地26.10公顷。统一城乡规划管理。建立了纵向到底、横向到边的规划监管体系，统一审核管理宁乡县、望城县在先导区规划范围内的乡镇土地规划及土地征转报批；对宁乡、望城两县在先导区规划范围内的乡镇总规在审批前实行征求先导区管委会意见的制度。统一城乡规划执法，统一先导区城乡规划建设领域的执法监督，由先导区综合行政执法支队牵头，联合两区两县规划监管力量严厉打击规划建设领域的各种违法行为。二是基础设施一体化。将农村基础设施与城市基础设施统筹规划、统筹建设，既为城市拓展预留了空间，也为乡村融入城市提供了支撑。三年来，大力推进城市骨干道路快速向农村延伸，黄桥大道、枫林西路等城市道路向农村延伸近30公里，同时改造和新建农村公路250公里，实现了先导区范围内公路“组组通”、水泥沥青路“村村通”，完成水利建设项目1300多个，农村的基础设施水平显著提高。三是公共服务一体化。先导区内实现了农村合作医疗、社会保障全覆盖，近6万农民转变为市民后全部进入城市社会保障体系；三年来建设乡镇文化站15个，村文化室96个，实现了“文化下乡”为“文化驻乡”的转变，共建设标准化村卫生室96个，农村合作医疗参保率达到99%，健全了公共卫生服务体系，实现了“小病不出村、大病不出县”的目标；基本完成农村电网改造，基本实现城乡电价同网同价。四是生态建设一体化。建立了“户收集、村分类、镇转运、县处理”的农村垃圾处理系统，完成莲花、雨敞坪等8个乡镇垃圾中转站和96个行政村农户垃圾收集池及村级垃圾收集转运站建设，垃圾统一集中到垃圾填埋场处置，实现了起步区农村垃圾处理100%的目标；莲花镇、雨敞坪镇湿地污水处理厂竣工投入使用；核心区范围内农村集镇污水处理率达到90%以上。全面开展了农村面源污染专项治理和畜禽养殖退出，共退出了379家畜禽养殖户，对122家畜禽养殖户污染进行了治理，起步区范围内基本消灭了畜禽养殖场。

二　为湖南经济增添了新动力

三年多来，先导区的经济支撑力、集聚力和辐射力显著增强，成为全省经济增速最快、效益最好、结构最优的增长极和湘江经济带的龙头。

（一）区域经济跨越发展

三年多来，大河西先导区经济规模不断扩大，地区生产总值、全社会固定资产投资、地方财税收入增速分别超过18%、31%、28%，2010年，地区生产总值、全社会固定资产投资双双突破千亿元大关，达到1153亿元和1002亿元，经济总量到2010年已占全市的三分之一强。在先导区的带动下，"两区两县"经济强势发展：宁乡、望城成功跻身"全国县域经济竞争力百强县"；宁乡经开区顺利跨入国家队行列；岳麓区成为了全省经济强区和河西新城主战场，经济总量实现了三年翻番目标；高新区发展空间的成倍扩展推动了经济竞争力的迅猛提升，2010年高新技术产值突破1000亿元，其综合经济实力已位居全国高新区前20位、中部国家级高新区第2位。

（二）新型工业快速聚集

三年来，先导区积极发展高端制造、电子信息、新能源、新材料等战略性新兴产业，引进新型工业企业1500多家，总投资近1000亿元，项目数和投资数占全省同期的五分之一，成为全省最重要的新型工业基地。目前先导区拥有世界500强企业达到40家、上市公司35家。一大批高附加值、具有自主知识产权的高新技术产业纷纷落户，形成了先进制造、电子信息、新材料与节能环保、生物医药、现代服务业等6大新兴产业集群。如：正在建设的中电软件园将成为具备吸引1000家IT企业入驻的信息产业基地，三年内将新增企业产值300亿元以上；湖南红太阳光电总投资14亿元，两年内将成为湖南乃至全国最具影响力的太阳能光伏产业基地；中航起落架2010年底竣工投产，2016年建成达产后将成为世界一流的集设计、制造、服务于一体的飞机起落架专业化生产基地；楚天科技总建筑面积突破10万平方米，是全球非集团性单一工厂规模最大的高新技术制药机械企业；博云新材研制的"高性能航天用炭/炭航空制动材料"使我国成

为继英、法、美之后，第4个拥有航空制动材料生产技术的国家；投资200亿元的三一（宁乡）产业园2013年底全部建成后，将成为世界级研发、制造基地。

目前，先导区内以高新区、宁乡经开区和望城经开区为主体的产业园共入驻工业企业近4000家，注册资本过亿元的120家，过10亿元的27家，过100亿元的8家。以2010年为例，先导区规模以上工业总产值达到481亿元，占全市的31%，全省的23%，高新技术产值984.4亿元，占全市的43%、全省的36%。

（三）服务产业蓬勃发展

先导区坚持把发展现代服务业作为增强新城活力和综合竞争力的战略举措，大力建设滨江新城金融商务区、梅溪湖国际服务区、洋湖总部经济区、岳麓山风景名胜区、麓谷新城等五大服务业平台，引进服务企业200多个，总投资500亿元，服务业增加值年均增长13.8%，2010年现代服务增加值与第三产业的比重达到50%以上。引进了一大批高端现代服务业项目，其中位于滨江金融商务区核心区域的世茂大厦总投资35亿元，总建筑面积14万平方米，楼高248米，含五星级酒店和甲级写字楼，2013年6月建成运营；滨江中央商务区的奥克斯广场总投资22亿元，总建筑面积33万平方米，其中商业建筑面积20万平方米，2012年12月建成运营；绿地中央广场总建筑面积45万平方米，其中商业、酒店和写字楼建筑面积15.73万平方米，2013年12月建成运营；湖南民生大厦总建筑面积4.3万平方米，2012年6月建成运营。位于望城经开区的裕田·奥特莱斯总建筑面积20万平方米，其中商业建筑面积9万平方米，2011年8月已建成运营。更为重要的是，先导区的城市价值和市场预期越来越受到市场的认可和资本的追捧，经济聚集效应呈现出持续扩大的势头，仅2011年上半年先导区就成功签约项目26个，投资总金额达到213亿元。

三　为长沙城市构建了新格局

先导区遵循长沙市委、市政府“打造先导区、建设大河西”的战略部署，按照“资源节约、环境友好”的理念，高水平规划，大手笔建设，实现了“拉开道路框架、形成承载功能、展现新区雏形”的目标。共建设重点工程项目600多个，完成投资2324亿元，新增城区面积25平方公里，新增城市人口30万，目前城区面积达到 118 平方公里，城市人口达到 120 万，河西新城雏形基本形成。正在形成以湘江为中轴，一江两岸、互动共进、两翼齐飞的城市新格局。

（一）基本完善了新城交通网络

先导区始终把交通网络建设作为推进新型城市化的基础。一是骨干路网已经形成。共新建城市道路 90 余条，总长近 300 公里，总投资 200 亿元。已经通车的骨干道路有潇湘南大道一、二期，潇湘中路，潇湘大道北延线，黄桥大道一期，雷锋大道，金洲大道，枫林西路一、二期，坪塘大道第一期，学仕联络线，岳麓大道西延线等 11 条，通车里程达 110 多公里，2011 年即将竣工通车的城市干道还有近 60 公里。先导区的新城主干道、片区路网、园区路网基本成环成网，以“六纵八横”为骨架的 14 条主干道及其 80 多条支干道共同构成了大河西完备的道路交通体系。二是过江通道全面开建。共开建过江通道工程 6 个，湘江航运枢纽、湘府路湘江大桥、福元路湘江大桥、南湖路湘江隧道和营盘路湘江隧道、地铁 2 号线建成后将极大地缓解“过江难”的状况。按照工程计划，福元路湘江大桥将完成全部下构及部分上部构造施工，完成 30% 的道路工程；湘府路湘江大桥将完成一标段下部基础工程的施工和部分上部工程建设，完成二标段桥梁结构主体工程；南湖路湘江隧道计划完成盾构始发井，启动盾构施工，完成匝道的 40%；营盘路湘江隧道已实现洞通，年内竣工通车。加上已建成的 6 座大桥、规划的 8 座大桥和 1 条隧道，连同 4 条过江地铁和 1 条过江城际铁路，将有 25 条过江通道把先导区与河东紧密连接起来。三是城际交通快速推进。共建设重大城际交通工程项目 7 个。其中石长铁路复线穿越大河西（望城县境内）23 公里，于 2010 年 7 月 19 日开工；京珠西线（岳潭高速）于 2008 年 12 月开工建设，将于 2012 年竣工通车。大河西综合交通枢纽于 2010 年 11 月开工建设，将于 2015 年竣工。长株潭城际铁路一期工程站点全部开工，将于 2014 年通车运营。地铁 2 号线 5 站点完成主体工程建设，开始盾构挖掘，西延线正在勘察设计，将于年内开工，与 2 号线一期工程同步竣工。长韶娄高速、长湘高速公路复线，加上已有的长常高速、长潭高速等，使大河西与“3 + 5”城市群和武广城市群对接的立体综合大交通格局基本形成。

（二）全面建设了新城功能板块

先导区依麓山、傍湘江，开展了大规模的新区开发建设，共完成征地拆迁近

2.6万亩，引进项目近2000个，在核心区形成了梅溪湖国际服务区、滨江金融商务区、洋湖总部经济区、岳麓山风景名胜区、麓谷高新产业区等五大功能片区，100平方公里的新区雏形全面展现。梅溪湖国际服务区规划面积14.8平方公里，定位为河西新城的城市中心；已成功引进中国金茂集团，完成投资近80亿元，拆迁腾地1.8万亩，建设项目25个，竣工项目5个，其中面积3000亩的梅溪湖湖泊成功蓄水，龙王港河道完成整治，梅溪湖路、东方红路和跨湖桥梁工程全面竣工。滨江金融商务区规划面积6.7平方公里，定位为长沙湘江西岸的CBD；完成投资近100亿元，建设项目18个，拆迁腾地7000亩，竣工项目10个，引进建设了世茂滨江、奥克斯、民生银行等多个重大项目。洋湖总部经济区规划面积19.3平方公里，定位为国家级绿色低碳经济示范基地；完成投资60亿元，拆迁腾地1万亩，建设项目16个，竣工项目5个，其中800亩的湿地公园一期开园、再生水厂试运营、保障性住房一期竣工。岳麓山风景名胜区规划面积35.2平方公里，定位为国内一流的科教文化基地和"5A"级风景名胜区；完成投资35亿元，拆迁腾地2000亩，建设项目12个，竣工项目2个，其中天马山景区（"两山一湖"）一期和橘子洲景区提质改造工程竣工，实现了"显山露水透绿"的目标。麓谷高新产业区规划面积110平方公里，已建成20平方公里；完成投资200多亿元，建设基础设施项目30个，成为中部地区自主创新领航区和区域经济增长极。此外，大王山旅游度假区（观音港新城）已完成60平方公里范围的方案策划，正在进行控规修编，完成征地拆迁1024亩，片区内外的坪塘大道、莲坪快速路、潇湘南大道等重大基础设施工程有序推进。

（三）大幅提升了新城承载功能

在全速推进新城建设的同时，合理布局、重点建设了一大批公共配套项目，使河西新城的体量和容量同步扩大。三年来，大河西范围内共完成水电气讯和科教文卫等公共配套项目65个，实现投资82亿元，其中供水项目10个，包括二水厂及四水厂的扩建，雷锋配水厂等；电力项目18个，包括麓谷、溁湾变电站，金洲、夏铎铺、梅溪以及龙王、岳麓大道220kv输电站等；污水处理项目6个，包括洋湖再生水厂、岳麓污水处理厂、望城污水处理厂等；供气项目1个，即先导区供气环网；科教文卫项目30个，包括湖南师大博才中学、长郡梅溪湖中学、梅溪湖小学、保利明德学堂、长沙高新医院等。这些公共配套项目的建设，使先导区新增日供水能力40万吨，污水日处理能力55万吨、供电负荷800MW，形成了150万城市人口的承载能力。

“十二五”期间，大河西先导区将抢抓历史机遇，开拓创新，奋力进取，深入实施跨越发展、重点发展、绿色发展、创新发展战略，强力推进城市国际化、城乡一体化、产业高端化、社会“两型”化，实现“创造发展模式、提升承载功能、展现新区面貌、发挥示范效应”的战略目标。

B.38

“两型社会”建设要从小事做起

——株洲建设公共自行车租赁系统的做法与启示

中共株洲市委办公室

近年来，株洲在“两型社会”建设中坚持整体谋划，分步实施，从小事做起，把小事做好，取得了明显成效。2011 年，株洲在全省率先建设公共自行车租赁系统，建成 1000 个租赁站点，投放 2 万辆自行车，运行良好，深受群众欢迎和喜爱，为发展“两型”交通作出了有益示范，被国家住建部列为全国第二批“城市步行和自行车交通系统示范项目”试点城市。建设城市公共自行车租赁系统，是一个涉及建设、管理、经营的系统工程。株洲在认真学习借鉴外地成功经验的基础上，积极探索，大胆创新，形成了“市场化经营、科学化管理、人性化建设、大众化服务”的“四化”工作格局。

一　市场化经营

株洲公共自行车租赁系统实行“政府主导，市场运作”模式。前期建设由政府投入，一、二期工程总投资预算 2.5 亿元。后期运营实行市场化，由公共自行车租赁系统建设中标企业广州天轴车料有限公司，与株洲市国有资产投资集团共同成立株洲健宁有限公司，全面负责自行车租赁系统的具体经营。健宁公司以现有公共自行车系统资产为抵押，按出资比例向银行融资，在株洲建厂开发国内市场，将公共自行车租赁系统、核心控制用件、公共自行车、运管模式等整体打包输出，以产业链形式盘活带动相关行业滚动发展。现在，该公司已取得深圳市盐田区、西安、山东济宁、浏阳等多个城市的自行车系统订单。政府在项目建设、规划、用地、税费等方面对企业予以全力支持，使其尽快上马，形成规模，实现“建设一个系统、引进一个企业、形成一个产业”的目标，使公共自行车租赁系统达到“以车养车”，实现可持续发展。

二 科学化管理

为保障公共自行车租赁系统持续高效运转，株洲实行“分区管理、科学调度、及时维护、严格考核”的管理模式。分区管理，就是将全市城区划分为3个责任区域，每个责任区设立1个调度站，下设保洁、调度、维修小组管理维护，将人员、车辆、设备均下放到责任区。科学调度，就是建立公共自行车数字系统，实行数字化管理，将各站点之间的租车、还车规律找出来，在最短时间和距离内进行调配，优化车辆分布状况。及时维护，就是给每个保洁员配备打气筒，及时对车辆进行充气，并及时上报锁柱异常、车辆损坏情况，确保在1小时内维修好。严格考核，就是实行内部稽查和外部监督相结合的考评机制，评判权主要交给广大市民，考核结果直接与公司的管理经费挂钩，确保系统管好管长久，更好地服务广大市民。

三 人性化建设

为了让群众操作简便、使用方便，株洲公共自行车租赁系统通过技术攻关，操作程序只需2步，每个停车柱都实行24小时自助服务，只需刷卡一次，就可提车或还车，实现了租还全程自助服务，便利性达到国际领先水平。为满足市民的不同需求，自行车全部采用可升降坐垫、可变速装置，并设计了可带儿童出行的亲子车。同时，充分考虑市民租还车的便捷、高效，服务网点设置间距不超过500米。为保证交通安全，避免自行车与机动车发生冲突，设计上在公交站点处，将自行车引上人行道，绕过公交站台；在非机动车上下人行道处，对人行道进行无障碍改造。目前，株洲已对全市74条城市道路进行了自行车专用通道建设改造，确保专车专道，行车安全。

四 大众化服务

株洲建设公共自行车租赁系统，不以营利为目的，追求的主要是社会效益，让广大市民享受更优质、更便捷的公共服务。市民只需缴纳200元押金、预存

100元资费申办一张租赁卡，就可以在全市所有的租赁点借还车辆，公共自行车通借通还，循环使用。3小时之内，都是免费租赁使用，而在快到3个小时的时候可以先还，还了又租，3个小时之内又免费，实质上就是为全体市民免费提供出行工具。截至2011年10月底，株洲公共自行车使用量已达1122万人次，单日租还车量最高突破18万人次，办理租赁卡近10万张，并以每天400张左右的速度递增。

株洲建设公共自行车租赁系统，从小处着手，从小事破题，取得了良好效果，有力促进了“两型”建设。一是推进了节能减排。据测算，一个人开轿车行驶10公里要排碳2.73千克，以每天9万人次放弃轿车选择公共自行车出行计算，一天可减少排碳量245.7吨，一年就是89680.5吨，相当于增加了2100万平方米的绿地。建设公共自行车租赁系统，倡导“绿色出行，低碳生活”，不仅减少了碳排放，对全社会节能减排也是有力地引领。二是提升了市民健康指数。现在，越来越多的株洲市民选择骑自行车上下班、外出，马路上、湘江边、公园里随处可见市民骑自行车运动锻炼的身影。公共自行车让广大市民在绿色出行中，享受有氧运动，进行体育锻炼，有利于提升群众健康水平。三是方便了群众出行。公共自行车免费公益，随到随取，通借通还，方便快捷，解决了公交出行“最后一公里”问题，有效缓解了出行难、停车难，减少了市民出行交通费用。四是密切了干群关系。株洲建设公共自行车租赁系统，通过听取群众意见，发动群众参与，加强了干群沟通，改进了干群关系，密切了干群感情。

建设“两型社会”，是党中央、国务院赋予我们的重大历史使命，是湖南千载难逢的重大历史机遇。当前，省委、省政府加快实施“四化两型”战略，“两型社会”建设已进入纵深推进的新阶段。株洲建设公共自行车租赁系统的探索与实践，对我们在新的起点上加快“两型”建设，提供了有益启示。

启示一：大课题也要小文章

建设“两型社会”，是一个复杂的大课题。做好这个课题，既要突出重点，实施大项目、大手笔，也要抓好落实，做好小文章、小事情。建设公共自行车，能够推动节能减排，促进全民健身，密切干群关系，改善民生利益，符合“两型社会”要求，引领“两型”生活方式，激发“两型”建设活力，看似一件小事，却是“两型”建设的一项有效举措。不舍细流，方成江海。加快“两型”建设，既要从大处着眼，也要从小处着手，不仅关注宏观层面的“大手笔”，也要注重微观层面的“针线活”，抓好具体项目，从小事做起，让群众共享改革发展成果。

启示二：要把小事情做实

建设“两型社会”的根本目的，是让广大人民群众得实惠。株洲建设公共自行车租赁系统，着眼群众便利出行，拿出真金白银，坚持真抓实干，抓住了群众的需要，抓在了群众的心坎上，真正办成了老百姓满意的民生工程、民心工程。推进“两型”建设，就要牢固树立重民生、重实际的理念，贴近群众需要，从最能惠及广大老百姓的事入手，以求真务实的作风，把实事办好，把好事办实，真正让老百姓在看得见的变化、摸得着的实惠中，共享“两型社会”建设成果。

启示三：做好小事也要新思路

在全国建设公共自行车租赁系统的城市中，株洲并不是第一个，却是做得最好之一。株洲的“脱颖而出”，关键在于解放思想，更新观念，开阔思路，走出了一条创新发展的路子。一方面，遵循经济规律，坚持市场化手段，有效解决了公共自行车在资金、管理等方面的老大难问题；另一方面，坚持人本化理念，从自行车的设计到自行车道的建设，从服务网点的布局到整个系统的运行维护，都充分尊重群众主体地位，依靠群众力量，赢得了群众信赖，激发了群众热情。推进“两型”建设，是一个全新的课题，特别要求我们敢于解放思想，大力改革创新，充分利用中央给予的政策，用好我们自身的优势，用活市场经营的手段，坚持敢闯敢试、先行先试、边干边试，走出一条新路，为全国创经验、作贡献，以新思路开创新局面，以新举措干出新成效。

B.39
坚持“五化”标准 推进昭山“两型”建设

杨英杰*

昭山示范区是长株潭城市群生态“绿心”和湖南省“两型社会”建设综合配套改革五个示范区之一。近两年来，通过抓规划、抓内部管理、抓队伍建设、抓体制机制改革，基础工作逐步夯实，工作成效明显。在探索“两型社会”建设过程中，到底该如何凸显昭山的特色，走出一条新颖的“两型”之路呢？笔者认为，昭山要坚持“科学定位、保护第一、高端规划、有序开发”的理念，以“五化”标准来推进昭山“两型”建设。

一　坚持生态保护严格化

昭山是长株潭“绿心”的核心地区，是长株潭地区的“公共客厅”，是绿心规划重点保护的地区，形象的说法叫“绿心”、“绿肺”，保护好昭山的生态环境是我们的第一责任。但如何保护？仅仅单一地依靠封山育林，就叫做保护？显然这种想法是错误的，封山育林只是原始的保护、被动的保护。从“两型社会”的理念上来看，好的生态环境，最终还是要为人类服务。所谓“保护”，就是说要在生态保护第一的基础上，把保护“绿心”与“两型社会”建设结合起来，进行适当的开发、高端的开发、有序的开发。首先要树立“在保护中开发、在开发中提升”的发展理念，这是生态保护的理论支撑。根据规划，昭山示范区被划定为禁止建设区、限制建设区和控制建设区三个空间管制分区。其中，禁止建设区为坡度25°以上地区及法律、法规禁止开发的其他区域，面积36.23平方

* 杨英杰，昭山示范区党工委书记。

公里，占规划区总面积50.68%；限制建设区面积21.75平方公里，占规划区总面积30.42%；控制建设区面积13.51平方公里，约占规划区总面积18.90%。要坚持“进三提一退二”、“遇山让山，遇水留水”的原则，严格遵循此功能分区规定；其次是贯彻执行“一条例一决定”等相关法律法规的规定，突出严格的生态保护，这是生态保护的法律依据；再就是坚持“两手抓”：一手抓生态保护，一手抓建设发展。这是生态保护的行动原则。在保护和利用自然地形地貌，做到“树不砍、水不填、山不推”，将保留的山体、水渠等作为生态景观基底的同时，还要对生态环境进行提质改造，如由江苏省最大的国资企业——江苏省国信资产管理集团投资100亿元以上的“昭山晴岚”项目，规划定位为高品位、保护性开发，保留自然山体和植被，充分挖掘和彰显湖湘文化元素，开发建设周期6~8年，建成后的片区森林覆盖率由30%提高至48.2%，绿化率达到近70%，人均拥有绿地12平方米，绿色建筑比例达57.6%，绿色出行率76.1%，水系面积增加近2000亩，形成湿地效应，昭云大道北侧的环境空气质量，根据《环境空气质量标准》可达到国家一级，南侧达到国家二级标准，水环境质量总体达到《地表水环境质量标准》Ⅳ类，噪声环境质量达到国家《声环境质量标准》中各功能区标准。要继续坚持有重点、分层次、分阶段合理布局项目，推动产业升级转型，发展生态低碳产业。

二　坚持资源利用集约化

对昭山来说，最大的优势就是生态环境。但在某种意义上来说，这又是最大的劣势。全区大部分面积都被划入限制开发或不允许开发范围，这就意味着可供开发利用的土地资源十分稀缺。所以，有限的土地资源，势必坚持资源利用集约化，这不仅是“两型社会”的要求，也是昭山自身条件受限的情况下必须达到的要求。土地资源利用集约化，其原则可用十六个字来概括：管住总量、用好增量、盘活存量、提高质量。首先，要站在全区的高度实施规划，对城乡布局、产业布局、功能分区、基础设施配置进行科学安排，合理确定用地规模，逐步调整乡（镇）、村结构，优化布局，以“集中”促“集聚”；其次是规范土地利用行为，鼓励节约集约用地，土地开发建设尽量以片区整体开发建设模式进行，最大程度利用好土地资源，吸引发展竞争力强、科技含量高的项目落户兴业。如中建

仰天湖绿色养生示范城、“昭山晴岚”等重大战略项目和以构建一个新媒体研究开发及人才培训平台的湖南媒体产业园项目等其他文化创意类项目，每亩投资强度和产出效益都超过了国家级开发区的标准值。高标准建设的易家湾和昭山两个安置区，坚持走节约集约用地的路子，向空间要发展，全部采用电梯小高层模式，创新小区景观设计，提高绿化率，实现“人在绿色中，房在森林里”的整体效果，建成后可将全区范围内被征地拆迁的人员全部安置；另外就是做好土地储备和土地资源整合，将优质集体土地资源转建设用地后收储，整合区内国有土地资源融入项目建设。加大闲置土地处置力度，盘活已批未用的闲置土地，对供而未用等闲置的土地，通过采取变更规划用途、政府收回等办法盘活存量土地，使这些土地纳入到大项目的用地范围中，从而引进发展前景好的项目，实施“腾笼换凤”。

三 坚持规划建设高端化

项目品质代表了未来城市发展的方向，规划设计及项目建设把握项目品质。在昭山这个有着如此独特地理位置和自然环境的地方，如果只是简简单单地盖几栋房子、栽几棵树，搞一些无序的、低端的开发，那么就会是对这良好环境的极大浪费。开发昭山，就要坚持规划的高档次和建设的高品位。所谓规划的高档次，首先是我们制定的《昭山示范区湘潭易家湾昭山片区规划》要充分对接湖南省绿心规划，并由省人民政府批准，送省人大常委会备案，再付诸实施；其次是示范区的总体规划和项目规划，起点高，档次高，所邀请的设计团队都是国内一流领先的精英团队。如中建仰天湖绿色养生示范城项目规划，是由曾规划设计深圳华侨城项目的新加城国际规划大师孟大强先生负责设计，是未来城市健康生活的示范；“昭山晴岚”项目的规划设计，是设计北京“水立方”国家游泳馆的澳大利亚最古老、最大和最多元化的建筑设计公司之一的 PTW 公司，在编制规划时坚持“两型”和生态优先等原则，突出“保护提升、环境提升和活力提升”规划主题，建设集康体运动、旅游度假、商务休闲于一体的长株潭生态宜居新城，是未来高端体育休闲生活的示范。而在全区城乡统筹发展规划及京港澳高速以西城市设计国际招标工作中，引入了世界 500 强 AECOM 等 4 家国际知名设计单位竞标，进行深化设计，实现全区重点片区控规全覆盖。建设的高品位，是指昭山地区的开发建设，不能像其他开发区那样进行标准厂房建设，而是要与昭山文化特色相融合，符合“两型”要求。建筑的风格、外墙颜色都要与周边环境浑然一体，体现地缘文化和自然生态化的特色，达到建筑与自然的和谐统一。除几个重大战略项目外，安置区的建设、昭云大道、白合大道、湘江风光带昭山段的建设以及昭山文化广场的建设等，一定要高档次、高品位地建设好，要充分体现昭山的文化特色。要通过产业集群化发展，把示范区建设成为湘潭市、长株潭城市群乃至湖南省重要的生态功能区和经济增长区域，成为引领中部地区低碳创新发展的科学发展示范区，形成以总部、创新、服务等为特征的低碳经济体系。争取到2030年，示范区GDP达500亿元，研发、资讯与科技信息服务、文化创意、会展、旅游等产业快速发展，在机制体制创新方面获得重大突破。

四　坚持项目产业集群化

一个片区就是一个产业集群，也是一个项目集群，实施以项目产业集群化发展为主的布局调整，是现代区域经济发展的一项重大战略举措，也是提升区域核心竞争力的有效手段。这一理念，已是所有经济开发区的共识。但相对于其他开发区，昭山有其独特性，最明显的，就是不能上工业项目，从而无法实现某个工业产业的集群化发展，我们只能在生态文化产业上做文章。因此，昭山示范区的产业定位为生态旅游、文化创意、高端商务等三大低碳主导产业，功能定位为中部地区的生态休闲度假中心、长株潭城市群重要的生态特色功能区——三个城市的公共“客厅”、中部地区的低碳经济示范区。发展生态化产业，一样要形成产业集群化发展，所上的项目，内涵要丰富，绝不能是简单的房地产项目，或单一的酒店、会所，必须是具有全局意义的战略性项目，能带来集群效应。我们的核心工作就是上“两型”项目，以龙头项目带动、配套跟进、产业集群发展为工作思路，合理布局战略主导产业，形成产业集群。目前，昭山示范区主导产业发展的格局已经初步形成：中建仰天湖绿色养生示范城主要发展中医药健康养生产业、旅游产业、高端商务；“昭山晴岚”项目主要发展生态旅游、休闲度假产业；湖南文化创意产业园主要发展文化创意产业；上海惠天然项目主要发展文化旅游产业。我们将以这些重大战略项目为重点，打造以“绿色、休闲、高端、创新”为特色的低碳产业，形成撑起昭山未来发展的骨架，支撑着昭山的产业

发展。今后，对于生态休闲旅游、文化创意、总部研发产业、会展会务、商贸物流、现代农业等产业项目的引进，昭山示范区都严格按照集群发展，坚持以项目定用地，以投资额定用地。对不符合昭山示范区规划定位的项目，逐步退出、坚决不引。对符合昭山示范区规划定位的休闲旅游、大型商务会展、文化创意、科技创新等大项目、好项目，务实变通，采取“一事一议”的方式来寻求突破，扫除障碍，确保真项目、好项目落地，确保形成大产业。

五　坚持项目效益最大化

合理开发利用生态资源，不但是人与自然和谐发展的需要，也是为老百姓谋福祉的需要。昭山的发展首先要贯彻“城区支持乡村、三产带动一产、生态保护补偿”的方针，尊重原住民意愿，突出社会主义新农村建设，推进城镇化进程，构筑城乡一体、协调发展的格局，缩小城乡差距，促进城乡社会、生态的协调发展和人口、资源、环境的和谐统一；其次是加大被征地农民社会保障力度，将被征地农民纳入公共就业服务体系，如中建仰天湖绿色养生示范城和“昭山晴岚”两大战略项目，在注重生态效益的同时，中建仰天湖绿色养生示范城建成后除每年可创税收10亿元以上外，还可以吸纳约5000人当地群众就业；“昭山晴岚”项目可吸纳约3000人就业。另外，狠抓社会管理创新工作，进一步提升城市管理水平，以此推动整个昭山地区的经济发展，推进各项公共事业更好地发展，使昭山成为城乡统筹的典范，实现生态效益、经济效益、社会效益和政治效益的最大化。

B.40

坚持"两型"引领 推动特色发展

湖南汨罗工业园区管理委员会

汨罗工业园是以再生资源精深加工为主导的特色产业园区，初步形成了再生有色金属、不锈钢、塑料、橡胶、碳素、电子废弃物拆解利用等六大再生资源加工产业集群。以再生资源产业为主的新型工业成为湖南及中国知名的循环经济发展典范，先后被国家发改委、财政部批准为全国首批循环经济试点单位和"城市矿产"示范基地。近年来，园区认真贯彻落实《循环经济促进法》，坚持"统筹规划、合理布局、注重实效、政府推动、市场引导、企业实施、公众参考"的发展方针，以"两型"建设为引领，以"减量化、再利用、资源化"为主线，以建设"回收大网络、交易大市场、再生大矿山、制造大车间"为亮点，推动再生资源产业向集约化、规模化、生态化方向发展。

一 发展循环经济的措施

（一）健全市场体系，推动资源聚散网络化

一是以专业公司促进专业回收。发展专业回收公司，形成以专业公司带个体经营户的回收格局。目前，已发展回收公司206家、经营户3500余户，收购网点5000多个，基本形成覆盖全国30多个省市的回收网络，收购品种涵盖了废铜、铝、不锈钢、塑料、橡胶、纸和电子废弃物等主要再生资源。二是以专业市场增强聚集功能。按照功能分区、集中经营的要求，加快建设再生资源交易市场、再生原料交易市场和再生产品交易市场。特别是启动了容量更大、拆解分拣更专业的再生资源二期市场建设，一个集废品回收、综合利用、再生原料批发、电子商务、科研开发等功能于一体的专业市场已初具雏形。三是以信息技术提升交易效率。建设中南再生资源网，及时发布市场供求、价格动态、政策法规等信

息，打造全国首家县级循环经济综合信息平台。四是以现代物流促进回收升级。在园区内高标准规划建设物流园，以现代物流助推回收网络壮大，加速回收体系发展。2010 年，园区再生资源回收量达 134 万吨，实现交易额 123 亿元。

（二）夯实园区平台，推动资源利用集群化

我们始终把规划面积 18 平方公里的工业园区作为推进新型工业化的平台来建设，作为推动县域经济加速发展的核心增长极来打造，集中力量强力推进，努力实现基础共用、资源共享、产业共荣、多方共赢。一是高标准建设基础设施。采取财政投资、向上争资、开发性融资、BOT 等形式，多方筹措资金加快园区建设。仅 2010 年，就投资 4 亿多元，建成主次干道 24 公里、污水管网 12 公里。目前，园区面积已拓展到 10 平方公里，园区及周边建成自来水厂 2 座、110KV 变电站 1 座、天然气门站及分输站 1 个、高速铁路站场 1 个，道路、水电、能源、通讯已初步形成网络。二是严要求优化园区环境。扎实开展联手帮扶行动，组织千余名干部进园区、联企业，积极为企业当参谋、当顾问。完善限时办结制、服务承诺制和责任追究制，落实“围墙法则”，确保企业不为围墙外的问题操心。三是大力度发展加工集群。依托园区的强劲支撑，积极引进关联度大、带动性强的产业龙头项目，纵向协调、横向互补的产业体系加速升级，形成了再生铜、铝、不锈钢、塑料、橡胶五大产业集群，初步实现资源综合利用集群化。目前，再生资源行业加工企业发展到 130 多家，其中规模企业 70 多家。仅再生铜行业，规模加工企业就达 26 家，总投资近 15 亿元，年产能 20 万吨以上，年产值过 100 亿元，成为全国知名的铜材加工基地。2010 年，园区就地加工废旧物资 68.9 万吨，是 2000 年的 67 倍。

（三）鼓励科技创新，推动企业发展高新化

坚持争资争项与以奖代投并重、联姻合作与招商引进结合，引导企业走技改升级、自主创新之路，促进精深加工，延伸产业链条，最大限度地提高再生资源的利用率和产出率。一是激励。设立科技进步奖，重奖科技创新、品牌创建的有功之臣，激励企业自主研发。规范审批和拨付，切实用好国家“城市矿产”专项资金，扶持企业技改扩能。二是合作。成功争取成为中国社科院“城市矿产”循环经济调研基地，成立全省第一个园区博士后科研工作站和湖南废旧塑料循环

利用工程技术研发中心、有色金属检测中心，为入驻企业提供技术研发、成果转化、技术咨询等服务。三是引进。鼓励企业成套引进先进生产设备、生产工艺，引进科技含量高、附加值高、回报率高的项目，提升园区科技含量。截至目前，园区 8 家企业获得省级高新技术企业认定，8 项发明获得国家专利和省科技进步奖。五祥建材利用废塑料加工生产的 PVC 板材、型材和复合型塑料材料，填补了湖南空白，获得国家专利。湘北铜业生产的无氧铜杆达到国内先进水平。园区再生资源循环利用过程中，主成分及伴生成分的直接利用率达到 90% 以上，固体废弃物的综合利用率达到 70% 以上。

（四）加强环境保护，推动产业发展“两型”化

园区为防治“二次污染”，突出做了以下工作：一抓环保设施。坚持环保设施先行，高起点规划、高标准建设园区污水处理系统和固废处置设施，提高“三废”处理能力。目前，已建成日处理能力 2.5 万吨的污水处理厂 1 座、污水收集主干管网 30 公里，重金属污水处理中心完成投资 1000 万元，垃圾消纳场启动二库区建设。二抓环保审批。坚决落实新上项目“环保第一审批权”，严格执行环评和“三同时”制度，坚持做到不符合环保法律法规和产业政策的项目一律不批，布局不合理、投资强度不达标的项目一律不批，高能耗项目一律不批，产能相对过剩、技术含量不高的项目一律不批。三抓环保执法。建立环保联合执法体系，加大对企业、市场和园区的日常管理和执法力度。实施“淘汰落后产能”行动，坚决取缔“十五小”企业。实施“清洁生产”行动，推广绿色工艺，培育绿色企业，倡导绿色管理，建设绿色园区。

（五）引导诚信建设，推动行业管理规范化

为解决再生资源行业企业信用参差不齐、融资渠道不畅等制约发展的瓶颈，我们注重以诚信建设为核心，引导行业自律自强、规范发展。值得一提的是，园区成功运用开发性金融理念，创建了再生资源行业“一会三公司”（即行业信用协会、会计咨询公司、资产管理公司、中小企业信用担保公司），构建了四位一体的信用平台，以互联互保为纽带，促进园区企业共生共荣、银企合作共赢。其中，信用协会负责建立会员档案，开展会员信用评级，约束行业企业合法经营、诚信经营。资产管理公司负责根据协会推荐评审贷款、申报贷款、贷后的日常管

理和收贷收息。担保公司为贷款提供担保，要求会员以资产作反担保和会员之间互联互保。会计公司为企业做账，为两公司评审贷款提供真实可靠的财务信息。与此同时，我们成立银行信贷资金监管领导小组和银行贷款安全监督领导小组，监督“一会三公司”运作，确保银行贷款在行业企业内封闭高效运行。目前，“一会三公司”已吸纳会员350个，累计为企业融资35批次、近10亿元，无一家逾期还贷，无一人拖欠利息。“一会三公司”的良性运作，带动了金融业的发展，缓解了中小企业融资难的共性问题，促进了企业和产业的壮大，创造的经验得到国家银监会的高度肯定。目前，园区成功创建省级金融安全区，吸引了华融湘江银行、国开村镇银行相继落户汨罗市，也促进了工商、农业、中国、建设、浦发、兴业等多家银行争相向园区中小企业注入贷款。

二　循环经济发展的新模式

在大循环理念的指导下，坚持以循环经济试点和“城市矿产”示范基地为试验田，努力探索以“三个体系”、“三个支撑”为核心的循环经济发展新模式。

（一）再生资源回收交易市场体系

再生资源加工回收交易可分为两个层面：一个是以市场为中心的散户交易，其交易份额占整个交易份额的40%；另一个是“一对一”回收公司，主要负责企业的原材料归集，其交易份额占整个交易额的60%，并且许多对应回收公司在全国主要废旧物资市场建立了自己的回收点。

（二）再生资源加工体系

统筹环境保护和经济效益，充分挖掘再生资源发展潜力，使岳阳市的废品收购业实现了三个转变，即由市场优势向产业优势转变，由简单收购和粗加工向深加工转变，由粗放经营向集约经营转变。目前，已形成了再生资源加工利用五大板块：铜、铝、塑料、再生纸、不锈钢和橡胶等行业。

（三）产业服务体系

与产业的发展伴生了行业协会、会计公司、物流公司、担保公司、职业经理

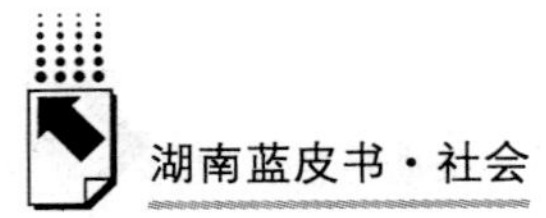

人市场、财务服务所等相关的产业服务。据统计，会计公司为中小企业提供会计近200人，为行业企业管理提供了人才保障，职业经理担任行业企业中层骨干和高级管理人员近百人。

（四）财税政策支撑

政府对再生资源行业的税收政策是事关行业能否生存和发展的生命线。汨罗市再生资源产业在充分利用中央政策的同时，汨罗市政府也出台了相关配套政策，如创新税收征管机制，改多头征税、分散征税为实行国税、地税、财政合署办公，成立财务服务所并实行财政奖励政策。近年来，汨罗市财政给予再生资源中小企业奖励2亿多元，帮助一大批中小企业做大做强。

（五）融资平台支撑

在国家开发银行的支持下，汨罗市成立了“一会三公司”，即再生资源行业协会、恒源资产管理有限公司、中小企业信用担保公司和财智会计咨询公司，以诚信制度和经济民主为基石，以开放式构架和信贷资金的封闭式管理为基本原则，为再生资源行业企业提供融资渠道。

（六）政务服务支撑

2003年，汨罗市政府开始建设生态工业园，通过水、电、路等配套设施的建设，解决了再生资源产业发展受土地瓶颈制约的问题，同时设立了经济发展局等相关服务机构，为企业提供全方面的服务，不断优化企业的发展环境。

三　发展循环经济的综合效益

财税政策解决企业发展导向，增强发展信心的问题，融资平台解决发展资金问题，工业园解决企业土地及基础设施配套和综合服务的问题，三大支撑的共同作用，有力地支持了再生资源产业迅猛发展，取得了多元综合效益。

（一）开创了资源节约的可行路径

一方面，“城市矿产”为国家再生了大量资源。我们大力发展再生资源产

业，变废为宝，使资源尽可能得到高效利用。以铜为例，生产1吨铜需要消耗135吨铜矿石和54吨标准煤。园区2010年生产再生铜14.48万吨，可为社会节约铜矿石1954.8万吨以上、标准煤5317.1万吨以上。园区每年生产再生铜、铝、钢、塑料等原材料50万吨以上，相当于每年为国家建起一座千万吨级的矿山。另一方面，节约集约试点为园区提高了资源使用效率。比如，在土地资源使用上，汨罗市政府出台激励政策，鼓励企业建设、使用标准厂房；把好项目入口关，提高园区土地投资强度，提升单位面积产值、利润和税收；实施“腾笼换鸟”，妥善处置园区闲置资产，2010年，单位工业用地面积实现工业增加值增长率为18.7%。

（二）探索了环境友好的发展模式

一方面，园区发展循环经济，为全国减少了分散污染。目前，园区每年从全国各地回收超过100万吨废旧物资，进行了集约化处理和深加工，有效避免了大量废旧物资弃之荒野带来的环境破坏。以塑料为例，原生塑料的主要来源是不可再生的石油、煤炭等能源资源，塑料废品在自然条件下难以降解。2010年，园区回收利用废旧塑料在40万吨以上，不仅节约了大量能源资源，而且减少了白色污染。此外，再生资源加工相比原生资源加工所产生的废水、废气要少得多。据测算，冶炼1吨铜，可产生134吨尾矿和0.36吨硫。园区2010年生产再生铜14.48万吨，相当于56家日处理1000吨大型铜矿的产量，等于少产生1940.32万吨铜尾矿和5.2万吨硫。另一方面，园区发展循环经济，在全市健全了环保约束机制。为全面落实循环经济促进法，出台促进工业转型升级的专项政策和招商项目落户工作程序规定，将环保作为项目落户的刚性要求，作为产业升级的必要条件，切实保护了生态环境。同时，大力开展循环经济理念宣传和培训，全面开展创建环境友好型机关、企业、学校、社区、家庭，营造环境保护的浓厚氛围，提高全社会的环保意识，低碳生活、绿色消费逐步成为人民群众的生活价值取向和生存方式。

（三）激发了经济增长的持续动力

随着再生资源的强势崛起和国家试点、示范的纵深推进，汨罗循环经济工业园已成长为市域经济社会的核心增长极。2010年，园区实现规模工业产值111

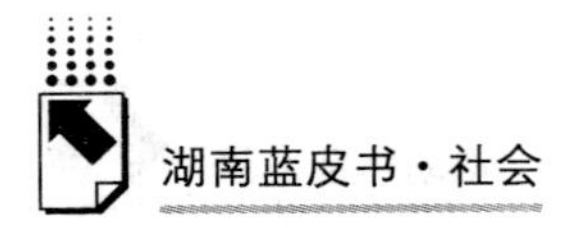

亿元，占全市规模工业产值的36.6%；实现税收6.9亿元，占全市财政总收入的62.7%。

（四）拓宽了改善民生的重要途径

一是增加了就业岗位。据不完全统计，园区再生资源行业已培育资产达百万元以上的私营企业主近8000人，每年提供就业岗位近5万个，年工资及其他劳务性报酬支出超过4.5亿元，有效缓解了就业压力，促进了群众增收。二是维护了社会稳定。在再生资源回收体系建设中，对回收站及从业人员统一管理，经常对从业人员开展政策法规和职业道德教育，文明回收、依法经营蔚然成风。三是提高了生活质量。循环经济的理念深入到市域发展的各个领域，带来了全新的生活。园区积极参与了湘江流域重金属污染治理，依法开展了“一业（再生造纸业）”专项整治行动，扎实推进了城乡整洁等活动，一个山青、水秀、天蓝的生态园区正脱颖而出。

四　建议

汨罗循环经济虽然取得显著成效，为“两型社会”建设积累了经验，但在发展过程中，面临诸多因素的制约，需要国家、省、市的大力关心，大力扶持。

（一）要强化再资源化产品的市场竞争优势

市场经济环境下，愿不愿节约资源、能不能节约资源，很大程度上取决于生产资料市场和消费品市场对产品价格的选择。利用税收调节强化再资源化产品的价格优势，一方面可直接推动废弃物的再生资源化，另一方面通过再资源化产品形成的市场压力，倒逼原生资源开发利用者改进技术，提高利用率，推动社会资源节约。反之，则会导致废弃物利用率较低，原生资源消耗增加。2001～2006年，回收环节免征增值税；2007～2008年，福利企业退税政策调整和回收环节恢复征收增值税，使再生资源回收量由120万吨减少到102万吨。再资源化产品由54万吨减少到51万吨，意味着增加了相应的社会垃圾和原生资源消耗。因此，需要制定稳定的促进再生资源产业发展的税收政策。

（二）要制定促进社会大循环的财政政策

汨罗每年回收再利用全国上百万吨废弃物，是典型的社会化大循环，具有一定的环保公共服务职能；全社会的废弃物大量在一个地方集中处理必将对给当地政府带来巨大的环境保护压力，甚至可能难以承受。国家既然鼓励废弃物的再生利用，因此，对具有社会化大循环和公共环保功能特征的废弃物再生利用，应当借鉴发达国家做法，实行中央与省级转移支付制度，根据废弃物再生量补贴地方政府，用于环保设施建设。

（三）要扶持建立国家级再生资源利用基地

大工业、大城市、城市群、城市圈必然产业大量废弃物，能否科学妥善处理大量废弃物，一定程度上决定大城市、城市群、城市圈可持续成长的步伐，国家应根据城市发展规划，考虑布局国家级再生资源利用基地。当前，可考虑将汨罗作为试点，把汨罗作为中南地区及武汉、长沙城市圈的循环经济即再生资源回收与加工利用的基地，从资金、项目、用地等方面重点扶持。一是有基础。2005年10月，汨罗再生资源集散市场就被批准为国家首批循环经济试点；2010年5月，又被纳入国家“城市矿产”示范基地。目前，岳阳市的废弃物回收网络遍布全国除西藏、台湾外的省、市、自治区，再生资源加工集群是湖南省有色金属行业八大重点集群之一。二是有特色。岳阳市的循环经济工业园是湖南省级工业园，具有中型循环特征；园内企业采用绿色工艺，主要加工处理再生资源，具有微型循环特征；依托园区和加工企业，健全的回收网络具有社会化大循环特征。所以，岳阳市的循环经济涵盖了循环经济的三个层面，有典型性。三是有需求。岳阳市处于长株潭城市群和武汉城市群两大国家级“两型社会”试验区之间，具有物流便捷和处理成本上的优势，完全能够满足二者的发展需求。

B.41

发展特色循环经济园区
铸永兴“中国银都”

永兴县发展循环经济办公室

在湖南南部，有一方美丽而神奇的土地，它因独特的丹霞地貌而闻名遐迩，因厚重的人文历史而百世流芳，更因在“零资源”情况下缔造了“中国银都”而传奇华夏。全国第二批循环经济试点单位、全国稀贵金属再生利用产业化示范基地，永兴县的白银产量已经连续十余年保持全国第一并占有全国总产量的四分之一强，铋、碲、铂、钯、铟产量位居全国前列，永兴已经成为了名副其实的国家稀有金属生产战略供应基地。

一 永兴县循环经济发展现状

通过三年循环经济试点工作，永兴县在“工业三废”和“城市矿产”循环利用领域的特点更加鲜明，优势更加明显。一是为国家储备了大量战略矿产资源。永兴县已经成为了我国有色金属“三废”的主要处理基地和稀贵金属的生产基地，白银产量已经连续十年保持全国第一，铂族金属、铋、碲产量全国第一，铟、锑、硒、镍的产量居全国前列。近10年来，永兴从“三废”和“城市矿产”中回收提炼白银18000吨、黄金53吨、铟450吨、铋25000吨、铂族金属30吨，其他有色金属120余万吨。和原矿开采比较，相当于减少2亿吨以上的原矿开采量，从而为国家节约了大量的矿产资源。二是为国家环保和节能减排作出重大贡献。永兴境内没有金银等有色金属矿产资源，每年从全国各地收集有色金属工业“三废”和“城市矿产”上百万吨，变废为宝，为全国的大环保作出巨大贡献。每年从“三废”中提炼稀贵金属和有色金属超过15万吨，相比从原矿中提取等量金属量减少废渣排放千万吨以上、减少二氧化硫排放1.5万吨以上，同

时可节约标煤90万吨、节水5263万吨，充分显现了循环经济“减量化”的要求。永兴县因此成为了我国目前利用有色金属“三废”原料手段多、利用效果好、综合效益高的再生资源加工利用基地。三是具备了业内领先的回收技术和完备的产业体系。通过引导企业与大专院校、科研院所和国有大中型企业进行技术合作，实现了传统冶炼技术、精深加工技术、环保工艺水平的提质升级，稀贵金属综合回收部分工艺代表了国内甚至国际先进水平，能综合回收金、银、钯、铋、硒、锑、铂、钌、铟、铑、镍20余种稀贵有色金属，综合回收率处于国内领先地位；开发了高纯银、银基触点材料、超细银粉、饰品工艺银、铋钯等深加工产品16个，形成了较完备的产业体系。四是培育了一个竞争力强大的稀贵金属产业集群。永兴县常年在全国各地收集“三废”原料的业务人员3万余人，有通过环评的规模稀贵金属回收加工企业128家，其中年销售收入过亿元的有45家，年销售收入过10亿元的有2家，税收过1000万元的有12家，已形成一个在国内外较有影响力、产值过100亿元的稀贵金属产业集群。目前正在加大企业整合力度，力求2015年128家企业整合成30家集团式、股份式的现代企业，实现工业总产值400亿元。

（一）思路决定出路：让传统产业成为优势产业

稀贵金属再生产业是永兴县的传统产业，至今已有300多年的发展史。该产业主要依靠回收“三废”原料和“城市矿产”资源提炼稀贵金属，属典型的循环经济。2006年永兴县委县政府提出了以循环经济助推发展方式转变，以循环经济壮大县域经济的发展思路。2008年，在总结前两年实践经验的基础上，认真审视全国循环经济试点单位带来的机遇与挑战，确立了“立足五彩产业，发展循环经济”的县域经济发展战略。为了把永兴县的循环经济做大做强做精，一方面争政策支持，成功争取到全国循环经济试点单位、全国稀贵金属再利用产业化基地等重大政策机遇；另一方面提产业质效，始终树立着“既要金山银山，又要绿水青山”的长远发展理念，大力推进环境治理和清洁生产，将汇集永兴的“三废”实现减量化、资源化、无害化。全面关闭取缔非法小冶炼，引导企业入园发展，将全县500多家冶炼企业整合成120多家规范化、规模化企业，全力推进企业环评，完成了整个稀贵金属再生产业、一园五区、120多家企业三个层次的环评，实现了整个产业的全面提质升级。全县以金银冶炼产业为主导的循环经济已经形成了企业内部、企业与关联企业、园区与园区之间的三大循环体系。工业“三废”通过三大循环体系实现四级提炼提纯，对含有有价元素渣料经三级回收炼提纯形成有色金属、非金属精产品，对“废气”收尘再回收稀贵金属，将终极渣料无害化处理后生产成微晶玻璃板材，实现反复利用、循环利用，真正做到了“三废”的“吃干榨尽”，打造了独具特色的循环经济产业。正是因为有了好的发展思路，永兴的金银冶炼产业才能逐步发展壮大，成为永兴县的支柱产业和优势产业。

（二）发展必须转型：立足长远才能长足发展

永兴县循环经济要实现长远发展，做大做强，必须按照转型发展的要求，对整个产业进行全面规范，整合提升。为了实现这一目标，该县在循环产业发展过程中，牢固树立转型共赢的发展理念，始终坚持走科学发展、安全发展、绿色发展之路，推进以金银冶炼为主导的循环经济提质升级。一方面以壮士断腕的气概强力推进整治产业秩序，全面取缔非法小冶炼企业，产业质效全面提升。四年来通过规范整治，全县490余家冶炼企业整合规范到128家，全县的循环经济产业彻底改变了小、乱、差局面，形成了规范化、规模化、清洁化发展格局。通过规范整治，该县金银冶炼产业产能不降反增，2010年实现工业总产值160亿元，生产白银2050吨、黄金7.1吨、铂族金属5.6吨、其他有色金属16万吨，实现税收4.5亿元。另一方面加快推进企业整合重组，建立健全企业淘汰退出机制，对产能较小、产值较低、税收较少的企业逐步淘汰出局。2012年，全县稀贵金属企业数量控制在50家以内。鼓励企业做大做强，继续推进永兴县企业与云锡集团、光洋集团、招金集团、中信集团、湖南有色等战略投资者的合作，提高企业资本运行水平，大力吸引银行资本和风险资本进入永兴县稀贵金属产业，努力培植2~3个销售收入过50亿的国内知名品牌企业，8~10个销售收入过10亿的企业，大力扶持1~2家企业上市融资。引导企业建立现代企业制度，引进一批高素质的企业管理人才，提升企业管理水平和效益。大力推进标准化和品牌建设，积极开展国家循环经济标准化试点工作，制定白银等稀贵金属一系列的国家、行业、地方、企业标准，建立健全“城市矿产”循环经济标准体系。集中力量打造3~5个在国际国内市场具有较强影响力、竞争力的知名品牌。同时永兴正在大力申报“国家城市矿产示范基地”，力争成为我国“城市矿产”稀贵金属再生加工利用基地。

（三）平台尤为重要：集聚才能实现产业效应

大凡经济质效较好的地方或产业，都注重发挥集聚效应，只要实现了产业发展的集聚，才能为企业发展提供一个广阔的空间，让企业在良好的环境中发展。永兴一直致力于给循环经济打造一个好的发展平台，营造一个良好的发展环境。在修订全县稀贵金属产业发展规划时，根据未来发展的方向和要求，形成了以永兴县国家循环经济示范园为龙头，以5循环经济项目区为骨干，以综合回收利用区、精深加工区、服务平台区三大功能区为关联的园区经济发展体系，总控规面积达到20平方公里。发展骨架确定后，为了切实破解园区基础设施建设资金瓶颈，该县创造性地采用了“战略合作，整体开发”的模式，由永兴银邦投资有限公司投资1亿元对园区基础设施进行滚动开发，加快了园区的基础设施建设。正是因为永兴循环经济发展有了一个好的平台，园区的集聚能力日益彰显，其中精深加工区企业总数发展到20家，实现产值23亿元，上缴税金4900万元；目前全县循环经济园区共集聚工业企业106家，全年销售收入过亿元的企业45家，纳税1000万元以上有12家。而且产业集聚能力明显增强，产业配套功能日益完善，引进建设了全国最大稀贵金属交易市场——南方稀贵金属交易所，创新了稀贵金属现货交易方式，提高了资本运作水平和稀贵金属市场话语权，力争把永兴建设成为全国稀贵金属的重要集散地和信息发布地，吸引各类市场要素集聚永兴，不断增强市场营销能力。培育了湖南省首家仓储质押企业——湖南华意储运有限公司。

（四）科技是软实力：依靠科技推进产业升级

“中国第一铅”、“湖南省稀贵金属再生和深加工技术研究中心”、“湖南省首批可持续发展实验区”……科技创新赋予了永兴县循环经济新的内涵和源源不断的前进动力。永兴循环经济高度重视科技在推进产业发展中的作用，始终坚持“两条腿走路”，既抓技术研发，又抓人才引进，着力提升科技竞争力。2007年，永兴县设立了高新技术产业引导资金，三年来投入引导资金近3000万元。积极实施优惠政策积极引进和培育产业发展所需人才，先后有47名机关干部进入金银企业支持创业，引进工程师以上的冶炼人才达46人，其中台湾冶炼技术专业博士生3名。积极推进科技战略合作，与贵研铂业、云南贵金属研究所、株冶集团、湖南有色等大公司和中南大学、湖南农大等高等院校实现了战略合作。努力把永兴县建设成为现代稀贵金属再生技术的实践基地和“孵化基地”。大力发展稀贵金属深加工，开发铟靶材、铋靶材、锡铋一系列深加工产品。鑫泰银业公司依靠中南大学和莫斯科钢铁与合金学院的技术力量创办的湖南省稀贵金属再生和深加工技术研究中心，被评为省级研发中心。前置氧化双拉制备银基接点技术、高效电解银工艺技术及应用、多金属复合渣料提纯技术获得了国家专利并处于国内领先水平。全县拥有高新技术企业家，冶炼技术由只能提炼金银发展到能够提炼出 20 多种稀贵金属，开发了片状纳米银、925 白银、银触头、激光靶材等 16 种高新技术深加工产品，全县白银加工率达到 30%。2010 年，永兴被列入湖南省首批可持续发展实验区，实现高新技术产值 48.8 亿元，增长 62.7%，科技贡献率达到 59%。

（五）政策是强动力：各级支持才成就永兴模式

由于永兴县稀贵金属回收利用产业对国家作出的特殊性贡献，20 世纪 80 年代初，中国人民银行湖南省分行批准成立了“永兴县金银回收总公司”，是当时我国唯一合法从事稀贵金属回收的县级企业；1999 年，永兴县通过驻郴全国人大代表提出 2586 号建议，争取到中国人民银行总行“允许永兴自行销售回收冶炼金银”的特殊政策，永兴县成为当时全国唯一拥有生产、加工、销售“三废”冶炼金银权限的县。白银市场放开后，先后实行了“福利企业”税收优惠、“废旧物资增值税抵扣”等优惠政策；2004 年被中国有色金属协会授予“中国银都”的称号；2009 年国家科技部批准为“国家稀贵金属再生利用产业化基地”。成为全国循环经济试点单位以后，为支持永兴循环经济试点工作，湖南省人民政府专门下发了湘政办函〔2008〕115 号文件。国家循环经济试点期间，国家发改委近 3 年给予永兴 5 个循环经济项目近 8000 万的项目资金支持。当前在省市大力支持下，永兴近期非常有希望成为“国家循环经济稀贵金属示范基地”。永兴在充分利用国家的优惠政策的同时，大力实施各项本土扶持政策，有力地推动了永兴稀贵金属产业的快速发展壮大。在中央、省、市的大力支持下，永兴才形成独具特色的循环经济模式。

二　存在的主要问题

永兴在推进循环经济试点，加快稀贵金属产业发展过程中，取得了不小的成

绩，但也面临着许多制约稀贵金属产业发展的瓶颈：一是规模较小。我国的稀贵金属的产量居世界前列，然而这种资源优势却没有体现出“中国优势资源价值”，我国的稀有金属价格长期遭受外国厂家的压制，在国际市场上也只是一个被动的价格接受者。这和我国稀贵金属冶炼企业规模小、数量多、相互之间存在压价行为有关系。从永兴来看，总体稀贵金属产业从业企业数量较多，小型企业比重高，虽然产业链得到了进一步延伸，但产业集中度较差，在以后规范市场中难以立足。同时由于企业规模小且没有形成规模效应，货物流通成本增大，无形中增加了企业负担。二是水平较低。原材料涨价、部分原材料有效供给不足侵蚀企业利润，无法有效开展技术开发和能力扩张，导致技术质量和产品质量与国内外先进水平差距拉大，影响产业市场运行水平，专业化技术中心构建迟缓导致技术来源和技术创新水平无法对产业升级形成有效支撑，造成稀贵金属产业发展不足，影响稀贵金属产业水平提高和做大做强。三是融资较难。稀贵金属产业具有资金密集型特征，但由于企业体制、规模的一些问题，现代金融业还没有完全深入稀贵金属行业当中。据测算，永兴稀贵金属产业每年所需资金约 30 亿元，但是从 2010 年来看，用于稀贵金属产业的贷款仅 3 亿元。与此同时，国家对地方发展循环经济的资金支持不足。

三　“十二五”时期发展循环经济的思路和举措

（一）思路

以科学发展观为指导，以循环经济理论为基础，以提高资源效率和减少废物排放为目标，以技术创新和制度创新为动力，发挥园区产业集群优势，按照“减量化、再利用、资源化”原则，立足全国、面向世界，充分利用国内外原料资金、技术和市场，完善回收加工稀贵金属产业链，使永兴成为我国独具特色的有色金属“三废”和“城市矿产”的稀贵金属再生利用示范基地。到 2015 年，完成园区 9 平方公里的开发建设，使循环经济工业园园区面积达到 14 平方公里；年处理含稀贵有色金属“三废”和“城市矿产”200 万吨。形成稀贵金属 1 万吨（黄金 10 吨、银 3500 吨、铋 6000 吨、铂 6 吨、钯 6 吨、铟 100 吨，其他稀贵金属 680 吨），其他有色金属 35 万吨的生产能力，实现工业总产值 400 亿元，重金

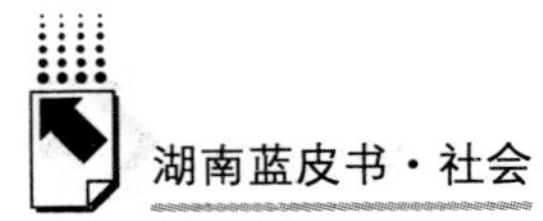

属废水实现零排放，废气排放达标，固体废物环境无害化处置率达到100%；建立稀贵金属“城市矿产”再生利用研发中心，在“城市矿产”稀贵金属综合回收及深加工领域取得重大技术成果和突破。

（二）举措

1. 走园区化发展之路，构筑大平台

科学编制了《永兴县稀贵金属产业2010～2020年发展总体规划》和《永兴循环经济工业园“城市矿产”基地建设实施方案》，规划建设回收冶炼区、精深加工区和服务平台区三大功能区的园区体系。其中县循环经济工业园为精深加工区和服务平台区，位于碧塘乡周家村与城关镇康绪村交汇处，与县城相连，总控规面积6平方公里，主要从事高纯银、高纯铋、银基触点材料、超细银粉、氧化铋、铟靶材等稀贵金属精深加工，以及金属检验检测、交易、仓储物流、金融服务等生产性服务业。太和项目区、柏洞项目区为初级冶炼区，主要从事金、银、铋、钯、镍、锑、硒、铟、碲、铂等稀贵及有色金属冶炼回收，其中太和项目区位于太和乡太和村、七郎村，控规面积4平方公里；柏洞项目区位于柏林镇龙王市村、洞口乡青路村和金盆村，控规面积4平方公里。

2. 走集团化发展之路，培育大企业

加快推进企业整合重组，建立健全企业淘汰退出机制，对产能较小、产值较低、税收较少的企业逐步淘汰出局。到2012年，全县稀贵金属企业数量控制在50家以内，2015年控制在30家以内。鼓励企业做大做强，继续推进永兴县企业与云锡集团、光洋集团、招金集团、中信集团、湖南有色等战略投资者的合作，提高企业资本运行水平，大力吸引银行资本和风险资本进入永兴县稀贵金属产业，努力培植2～3个销售收入过50亿元的国内知名品牌企业，8～10个销售收入过10亿元的企业，大力扶持1～2家企业上市融资。引导企业建立现代企业制度，引进一批高素质的企业管理人才，提升企业管理水平和效益。大力推进标准化和品牌建设，积极开展国家循环经济标准化试点工作，制定白银等稀贵金属一系列的国家、行业、地方、企业标准，建立健全“城市矿产”循环经济标准体系。集中力量打造3～5个在国际国内市场具有较强影响力、竞争力的知名品牌。

3. 走精细化发展之路，打造大品牌

设立科技创新引导基金，鼓励企业积极开展技术创新，大力推进太和循环经

济项目区中兴科技转化基地建设，以现有的骨干企业研究团队为基础，联合国内领先的中南大学、贵研铂业等科研院所共同组建稀贵金属循环经济研发中心，努力把永兴县建设成为现代稀贵金属再生技术的实践基地和“孵化基地”。大力发展稀贵金属深加工，开发铟靶材、铋靶材、锡铋一系列深加工产品，力争到2015年，全县稀贵金属产品就地深加工转化率要提升到40%以上。抓好湖南南方稀贵金属交易所建设，创新稀贵金属现货交易方式，提高资本运作水平和稀贵金属市场话语权，把永兴建设成为全球稀贵金属的重要集散地和信息发布地，吸引各类市场要素集聚永兴，不断增强市场营销能力，提升“中国银都”的品牌影响力。

4. 走低碳化发展之路，做好环保大产业

加强企业监管，以“城市矿产”示范基地建设和湘江流域重金属综合治理为契机，改进完善冶炼废气处置设施、冶炼废水综合治理和废渣终极处理工程，对所有企业产生的高浓度冶炼废水进行统一收集、集中处理。利用国内先进俄罗斯熔池熔炼炉技术和冶炼废渣生产微晶板材生产技术，彻底解决全县冶炼废渣环境污染问题，并成为全国的真正典范。强化企业清洁生产审核，推进清洁生产，降低企业的资源消耗和废物的产生，确保企业的污染物排放和节能减排达到行业先进标准，实现生产过程的废弃物“低排放”和制造产品的绿色化。

5. 走高效发展之路，改革管理机制

整合县循环试点领导小组办公室和县园区管理领导小组办公室，成立最高规格的“城市矿产”示范基地建设领导小组及办公室，负责对“城市矿产”示范基地建设的组织领导、协调调度，使“城市矿产”示范基地建设成为永兴县经济建设的中心工作和核心区域。同时，整合园区布局，理顺管理体制，把历史上形成的“一园七区”共8个冶炼园区整合为“一园二区”3个园区，全部纳入永兴县循环经济工业园的项目区进行统一管理，消除过去园区管理条块分割的体制弊端。

附　录

Appendix

B.42

2011年湖南“两型社会”建设大事记

1月24日，湖南省委书记周强视察长株潭“两型社会”展览馆建设现场，指出展馆的主题是“两型社会”改革建设，主体是长株潭，主线是湘江。

1月26日，湖南省政府召开全省城镇污水处理设施建设三年行动计划总结表彰大会。湖南省近三年新建污水处理项目个数、新铺管网长度、新增处理能力均排名全国第一，成为国内第六个实现县城以上城镇污水处理设施全覆盖的省份。

2月17日，湖南省委、省政府出台《贯彻落实〈中共中央国务院关于加快水利改革发展的决定〉实施意见》（湘发〔2011〕1号）。

3月1日，湖南省政府办公厅印发《关于编制长株潭试验区改革建设“八大工程”（2011～2015年）的通知》，部署“八大工程”实施方案编制工作。

3月18日，《湘江流域重金属污染治理实施方案》获国务院批准，为全国第一个获国务院批准的重金属污染治理试点方案。

3月18日，湖南省政府批准实施《长株潭城市群两型社会建设综合配套改革试验区产业发展体制改革专项方案》（湘政函〔2011〕57号）。

3月21日，长株潭“两型社会”展览馆开馆，国家发改委副主任解振华和

湖南省委常委、常务副省长于来山共同为长株潭“两型社会”展览馆揭牌。

3月22日，中共中央政治局常委、中央书记处书记、中华人民共和国副主席、中共中央军事委员会副主席习近平视察长株潭“两型社会”展览馆。习近平在视察结束时指出，长株潭城市群“两型社会”建设，你们抓得早，抓得主动，抓出了效果，走出了一条自己的路子，希望继续把推进“四化两型”作为转变经济发展方式的重要抓手，坚持先行先试，为全国提供借鉴和经验。

3月25日，湖南省人大常委会召开电视电话会议，动员部署开展长株潭城市群“一条例一决定”执法检查。“一条例一决定”是指《湖南省长株潭城市群区域规划条例》和《湖南省人民代表大会常务委员会关于保障和促进长株潭城市群资源节约型和环境友好型社会建设综合配套改革试验区工作的决定》。

3月28日，湖南省发改委、省长株潭两型办举办《长株潭城市群生态绿心地区总体规划》听证会。听证代表认为，绿心地区保护是长株潭城市群“两型社会”建设的关键所在，规划应重点突出生态环境保护。

4月6日，湖南省正式启动排污交易权试点工作。在长沙、株洲、湘潭三市的化工、石化、火电、钢铁、有色、医药、造纸、食品、建材等九个行业，开展化学需氧量、二氧化硫等主要污染物的排污权有偿使用和交易。株洲电厂、长沙电厂、株洲冶炼集团与湖南省排污权交易中心签订“主要污染物排污权交易合同”，二氧化硫交易额2250万元。

4月7日，中共湖南省委下发《关于成立中共湖南省长株潭两型社会建设综合配套改革试验区工作委员会的通知》，陈肇雄担任工委书记。

4月12日，湖南省两型办、湖南省质监局召开标准发布会，发布了《行政机关综合能耗、电耗定额及计算方法》、《普通高校综合能耗、电耗定额及计算方法》、《商场、超市综合能耗、电耗定额及计算方法》、《医疗机构综合能耗、电耗定额及计算方法》、《节能与减排在线监测系统设计技术导则》五项节能减排地方标准。

5月11日，中共中央政治局常委，中央纪律检查委员会书记贺国强视察长株潭“两型社会”展览馆。贺国强说，这是“两型社会”建设的闪亮窗口，建设“两型社会”，是党中央、国务院交给湖南的历史重任，既要金山银山，又要绿水青山，湖南要为全国探索更多的“两型”经验。

5月11日，《湖南省政府服务规定》出台，10月1日起施行。这是我国首部全面规范政府服务行为的省级政府规章，也是继《行政程序规定》、《规范行政裁量权办法》后，湖南省法治政府建设的又一重大举措。

5月18日，由湖南省长株潭两型办、湖南日报社、中国摄影展览中心联合举办的“两型湖南”全国摄影大展颁奖典礼在长沙举行。经过近半年的征集、初评和专家评审，有108幅作品获奖，其中《穿越大湘西》、《起航》获得金质收藏奖。

6月2日，交通运输部综合规划司与湖南省交通厅、长株潭三市政府举行项目执行协议签字仪式，包括战略规划和政策研究、交通发展项目试点，研究中国城市群生态综合交通发展战略规划及政策等，优化长株潭综合交通一体化实施方案，选择长沙黎托和大河西综合客运枢纽开展试点。

6月7日，经报请省政府同意，湖南省长株潭两型办下发《关于同意设立郴资桂省级“两型社会”建设示范点的复函》（湘两型函〔2011〕14号）。

6月7日，湖南省政府出台《关于加快推进三网融合试点工作的意见》（湘政发〔2011〕15号）。

6月8日，中共湖南省委发文任命陈君文、陈三新、张剑飞、胡衡华、徐湘平、刘捷兼任中共湖南省长株潭“两型社会”建设综合配套改革试验区工作委员会副书记。

6月15日，国务院正式同意益阳高新技术产业开发区升级为国家高新技术产业开发区，益阳高新区成为湖南省第四个国家级高新区。

6月16日，湖南省长株潭两型办与省政府新闻办联合召开新闻发布会，以湖南省长株潭两型办文件发布试行“两型”产业分类、园区、企业、县、镇、农村、机关、学校、医院、社区、村庄、家庭等12个“两型”标准。

6月22日，国家财政部、国家发改委印发《关于开展节能减排财政政策综合示范工作的通知》，在部分城市开展节能减排财政政策综合示范，以城市为平台，加大各项节能减排财政政策整合力度，加快体制机制创新。长沙位列首批8个示范城市之列。

7月10日，国家超级计算长沙中心第一期百万亿次“天河一号”主机系统建成开通，面向社会提供计算服务。这是我国继天津之后，第二个投入实际运行的国家级超算中心。

7月12日，国家发改委、财政部、住房和城乡建设部联合下发《关于同意

北京市朝阳区等 33 个城市（区）餐厨废弃物资源化利用和无害化处理试点实施方案并确定为试点城市（区）的通知》，湖南衡阳市被列为餐厨废弃物资源化利用和无害化处理试点城市。

7 月 14 日，《长株潭城市群核心区空间开发与布局规划（2008～2020 年）》获省政府批准（湘政函〔2011〕182 号）。

7 月 19 日，长沙黄花国际机场新航站楼正式投入运行，第二跑道建设工程同时启动，机场进一步向区域性国际航空枢纽发展。

7 月 22 日，湖南省委书记周强率省人大常委会执法检查组一行赴长株潭生态绿心地区，就长株潭城市群“一条例一决定”实施情况开展执法检查。他强调，保护好长株潭城市群生态绿心是重大历史责任，要本着对湖南的未来负责、对湖南人民和子孙后代负责的态度，采取有力措施，以壮士断腕的气魄，齐心协力把长株潭生态绿心保护好。

7 月 22 日，长株潭城市群作为国家级“两化融合”试验区正式授牌。工信部副部长杨学山，湖南省委常委、长株潭试验区工委书记陈肇雄出席。此前，国家工信部发出了《关于同意湖南省长株潭城市群为国家级信息化和工业化融合试验区的复函》。

8 月 3 日，湖南省委常委会专题研究“两型社会”建设问题。会议强调，加强统筹兼顾，加强平台建设，加强示范引领。会议同意组建长株潭试验区管委会，召开全省“两型社会”建设推进大会，设置专项资金。

8 月 4 日，湖南省“两型社会”建设推进大会在长沙召开，总结长株潭“两型社会”试验区第一阶段工作，研究部署第二阶段改革建设。会议指出试验区建设已实现了重大突破，取得了重大成就，产生了重大影响，发挥了重大效应，提出了下阶段“6668”的工作思路（六个更加注重，六个结合，六项重点工作，八大工程）。

8 月 5 日，湘江重金属污染治理启动仪式选在株洲清水塘重金属工业污水处理厂举行。为推动湘江重金属污染治理目标任务的完成，湖南成立了“湖南省重金属污染和湘江流域水污染综合防治委员会”。周强宣布湘江流域重金属污染综合治理全面启动，湘江流域八市政府向省长徐守盛递交了目标责任状。

8 月 8 日，《长株潭城市群生态绿心地区总体规划（2010～2020 年）》获得湖南省政府批准（湘政函〔2011〕195 号）。

8月22～23日，由外交部、科技部、湖南省政府共同主办的“亚欧水资源研究和利用中心成立仪式暨第一届亚欧水资源合作研讨会”在长沙召开。亚欧水资源研究和利用中心落户湖南长沙，这是亚欧会议机制运行16年来在华设立的首家科研机构。

9月2日，水利部、湖南省政府批准的《湖南省加快水利改革试点方案》（湘政发〔2011〕30号）正式实施。湖南省将用3年左右时间完成水利综合改革，这些试点将为全国水利综合改革探索宝贵的经验。

9月8日，湖南省政府与中石油签署《“气化湖南工程”战略合作框架协议》，举行“气化湖南工程”启动暨湘潭—娄底—邵阳天然气管道开工仪式。周强、徐守盛和中国石油天然气集团公司总经理蒋洁敏出席。“十二五”期间，中石油将在湘新建30条天然气支线管道，长度1600多公里，管道气化57个县（市、区），将增加湖南天然气供应量，2015年供气规模达到65亿立方米/年。

9月13日，湖南省委副秘书长徐宏源和省长株潭试验区工委副书记、省长株潭两型办主任徐湘平主持召开会议，专题研究绿心保护工作，落实长株潭三市、相关部门责任分工等问题，形成《关于保护长株潭城市群生态绿心协调会议的会议纪要》。

9月25日，国务院正式批准湘潭九华工业园区升级为国家级经济技术开发区。

10月6日，国家发改委正式批复同意设立湖南省湘南承接产业转移示范区。湘南承接产业转移示范区包括衡阳、郴州、永州3市，土地面积5.71万平方公里，覆盖34个县（市、区）。

10月10日起，为推进“四化两型”战略，湖南省派出88名干部，组成低碳与城市可持续发展、“两型社会”建设、新型工业化与信息化、科学发展与领导力提升四个班，分赴美国、德国、新加坡进行近一个月的专题培训。

10月14日，湖南省政府批准实施《长株潭城市群两型社会建设综合配套改革试验区基础设施共建共享及体制机制改革专项方案》（湘政函〔2011〕250号）。

10月17日，国家发改委、国家林业局发出通知，同意在包括湖南省在内的7省开展全国国有林场改革试点，为全国国有林场改革发挥示范和带动作用。

10月25日，《光明日报》刊登周强的调研文章《转方式的重要目标和着力

点》，强调坚持把推进“两型社会”作为转变经济发展方式的目标和着力点，走出一条具有湖南特色的转型发展、科学发展路子。

10 月 29 日，号称“湘江第一隧”的长沙营盘路湘江隧道正式通车，将有效缓解过江交通压力，推动省会沿江建设和跨江发展战略。

10 月 30 日，温家宝总理对湖南省人大常委会调研组关于《攸县城乡同治、创新管理的经验和做法值得推广》调研报告批示：“要把农村环境整治作为环保工作的重点，摆在突出的位置。攸县城乡同治的经验值得重视，请农业部、环保部参考研究。攸县的经验材料可由国办转发各地参阅。”

11 月 14 日，“湖南省建设两型园区推动两型经济发展现场交流会”在宁乡经开区成功召开。

11 月 16 日，中共湖南省委、湖南省人民政府下发《关于加快长株潭试验区改革建设全面推进全省两型社会建设的实施意见》（湘发〔2011〕15 号），为第二阶段加快“两型社会”建设明确了行动路线图。

11 月 18 日，中国共产党湖南省第十次代表大会在长沙召开。周强代表中国共产党湖南省第九届委员会作报告，提出未来五年湖南将全面推进“四化两型”建设，加快建设全面小康，加快建设两型社会，努力在中部崛起中实现新跨越。

11 月 28 日，湖南省两型办组织省直部门和专家进行 2011 年湖南省“两型”示范创建工程综合审查，以两型性、示范性、推广性为标准，在全省遴选出 201 个创建项目和单位，涵盖园区、企业、城乡、学校等多个领域。

11 月 29 日，民营经济发展与“两型社会”建设报告会在长沙召开，陈肇雄出席会议并作重要讲话。本次报告会是 2011 中国（湖南）民营经济投资洽谈会暨海内外华商湖南行系列活动之一。

12 月 2 日，中共湖南省委办公厅、湖南省人民政府办公厅下发《关于加快工业转型升级促进环长株潭城市群“两型社会”建设的意见》（湘办发〔2011〕37 号）。

12 月 9 日，湖南省公共机构节能工作会议召开，“十二五”时期将创建 100 家节约型示范单位，带动全省公共机构节能。

12 月 10 日，以“两型社会”建设纵深推进为主题的第八届长株潭经济论坛暨《长株潭城市群蓝皮书（2011）》首发式在长沙召开。

12 月 15 ~ 17 日，全国政协原副主席、中国工程院主席团名誉主席徐匡迪与

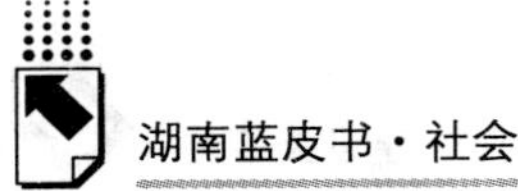

中国工程院院长周济率调研组来湘，就中国特色城市化道路发展战略研究及长江中游城市群发展进行调研。期间，实地考察了长株潭三地的城市规划和产业发展、布局等，为九华示范区升级为国家级经济技术开发区授牌。

12 月 20 日，在全国精神文明建设工作表彰大会上，长沙、常德两市获得全国文明城市荣誉称号，其中长沙市列省会、副省级城市第一，常德市列全国地级市表彰名单第二。

12 月 29 日，长株潭“两型社会”展览馆 2011 年度荣誉馆员座谈会在橘子洲客栈举行，张萍教授等十名观众成为首批荣誉馆员。12 月 10 日，长株潭“两型社会”展览馆接待人数已突破 10 万人。

12 月 30 日，湖南省委组织部召开长株潭“两型社会”试验区工委主要领导工作交接会。经湖南省委研究同意，任命张文雄为中共湖南省长株潭“两型社会”建设综合配套改革试验区工作委员会书记。

中国皮书网

发布皮书研创资讯，传播皮书精彩内容
引领皮书出版潮流，打造皮书服务平台

栏目设置：

□ 资讯：皮书动态、皮书观点、皮书数据、 皮书报道、皮书新书发布会、电子期刊

□ 标准：皮书评价、皮书研究、皮书规范、皮书专家、编撰团队

□ 服务：最新皮书、皮书书目、重点推荐、在线购书

□ 链接：皮书数据库、皮书博客、皮书微博、出版社首页、在线书城

□ 搜索：资讯、图书、研究动态

□ 互动：皮书论坛

www.pishu.cn

中国皮书网依托皮书系列“权威、前沿、原创”的优质内容资源，通过文字、图片、音频、视频等多种元素，在皮书研创者、使用者之间搭建了一个成果展示、资源共享的互动平台。

自2005年12月正式上线以来，中国皮书网的IP访问量、PV浏览量与日俱增，受到海内外研究者、公务人员、商务人士以及专业读者的广泛关注。

2008年10月，中国皮书网获得“最具商业价值网站”称号。

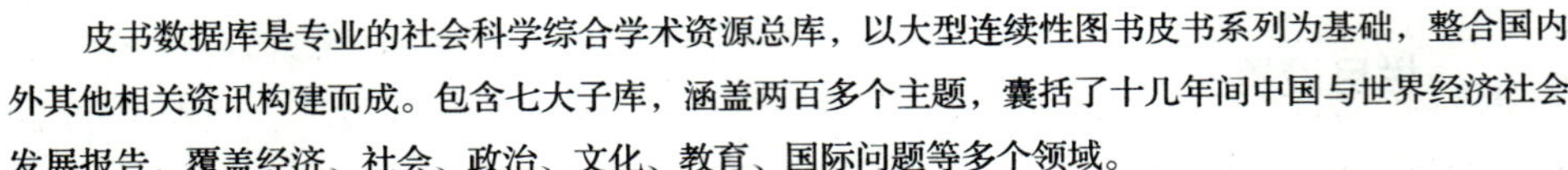

权威报告　热点资讯　海量资料

当代中国与世界发展的高端智库平台

皮书数据库 www.pishu.com.cn

皮书数据库是专业的社会科学综合学术资源总库，以大型连续性图书皮书系列为基础，整合国内外其他相关资讯构建而成。包含七大子库，涵盖两百多个主题，囊括了十几年间中国与世界经济社会发展报告，覆盖经济、社会、政治、文化、教育、国际问题等多个领域。

皮书数据库以篇章为基本单位，方便用户对皮书内容的阅读需求。用户可进行全文检索，也可对文献题目、内容提要、作者名称、作者单位、关键字等基本信息进行检索，还可对检索到的篇章再作二次筛选，进行在线阅读或下载阅读。智能多维度导航，可使用户根据自己熟知的分类标准进行分类导航筛选，使查找和检索更高效、便捷。

权威的研究报告，独特的调研数据，前沿的热点资讯，皮书数据库已发展成为国内最具影响力的关于中国与世界现实问题研究的成果库和资讯库。

皮书俱乐部会员服务指南

1. 谁能成为皮书俱乐部会员？

- 皮书作者自动成为皮书俱乐部会员；
- 购买皮书产品（纸质图书、电子书、皮书数据库充值卡）的个人用户。

2. 会员可享受的增值服务：

- 免费获赠该纸质图书的电子书；
- 免费获赠皮书数据库100元充值卡；
- 免费定期获赠皮书电子期刊；
- 优先参与各类皮书学术活动；
- 优先享受皮书产品的最新优惠。

社会科学文献出版社 皮书系列
SOCIAL SCIENCES ACADEMIC PRESS (CHINA)
卡号：9827142997553165
密码：

（本卡为图书内容的一部分，不购书刮卡，视为盗书）

3. 如何享受皮书俱乐部会员服务？

（1）如何免费获得整本电子书？

购买纸质图书后，将购书信息特别是书后附赠的卡号和密码通过邮件形式发送到pishu@188.com，我们将验证您的信息，通过验证并成功注册后即可获得该本皮书的电子书。

（2）如何获赠皮书数据库100元充值卡？

第1步：刮开附赠卡的密码涂层（左下）；

第2步：登录皮书数据库网站（www.pishu.com.cn），注册成为皮书数据库用户，注册时请提供您的真实信息，以便您获得皮书俱乐部会员服务；

第3步：注册成功后登录，点击进入“会员中心”；

第4步：点击“在线充值”，输入正确的卡号和密码即可使用。

皮书俱乐部会员可享受社会科学文献出版社其他相关免费增值服务
您有任何疑问，均可拨打服务电话：010-59367227　QQ:1924151860
欢迎登录社会科学文献出版社官网(www.ssap.com.cn)和中国皮书网（www.pishu.cn）了解更多信息

"皮书"起源于十七八世纪的英国，主要指官方或社会组织正式发表的重要文件或报告，并多以白皮书命名。在中国，"皮书"这一概念被社会广泛接受，并被成功运作、发展成为一种全新的出版形态，则源于中国社会科学院社会科学文献出版社。

皮书是对中国与世界发展状况和热点问题进行年度监测，以专家和学术的视角，针对某一领域或区域现状与发展态势展开分析和预测，具备权威性、前沿性、原创性、实证性、时效性等特点的连续性公开出版物，由一系列权威研究报告组成。皮书系列是社会科学文献出版社编辑出版的蓝皮书、绿皮书、黄皮书等的统称。

皮书系列的作者以中国社会科学院、著名高校、地方社会科学院的研究人员为主，多为国内一流研究机构的权威专家学者，他们的看法和观点代表了学界对中国与世界的现实和未来最高水平的解读与分析。

自20世纪90年代末推出以经济蓝皮书为开端的皮书系列以来，至今已出版皮书近800部，内容涵盖经济、社会、政法、文化传媒、行业、地方发展、国际形势等领域。皮书系列已成为社会科学文献出版社的著名图书品牌和中国社会科学院的知名学术品牌。

皮书系列在数字出版和国际出版方面也是成就斐然。皮书数据库被评为"2008～2009年度数字出版知名品牌"；经济蓝皮书、社会蓝皮书等十几种皮书每年还由国外知名学术出版机构出版英文版、俄文版、韩文版和日文版，面向全球发行。

法律声明